Le chef-d'œuvre caché d'Alexandre Dumas

LA ROYALE MAISON DE SAVOIE

4 tomes

Parus

*

EMMANUEL-PHILIBERT
ou La France et l'Italie au XVIe siècle
(Un page du Duc de Savoie)

**

EMMANUEL-PHILIBERT
ou La France et l'Italie au XVIe siècle
(Léone, Léona)

***

CHARLES-EMMANUEL III
ou La France et l'Italie depuis 1730 jusqu'à 1773

MÉMOIRES DE JEANNE D'ALBERT DE LUYNES,
comtesse de Verrue,
surnommée la Dame de Volupté

À paraître

****

VICTOR-AMÉDÉE III
ou La France et l'Italie *(1773-1796)*

LA ROYALE MAISON DE SAVOIE

***

ALEXANDRE DUMAS

La Royale Maison de Savoie

ROMAN HISTORIQUE

***

TOME III : CHARLES-EMMANUEL III

MÉMOIRES DE JEANNE D'ALBERT DE LUYNES,
comtesse de Verrue,
surnommée la Dame de Volupté

Les Savoisiennes

La Fontaine de Siloé

Tous nos remerciements
vont à notre ami Lucien Chavoutier
qui nous a aimablement fourni
les quatre volumes de l'édition princeps
d'Alexandre Dumas aux fins d'édition.

L'Éditeur

Illustration de couverture : collection Paul Guichonnet
et en médaillon : portrait inédit d'Alexandre Dumas

ISBN : 2-84206-129-2

Couvent des Dominicains, Vieille rue - 73803 Montmélian cedex
☎ 04 79 84 27 24 - 🖷 04 79 84 21 86

En ma qualité de romancier,
c'est-à-dire de magicien
à qui toutes les portes
sont ouvertes...

... il me paraissait permis
de violer l'Histoire
pourvu qu'on lui fît un enfant

Alexandre Dumas

AVERTISSEMENT DE L'ÉDITEUR

Cet ouvrage, **inédit en France,** du grand Alexandre Dumas nous a été envoyé par la Providence, en la personne de son messager, Lucien Chavoutier, lequel, dans sa quête insatiable de manuscrits originaux sur l'histoire de notre Savoie tomba, un certain jour d'octobre 1985, fouillant l'officine d'un marchand de livres rares et anciens, sur ce trésor de la couronne, sur son joyau.

Qui aurait pu supposer que le génial écrivain consacrât quelques deux mille pages à l'**Histoire de la Royale Maison de Savoie** ?

C'est pourtant par la grâce d'un ouvrage tiré à très petit nombre, miraculeusement retrouvé à Turin entre 1852 et 1856, en petits fascicules (ouvrage réservé à l'aristocratie nobiliaire du royaume du Piémont, qui, comme on s'en souvient peut-être, était francophone si ce n'est francophile...) que le lecteur savoyard peut découvrir aujourd'hui ce fantastique **roman historique** d'Alexandre Dumas.

Mais pourquoi un inédit, resté en l'état pendant presque cent cinquante ans ?

En fait, selon une logique propre au génie créatif de Dumas où l'historien précède toujours le romancier, **La Royale Maison de Savoie** ou plutôt l'édition princeps comme l'explique Lucien Chavoutier dans sa présentation, pourrait être considérée comme le brouillon de deux romans parus en France, **Le page du Duc de Savoie** et **Mémoires de Jeanne d'Albert de Luynes, Comtesse de Verrue, surnommée la Dame de Volupté.** Un peu comme les dix volumes de l'Histoire des Bourbons de Naples (mais qui ne sont pas traduits de l'italien aujourd'hui encore) ont constitué l'épreuve, le « texte-sujet » (Claude Schopp), du dernier grand inédit d'Alexandre Dumas, **La San Felice**, ou également **Le Mohican de Paris**, tous deux parus chez Gallimard (collection Quarto) et qui connurent un immense succès, comme de mérité. Il semblerait que l'on assiste, à notre époque, à un véritable « Retour à Dumas » manifesté par toutes ces découvertes et rééditions comme par l'adaptation cinématographique du **Comte de Monte Cristo** pour la télévision, interprétée par Gérard Depardieu.

Tous les amateurs de Dumas (et ils sont légion !) qui n'ont pas attendu ce regain de faveur s'en réjouiront.

L'éditeur

VICTOR AMÉDÉE II.

SOMMAIRE

Mémoires de Jeanne d'Albert de Luynes, comtesse de Verrue, surnommée la Dame de Volupté

CHARLES-EMMANUEL III
ou La France et l'Italie
depuis 1730 jusqu'à 1773

AVIS À MES LECTEURS

Ayant entrepris d'écrire pour M. Perrin, mon éditeur à Turin, une histoire pittoresque des quatre grandes époques de la Maison de Savoie, et ayant déjà accompli, à l'endroit d'Emmanuel Philibert, l'engagement pris, je me mis il y a quelques jours à la recherche des documents qui existent sur Victor Amédée II, premier roi de Sardaigne.

J'avais, pour me lancer dans cette recherche, un guide précieux.

C'était l'excellent livre que vient de publier mon savant ami Édouard Marie Œttinger.

J'ouvris donc le dictionnaire des ouvrages relatifs à la vie publique et privée des personnages célèbres de tous les temps et de toutes les nations, depuis le commencement du monde jusqu'à nos jours, et je trouvai, tome 11, page 1847, Bruxelles 1854, la note suivante :

VICTOR AMÉDÉE II.

Premier roi de Sardaigne 14 mai 1665 – 12 juin 1675 – 31 octobre 1732 L… (D… F…), Mémoire touchant ce qui s'est passé en Italie, entre Victor Amédée II, duc de Savoie, et le roi très chrétien Louis XIV (*Aix-la-Chapelle*, 1697 – 12).

(*Radicati de Panaran* Albert). *History of the abdication of Victor Amédée II* – Londres 1732 – 8 (échappé aux recherches Lowndes).

Lamberti (N… N…). Histoire de l'abdication de Victor Amédée roi de Sardaigne, Paris 1734 – 4 (P…) *Genève* 1735 – 8 ; trad. en allem. Frf. 1734 – 8.

Trevié (marquis de). Anecdote de l'abdication du roi de Sardaigne Victor Amédée II, 3 l. 1753- 12.

Outre ces sources indiquées par le bibliographe, je connaissais :

Les anecdotes de Blondel ;

Les Mémoires historiques sur la Maison Royale de Savoie par le marquis Costa de Beauregard ;

L'Histoire de la Savoie depuis la domination romaine jusqu'à nos jours, par M. Claude Genoux.

Je m'étais déjà servi des deux derniers ouvrages pour mon Histoire pittoresque d'Emmanuel Philibert et pour le Précis historique qui suit ce roman et qui relie le règne d'Emmanuel Philibert à celui de Victor Amédée II ; mais je ne connaissais pas les autres ouvrages : je me les procurai et me mis à les lire.

Mais ces ouvrages lus, j'étais loin encore d'avoir pénétré dans la familiarité de ce règne.

Je me mis à relire Saint-Simon, ce grand légendaire du règne de Louis XIV et de la Régence.

Il me fit faire un pas de plus vers le sanctuaire, mais ne me conduisit pas encore à mon but.

On m'indiqua alors la bibliothèque de Montpellier comme renfermant sur la Maison de Savoie des documents précieux.

J'écrivis à un ami que j'ai à Montpellier ; j'ai un peu des amis partout, n'en déplaise à mes rares ennemis. Je le priai de s'installer à la bibliothèque et de fouiller, jusqu'à ce qu'il trouvât quelque chose de nouveau et d'inconnu sur la Maison de Savoie.

Mon ami se mit à l'œuvre et au bout de huit jours m'écrivit :

« J'ai trouvé un manuscrit extrêmement curieux, intitulé : *Les Mémoires de Jeanne d'Albert de Luynes comtesse de Verrue surnommée la dame de volupté*. Seulement on ne veut pas s'en dessaisir à la bibliothèque. – Mais le bibliothécaire qui est un homme charmant me permet de le faire copier.

« Ecrivez moi un mot et selon votre désir j'agirai.

« Tout à vous

« XXXX. »

C'était une trouvaille que ce manuscrit.

La comtesse de Verrue avait joué un grand rôle à la cour de Savoie et à la cour de France.

Elle avait vécu sous huit papes : Clément X, Innocent XI, Alexandre VIII, Innocent XII, Clément XI, Innocent XIII, Benoît XIII et Clément XII.

Sous trois empereurs : Léopold Ier, Joseph Ier et Charles VI.

Sous deux rois de France : Louis XIV et Louis XV.

Sous deux rois d'Espagne : Charles II et Philippe V.

Sous cinq rois d'Angleterre : Charles II, Jacques II, Guillaume III, Anne Stuart, et Georges Ier.

Elle avait connu le duc de Vendôme, Villeroy, Catinat, Villar, le prince Eugène, Voltaire, Marivaux, le Régent, le duc du Maine, la duchesse du Maine, tout ce qu'il y avait de grand, de spirituel, de vaillant en France.

Elle avait été dix ou douze ans la maîtresse en titre de Victor Amédée.

Elle avait, après sa fuite du Piémont, conservé ses vieilles relations à Turin et noué des relations nouvelles avec l'Espagne.

Sa vie enfin avait eu un côté romanesque qui allait admirablement au sujet que j'avais à traiter.

J'écrivis donc à mon ami :

« Dix minutes après cette lettre reçue soyez à la bibliothèque de Montpellier avec un copiste.

« Tout à vous

« A… D… »

En attendant et pour me faire prendre patience, je rouvris mon Saint-Simon. Je me rappelais qu'il consacrait un paragraphe tout entier à madame de Verrue, – presque un chapitre. Je relus ce qu'il avait écrit sur elle, et comme ce que je relus se trouvait parfaitement en harmonie avec ce que je pensais, je lui empruntai les lignes suivantes, que je m'empresse de mettre comme préface historique sous les yeux de mes lecteurs.

« Parmi tant de choses importantes qui préparaient les plus grands événements, il en arriva un fort particulier, mais dont la singularité mérite ce court récit.

« Il y avait bien des années que la comtesse de Verrue vivait à Turin, maîtresse publique de M. de Savoie. Elle était fille du duc de Luynes et de sa seconde femme qui était aussi sa tante, sœur du père de sa mère, la fameuse duchesse de Chevreuse. Le nombre d'enfants de ce second lit du duc de Luynes qui n'était pas riche, l'avait engagé à se défaire de ses filles comme il avait pu. La plupart étaient belles, celle-ci l'était fort et fut mariée toute jeune en Piémont en 1683, et n'avait pas quatorze ans lorsqu'elle y alla. Sa belle-mère était dame d'honneur de Madame de Savoie, elle était veuve et fort considérée. Le comte de Verrue était tout jeune, beau, bien fait, riche, avait de l'esprit, et était fort honnête homme.

« Elle aussi avait beaucoup d'esprit et dans la suite un esprit suivi appliqué tout tourné à gouverner. Ils s'aimèrent fort et passèrent quelques années dans ce bonheur.

« M. de Savoie, jeune aussi et qui voyait souvent la jeune Verrue par la charge de la douairière, la trouva à son gré ; elle s'en aperçut et le dit à son mari et à sa belle mère qui se contentèrent de la louer et qui n'en firent aucun compte.

« M. de Savoie redoubla de soins, ordonna des fêtes, contre sa coutume et son goût. La jeune Verrue sentit que c'était pour elle, et fit tout ce qu'elle put pour ne s'y pas trouver, mais la vieille s'en fâcha, la querella, lui dit qu'elle voulait faire l'importante et que c'était une imagination que lui donnait son amour-propre. Le mari plus doux, voulut aussi qu'elle fût de ces fêtes, et que, sûr d'elle, quand bien même M. de Savoie en serait amoureux, il ne convenait ni à son honneur, ni à sa fortune qu'elle manquât rien. M. de

Savoie lui fit parler ; elle le dit à son mari et à sa belle-mère et fit toutes les instances possibles pour aller à la campagne passer du temps. Jamais ils ne le voulurent, et ils commencèrent à la rudoyer si bien, que, ne sachant plus que devenir, elle fit la malade, se fit ordonner les eaux de Bourbon et manda au duc de Luynes, à qui elle n'avait osé écrire sa dure situation, qu'elle le conjurait de se trouver à Bourbon, où elle avait à l'entretenir des choses qui lui importaient le plus sensiblement, parce qu'on ne lui permettait pas d'aller jusqu'à Paris. M. de Luynes s'y rendit en même temps qu'elle, conduite par l'abbé de Verrue, frère du père de son mari, qu'on appelait aussi l'abbé Scaglia du nom de sa maison. Il avait de l'âge, il avait passé par des emplois considérables et par des ambassades et devint enfin ministre d'État. M. de Luynes grand homme de bien et d'honneur, frémit au récit de sa fille du double danger qu'elle courait par l'amour de M. de Savoie et par la folle conduite de sa belle-mère et du mari. Il pensa à faire aller sa fille à Paris pour y passer quelque temps, jusqu'à ce que M. de Savoie l'eût oubliée, ou se fût pris ailleurs. Rien n'était plus sage, ni plus convenable, que le comte de Verrue vînt chez lui voir la France et la cour à son âge dans un temps de paix en Savoie. Il crut qu'un vieillard important et rompu dans les affaires, comme était l'abbé de Verrue, entrerait dans cette vue et la ferait réussir. Il lui en parla avec cette force, cette éloquence, et cette douceur qui lui étaient naturelles, que la sagesse et la piété dont il était rempli devaient rendre encore plus persuasives, mais il n'avait garde de se douter qu'il se confessait au renard et au loup, qui ne voulait rien moins que dérober sa brebis. Le vieil abbé était devenu fou d'amour pour sa nièce ; il n'avait donc garde de s'en laisser séparer. La crainte du duc de Luynes l'avait retenu en allant à Bourbon, il avait eu peur qu'il ne sût son désordre, il s'était contenté de se préparer les voies par tous les soins et les complaisances possibles ; mais le duc de Luynes éconduit et retourné à Paris, le vilain vieillard découvrit sa passion qui, n'ayant pu devenir heureuse, se tourna en rage. Il maltraita sa nièce tant qu'il put et au retour à Turin il n'oublia rien auprès de la belle-mère et du mari pour la rendre malheureuse. Elle souffrit encore quelque temps, mais la vertu cédant enfin à la démence et aux mauvais traitements domestiques, elle écouta enfin M. de Savoie et se livra à lui pour se délivrer des persécutions. Voilà un vrai roman, mais il s'est passé de notre temps au vu et au su de tout le monde.

« L'éclat fait, voilà tous les Verrue au désespoir et qui n'avaient qu'à s'en prendre à eux-mêmes ; bientôt la nouvelle maîtresse domina impérieusement toute la cour de Savoie, dont le souverain était à ses pieds avec des respects comme devant une déesse. Elle avait part aux grâces, disposait des faveurs de son amant et se faisant craindre et compter par les ministres, sa hauteur la fit haïr. Elle fut empoisonnée, M. de Savoie lui donna d'un contrepoison qu'on lui avait donné. Elle guérit, sa beauté n'en souffrit point, mais il lui en resta des incommodités fâcheuses qui pourtant n'altérèrent pas le fonds de sa santé ; son règne durait toujours. Elle eut enfin la petite vérole ; M. de Savoie la vit et la servit durant cette maladie comme aurait fait une garde, et quoique son visage en eût souffert il ne l'en aima pas moins après. Mais il l'aimait à sa manière, il la tenait fort enfermée, parce qu'il aimait lui à l'être et, bien qu'il travaillât souvent chez elle avec ses ministres, il la tenait fort de court sur ses affaires. Il lui avait beaucoup donné, en sorte que, outre les pensions, les pierreries belles et en grand nombre, les joyaux et les meubles, elle était devenue riche. En cet état elle s'ennuya de la gêne où elle se trouvait et médita une retraite ; pour la faciliter, elle pressa le chevalier de Luynes, son frère, qui servait dans la marine avec distinction, de l'aller voir. Pendant son séjour à Turin, ils concertèrent leur fuite, et l'exécutèrent après avoir mis à couvert et en sûreté tout ce qu'elle put.

« Ils prirent leur temps que M. de Savoie était allé, vers le 15 octobre, faire un tour à Chambéry et sortirent furtivement de ses

États, avant qu'il en eût le moindre soupçon et sans qu'elle lui en eût laissé une lettre. Il le manda ainsi à Vernon, son ambassadeur ici, en homme extrêmement piqué. Elle arriva sur notre frontière avec son frère, puis à Paris, où elle se mit d'abord dans un couvent. La famille de son mari, ni la sienne n'en surent rien que par l'événement. Après avoir été reine en Piémont pendant douze ou quinze ans, elle se trouva ici une fort petite particulière. Monsieur et madame de Chevreuse ne la voulurent point voir d'abord. Gagnés ensuite par tout ce qu'elle fit de démarches auprès d'eux, et par les gens de bien qui leur firent un scrupule de ne pas tendre la main à une personne qui se retire du désordre et du scandale, ils consentirent à la voir.

« Peu à peu, d'autres la virent, et quand elle se fut un peu ancrée, elle prit une maison, y fit bonne chère, et comme elle avait beaucoup d'esprit de famille et d'usage du monde, elle s'en attira bientôt et peu à peu elle reprit ses airs de supériorité auxquels elle était si accoutumée et à force d'esprit, de ménagements, et de petitesses, elle y accoutuma le monde.

« Son opulence, dans la suite, lui fit une cour de ses plus proches et de leurs amis, et de là elle saisit si bien les conjonctures, qu'elle s'en fit une presque générale et influa beaucoup dans le gouvernement ; mais ce temps passe celui de mes Mémoires.

« Elle laissa à Turin un fils fort bien fait et une fille, tous deux reconnus par M. de Savoie, sur l'exemple du roi.

« Le fils mourut sans alliance, M. de Savoie l'aimait fort et ne pensait qu'à l'agrandir. Sa fille épousa le prince de Carignan qui devint amoureux d'elle. C'était le fils unique de ce fameux muet, frère aîné du comte de Soissons, père du dernier comte de Soissons et du fameux prince Eugène.

« Ainsi M. de Carignan était l'héritier des États de M. de Savoie, s'il n'avait point eu d'enfants. M. de Savoie aimait passionnément cette bâtarde pour qu'il en usât comme le roi avait fait pour madame la duchesse d'Orléans. Ils vinrent grossir ici la cour de madame de Verrue après la mort du roi, et piller la France sans aucun ménagement. »

C'étaient les Mémoires de cette femme que me proposait mon ami, que j'avais acceptés et que j'attendais avec impatience.

On eût dit, au reste, qu'il devinait mon impatience ; en moins d'un mois, je reçus les quatre volumes dont ils se composent, un par semaine.

Je les dévorais au fur et à mesure que je les recevais.

Grâce à ces Mémoires mon second roman était tout fait, et je n'avais, comme j'ai fait pour les Mousquetaires et pour tant d'autres ouvrages, qu'à prendre la peine de signer ce que je n'avais pas écrit.

La tentation était trop forte, je n'y pus résister.

Ce sont donc les Mémoires de la comtesse de Verrue eux-mêmes que je mets sous les yeux de mes lecteurs, me contentant d'écrire au-dessous de son nom ces trois mots.

Pour copie conforme,
ALEX. DUMAS [1].

(1) Je prie les personnes qui tomberaient sur ces Mémoires de ne point me jouer le mauvais tour de les faire imprimer en même temps que moi – ce qui non seulement me désobligerait beaucoup comme amour-propre, mais ce qui nuirait fortement aux intérêts de M. Perrin, mon éditeur.

MAISON DE SAVOIE

MÉMOIRES
DE JEANNE D'ALBERT DE LUYNES
COMTESSE DE VERRUE

SURNOMMÉE

DAME DE VOLUPTÉ

CHAPITRE Ier

Je dois d'abord compte à mes lecteurs, quoiqu'en réalité je n'écrive que pour moi et quelques amis, des causes qui me font entreprendre ces Mémoires et de la façon dont ils viennent d'être entrepris.

M. de Voltaire sortit hier de chez moi à une heure du matin : il y avait soupé en compagnie de deux beaux esprits subalternes qu'il m'avait prié de recevoir une fois, pour qu'ils pussent l'aller dire, et que cela leur donnât une espèce d'entrée – où ils ne fussent pas entrés seuls. – M. de Voltaire a toujours ainsi à sa suite deux ou trois protégés de second ordre, qu'il pousse tant qu'il peut d'abord pour maintenir sa popularité et ensuite parce qu'il sait que, bien que poussés par lui, ils n'iront jamais loin. De mon côté j'aime à protéger ces pauvres gens qui vivent de leur plume. On ne sait pas ce qu'ils deviennent plus tard, s'ils restent des cuistres ou des fesse-cahiers. Cela fait une bonne action en réserve. S'ils arrivent, cahin-caha, à gravir le Parnasse, la bonne action vous peut rapporter des intérêts. Ceci soit dit en passant. Car je ne me soucie guère de cette espèce ; à moins que, comme M. de Voltaire, elle ne soit arrivée à des sommités ; quant à ceux dont je parle, je ne les reverrai probablement de ma vie et serais bien embarrassée de retrouver leurs noms. Ils restèrent pendant les deux heures qu'ils passèrent chez moi plantés comme des termes en face de mes beaux chenets du temps de François Ier, que j'ai payés si cher l'autre jour à un juif, et qui me tiennent si bonne et si brave compagnie quand je suis seule, rappelant mes souvenirs et tisonnant à mon feu. M. de Voltaire et moi, nous causâmes comme si nous eussions été en tête à tête ; il me fit des vers que j'eus l'air de trouver excellents, et qui à mon avis ne me paraissent pas beaucoup meilleurs que ceux que m'adressaient les poètes Italiens du temps que j'étais duchesse de Piémont, ou à peu près.

Il me lut, croyant me faire grand plaisir, un passage d'une brochure qui vient de paraître, d'un certain Melon qui a été secrétaire du Régent, laquelle brochure a pour titre : *Essai politique sur le commerce*, et dans laquelle se trouve cette louangerie adressée à moi.

« Je vous regarde, madame, comme un des plus grands exemples de cette vérité. Combien de familles subsistent uniquement pour la protection que vous donnez aux arts ! Que l'on cesse d'aimer les tableaux, les estampes, les curiosités en toutes sortes de genres, voilà vingt mille hommes au moins ruinés tout d'un coup dans Paris, et qui sont forcés d'aller chercher de l'emploi chez l'étranger. »

En ceci M. Melon me paraissait avoir raison parfaitement et je suis d'avis que nous autres gens de naissance, ne nous occupant pas assez des gens d'art et ne leur faisant pas une assez bonne place dans la société, cela pourrait bien leur donner un jour l'idée de se la faire meilleure, résultat auquel ils n'arriveront point sans nous gêner un peu.

Mais revenons à M. de Voltaire ; il m'a donc fait des vers, puis il m'a lu les quelques lignes de cette brochure de M. Melon qui avait

La comtesse de Verrue.

rapport à moi, puis il a causé avec beaucoup d'esprit et de finesse du temps présent auquel je ne comprends plus grand' chose peut-être parce que je suis vieille : peut-être ne me parlait-il du temps présent, que pour que je lui parlasse du temps passé où tout allait bien mieux, selon moi, peut-être parce que j'étais jeune. Je fis selon son désir, et me mis à faire un voyage à reculons, dans tout le jardin fleuri de ma jeunesse. Il m'écouta avec la plus grande attention. Puis lorsqu'il m'eut entendu raconter beaucoup d'anecdotes qu'on ne sait guère en France ni ailleurs, parce qu'à tout prendre, elles ne peuvent être sues que de moi, attendu qu'elles ont rapport aux choses que j'ai vues, et aux événements où j'ai pris part ; il me pressa beaucoup à écrire tout cela, m'ajoutant que j'aurais dû commencer plutôt et que c'était un vol à faire à l'histoire que de garder pour soi de tels secrets.

Assez de gens, me dit-il, raconteront à l'avenir les batailles, les négociations, les grands événements de la politique, mais les particuliers des ruelles, des alcôves et des cabinets, les acteurs seuls y ayant joué un rôle, peuvent les connaître et les révéler.

– Écrire, moi ? lui répondis-je, oh ! la bonne plaisanterie.

– Pourquoi pas ?

– Mais je ne saurais jamais.

– N'écrivez-vous point tous les jours des lettres charmantes ?

– Des lettres ne sont pas des Mémoires.

– Ne faites-vous pas des vers adorables ?

– Je n'en ai jamais fait que quatre.

– N'y a-t-il pas à l'Académie des gens qui n'ont jamais pu en faire qu'un, le premier, et qui par conséquent en ont fait trois de moins que vous ?

– Dites-moi d'abord, comment on fait pour écrire ?

– Ah ! Comtesse, comment faisait madame de Coulanges ? Comment faisait madame de Sévigné ? Comment faites vous vous-même ?

– N'importe, donnez-moi une leçon.

– Mettez sur le papier, tout ce que vous venez de me raconter ce soir, et beaucoup d'autres choses, et encore, et encore tout ce dont vous vous souviendrez enfin, il n'en faut pas plus, je vous jure. Votre style est sans prétention comme votre esprit, vous direz ce que vous avez vu d'original, ce que vous avez su de curieux et si par hasard vous en veniez à mentir, vous n'en seriez que plus digne de ressembler aux historiens de tous les siècles, lesquels ne s'en sont jamais gênés dans le passé, ne s'en gênent pas dans le présent et ne s'en gêneront pas dans l'avenir.

Et sur ce, M. de Voltaire s'est levé, m'a saluée et est parti suivi de ses deux protégés, aboyant à ses chausses pour qu'il les reçût dans son logis, qui passe, selon le style académique, pour l'antichambre des Muses.

Restée seule, j'ai appelé mes femmes et je me suis couchée ; mais au lieu de dormir comme j'eusse dû faire, j'ai pensé toute la nuit à ces dernières paroles de M. de Voltaire. Je dors peu maintenant ainsi que cela est d'usage chez ceux qui ont beaucoup dans le passé et peu dans l'avenir. J'ai senti battre mon vieux cœur à l'idée de mettre sur le papier devant mes yeux, devant ceux des autres cette jeunesse que je ne reverrai plus désormais, ailleurs que dans mes souvenirs, et encouragée par les suffrages de cet homme qui d'ordinaire ne distribue que des injures ou des flatteries, je me suis décidée à commencer ces Mémoires. Je les hâterai le plus possible, afin de les conduire jusqu'au bout ou du moins jusqu'à l'époque où j'ai cessé de vivre par les autres et pour les autres. Le reste n'appartient qu'à Dieu et à moi.

Donc aujourd'hui 8 octobre 1734 je commence cette histoire de ma vie ; je dirai tout ce qui sera intéressant à savoir sans m'inquiéter davantage des gouvernements que des particuliers. La vérité est douce à écrire, elle est douce à penser, elle le serait bien plus encore à jeter à la face de ceux qui nous gênent, c'est une satisfaction que l'on n'a guère en ce monde que dans certaines conditions ; probablement ce sera une des jouissances du paradis quoiqu'elle ne nous ait pas été promise.

Je ne sais si les rares lecteurs qui seront appelés à jeter les yeux sur ces Mémoires connaîtront même après ma mort les quatre vers que M. de Voltaire, ce Parthe qui en fuyant m'a lancé la flèche de l'orgueil dans le cœur, si, dis-je, les rares lecteurs appelés à jeter les yeux sur ces Mémoires connaîtront même après ma mort les quatre vers auxquels M. de Voltaire faisait allusion et qui ne sont rien autre chose qu'un quatrain, composé il y a quelques huit jours par moi pour me servir d'épitaphe et que voici :

Ci gît dans une paix profonde
Cette *dame de volupté*
Qui pour plus grande sûreté
Fit son Paradis en ce monde.

Mais qu'ils les connaissent ou ne les connaissent pas, il est bon qu'ils sachent que je n'ai pas toujours été la *dame de volupté* qu'on a tant célébrée à Paris depuis trente ans. Comment je le suis devenue c'est là ce qu'il faut expliquer. Il y a loin en effet de Jeanne d'Albert de Luynes à cette *dame de volupté* d'à-présent. Elles ne se ressemblent pas plus par la pensée et les sentiments, qu'elles ne se ressemblent par le visage ; et Dieu sait ce que j'ai été et ce que je suis devenue ; ce que j'ai été les autres s'en souviennent peut-être… quant à moi, je l'ai oublié, grâce au Ciel. C'est un regret de moins.

Quant à ce que je suis devenue, mon miroir se charge de me le dire tous les jours. C'est un ami brutal mais sincère, et j'en suis venue lentement, je le sais, mais enfin j'en suis venue à lui pardonner ce défaut en faveur de cette qualité.

CHAPITRE II

Je suis née le 18 septembre 1670, ce qui me constitue à l'heure qu'il est, c'est-à-dire au 8 octobre 1734, jour où je commence ces Mémoires, soixante-quatre ans bien comptés.

Mon père le duc de Luynes, fils du duc de Luynes, favori de Louis XIII et acteur dans la terrible tragédie de Concini ; mon père dis-je, fils du duc de Luynes et de Marie de Rohan, plus connue sous le nom de duchesse de Chevreuse qu'elle tenait de son second mari, que sous celui de duchesse de Luynes qu'elle tenait du premier, mon père n'eut point d'autres frères, mais seulement une sœur utérine, mademoiselle de Chevreuse fort connue dans la Fronde par ses amours avec le coadjuteur, devenu plus tard le célèbre et tracassier cardinal De Retz.

Or, soit rivalité, soit froideur maternelle à l'endroit de sa fille, toute la tendresse de ma grand-mère la duchesse de Luynes Chevreuse se reporta sur mon père, auquel elle fit donner par son second mari le duché de Chevreuse, bien qu'il n'y eût aucun droit. Entre nous, nous ne nous en faisons pas accroire sur notre origine, et nous savons à merveille que la maison d'Albert ne remonte pas plus haut que la faveur du roi Louis XIII, faveur conquise par l'adresse qu'avait mon grand-père à dresser les pies-grièches avec lesquelles le jeune roi chassait aux petits oiseaux dans les jardins du Louvre.

C'était donc pour mon père un grand honneur, sans compter le profit, non moins grand, de toucher à la maison de Lorraine même par cette éloignée succession. Pour le mieux ancrer dans le monde, elle lui fit en outre épouser sa sœur consanguine, fille de son père, le duc de Montbason et de cette fameuse duchesse de Montbason qui eut toutes sortes de querelles avec madame de Longueville, et dont la mort mystérieuse et sanglante fut cause que M. de Romée se fit trapiste de simple abbé qu'il était et même plus frivole que ne le comportait l'habit.

On voit maintenant de qui je descends et que mes deux aïeules ont commencé à la manière du Cid de M. Corneille, c'est-à-dire par des coups de maître, l'illustration galante et politique des femmes de notre race : il ne faut donc pas trop me blâmer ; si j'ai marché dans la même voie, je ne faisais qu'y suivre la trace de leurs pas.

Ma mère, en dépit de cette parenté, était une sainte et digne femme ; mon père, plus qu'elle encore, si cela se peut, avait toutes les vertus qui manquaient à la majorité de nos ancêtres. Il résulta de cette double sévérité de mœurs une fidélité conjugale, qui donna naissance à une grande quantité d'enfants que l'on éleva dans des principes de rigidité qui sembleraient très ridicules aujourd'hui, mais qui étaient de mise sous le règne de madame de Maintenon, non pas que je veuille dire que mon père et ma mère aient suivi en cela la mode, mais au contraire leur propre inclination vers le bien.

Le roi lui-même commençait dès l'époque de ma naissance à donner non pas encore l'exemple mais la pente de cette réforme, par les sévères prélats et les savants chrétiens qu'il plaça près de monseigneur.

Mon père n'était pas très riche, et comme ce n'était pas son goût de nous mettre malgré nous en religion, il songea donc à nous pourvoir de son mieux – et à se défaire de nous selon notre condition et malgré les oppositions que la fortune, ou plutôt le manque de fortune, apportait à notre établissement – nous étions belles – et particulièrement moi, j'était plus belle que mes sœurs – disait-on ; nos amis s'efforçaient de prouver que cette beauté, la vertu et les alliances formaient une dot suffisante, et que si pauvres que nous fussions et que le fussions même plus encore, nous pouvions prétendre à tout.

Or il arriva que vers le temps où j'atteignis ma treizième année, un parent de ma mère fut envoyé en mission en Savoie ; il y vit la comtesse de Verrue et son fils pendant sa négociation dont il était chargé. L'occasion s'offrit de parler de moi, je ne sais comment il se fit qu'il traçât de ma petite personne un portrait dont le comte s'exalta, et voilà cet abbé de Léon, il s'appelait ainsi, enchanté de l'idée qu'il m'allait marier par-dessus le marché de son ambassade. La comtesse de Verrue était dame d'honneur de madame de Savoie et veuve ; elle comptait fort à la cour ; elle et son fils étaient riches de leurs biens et de leurs charges. – L'alliance était belle, elle fut proposée à mes parents, qui l'acceptèrent, et quant à moi un beau jour on me prévint de faire faire mes habits de noces et de me tenir prête à partir : on ne se croyait pas obligé naturellement à plus de précautions vis-à-vis de moi.

J'avais treize ans, je ne songeais aucunement au mariage, et le premier chagrin que me causa ce prochain changement dans mon état fut, qu'ayant une grande poupée de ma taille à peu de chose près, que j'avais l'habitude de faire habiller des mêmes robes que moi, je voulais absolument qu'on lui fît un trousseau pareil au mien, ce qui équivalait pour mon père à une fille de plus à marier. – Or, comme nous n'étions pas riches à faire des folies, mon père mit fin à cet enfantillage par un *Je ne veux pas* solennellement prononcé. – La chose à laquelle mon père eût dû raisonnablement s'opposer était que l'on me mariât si jeune, et surtout que l'on m'envoyât si loin. Nos craintes d'exil matrimonial à mes sœurs et à moi n'allaient pas plus loin que la province, quelque château ou quelque gouvernement éloigné avec un voyage à la cour tous les deux ans, des demoiselles, un chapelain et un écuyer pour toute suite. C'était déjà bien dur : mais l'étranger, mais la Savoie, il me sembla que c'était le purgatoire anticipé et je ne m'attendais guère, je l'avoue, à ce que j'y devais trouver.

Je ne hasardai point d'observations à l'endroit du mariage, sachant que je ne gagnerais rien à répliquer. – Je pleurais seule avec ma bonne gouvernante Barbette – qui ne voulait pas me quitter et que j'ai en effet emmenée partout ; – mes parents y consentirent volontiers, et je m'en trouvais bien, car la bonne fille m'a souvent soignée et consolée, et je lui dois la vie ainsi qu'on le verra plus tard. Mais n'anticipons pas sur les événements, il m'en est tant arrivé dans ma vie qu'il est bon de les tenir dans leur ordre, sans quoi je ne m'y reconnaîtrais plus.

On me montra le portrait de M. de Verrue ; il était jeune, bien fait, beau de visage et m'écrivait une lettre toute pleine du désir de me plaire. Ma gouvernante me montra qu'il fallait considérer tout cela et ne plus me désoler si fort. – Or, ma gouvernante ayant plus d'expérience que moi, je la crus, et je me mis à regarder chaque soir ce doux visage que je devais tant aimer plus tard et tant regretter chaque jour de ma vie. Peut-être bien peu de gens croiront-ils cela, c'est cependant le vérité, ainsi qu'on le va voir.

Mes parents, sauf le refus fait d'une corbeille de noces à ma poupée, et M. de Verrue se montrèrent fort généreux envers moi à l'endroit des présents. Ma mère me donna une superbe garniture de point de Venise, qu'elle tenait de la sienne, et où les armes de la maison étaient brodées ; elle passait pour la plus belle que l'on eût vue depuis longtemps. Je l'ai encore. La reine Anne l'avait désirée ; ma grand-mère, très frondeuse on le sait, ne la lui voulut point céder ni échanger à aucun prix, ni pour aucune chose.

M. de Verrue m'envoya les belles pierreries de sa maison : j'en fus tout éblouie, et en regardant d'un œil ces pierreries et de l'autre son portrait, je trouvais les pierreries fort belles, et lui fort beau. – Mes sœurs un soir montèrent dans ma chambre, tirèrent les diamants de leurs écrins, et m'en couvrirent ; j'en étais écrasée, mais si fière que je me trouvai plus grande de toute la tête.

Oh ! ma chère Jeanne, s'écria ma sœur cadette, vous voilà parée comme une reine et bien sûr vous le serez un jour.

J'ai souvent pensé depuis à cette parole.

M. de Verrue arriva la veille du contrat, il se fit annoncer chez mon père par un beau présent sur lequel on ne comptait point ; ma mère me fit alors venir chez elle, et je me souviens de ses paroles, comme si elle les eût prononcées hier.

– Ma fille, me dit-elle, préparez-vous à recevoir ce soir M. le comte de Verrue en qualité de futur époux ; nous avons admis sa recherche, non seulement parce qu'il est riche et de bonne maison, mais encore parce qu'il est honnête homme, pieux, qu'il a de l'esprit et qu'il doit vous rendre heureuse, si vous savez l'être. Vous retrouverez dans madame sa mère bien plus de mérite que dans la vôtre, et une tendresse aussi sincère et aussi éclairée. Remplissez vos devoirs envers elle et envers votre mari. – Soyez très humble servante de la maison de Savoie qui va vous gouverner. – Ses princes sont de grands princes et qui viennent immédiatement après le roi. Oubliez que vous êtes française et aimez votre nouveau pays, ainsi que vous avez aimé celui où vous êtes née : vous ne nous reverrez que de longtemps sans doute. – Souvenez-vous de l'éducation que l'on vous a donnée, et ne nous forcez jamais à déplorer l'amour que nous vous portons. – Nos vœux et nos bénédictions suivront la fille que nous allons perdre ; le meilleur et le plus à souhaiter est que vous ne reveniez jamais.

En écoutant ces paroles, j'avais grande envie de pleurer. Je me contins cependant ; ma mère, toute-puissante sur elle-même, me paraissait si calme, si tranquille, que je ne la crus point émue – et mes larmes se glacèrent sans couler.

Allez maintenant ma fille, ajouta-t-elle, pour finir, et faites-vous parer ainsi qu'il convient ; on vous avertira quand il sera temps.

Je fis une grande révérence et je sortis.

Je retournai dans mon appartement où mes sœurs m'attendaient avec impatience pour savoir de moi quels sont les discours que l'on tient à une jeune fille sur le point de se marier : – pour passer le temps elles avaient paré ma grande poupée, non pas avec mes

Jacqueline.

robes, il y avait quelque différence entre nos deux tailles, qui empêchait mes robes de lui bien aller, mais avec sa plus belle robe et tous mes diamants : en outre ma poupée avait ma coiffure, mes dentelles et se tenait droite en face d'un grand portrait du roi Louis XIII, dont on nous avait gratifiées parce que le peintre avait eu l'idée de faire au fils de Henry IV et au père de Louis XIV un nez camard : or, selon ma grand-mère, mettre ce portrait dans le grand salon eût été manquer de respect à sa majesté, aussi le reléguait-on chez les petites filles. – La poupée devait apprendre à faire la révérence devant le portrait, afin de la faire à M. de Savoie selon les règles et les us du cérémonial.

Pauvre poupée, pauvre Jacqueline – qu'elle était superbe et qu'elle était aimée, – Jacqueline de Bavière rien que cela à cause d'une belle histoire qu'on nous avait lue.

En trouvant ma poupée à mon image et à ma ressemblance, les larmes que ma mère avait refoulées au fond de mon cœur coulèrent le long de mes joues, et bientôt sur celles de Jacqueline que j'embrassai de tout mon cœur et en sanglotant.

– Ah ! ma chère Jacqueline, ma bonne Jacqueline, m'écriai-je – me faudra-t-il vous quitter ?

Mes sœurs en me voyant pleurer – pleurèrent aussi et m'entourèrent de leurs bras,

– Non, ma sœur, s'écria l'aînée *généreusement*, puisque vous partez, vous aurez Jacqueline à vous toute seule.

J'ai besoin d'expliquer cet adverbe *généreusement* que j'ai souligné.

Jacqueline n'était pas à moi seule – mais à mes sœurs et à moi, nous la possédions *indivise*, comme disait l'intendant de Dampierre à propos d'un petit champ appartenant à ses trois fils.

C'est ce qui fit que ma sœur s'écria :

– Vous aurez Jacqueline à vous toute seule, nous vous la donnons.

– Ah ! du moins, répondis-je, je ne quitterai pas tout à la fois.

– Mais tu as un mari, toi, répondit *hargneusement* la seconde de mes sœurs, et nous n'en avons pas, nous. Un mari qui donne de pareils diamants, vaut bien Jacqueline qui ne donne jamais rien, et à qui il faut toujours donner quelque chose.

Les deux adverbes soulignés peignent mes deux sœurs au naturel.

CHAPITRE III

Sur ces lamentations et ces récriminations, Barbette et nos femmes entrèrent pour commencer notre toilette. Il fallut dépouiller la princesse de Bavière à mon profit. En vérité une fois parée de sa dépouille, je n'étais guère plus grande et n'avais pas si bien l'air d'une fiancée. Cependant ma petite personne ainsi vêtue me sembla plus grande de moitié. – Je me tournai dans tous les sens en face de mon miroir. Je fis la révérence au portrait du roi. Je tâchai d'allonger ma queue en me baissant, et de prendre les airs de la duchesse de Richelieu, quand elle nommait les dames à la reine, et tout cela pour que le temps passât plus vite. – Il me semblait que M. de Verrue ne se montrerait jamais.

Enfin on me vint avertir.

Je me sentis d'abord bien intimidée, mais je repris courage en songeant que j'avais comme ma mère une gorgerette de point de Flandres, un corps de jupe et un bas de robe, ce qui faisait nécessairement de moi un personnage. Je suivis l'écuyer de la duchesse qu'on appelait M. de Magloire, et ma gouvernante Barbette, qui m'ouvraient les portes : enfin j'arrivai à la salle du dais où l'on s'était établi selon les usages des grandes réceptions. – Mes conducteurs s'effacèrent.

J'entrai.

Ma mère vint au-devant de moi pendant quelques pas, elle me prit la main pendant que je faisais la révérence, et me mena devant un grand homme maigre, habillé de violet, des cheveux négligés, le nez en bec de faucon – la mine haute et sévère – et l'œil fouilleur et à fleur de tête. – Ce qui lui donnait l'apparence la plus impertinente de monde.

– M. l'abbé de la Scaglia, dit ma mère, voici mademoiselle d'Albert ma fille.

Je ne levais pas les yeux. Je savais que ce monsieur violet c'était l'oncle du comte de Verrue et frère de son père. L'abbé de Scaglia de Verrue, qui venait mener son neveu en France, et le conduire à l'autel accompagné de l'ambassadeur du duc de Savoie et de plusieurs personnes de qualité, ayant l'honneur de lui appartenir. – L'abbé avait une voix voilée qui semblait toujours émue et qui trompait fort ; à l'entendre on l'aurait cru bon. – En le voyant on le croyait moins, en le connaissant on ne le croyait plus du tout.

Au reste je n'en donne ici que le crayon. Nous nous expliquerons plus tard.

– Mademoiselle est bien plus belle que son portrait, dit-il, et je suis sûr aussi qu'elle a beaucoup plus d'esprit que ses lettres. Nous avions cependant été émerveillés de tout cela ; maintenant nous serons plus heureux que nous ne le supposions encore.

C'est mon frère qui m'a plus tard répété ce compliment car pour moi, je n'entendais rien. J'attendais ce qui allait suivre. – L'abbé prit à son tour M. de Verrue son neveu par la main et le mena en face de moi en disant :

– Mademoiselle, voici le plus fortuné des mortels.

Cette manière de présenter un futur époux était au moins hardie : que s'en devait-il suivre ? Le bonheur annoncé viendrait-il réellement ? Hélas l'abbé de la Scaglia n'a jamais passé pour un grand prophète.

Ma révérence cette fois fut moins profonde et fort troublée ; M. de Verrue ne dit pas un mot, J'ai su depuis qu'il m'avait trouvée bien enfant, et qu'il ne s'attendait point à trouver une femme qui ne l'était pas encore. – On m'avait vieillie d'un an auprès de lui : ces révérences et ces préliminaires terminés, nous nous assîmes en cercle, et la conversation commença.

L'obéissance.

L'abbé m'adressa plusieurs questions entortillées de louanges, auxquelles ma mère ne me laissa point le temps de répondre. – Il était évident que l'on craignait ou ma timidité, ou ma hardiesse. – J'étais jusque-là si peu sortie hors de moi-même, que ma mère ne me connaissait point assez pour être sûre de moi. Les soins de la cour, les affaires du monde et mille autres choses ne lui ayant jamais permis de nous suivre et de nous étudier comme elle l'aurait fait sans doute en tout autre état.

M. de Verrue, placé près de moi, me parla enfin, je le regardai pour lui répondre et je restai toute charmée. Il avait alors vingt-deux ans à peu près. – Les plus beaux yeux et les plus beaux cheveux de toute l'Italie, une taille à souhait, un sourire frangé de perles et des mains à servir une reine. – Son habit était du dernier galant ; on y voyait tout le soin de me plaire à moi qui n'avais jusque-là reçu de soins de personne ; ma petite vanité ne fut donc pas peu flattée de ce charmant mari. – J'avais grande envie de le quitter pour l'aller dire, comme faisait M. le chevalier de Guise pendant ses bonnes fortunes, mais on ne sort pas si facilement que cela d'une soirée de fiançailles et de contrat : nous en eûmes jusqu'à dix heures.

Le lendemain fut consacré aux visites de famille. Le surlendemain aux visites des amis particuliers, le jour suivant fut celui de Versailles et de MM. les princes du sang où mon père conduisit partout son futur gendre – ce fut un tourbillon étourdissant – et depuis ce moment jusqu'au jour du mariage je n'eus pas le temps de me reconnaître. J'avais quitté l'appartement de mes sœurs pour prendre avec Barbette celui de madame de Chevreuse. – Lequel ne servait que dans les grandes occasions : ce fut dans celui-là qu'on me para pour la messe qui fut dite à la chapelle de l'hôtel. Le roi n'aimait point que l'on mariât les étrangers chez lui. L'assemblée était nombreuse. L'abbé de Verrue se défendit d'officier par sa parenté proche. Le fait est qu'il n'officiait guère et que son état de prêtre ne l'occupait qu'à ses moments perdus.

Après le dîner, le souper et le reste, le coucher eut lieu suivant les usages habituels, et la chemise nous fut donnée en pompe chacun de notre côté. J'ai toujours trouvé cette manière d'afficher le mariage infiniment plus indécente que les amours cachés sous les rideaux : il est étrange d'annoncer à tous ce que l'on va faire et de donner à chacun la permission de supposer souvent ces idées : les jours et les lendemains de noces sont bien souvent la cause des désordres à venir. Je voudrais voir écrire là-dessus un cours de morale. M, de Cambray en aurait dû parler dans son *Éducation des filles*.

Nous restâmes donc seuls.

Ce fut pour moi une grande nouveauté que d'être débarrassée de mes lisières. M. de Verrue se montra honnête homme et homme d'esprit. – J'étais trop jeune et trop ignorante pour songer à l'amour ou même pour y faire songer. Cependant, j'en suis sûre, celui que j'eus pour lui dans la suite prit ses racines en ce jour-là. – Nous causâmes fort, je n'eus plus peur de lui. – Je lui ouvris mon petit cœur d'enfant. – Je lui promis de ne rien regretter derrière moi en le suivant dans son beau pays d'Italie – d'aimer sa mère autant que je l'aimais lui-même – hélas, j'ignorais combien cette promesse-là me conduisait loin et me coûterait à tenir.

J'étais donc aux yeux du monde, sinon en réalité encore, la comtesse de Verrue ; il ne me restait rien de mademoiselle d'Albert pas même mon nom que notre mariage léguait à ma sœur cadette. On me garda quelques jours encore à Paris, à Versailles et à Dampierre pour me montrer. Ensuite on parla de faire les coffres et le jour de mon départ fut fixé.

M. de Verrue avait amené un fort grand équipage. – Nous devions voyager dans une belle calèche à six chevaux. L'abbé avait la sienne derrière, et une troisième suivait pour mes femmes ; et puis en outre quantité de gens à cheval et même des pages ce qui n'allait en France qu'aux gens titrés, mais ce dont les seigneurs de Savoie ne se privaient point. Je fus embrassée et pleurée de toute ma famille – ma mère et mon père lui-même mirent le decorum de côté et s'attendrirent, mes sœurs fondaient en eau, – et comme j'étais déjà en carrosse, je vis accourir la dernière de mes sœurs, enfant de six ou sept ans, traînant à grand-peine dans ses bras, Jacqueline de Bavière, en habits de gala, les mêmes qu'on lui avait mis les jours de mes noces, avec des cheveux fort épars. – Elle essaya de monter sur le marchepied pour arriver jusqu'à nous, et comme elle n'y pouvait parvenir elle se mit à crier :

– Tenez, madame la comtesse de Verrue, ayez bien soin de Jacqueline, je vous en conjure.

M. de Verrue se récria à son tour demandant ce que signifiait cette entrée.

– Oh ! monsieur, m'écriai-je toute éplorée, c'est Jacqueline.

Jamais on n'eut pris un ton plus tragique pour annoncer la vraie princesse au milieu de ses malheurs.

– Eh, que pouvons-nous faire de Jacqueline en voyage, me dit le comte, le plus gravement du monde, faites-lui vos adieux, madame, et touchons à Turin.

– Monsieur, repris-je, mes sœurs m'ont donné Jacqueline, j'emmène Jacqueline, laissez-moi Jacqueline.

Barbette qui entendait mes cris de sa voiture où elle était déjà montée, sauta à terre, accourut et vit de quoi il était question.

Elle essaya de me faire entendre raison – ce qui était difficile – je serrais Jacqueline contre mon cœur comme eût pu faire la plus tendre mère de son enfant.

– Madame, dit Barbette, monsieur le comte n'a que faire de cet enfantillage-là, songez donc à ce que vous êtes et où vous allez.

Je me mis à pleurer de plus belle. – Mais M. de Verrue alors loin de s'en fâcher fut au contraire touché de ma peine.

– Je ne demande pas mieux que de prendre Jacqueline, madame, dit-il, puisque vous souhaitez si ardemment qu'elle nous suive à Turin. – Seulement, avec votre permission, on la pourrait mettre en un coffre, car il ne me paraît pas absolument nécessaire de l'avoir en carrosse avec nous.

– Dans un coffre, m'écriai-je ! dans un coffre. – Oh ! monsieur, elle sera bien mal dans un coffre.

M. de Verrue ne put s'empêcher de rire et proposa un terme moyen – c'était de mettre Jacqueline dans le carrosse de nos gens.

Je consentis à ce sacrifice par la manière dont il me fut demandé de la bouche et surtout des yeux.

Monsieur de Verrue avait un de ces regards auquel on ne résiste pas.

Jacqueline, bien enveloppée, fut confiée à Barbette qui s'engagea à avoir d'elle le plus grand soin tout le long de la route.

CHAPITRE IV

Pendant la route, l'abbé Scaglia vint souvent dans notre calèche. Il me combla de bonbons, de friandises, et de morale ; l'un ne me plaisait pas plus que l'autre. Il est des gens dont les parfums n'ont point d'odeur – dont les diamants n'ont point d'éclat – dont les soins n'ont pas de charmes. – Ils rendent tout désagréable, même l'amour. – Mon révérend oncle avait la chance d'être un de ceux-là. Mon instinct ne me trompait point.

Quant à mon mari il n'eut qu'un défaut, c'est sa famille – sans sa famille c'était un être parfait. – C'était un homme à se faire aimer des plus rebelles. Sa patience et sa douceur pendant cette longue route, ne se démentirent point un seul instant, et cependant, maintenant que j'y pense, je devais être une insupportable compagne de voyage. Il alla au-devant de mes moindres fantaisies – il prévint mes moindres désirs – il veillait sur mon sommeil, il fut gai, enfant, aimable, jouant avec moi, comme s'il eût eu mon âge. – Il plaça même un beau jour Jacqueline à côté de lui, et comme il me parut qu'il lui faisait trop de tendresses, ce fut moi qui la renvoyai dans la troisième voiture. – Je crois que j'en devenais jalouse.

Tout alla donc pour le mieux, et dès le troisième ou le quatrième jour de route, je ne regrettai plus rien du tout.

Nous traversâmes les Alpes au Mont-Cenis. – J'eus grand-peur dans les gorges de la montagne et bien froid en haut : cependant, malgré cette peur et ce froid, je sortais curieusement ma tête par la portière pour voir ce singulier lac aux eaux froides et noires, et cette neige immaculée des montagnes : enfin nous commençâmes à descendre et ma peur devint de l'effroi, quand je me vis à tous moments suspendue sur des abîmes. – J'ambitionnais bien sincèrement le moment où je serais au fond de cette vallée que je voyais s'ouvrir à deux ou trois mille pieds au-dessous de moi. – J'y arrivai comme on arrive aux choses les plus éloignées – et bientôt s'ouvrit la montagne. – Sur cette splendide plaine où règne Turin, j'étais ravie, ayant toujours aimé les beaux paysages. Mais au contraire de moi, je trouvai mon mari tout triste et tout dolent. Il ne répondait plus à mes plaisanteries, il me reprenait même de ma gaieté ; il fit plus, il rudoya la princesse de Bavière, et comme je lui demandais la raison de tout cela, il me répondit qu'il n'y en avait aucune autre qu'un changement d'humeur. Une de mes femmes que je consultai à un relais de poste, qu'on nommait Marion, et qui était celle que j'aimais le mieux, après Barbette, me dit qu'elle allait étudier cela et qu'à la prochaine halte elle me donnerait son avis sur ce changement.

J'attendais avec impatience.

En effet à la dernière couchée elle accourut toute effrayée dans ma chambre.

– Oh ! ma bonne Marion, lui demandai-je, qu'y a-t-il donc, et d'où vient que tu es si effrayée ?

– Madame, madame, me répondit la pauvre fille, il y a bien du nouveau, allez, et vous n'avez pas tort d'être inquiète.

– Bah ! et qu'est-il donc arrivé ?

– M. le comte vient de donner l'ordre d'enfermer Jacqueline dans un coffre cloué.

– Ah ! mon Dieu, mais un coffre cloué c'est un cercueil.

– Mon Dieu, oui, sans compter le reste.

– Le reste, qu'est-ce que c'est que le reste ? Dites, dites-moi, je le veux.

– Eh ! bien, il paraît que madame la comtesse douairière est perpétuellement de méchante humeur – qu'elle gronde du matin au soir – que M. le comte en a une frayeur épouvantable et que monsieur l'abbé Scaglia se met toujours du parti de madame sa sœur.

– Es-tu sûre de tout cela, Marion ?

– Aussi sûre que de ma mort à venir, madame la comtesse, le valet de chambre de M. l'abbé s'est déboutonné à l'instant même sur toutes ces choses, ce qui ne lui était pas arrivé depuis son départ de Paris.

– Ah ! miséricorde ! que deviendrons-nous alors ?

– Voilà donc pourquoi M. le comte est depuis hier si différent, il approche de sa mère et il en sent déjà l'influence.

À partir de ce moment, j'eus beaucoup de peine à cacher que j'étais instruite : à mon tour, je n'étais plus la même. – Je pris des façons de petite fille en pénitence. Je ne daignai pas me plaindre de l'enlèvement de Jacqueline dont j'enrageais, et je me réjouis à être maussade pour me former.

Oh ! que tout cela est aujourd'hui loin de moi ! Que d'événements depuis lors, que de souffrances, que de larmes, que de craintes, que de sacrifices, que de fautes aussi ! – Je ne puis m'empêcher de m'arrêter complaisamment sur ces derniers moments d'enfance, sur cette limite posée entre deux époques.

Le soir même j'arrivai à Turin, où j'étais reçue en haut des degrés de son palais, par ma belle-mère, madame la comtesse de Verrue.

J'aime peu les portraits, ils sont rarement fidèles : les intentions ne peuvent se peindre. Les gens agissent et se révèlent. Vous verrez madame de Verrue à l'œuvre et vous la jugerez.

Quant à sa figure, c'était une belle et imposante personne âgée de cinquante ans, qui s'était mariée tard, et avait conservé le raide et l'aigre des vieilles filles. – Elle avait un port de tête royal, des yeux fauves qui commandaient, un geste lent mais impérieux, tout ce qu'il faut pour régir et dominer les autres – les enfants surtout. – Elle ne s'en fit point faute – et nous non plus de lui obéir.

Elle m'embrassa froidement et en vraie belle-mère. – Mon mari lui prit la main et en approcha ses lèvres plutôt qu'il ne la baisa – et il me parut qu'il tremblait. – Un regard à la dérobée qu'il me jeta fit que je me demandai si c'était pour lui ou pour moi ; – plus tard, je vis bien que c'était pour tous deux. – L'abbé reçut un signe d'amitié auquel il répondit par un salut hautain : ils ne s'aimaient pas, je le comprenais dès cet instant : mais ils se ménageaient, je le compris ensuite.

– Soyez la bienvenue, madame, me dit-elle, quoique vous vous soyez fort fait attendre.

– Madame, les chemins étaient mauvais et ne secondaient pas notre impatience, avança mon mari pour nous excuser.

– C'est égal, reprit la douairière, vous avez été quatre jours de trop en route, on pouvait venir plutôt, Madame Royale me le disait encore hier au soir.

– Lorsque l'on joue par les sentiers, dit l'abbé, on peut s'oublier quelque fois.

– Qui donc a joué ? demanda madame de Verrue, d'un air enflammé.

– C'est moi, madame, dit vivement le comte.

– Ce sont eux, ajouta le bon abbé.

– Oh ! oh ! quel empressement à venir rejoindre sa mère – je m'en souviendrai.

Le comte de Verrue baissa la tête et n'eut garde de répliquer. J'étais encore plus étonnée et plus interdite que lui, attendu que la chose m'était plus nouvelle : – mon père et ma mère si rigides et si réguliers n'eussent jamais parlé ainsi à aucun de nous.

Cette maison grande, immense, sombre, avec son dallage et en degrés de marbre, me glaçait le cœur ; – on portait devant nous des torches fumeuses qui nous éclairaient de près, mais qui laissaient dans l'ombre ces immenses galeries et les rendaient véritablement effrayantes. Madame de Verrue marchait près de moi et m'examinait comme une marchandise achetée ou un cheval de parade que l'on doit monter le lendemain. Elle entra la première dans une salle immense où se trouvaient réunies vingt ou trente personnes toutes parentes à un degré plus ou moins éloigné de la maison de Verrue, auxquelles on me présenta et auxquelles il me fallut faire la révérence. – Je trouvai les costumes étranges et les airs sérieux : on eût dit des portraits de famille ayant reçu de l'intendant du château la permission de descendre momentanément de leurs cadres. C'étaient presque tous, au reste, des gens de la plus haute qualité et tenant les premières charges de la cour. – Ma belle mère était elle-même dame d'honneur de Madame de Savoie – encore régente ou du moins en ayant gardé l'autorité, – ce qui donnait à madame de Verrue un grand crédit dont elle usait largement, moins pour servir ses amis que pour nuire à ceux qui ne lui plaisaient pas.

Je ne remarquai point complètement ce jour-là les gens auxquels on me présentait ; mes regards s'embrouillaient, tant ma belle-mère me faisait peur avec ses grands yeux roux ; à chaque personne devant laquelle on me conduisait, on me nommait cette personne et l'on me disait :

– Saluez, comtesse, c'est monsieur votre oncle ; – saluez, comtesse, c'est madame votre cousine.

Oh ! que j'en avais, mon Dieu, de ces oncles et de ces cousines à révérencer ; cela dura plus d'une heure et demie. Je mourais de faim et je me sentais une irrésistible envie de pleurer. – Mon mari nous suivait comme un enfant attaché à nos jupes. – Il me sembla bien petit et je ne sais par quelle folie de petite fille ou de femme imbécile je m'y attachai fortement à cause de cela et plus que je n'eusse fait, peut-être, s'il avait commandé dans toute cette assemblée au lieu d'obéir. Cependant je tournais un œil d'envie vers un buffet chargé de glaces et de fruits dont tous les autres s'approchaient, excepté moi, en honneur de qui il était dressé ; c'était un vrai supplice de Tantale.

J'eus alors un mouvement de révolte et je ne comprends pas encore comment je m'y décidai ; je laissai mon septième cousin issu de germain planté comme un piquet au milieu de la salle et je m'en allai droit au bout de cette grande pièce où se trouvait un gentilhomme fort propre et fort bien posé debout en face des plateaux et des verres, et je lui demandai de me servir ; il s'empressa de me présenter une orange, et je ne sais plus quoi, dans la plus belle argenterie que l'on pût voir. Ma belle-mère me regardait stupéfaite, et je suis sûre que d'après ce trait elle me crut capable de tout. Il la mit en garde contre moi et fit qu'elle se prépara à un gouvernement rigoureux comme étant la seule manière de me conduire. J'ai peut-être dû à cet ami que m'avait fait mon estomac besogneux le malheur de toute ma vie.

Lorsque j'eus dévoré mon orange et ce je ne sais plus quoi qui l'accompagnait, je retournai vers madame de Verrue qui m'attendait, avec une bouche sans lèvres à force de les mordre.

– Je ne sais, madame, me dit-elle, si à la Cour de France on a l'habitude de ne point rendre les saluts que l'on reçoit de ses parents. Mais à la Cour de Turin, nous tenons à ces choses-là, je vous en avertis.

L'abbé Scaglia fit une mine et un geste qui signifiaient :

– Que vous avais-je dit ?

Je ne sais ce qui serait arrivé si les officiers n'avaient annoncé le souper, annonce qui me fit pousser un grand soupir de joie. Je trouvai la grandeur fort lourde à supporter et j'envoyai un regard fort tendre en arrière vers ma petite chambre de jeune fille, mes sœurs, nos bons rêves et notre liberté !

Nous passâmes dans la salle à manger et ce fut encore une grande affaire que de nous attabler selon les règles de l'étiquette.

Le repas fut interminable – il était servi avec une magnificence encore plus princière que dans nos grandes maisons : la noblesse de Savoie n'était point épuisée comme la nôtre par les guerres de la Ligue, par les échafauds de monsieur de Richelieu et par les combats de la Fronde : – elle n'était pas déshonorée par des mésalliances et beaucoup d'entre elles pouvaient puiser à même des trésors amassés pendant des générations.

Enfin nous nous levâmes et l'on songea à rentrer chacun chez soi. Je fus conduite en cérémonie à l'appartement d'honneur ; ma belle-mère me le cédait, et elle eut soin de me faire savoir que je devais lui rendre cet honneur en obéissance.

Et cependant il me fallut chercher le sens des paroles bien plus dans le ton où elles furent dites que dans le texte matériel.

Que l'on en juge ; voici les propres paroles de ma belle-mère :

– Je ne suis rien dans cette maison à dater de ce jour, me dit-elle, et c'est vous qui y commanderez.

Puis, comme je fis un mouvement :

– Je ne vous refuserai pas mes conseils, ajouta-t-elle, et quand je vous les donnerai, je vous demande de vouloir bien les suivre : je connais ce pays, – je le connais bien, vous l'ignorez, vous êtes bien jeune et je suis vieille, il y a donc de grandes raisons pour que je sache mieux que vous ce qu'il y a à faire.

J'étais interdite, je ne savais que répondre, mon mari vint à mon secours.

– Madame de Verrue sera trop heureuse de vous obéir comme moi, ma mère, dit-il, et vous trouverez en elle la même soumission, la même déférence que vous avez toujours trouvée en moi.

J'étais surprise à un point que je ne puis rendre ; tout ce que je voyais me confondait : cette magnificence, cette richesse à côté d'un esclavage sans appel, me paraissait une singulière condition à prendre malgré ma jeunesse. Je comprenais que ce n'était pas pour monsieur de Verrue la véritable attitude. Je le sentais gêné devant moi, il devait l'être encore bien plus devant les autres. J'avais hâte d'être seule avec lui pour m'expliquer : il suivit sa mère ; mais je comptais le voir revenir. – J'attendis quelque temps debout et levée ; puis minuit ayant sonné, mes femmes me déshabillèrent. Je gardai Marion près de moi ; elle me mit au lit ; nous causâmes jusqu'à près de deux heures du matin. À deux heures du matin la pauvre fille tombait de lassitude. Je la renvoyai. Je luttai encore quelques instants contre le sommeil. Enfin mes yeux se fermèrent malgré moi.

M. de Verrue ne vint pas.

CHAPITRE V

Le lendemain à mon réveil je regardai tout autour de moi.

J'étais seule, bien seule.

Je sonnai, Marion entra et donna du jour. La matinée était déjà assez avancée ; c'était le temps où je dormais bien, le sommeil comme l'estomac réclamait ses droits et souvent ma tête tombant, malgré moi, sur ma poitrine, me valut de la part de ma belle-mère un regard aussi sévère que celui qui m'avait valu ma visite au buffet et mon indiscrète demande au gentilhomme qui m'avait donné une orange.

Marion regarda autour d'elle avec autant de curiosité, au moins, et plus d'inquiétude que je n'avais fait, puis elle s'approcha de mon lit sur la pointe des pieds, comme si elle craignait que l'on entendît le bruit de ses pas, et d'un air fort mystérieux elle m'apprit qu'il y avait dans le palais un appartement presque semblable au mien, dans lequel il existait jadis des portes de communication avec celui que j'habitais, mais qu'avant notre arrivée la douairière de Verrue avait fait murer les portes depuis la première jusqu'à la dernière.

– Ah ! madame, me dit la pauvre Marion d'un air tout effarouché, vous allez être ici bien plus petite fille qu'à l'hôtel de Luynes.

– Comment devines-tu cela ? Marion, lui demandai-je.

– Oh ! madame, je ne devine point et ma pénétration n'est pas si grande : – je le sais par les gens de la maison. – Madame la comtesse douairière n'attend plus que rien lui résiste, elle veut commander en souveraine et M. le comte est le premier de ses domestiques.

– Eh ! moi, donc, m'écriai-je ?

Puis les larmes aux yeux, – oh mon Dieu, mon Dieu, continuai-je, que je vais donc m'ennuyer ici. Si je pouvais seulement demeurer enfermée dans ma chambre. Mais non, il me faut être prête pour le déjeuner, m'habiller ensuite en grand habit pour aller à la Cour saluer Madame Royale et M. le duc de Savoie.

– Que voulez-vous, madame, – on n'est pas mariée pour s'amuser.

– Oh non, va, je t'en réponds, ma pauvre Marion ; maintenant tu sais quelle jupe, quel bas de robe, quelles pierreries il me faut, prépare-moi tout cela – et rapporte-moi Jacqueline, cela me consolera un peu. – Je lui parlerai de la France. – Oh ! mon Dieu, que n'y suis-je encore dans ma pauvre France !

– Barbette est-elle levée ?

– Je crois que oui, mademoiselle.

– Qu'elle vienne aussi alors.

Marion sortit pour m'obéir.

J'avais remarqué que ma pauvre Barbette m'évitait depuis le commencement du voyage. – J'ignorais la raison de cette apparente indifférence. – Je l'ai su depuis ; cette excellente femme se gardait pour les mauvais jours. – Elle craignait de se mettre en influence étrangère entre mon mari et moi ; – elle prévoyait de longues douleurs pour la jeune fille éloignée de tous les siens, livrée à des inconnus. – Mais avant de donner ses conseils elle voulait savoir comment les diriger. – Aussi ce matin-là ne parut-elle encore que pour s'informer de ma santé et pour inspecter ma parure ; en vain je lui adressai mille questions. – Elle se renferma dans des réponses courtes et banales lorsque sa sollicitude fut satisfaite.

– Mais M. de Verrue, mais M. de Verrue, répétais-je impatientée, ne l'apercevrais-je donc point ! va me le chercher, Barbette, va lui dire que je l'attends.

Trois fois j'envoyai inutilement ; enfin à la quatrième ambassade

Barbette revint me dire que le comte était chez sa mère et me viendrait visiter en la quittant.

– Toujours sa mère, Barbette, – mais enfin, il n'est pas le mari de sa mère.

– Monsieur le comte a sans doute des affaires importantes à traiter avec elle, me dit Barbette. – Il faut un peu songer à cela, madame, et ne pas vous tourmenter afin de ne pas le tourmenter lui-même.

Hélas, j'avais peu de cette vertu si nécessaire aux femmes dans ma condition surtout. J'étais vive, emportée, jalouse, mais jalouse à faire honte aux tigres. J'ai été ainsi tant que j'ai eu des passions ; mais depuis bon nombre d'années déjà j'en ai perdu jusqu'à la moindre trace, et je suis tentée de rire de mes fureurs de ce temps-là : pauvre folle, s'agiter ainsi pour arriver à travers des douleurs sans nombre à quelques minutes de joie, si vite passées, que lorsqu'on les revoit de loin elles n'apparaissent que comme des éclairs.

C'est qu'en ce temps-là j'aimais déjà M. de Verrue d'un sentiment assez fort pour annoncer ce qu'il deviendrait plus tard, et pour développer chez moi le penchant à la jalousie, auquel j'ai dû peut-être toutes mes erreurs. Je séchais donc d'impatience et de colère en face de cette usurpation de mon bonheur, et j'allais peut-être faire une autre équipée dans le genre de la veille, aller chercher moi-même M. de Verrue jusque chez sa mère, lorsque enfin il parut.

– Oh ! m'écriai-je – vous voilà, c'est bien heureux.

Il me baisa froidement au front. – Je fis signe à Barbette et à Marion de nous laisser seuls. Il se promenait par la chambre et me semblait très embarrassé. – Je le regardais aller et venir en lui adressant tout à la fois vingt questions. – Mais lui marchait toujours sans me répondre.

– Mais, Monsieur, expliquez-vous donc, continuai-je, tout en chiffonnant Jacqueline, qui n'en pouvait mais et sur qui je passais le trop-plein de ma colère. – Pourquoi ne vous ai-je pas vu depuis hier ? Pourquoi madame votre mère qui m'a déclaré maîtresse au logis, a-t-elle retenu sur vous l'autorité de nous séparer ? – que lui ai-je donc fait ? dites.

– Chère comtesse, me répondit mon mari, il faudra rentrer la princesse de Bavière.

– Pourquoi cela, je n'ai qu'une amie et vous voulez m'en séparer.

– J'en suis désolé, mais il faut qu'elle habite un de vos cabinets les plus reculés où vous et moi pénétrions seuls. – Je le veux bien, j'y consens de grand cœur ; mais gardez qu'elle soit vue même de vos femmes italiennes.

– Pourquoi ?

M. de Verrue se mit à rire.

– Pourquoi, oui, pourquoi ? Je vous demande pourquoi ? Mon Dieu, pourquoi, je vais vous le dire chère comtesse, parce qu'en Piémont les femmes mariées ne jouent point à la poupée.

– Et que font-elles donc ?

– Il fallait demander cela à votre mère, elle vous l'aurait dit.

– Eh ! bien, cela suffit, monsieur, si je ne lui ai demandé de vive voix, je le lui demanderai par écrit ; – d'ailleurs il ne s'agit point ici de Jacqueline. Il s'agit de vous. Il s'agit de votre changement à mon égard. Me croyez-vous assez petite fille pour ne pas le remarquer, pour n'en pas deviner la cause ? – Madame votre mère ne m'aime pas ; – madame votre mère veut vous empêcher d'être avec moi ; – madame votre mère veut être la dame de ce palais et veut que je sois moi la très obéissante de sa grandeur. – Eh ! bien cela ne sera pas, entendez-vous, monsieur le comte, sa grandeur qu'elle la garde, je n'y tiens pas, j'aimerais mieux plus de liberté. – Mais vous, vous, vous êtes mon mari, je suis votre femme, c'est moi que vous devez aimer et non pas votre mère. – C'est de moi que vous devez vous occuper et non pas de votre mère, et, – à moins que vous n'ayez pris votre parti de me rendre bien malheureuse, – vous allez être avec moi comme vous étiez à Paris, comme vous étiez au commencement et non à la fin du voyage. – Le voulez-vous ?

Je n'ai jamais vu d'homme plus embarrassé que ne le fut le pauvre comte à cette échappée conjugale. – Il allait peut-être, cependant, essayer de s'expliquer avec moi, de me dire des choses que je n'eusse pas aperçues pour le moment, mais qui seraient restées dans mon esprit et que j'eusse appréciées plus tard, lorsque madame de Verrue entra précédée de son écuyer ouvrant les portes devant elle et suivie de deux demoiselles.

Elle était en grand habit et partait pour la Cour.

Je ne songeai pas même à m'excuser de ne l'avoir point vue encore, de ne lui avoir point encore rendu mes devoirs du matin ; elle m'était en ce moment parfaitement odieuse et je lui aurais plutôt jeté à la tête des injures que des compliments.

– J'espère, *ma fille*, dit-elle en entrant, que vous serez bientôt prête, et, que vous ne ferez point attendre son Altesse Royale. Je me rends au palais, mais je vous préviens que dans deux heures il faut m'y avoir rejointe.

Ce mot, *ma fille*, fut lancé comme une pointe, et le *il faut* acheva la signification.

Si j'avais eu seulement trois ou quatre ans de plus – j'aurais mieux compris ; – j'aurais répondu au lieu de me taire et j'aurais sauvé peut-être mon avenir.

Mais que voulez-vous à treize ans et demi ?

Je gardai donc le silence, soit que je ne susse quoi lui répondre, soit que je craignisse de lui répondre trop irrespectueusement.

Dans le moment de silence qui suivit la recommandation, les regards de ma belle-mère tombèrent sur ma pauvre Jacqueline, et je vis frissonner mon mari qui suivait avec anxiété des yeux les yeux de la comtesse. La douairière marcha vivement vers le canapé où était couchée l'innocente princesse, et la soulevant, d'un air de mépris – elle me demanda si je comptais avoir bientôt une fille.

Jacqueline (bis).

– La précaution est bonne, continua-t-elle, et prouve que vous réfléchissez : apporter de Paris des jouets pour vos enfants lorsque vous vous mariez à peine ; – allons, allons, je vois que vous ferez une excellente mère, tant mieux pour mes petits-fils. En attendant, ajouta-t-elle en se retournant vers un page, emportez cela dans quelque chambre écartée, et qu'on enferme ce joujou jusqu'à ce qu'il en soit besoin.

La manière dont on traitait Jacqueline me fut plus sensible que la manière dont on m'avait traitée.

– Mais, madame, m'écriai-je, ce joujou n'est pas la poupée de mes futurs enfants, c'est la mienne, et je ne veux pas que l'on y touche.

– Votre poupée, à vous, – allons donc, ma fille ; – n'essayez pas de nous donner à garder de pareilles billevesées – ou je croirais que vous vous moquez de moi.

Puis se retournant avec un air de reine :

– Que l'on fasse ce que j'ai commandé, dit-elle. – Emportez la poupée.

Le ton de madame de Verrue n'admettait pas de réplique. – On prit, on emporta la princesse de Bavière, et je ne l'ai jamais revue.

Dieu sait ce qui est arrivé à la pauvre Jacqueline.

Si j'insiste, comme je le fais, sur cette circonstance en apparence si futile, c'est qu'elle eut sur le reste de ma vie une influence grave, c'est qu'à tout prendre ce coup de volonté de ma belle-mère fut le premier jalon de la haine qui, à partir de ce jour-là, s'établit entre nous. En m'enlevant ce dernier gage de l'affection de mes sœurs, ce souvenir de mon enfance si cher, en me faisant entrer dans ma vie de femme, par la porte des larmes, elle me blessa vivement : elle me montra sa résolution de ne me ménager jamais, de me courber à son joug, de me priver enfin, l'un après l'autre, de tous mes bonheurs.

Je ne fus point de mon côté assez habile à dissimuler cette haine, à cacher cette disposition à la résistance, et de ce jour le dernier mot de l'indulgence fut dit entre ma belle-mère et moi.

Et voilà comment un grain de sable devient un écueil.

Nous allons maintenant laisser un peu ce qui me concerne pour nous occuper de la Cour de Savoie ; – de ce qui s'y passait alors ; – des différents personnages que l'on y voyait et surtout du grand prince qui tenait alors le trône du Piémont.

CHAPITRE VI

Victor Amédée II, que nous appelions en France Monsieur de Savoie, commençait à peine alors ce règne si glorieux qui rendra son nom immortel. Il était encore sous la tutelle de Madame Royale sa mère dont nous allons parler d'abord. Car Madame Royale était alors la principale figure de la Cour de Savoie ; elle avait pris ce titre de *Madame Royale*, je ne sais trop pourquoi, car elle n'était point fille de roi, mais bien de ce charmant duc de Nemours, que toutes les femmes adoraient au temps de la première régence, ce bon temps où l'on s'occupait du matin au soir à se battre et à faire l'amour, où l'on changeait de parti en changeant d'amant ou de maîtresse, et où l'on soupait ensemble sans compter le reste, sauf à s'envoyer le lendemain une arquebusade en recommandant surtout de ne pas tirer au visage, car on tenait bien plus à ses yeux qu'à ses jours, et un homme défiguré n'avait plus rien à espérer de la fortune. Monsieur de Nemours se battit avec son beau-frère monsieur de Beaufort qui le tua bel et bien d'un pistolet chargé de trois balles sans s'inquiéter de la parenté. Il laissa deux filles, dont l'une épousa Monsieur de Savoie fils de Madame Christine de France, – et l'autre Don Alphonse VI, roi de Portugal. – Cette dernière était une personne entendue. Il se trouva que son mari n'était capable d'être à son gré ni mari ni roi. – Elle fit casser le mariage, relégua Don Alphonse dans un couvent et épousa le propre frère de ce déposé héritier du trône ; ce qui fit qu'elle y gagna de garder la même couronne et d'avoir un autre mari.

Les deux sœurs s'aimaient fort ; – elles avaient dès longtemps formé le projet d'unir leurs enfants, et leurs États le plus possible.

Madame Royale régente, la reine de Portugal toute-puissante chez elle, résolurent de marier Victor Amédée à l'infante de Portugal supposée héritière, par conséquent de lui donner un royaume à peine avait-il quinze ans. Le Conseil de régence y fit d'abord quelques difficultés ; ce Conseil, composé d'après le testament du feu duc, renfermait des hommes intègres, savants et capables, parmi des médiocrités. L'archevêque de Turin, le chancelier Buschetti, le marquis Dubourg, l'abbé d'Aglié, le marquis de Saint-Maurice, le président Zucchi, Don Gabriel bâtard de France, étaient des gens aussi attachés à la Maison Ducale que dévoués aux intérêts du pays. Ils voyaient avec peine leur duc les quitter pour s'établir à Lisbonne, le vœu de madame Jeanne Baptiste leur semblait dangereux à réaliser, lorsque Louis XIV fit témoigner qu'il verrait cette union avec plaisir. Un prince de Piémont, petit-fils de Henry IV, comme lui, valait assurément mieux en Portugal qu'un infant d'Espagne de la Maison d'Autriche.

Tout fut donc convenu, malgré une loi formelle de Portugal, appelée *L'Amigo*, laquelle défend qu'une infante héritière puisse épouser un étranger. On trouva un biais ; il fut déclaré que le duc de Savoie ne l'était point. En remontant jusqu'en 1580 on prouva que Henry de Portugal fils du grand Emmanuel et frère de Béatrix, duchesse de Savoie, était par conséquent son héritier, au même degré que Philippe II roi d'Espagne, et devait comme lui prétendre au trône de Portugal ; il eut le bon esprit d'y renoncer pour ne point se brouiller avec la Maison d'Autriche, malgré le désir et les vœux des Portugais. Mais Victor Amédée, son arrière-petit-fils, avait donc les mêmes droits et n'était point compris par conséquent dans l'exclusion étrangère. En politique, comme en amour, lorsqu'on veut quelque chose fortement on a toujours moyen d'écarter un obstacle et de rendre vrai ce qui est faux, encore bien plus facilement faux ce qui est vrai.

Le plus opposant à cette mécanique était le principal auteur, le jeune duc lui-même. L'idée d'aller régner en Portugal ne lui

Madame la Régente.

convenait pas ; il fallait quitter ses sujets, son pays, et surtout son premier amour, celui qui devait plus tard reparaître encore d'une façon si étrange, la marquise de Saint-Sébastien, alors jeune et belle, alors dans tout l'éclat de cet esprit terrible d'intrigues et d'ambition qui lui fit jouer un si grand rôle.

Ce motif il ne l'avouait point, il en donnait mille autres, excepté celui-là, il prenait Madame Royale par sa tendresse même, par celle qu'il lui portait. Elle en était fort attendrie sans cependant se sentir ébranlée, la couronne chatoyait à ses regards et les rayons aveuglaient même son cœur. Victor Amédée annonçait déjà le caractère de ténacité qu'il montra depuis, qui domina lui-même et les autres. Il commença par gagner du temps, puis il chercha des prétextes, il ne refusa pas directement, il louvoya. Madame la Régente était patiente d'abord, commença à vouloir être obéie, elle parla haut, elle dit qu'elle était régente et mère ; le jeune prince ce jour-là joua franchement avec elle et démasqua ses batteries.

– Vous êtes ma mère et j'en suis heureux, madame, lui dit-il d'un ton, où, pour la première fois, le respect le cédait à la volonté, mais vous n'êtes régente que parce qu'il ne me plaît pas de régner encore. J'ai bientôt seize ans et depuis l'âge de quatorze ans je suis majeur, c'est donc vous annoncer que cet argument, du moins, n'a pas de force en ce moment.

La duchesse le regarda effrayée.

– Quoi donc, lui dit-elle, qu'est-ce cela ?

– C'est, madame, que je ne veux pas épouser l'infante, puisque vous me le demandez, c'est que je ne veux point quitter ces peuples qui m'aiment et que j'aime. C'est que les États héréditaires de la Maison de Savoie doivent être gouvernés par l'aîné de la Maison de Savoie et que je ne faillirai point à ma Maison.

– Cependant, mon fils, cette alliance est belle, elle est inespérée, elle comble mes vœux les plus chers, je ne comprends point cette résistance ; pour la première fois vous me parlez ainsi ; cette rébellion ne vous est pas naturelle, elle ne vient pas de vous.

– Ce que vous appelez une rébellion, madame, et ce que j'appelle mon droit, ne m'a été inspiré par personne, elle vient de moi et de nul autre. Je suis encore l'enfant qui à dix ans prit lui-même le collier de l'Annonciade, au lieu d'attendre qu'il lui fût donné. C'est assez vous dire.

– Mais, monsieur, la France, Louis XIV...

– Madame, vous êtes française et vous avez plus de respect pour Louis XIV qu'il n'appartiendrait à la duchesse de Savoie. Moi, je suis italien, je suis prince souverain, indépendant, je n'ai relevé jusqu'ici que de Dieu et de vous ; j'espère, à l'avenir, ne relever que de Dieu et de mon épée.

Madame de Savoie était trop fine pour insister. Seulement à dater de ce jour elle réfléchit, elle sentit à merveille qu'elle ne conduirait point son fils comme elle l'avait supposé, qu'il lui résisterait d'abord sourdement et entre eux deux, pour lever plus tard l'étendard de la révolte et se diriger à sa fantaisie. Malgré son désir extrême de réaliser ce projet si chéri, elle se demanda si la confiance et la tendresse de son fils ne valaient pas un grand sacrifice et si mieux n'était pas de régner en Savoie quelques années encore tranquillement, que d'aventurer ce pouvoir et de rester en suite dépossédée de tout.

Cette résolution une fois prise, restait l'embarras des promesses faites, restait surtout la France dont la volonté s'était prononcée ; il fallait, à force d'adresse, pallier ces difficultés diverses et ne point payer les morceaux brisés. Madame Royale était de ces personnes qui se décident vite et qui savent choisir leurs moyens ; elle en imagina un qui lui fit honneur parmi les politiques, que l'on connaît peu et que l'histoire n'enregistrera probablement pas. Je tiens tous ces faits de Victor Amédée lui-même.

Elle fit prier le lendemain monsieur son fils de passer chez elle en sortant de la messe, elle voulait l'entretenir de choses importantes. Il vint avec cette même cuirasse qu'il avait mise dans ses décisions. En le voyant ainsi résolu elle ne put se défendre d'un étonnement nouveau. Ce chétif enfant devenait un homme, cet enfant si cher, qu'elle avait failli voir mourir entre ses bras, victime de sa tendresse aveugle et des remèdes extravagants qu'il avait pris. Depuis sa naissance jusqu'à l'âge de neuf ans, on croyait à chaque instant le voir s'éteindre. La duchesse consulta les plus célèbres médecins de l'Europe, et fit les uns après les autres tous les remèdes qu'ils ordonnaient : le jeune prince s'éteignait, lorsqu'une fois Don Gabriel son oncle, le bâtard de son aïeul, qui l'aimait fort, vint trouver Madame Royale et lui proposa un homme fort inconnu, qui l'avait guéri d'une maladie d'estomac fort grave, avec des soins et un régime tout particulier.

– C'est un parfait, un excellentissime docteur qui n'a point de réputation parmi les savants, mais qui en a une grande à Turin parmi le peuple, je vous en réponds. Madame, vous savez combien j'aime monsieur mon neveu, combien je suis occupé de sa santé si précieuse et vous me croirez quand je vous dirai de me croire ; essayez mon *Petechia.*

Madame de Savoie, enchantée de découvrir encore un médecin qu'elle n'eût pas consulté, et confiante comme monsieur Argan aux oracles de la faculté illustrissime, Madame de Savoie, donc, demanda le *Petechia* à grands cris ; Don Gabriel le tenait tout près et le présenta le soir même. Il examina, regarda, retourna le petit malade et pour toutes drogues, pour tout séné et élixir, il lui fit manger au lieu de la bouillie, ces excellents petits pains en bâtons, appelés à Turin *grissini.* En deux mois de temps, les remèdes écartés, les *grissini* en faveur, le poupon royal redevint fort et vigoureux et promit cent ans de vie. Par reconnaissance le duc Amédée a conservé pour ces pains un goût tout particulier, il n'en mangeait guère d'autres.

Ce bon *Petechia !* nous le retrouverons souvent ; j'avais en lui un ami véritable et dévoué au prince à un point inconcevable.

– Je lui ai sauvé la vie, madame, me disait-il, les misérables le tuaient. Je crois que c'est mon fils, que je l'ai mis au monde, j'ai pour lui la même tendresse et quelquefois il me semble, en dépit de sa naissance, que le respect n'est pas le plus fort.

Madame la Régente se voyait donc appelée pour la première fois, après la conversation que j'ai rapportée, à compter avec son fils. Elle le reçut avec un cérémonial inaccoutumé, dont il feignit de ne pas s'apercevoir afin de ne le point refuser et de ne pas faire de remerciements.

– J'ai beaucoup réfléchi depuis hier, mon fils.

– J'en suis heureux, madame, vous êtes trop sage pour que vos réflexions ne soient pas salutaires.

– Vous êtes fort décidé, monsieur, et fort volontaire à ce qu'il paraît.

– Madame, je m'essaye à ce que je dois être un jour, à commander aux autres ; pour cela je commande à moi-même, n'est-ce pas le meilleur moyen ?

– Vous commandez à vous-même !… cependant en cette circonstance vous me résistez, vous refusez une couronne, parce qu'une fille ambitieuse et coquette s'amuse à faire naître vos jeunes désirs afin de vous rendre un instrument qu'elle gouverne et qu'elle conduise. Ne croyez pas me tromper, je suis votre mère, je suis la maîtresse à Turin, je sais tout, on ne me cache rien.

Le pince rougit en se voyant découvert, mais il ne se déconcerta point.

– Eh ! bien ! madame, demanda-t-il, qu'aviez-vous donc à me dire ?

C'était lui montrer qu'elle n'avait point parlé jusque-là ou du moins que ses paroles étaient oiseuses ; elle le comprit, mais en cette entrevue chacun jouait au plus fin.

– Je voulais en effet vous parler, monsieur, j'avais à cœur de vous satisfaire, et puisque absolument ce mariage avec votre cousine vous déplaît, vous ne le ferez point.

Le duc s'inclina.

– Je n'avais pas besoin des paroles de Votre Altesse pour en être sûr.

C'était encore une manière de repousser sa mère que celle-ci dut avaler avec le reste. Il ne lui laissait même pas la permission de lui accorder une grâce, il la prenait lui-même.

– Je ne sais si vous étiez aussi sûr que vous le croyez, monsieur, mais les moyens d'exécution m'appartiennent, je pense, et vous me ferez l'honneur d'en convenir.

Le prince s'inclina encore, mais en silence cette fois.

– Vous plaît-il de le reconnaître ? et voyant qu'on ne lui répondait point :

– À vos ordres, madame.

– Il nous faut être contraints, puisque notre parole est engagée, n'est-ce pas ?

– Votre parole, oui, madame.

– Soit, mais ma parole c'est la vôtre jusqu'à présent, c'est celle du duc de Savoie, ne l'oubliez pas. Il nous faut donc être contraints, et pour l'être honnêtement, nos sujets seuls peuvent en prendre la charge.

– Je le pense comme vous.

– Soyons donc contraints alors. – Le roi de France ne nous pardonnerait pas, et il est bien notre proche voisin, il est fort, il est redoutable !

– Je n'aime pas le roi de France, ma mère ; il a l'insolence du succès parce qu'on ne sait pas le combattre : laissez-moi, bientôt j'y essayerai.

– Ah ! prenez garde, c'est une émulation de gloire, je n'en doute pas pourtant !

– Je n'ai pas encore régné par moi-même, madame, attendez de me voir à l'œuvre pour vous épouvanter.

Repoussée de toutes parts, la Régente se renferma dans le projet qu'elle avait conçu ; elle le présenta à son fils sous toutes les faces, avec une clarté, une mesure dont il ne put s'empêcher de la louer ensuite. Il l'approuva complètement et raisonna longuement avec elle à cet égard. Les rôles furent distribués : excepté elle et lui, les acteurs étaient de bonne foi et agirent de conscience, convaincus qu'ils étaient entièrement libres et qu'ils obéissaient à leurs propres sentiments.

Monsieur de Savoie fit en cette occasion son apprentissage politique dirigé par son habile maîtresse et par son habile mère ; il était là à bonne école. Ces événements se passèrent un an seulement avant mon arrivée et j'en ai eu tous les détails les plus précis par les dupes et par les dupeurs. Les courtisans qui conduisaient cette affaire en ont gardé d'eux-mêmes une opinion telle qu'ils s'en font gloire encore aujourd'hui et leurs enfants encore après eux. Monsieur de Savoie en riait encore souvent longtemps après.

– Ils croient m'avoir forcé, me disait-il, ils croient à la faiblesse que j'ai montrée, les niais ! Qu'ils se soient laissé tromper alors, cela s'explique, mais qu'aujourd'hui ils ne me connaissent pas mieux ! pensent-ils donc qu'un homme comme moi s'élève tout d'un coup ?

CHAPITRE VII

Vers la fin de 1680 les États de Portugal envoyèrent solennellement leur adhésion au mariage. Quand cette nouvelle se répandit dans Turin, – c'était quelques jours avant la conversation que j'ai rapportée, – quand, dis-je, cette nouvelle se répandit dans Turin, l'alarme fut dans tout le pays. – On voyait la façon dont les vieux rois Espagnols gouvernaient Naples et Milan et l'on comprenait ce que devait attendre le Piémont d'un vieil roi Portugais.

Ces rumeurs avaient d'abord été comprimées avec soin par la Régente. Mais à partir de ce moment, au contraire, des agents adroits répandirent partout et en sous-main, – que l'on ne pouvait point laisser partir le prince, qu'il fallait empêcher ce départ, qu'il fallait protester avec force contre son éloignement, – et qu'enfin Victor Amédée, le fils de leurs ducs, appartenait à son peuple ; – qu'on n'avait pas le droit de le lui enlever et que Piémontais et Savoyards se révolteraient tous plutôt que de souffrir que Victor Amédée allât résider en Portugal.

Le marquis de Piangia et le marquis de Parola se firent les chefs de cette résistance : c'étaient deux seigneurs de nom et fort influents ; Madame Royale et le jeune duc ne pouvaient demander mieux, et justement ce furent ceux-là qui y vinrent d'eux-mêmes.

Ils intriguèrent tant et de tous les côtés que les États de Piémont et ceux de Savoie s'assemblèrent pour réclamer, et vinrent en corps au palais pour présenter leur supplique à la Régente – qui n'en tint compte, et répondit que le mariage était arrangé, que toute l'Europe le savait et l'approuvait, et qu'elle n'entendait aucune observation à ce sujet.

– Oui, madame, s'écria le marquis de Piangia, toute l'Europe s'est prononcée, mais non pas le Piémont et la Savoie que cela regarde seuls. Ainsi donc, madame, si vous ne voulez pas qu'il arrive quelque grand malheur, ayez pitié de nous et ne persistez pas dans une si cruelle résolution.

Mais Madame Royale répondit, au contraire, que cette résolution était prise et qu'elle y persisterait, de sorte que les députés des États sortirent désespérés et presque furieux pour aller se réunir chez Parola où cent avis contradictoires furent ouverts.

– C'est la Régente, c'est elle seule qui veut ce mariage, criait-on de tous les côtés, mais notre duc ne veut pas nous quitter, lui.

– Oui, disait un autre, avez-vous vu ? il avait les larmes aux yeux pendant que Madame Royale nous traitait ainsi.

– Il faut le voir seul, crièrent deux ou trois voix. Oui, seul et qu'il nous entende, répéta la majorité, et qu'il s'explique sur son véritable désir ; après tout, c'est, lui le maître et s'il nous ordonne de le retenir nous le retiendrons même malgré Madame Royale.

Et tous en chœur comme des forcenés se mirent à crier :

– Nous voulons notre duc ! Nous voulons notre duc !

Ces cris retentirent par toute la ville ; le prince et la Régente suivirent le mouvement, et lorsqu'ils le sentirent mûri à point, ils frappèrent le dernier coup ; Madame Royale s'en alla passer trois jours chez ma belle-mère à Verrue sous prétexte de lui faire honneur et aussi pour bien voir la forteresse qu'il faudrait défendre en cas de guerre probable. Quant à Victor Amédée il demeura à Turin et le soir même une députation des seigneurs conduits par ce bon Piangia et par cet excellent Parola, nobles pantins qui ne se doutaient pas que les fils qui les faisaient marcher étaient aux mains de Madame Royale, se présenta au palais et demanda à voir le jeune prince. Celui-ci se fit prier beaucoup, bien qu'il les eût vus venir caché derrière un rideau et qu'il les attendît impatiemment.

Ils forcèrent presque la porte tant ils étaient ardents à le voir et se jetant à ses pieds en suppliant :

Le prince supplié.

– Oh ! monseigneur ! monseigneur ! s'écrièrent-ils tous d'une seule voix, – par grâce restez avec nous, – au nom du ciel ne nous abandonnez pas.

Au milieu de toutes ces voix on entendait celle du marquis de Piangia qui disait avec un accent lamentable :

– Monseigneur, madame la Régente aime trop Votre Altesse, elle a pour elle des ambitions qui perdent la Savoie, vous-même, monseigneur. Dans ce pays étranger vous vous repentirez sans doute d'avoir abandonné vos peuples les fidèles serviteurs de votre maison. Monseigneur, songez à nous ! Monseigneur songez à nous !

Le duc paraissait profondément touché, il s'essuyait les yeux comme s'il pleurait, il balbutiait, comme s'il ne pouvait parler.

– Messieurs – Mes amis – Marquis de Piangia – disait-il – Je comprends – Je sais – Mais – Mais… que faire ?

– Vous êtes le maître, monseigneur, le maître tout-puissant, votre volonté décide ici de toute chose en dernier ressort, dites que vous ne voulez point.

– Ce mariage est arrangé, messieurs, reprit le prince, tout est d'accord, les paroles sont échangées. – Les vaisseaux qui doivent m'emmener en Portugal sont déjà partis. Le duc de Cordoue va bientôt descendre à Nice pour m'attendre et me conduire à Lisbonne. Que puis-je faire à présent, messieurs, je vous le demande, n'est-il pas trop tard ?

– Vous pouvez refuser, monseigneur, répliqua le prince de La Cisterne, vous le pouvez d'autant plus sûrement que la Savoie et le Piémont se lèveront en entier pour vous retenir.

– Mais ma mère, messieurs, s'écria le prince.

– Oui, nous le savons bien, répondit avec force le marquis de Simiane, c'est Madame Royale et non pas vous, monseigneur, qui veut le mariage. C'est Madame Royale qui vous force.

– Qui me force… Messieurs, dit Victor Amédée, le mot est violent.

– Pardon, monseigneur, pardon, reprit le comte de Provana de

Bruin, gouverneur du jeune duc, excusez monsieur de Simiane, il a été trop loin peut-être, mais sa pensée est la nôtre et nous nous associons à force d'amour pour vous à son défaut de respect envers Madame Royale. – Votre illustre mère a daigné me confier l'éducation de Votre Altesse : j'ai tout mis en œuvre pour développer des dispositions naturelles et pour faire de mon souverain un grand prince et un honnête homme. Mais en faisant cela j'ai travaillé pour nous. Mais en agissant ainsi j'ai préparé le bonheur et la gloire de mon pays. C'est donc à mon pays de profiter de sa fortune, et ceux qui tenteront d'y mettre obstacle doivent être écartés, quels qu'ils soient.

– Monsieur mon gouverneur, dit le jeune duc, faites attention que vous me prêchez la désobéissance.

– Je vous prêche le devoir, monsieur, je vous prêche la loi que vous impose Dieu lui-même. – Un prince n'appartient point à sa mère, il appartient à son peuple. – Vous n'êtes pas libre de déposer le fardeau qui vous a été donné ; il vous faut le porter jusqu'à la fin. – Vous répondez de vos sujets devant notre maître à tous.

– Vous resterez!

– Vous resterez, vous resterez, répétèrent-ils tous ensemble.

– Je ne puis, messieurs, en vérité, je ne puis.

– Il vous faut cependant nous le promettre.

Et tous se mirent à genoux en tendant les bras vers leur prince et en criant :

– Restez ! – Restez !

Il se fit encore prier quelques instants, le bon jeune prince. Puis il fit semblant de céder – et se laissa enfin arracher la promesse qu'il mourait d'envie de faire. – Ce fut alors des cris de joie qui se répandirent du palais dans la rue et de la rue hors de la ville et de là par toute la Savoie et le Piémont. Il est inouï combien les hommes crient ici bas, depuis leur naissance jusqu'à leur mort : ils crient pour le bonheur, pour la joie, pour le désir, pour l'impatience ; plus ils sont nombreux, plus ils crient ; sans doute en faisant grand bruit ils se mettent dans la pensée que le ciel les entend mieux. Quant à moi, j'ai bien plus foi au silence qu'aux paroles ; et j'écoute particulièrement ceux qui ne me disent rien.

Mais la promesse faite ce n'était pas tout.

Le duc eut l'air de songer tout à coup à sa mère et de trembler rien qu'à se souvenir.

– Et la Régente ? se prit-il à dire tout à coup. Messieurs, messieurs, quand elle reviendra que lui dirai-je ?

– Madame la Régente ? reprit le gouverneur du duc.

– Oui, monsieur de Provana.

– Votre Altesse me permettra-t-elle de lui donner un bon conseil ?

– Je les accueille toujours, vous le savez, monsieur, répondit le prince en riant, quitte à ne pas les suivre.

– Eh bien ! monseigneur, madame la Régente a dès longtemps grand pouvoir sur votre esprit, elle est accoutumée à vous dominer, à vous conduire ; quand vous la reverrez, son influence l'emportera, vous nous oublierez.

– Que faire alors ? demanda le prince.

– Il faut ne pas la revoir.

– C'est impossible, monsieur, elle revient dans deux jours.

– Elle ne reviendra pas si vous voulez consentir à ma proposition.

– Dites.

– La forteresse de Verrue est une des mieux gardées de la Savoie : quelques lignes de vous, monseigneur, et la Régente est non pas arrêtée, mais constituée prisonnière soit dans la forteresse, soit même chez elle ; on la retient jusqu'à ce que le refus soit envoyé aux Portugais, jusqu'à ce qu'il n'y ait plus à revenir là-dessus.

– Ah ! messieurs, ma mère !

– Croyez, monseigneur, que nos respects entoureront Madame Royale, qu'elle sera traitée comme dans son palais, et qu'excepté la liberté, rien ne lui manquera.

– Excepté la liberté !

– L'attachement que porte Madame Royale à Votre Altesse est trop connu pour douter qu'elle ne vous pardonne en faveur du motif…

– Non, messieurs, non, je ne puis consentir, reprit le duc…

Mais ces dernières paroles étaient prononcées d'un ton si faible que les gentilshommes comprirent qu'il n'était besoin que d'insister, et que si le prince se défendait c'était pour avoir les honneurs de la résistance. – Enfin le prince de La Cisterne, son ami particulier, eut l'idée d'écrire l'ordre à la comtesse de Verrue et au comte son fils de retenir madame la Duchesse Douairière de Savoie jusqu'à nouvelle injonction dans leur forteresse de Verrue ; de ne la laisser sortir sous aucun prétexte et de n'obéir en toutes choses qu'à la signature de Victor Amédée déposée sur un parchemin revêtu du sceau de l'État.

L'ordre écrit il n'y avait plus qu'à signer. Le prince signa en détournant les yeux et en poussant un soupir.

Un courrier reçut la dépêche : il fut envoyé par la route directe, mais, pendant ce temps, la Régente revenait par un chemin de traverse : elle arriva à Turin huit heures après que l'assemblée fut dissoute. Pour mener la comédie à son dénouement le duc eut l'air surpris, atterré, il se jeta à ses genoux en pleurant, devant témoins bien entendu, lui avoua la faute qu'il avait commise et se confia à sa merci pour en tirer telle vengeance qu'il lui conviendrait.

– Le refus est parti pour le Portugal ? demanda la Régente.

– Oui, madame, répondit le jeune prince en baissant les yeux.

– Alors il n'y a plus à revenir là-dessus.

– C'est impossible ; – il a trop d'avance.

– Eh bien ! mon fils, s'il en est ainsi, que votre volonté soit faite ; puissiez-vous ne jamais vous en repentir ! Seulement j'exige de vous une marque d'obéissance.

– Tout, madame, tout pour rentrer dans vos bonnes grâces.

– Il faut que les coupables, il faut que ceux-là qui vous ont égaré expient votre faute et la leur. – Je les ferai arrêter dès demain.

La demande de pardon.

– Oh ! madame, prenez garde, leur parti est bien fort.

– Il y a des Français à Pignerol, ils nous aideront.

– Ne craignez-vous pas de leur montrer le chemin de nos villes, et que ce chemin ils ne veuillent plus l'oublier ensuite ?

– Mon fils, je vous ai remis l'épée de votre père, c'est à vous de vous en servir contre les ennemis de votre Maison ; moi j'accueille des amis, j'appelle des alliés, je ne saurais donc les craindre.

J'ai beaucoup vécu avec les princes et j'ai toujours admiré en eux la facilité avec laquelle ils trouvent des phrases creuses et parfaitement ridicules, qui dans leurs bouches deviennent sonores, et que l'histoire enregistre après eux en ôtant quelques lettres et en y ajoutant quelques autres : – alors la chose devient sublime et passe à la postérité qui l'admire et l'on répète d'âge en âge : Tel roi avait un grand génie, telle reine avait un grand cœur. – Voici ce qu'il a dit, ou ce qu'elle a dit.

Et ce roi, n'en déplaise à la majesté du trône, c'était souvent un sot, cette reine c'était souvent une coquette.

Il est bien entendu que je n'applique ce dernier mot à personne, surtout à une princesse aussi éminemment vertueuse que Madame Royale et à un prince aussi connu par ses talents que le duc Victor Amédée. Seulement lorsqu'une réflexion me vient, je l'écris ; c'est ce que monsieur de Voltaire appelle ma signature. Il dit que je n'y dois pas manquer et que c'est cela qui me particularise.

Les marquis de Piangia et de Parola et le comte de Bruin furent arrêtés et entrèrent en prison furieux et maudissant la faiblesse de leur prince.

– Quel avenir et quel règne cela nous annonce ! disait-on de toutes parts. Livrer ses amis !

Plus tard amis et ennemis virent bien à quel prince ils avaient affaire, et que celui qui les avait livrés savait les conduire et les défendre. Ce tour d'adresse et de politique fut un des plus habiles qui ait été fait, et le duc s'en glorifiait comme de sa meilleure inspiration.

– Voyez, me disait-il plus tard, – à l'époque où il me disait tout – voyez la belle chose que j'eusse faite en épousant cette infante Isabelle. – Deux ans après la reine de Portugal accoucha d'un fils et il m'eût fallu revenir chez mes marmottes Petit Jean comme devant, ce qui m'eût donné une singulière attitude en Europe. – Je ne sais rien de plus sot qu'un roi chassé surtout devant un poupon. J'aurais eu de la peine à m'y résoudre. J'aurais peut-être renié le petit beau-frère, de là guerre avec le genre humain, de là mes États compromis. Il est vrai que j'eusse été veuf, puisque ma pauvre cousine est morte en 1690, et qu'elle eût emporté mes droits avec elle.

Ne vaut-il pas mieux que cela se soit passé ainsi ?

Ce qu'il y a de piquant dans tout ceci,– car le côté plaisant est toujours caché derrière le côté grave – c'est que le cardinal d'Estrées, ambassadeur de France à Turin, envoya à Madame Royale, juste le jour où l'affaire fut manquée, une *Sapata* de circonstance dont ils furent très embarrassés tous les deux : il l'avait fait venir de Paris et c'était madame de La Fayette, l'auteur de *Zaïde* et de la *princesse de Clèves* qui l'avait imaginée.

Cette *Sapata* c'était un écran où Madame Royale était peinte entourée de toutes les vertus avec leurs attributs particuliers. En face était monsieur le duc de Savoie plus beau que nature. Au milieu des ris, des jeux, et des amours (apparemment madame de Saint-Sébastien), la princesse lui montrait dans le lointain Lisbonne et la mer, et au-dessus la Gloire et la Renommée sonnant leurs trompettes, agitant leurs lauriers autour de cette devise empruntée, à ce qu'on m'a dit, au poète Virgile :

« *Matre dea monstrante viam.* »

L'écran était enrichi des diamants les plus précieux et des perles les plus rares.

Ce qui fit que le cardinal d'Estrées dépensa beaucoup d'argent pour une maladresse.

CHAPITRE VIII

Notre villa, je l'ai dit, était située sur les bords de la rivière, au pied des montagnes, dans un endroit charmant, où l'on trouvait tout à la fois ; la vue était délicieuse, l'air adorable, le pays enchanteur. Il faisait un temps à donner de la vie au marbre. Jamais je n'ai ressenti impression semblable. Quant à M. de Verrue, je crois bien que c'était la même chose pour lui. La nouveauté était presque la même, excepté quelques échappées pour des filles de chambre ou des suivantes. C'était la première fois qu'il se trouvait en face d'une femme jeune, belle, de qualité, une femme à laquelle il fallait plaire pour l'obtenir, et cette femme était la sienne depuis trois ans. On conviendra qu'en fait d'intrigue, celle-là était piquante. Pour un commençant, c'était du bonheur.

Le dîner fut vite préparé ; nous avons dans nos grandes maisons d'Italie des *en-cas* à tous nos châteaux, comme le duc de Mazarin en France. J'en sais même un où j'ai vu quelque chose de véritablement touchant : le maître fut exilé par Victor Amédée pour une conspiration ou plutôt pour une indiscrétion envers le roi de France. Je ne le nomme point parce que je l'ai promis au duc d'une façon toute particulière et que je n'oserais enfreindre ce serment ; ce seigneur vit encore, il y a là-dessous un de ces mystères qui perdent une maison sans se relever jamais, et j'ai pour mes enfants des obligations à celle-là. Ce seigneur donc était exilé ; cependant chaque jour, aux heures habituelles, le couvert était mis, le repas servi par le maître d'hôtel et les officiers. On posait les plats sur la table, on les y laissait un instant dans le plus grand silence et le plus grand respect, absolument comme si le marquis eût été présent ; on les retirait ensuite, on les distribuait aux pauvres, en leur recommandant de prier pour Son Excellence, et le lendemain, cela recommençait. Le fait fut raconté à Monsieur de Savoie ; il en fut si réellement frappé que fort peu de temps après il rappela l'exilé, disant qu'un si bon maître ne pouvait être pour lui un mauvais serviteur.

Je reviens à notre dîner. – Nous nous promenâmes en attendant, et le comte se fit un plaisir de me montrer les beautés de sa maison que je connaissais peu ; nous n'y étions venus qu'avec madame de Verrue, ce qui signifie que nous y étions restés immobiles sur nos sièges à recevoir des compliments après avoir fait des révérences. Elle appelait cela représenter. Je vis les tableaux, nécessité obligée de tout palais italien. Je vis des meubles magnifiques ; je vis des trésors d'argenterie et de joyaux ; je vis surtout un appartement dont la tenture, tout en point de Hongrie, sur une brocatelle rose, était encore aussi fraîche que le premier jour.

– Ah ! me dit le comte, en souriant, cette chambre est encore toute neuve, parce que mon père en a eu peur.

– Pourquoi peur, monsieur, et de quoi ?

– Elle a été arrangée ainsi par mon aïeul pour ses noces avec une jeune et belle comtesse de la Spezia pour laquelle il était fou d'amour.

– Eh bien ?

– Eh bien ! La veille du mariage il vint ici une femme fort vieille qui demanda à visiter le logis et surtout la chambre nuptiale sous le prétexte d'y réciter des prières et de composer un charme pour éloigner les mauvais esprits ; mon grand-père le permit. Il était trop amoureux pour ne pas être crédule. La vieille fit le tour du palais du haut en bas, conjurant, marmottant, disant je ne sais quelles paroles, jusqu'à ce qu'elle rencontrât le fiancé joyeux et enchanté de son sort qu'il trouvait le plus heureux du monde.

– Puisqu'il aimait tant cette belle dame, c'était tout simple.

La promenade sur le fleuve.

– Oui, mais la vieille se prit à le regarder en pitié, à faire des hélas, des Dieu ! est-il possible ! jusqu'à ce qu'il lui demanda à qui elle en avait.

– C'est ce que je vois, répliqua-t-elle.

– Et que voyez-vous de si effrayant ?

– Votre malheur, Excellence, et vous ne le méritez pas.

– Mon malheur ! Du malheur pour moi aujourd'hui, ah ! cela ne se peut point.

– Cela ne se peut que trop. Vous n'épouserez pas la fiancée chérie et…

– Je n'épouserai point ma fiancée, tandis que demain je la conduis à l'autel ?

– Non. Quand vous irez la chercher vous ne la trouverez plus, en cette belle chambre…

– Quoi, vieille maudite ! cette chambre…

– Ne servira jamais qu'à des amours infidèles. Les femmes qui l'habiteront tromperont leurs maris.

Mon aïeul furieux fit jeter la vieille à la porte.

Le lendemain, dès l'aurore, il courut chez la comtesse qui s'était enfuie de son côté, sous les habits d'un page, avec son cousin. Il en est résulté que ce beau lit, que cette magnifique toilette, que ces riches meubles n'ont encore servi à personne, tant mon père et mon aïeul ont eu frayeur de la prédiction. Les draps de fine batiste étendus pour l'ingrate Spezia y sont encore. Tout est au même état que lors du mariage manqué. Voyez plutôt.

– Cela est curieux, et je voudrais occuper cet appartement.

– Vous, madame, répliqua-t-il tout ému.

– Je ne crois pas aux présages, et d'ailleurs, je suis assez sûre de moi et de vous pour les faire mentir.

On nous avertit que le dîner était servi. Nous descendîmes. Le repas fut silencieux comme un dîner de moines ; nous n'avions rien à nous dire devant tout ce monde qui nous servait ; aussi cela ne fut pas long : je me hâtai de lever le siège et de reprendre cette promenade que je trouvais si douce. Cette fois, nous montâmes en bateau ; nous étions comme des écoliers hors de leur classe qui se hâtent d'essayer de tout en l'absence de leur régent. M. de Verrue avait une jolie voix, et ce goût pour la musique que possèdent tous les Italiens. Il chanta une chanson des gondoliers de Venise pour aller sur les lagunes. J'en ai entendu beaucoup dans le voyage que j'y fis plus tard avec Victor Amédée, et peu d'aussi bien chantées. Ce chant et le mouvement de la barque me berçaient. J'appuyais ma tête sur des coussins posés tout autour, à la manière turque, mes yeux se fermèrent ; une langueur s'empara de moi ; je ne dormais point ; mais je n'étais plus sur la terre. Cette voix qui murmurait, qui répétait le mot d'amour si tendrement et dans cette langue italienne laquelle est elle-même tout amour et toute mélodie, ces senteurs des plantes baignées dans le fleuve, ces haies parfumées bordant la rive, ces branches d'arbres chargées de fleurs tombant en feston sur les ondes et les insectes qui voltigeaient bourdonnant autour de nous, les petits oiseaux cachés dans les feuilles jetant au hasard entre deux sommeils quelques notes de leurs harmonies, la chaleur du jour qui m'accablait, comme en tout, jusqu'au bruit de la rame fendant les vagues paisibles de la rivière, tout m'enchantait, tout me transportait en des délices inconnues que je n'ai jamais retrouvées peut-être depuis que j'ai vécu dans la vie de ce monde, où tout est réel, où l'on n'a plus de ces songes éveillés que j'appellerais volontiers des révélations.

Mon mari s'approcha de moi, colla ses lèvres à mon oreille et me dit : quoi ?.. je ne sais ?… mais il parla longtemps, mais les paroles entraient dans mon cœur et le pénétraient, le vivifiaient, comme la rosée pénètre les fleurs. Je ne répondais point, j'écoutais, j'écoutais encore. Sa main chercha la mienne et la pressa. Son bras entoura ma taille, et je m'appuyai sur lui, nos gens étaient loin, à l'autre bout de la barque ; les rideaux de brocart du pavillon nous cachaient, je ne me défendais point, je l'avoue, il s'approcha davantage encore et je reçus de lui ce premier baiser

Le souper sous la treille.

de l'amour dont l'impression ne saurait s'oublier ni se renouveler jamais. De toutes les virginités, c'est la plus vite envolée, c'est aussi la plus douce à prendre et à donner.

Je n'ai point conté ceci à M. de Voltaire, il se serait moqué de moi. Ce siècle ne comprendrait pas que nous ayons émietté notre jeunesse de la sorte. Il vit plus vite et plus largement. Par cette bonne régence d'abord et ce M. le duc on rirait de ces délicatesses-là… Je n'y saurais rien faire et ne puis donner à ce temps ce qu'il n'a pas, c'est-à-dire le sentiment des finesses du cœur ; il ne cherche que les faits et les certitudes et ne donnerait pas six deniers de nos rêveries. Chacun son goût. Pour moi ces voluptés passent toutes les autres, et des longues années de ma jeunesse, fort peu bien employées d'ailleurs, ces mièvreries-là sont ce que je regrette le plus.

Après ce baiser, je n'avais rien à refuser à celui qui possédait sur moi les droits d'un mari, droits qu'il n'avait point réclamés encore et qui lui semblaient désirables pour la première fois. La nuit était tombée ; c'était le moment de retourner à Turin, de reprendre nos habitudes guindées et nos chaînes si lourdes. M. de Verrue me regardait toujours, et moi je ne détournais plus les yeux. Il m'était venu en tête un projet qui tenait encore de la petite fille, une espièglerie à faire à M. de Verrue, un bonheur à nous donner aussi.

– Mon ami, dis-je (j'osais dire mon ami) si nous restions ici pour souper.

– Le voulez-vous bien ? répliqua-t-il d'un air joyeux et embarrassé en même temps.

– J'en serai ravie. Commandez donc.

Les ordres furent promptement donnés et promptement exécutés aussi. Nous fûmes servis, non pas dans la salle à manger de gala, mais sous une treille en fleurs, avec des flambeaux, une musique lointaine, le Pô coulant à nos pieds en réfléchissant les lumières, c'était charmant. Nous bûmes du vin de *lacryma-Christi* dans des coupes de cristal, taillé au roc de nos terres, et après le froid, quand nous nous levâmes, il était onze heures ; c'était bien tard pour retourner à Turin ! Madame de Verrue serait couchée, ou bien elle resterait au palais, à quoi bon alors ? Nous serions grondés, ni plus ou moins. Donnons-nous ces chers moments de liberté le plus longtemps possible.

Ces réflexions se firent *in petto*, sans rien se communiquer ; le résultat fut le même, et la communication spontanée.

– Si nous restions ! nous écriâmes-nous en même temps.

– Cela est-il possible ?

– Vous risquez-vous à la chambre de ma grand-mère ? me répliqua-t-il.

– Sur-le-champ.

Ces beaux points de Hongrie, cette toilette d'or, ce lit d'ange, reçurent pour la première fois une jeune femme, une fiancée de la maison de Verrue. Hélas ! il me le faut avouer, la prédiction de la vieille femme se réalisa dans toute sa vérité. Si elle eût été menteuse, probablement ces mémoires n'eussent point été écrits. Qu'aurais-je eu à raconter ? Les femmes strictement vertueuses ont peu à dire sur elles-mêmes. Elles ne peuvent parler des autres que dans des circonstances particulières, dans des états ou des charges qui les mettent à même de s'initier à des secrets intéressants. Les lettres de madame de Sévigné ne seraient pas si charmantes si elle n'y parlait que d'elle et de cette madame de Grignan que j'ai connue et que je n'ai jamais pu souffrir. Heureusement Louis XIV avait des maîtresses, les dames avaient des amants et elle était très au fait de tout cela.

Le lendemain nous fûmes éveillés par un message de ma belle-mère en furie. Elle envoyait la première femme, laquelle avait toute sa confiance, pour s'informer de mes faits et gestes, maudissant sa charge qui la forçait à rester près de Son Altesse, sans pouvoir venir s'assurer, par ses yeux, de ce qu'elle redoutait le plus. Cette fille, qui s'appelait mamzelle Luce et qui était suissesse, s'était rendue digne de sa maîtresse par son caractère et son air revêche, copiés trait par trait sur elle. Marion ne la pouvait souffrir. Dès qu'elle la vit arriver, ce matin-là, elle lui répondit qu'elle allait savoir si monsieur le Comte et madame étaient éveillés, afin de porter son message.

– Éveillés ! reprit Luce – se seront-ils éveillés en même temps ? cela ne leur arrive guère.

– Cela leur arrivera probablement aujourd'hui, répliqua Marion, d'un air de triomphe, quand on habite le même appartement…

– M. le Comte est-il donc dans le même appartement de madame la Comtesse ?

– N'est-il pas dans l'ordre qu'il y soit ?

– C'est bien, ma mie, interrompit Luce qui se contenait mieux, cela ne nous regarde ni l'une ni l'autre ; ce sont les affaires de nos maîtres. Voyez si l'on peut recevoir, s'il vous plaît.

– Marion n'eut rien à répondre. Elle se trouvait là parce que j'en faisais une sorte de demoiselle suivante, lorsque Barbette, souvent malade, restait au logis. – J'en avais des Italiennes. – Je ne les prenais que dans les circonstances d'étiquette, elles m'ennuyaient fort, je les croyais espions de ma belle-mère, et je ne me trompais point. Marion, ce matin-là, ouvrit avec précaution les rideaux dorés de ce lit d'ange, et nous fit une belle révérence en ajoutant :

– Madame la comtesse douairière envoie prendre des nouvelles de Vos Excellences. Mamzelle Luce est là qui vient de sa part.

Oh ? puissance de l'amour ! mon mari n'eut pas peur, il se mit à rire.

– Faites entrer mamzelle Luce, Marion, afin qu'elle dise à ma mère que je ne me suis jamais mieux porté de ma vie.

Mamzelle Luce entra plus jaune que le ruban de sa cornette ; – elle resta stupéfaite, ébahie.

– Madame la Comtesse… monsieur le Comte !… balbutia-t-elle.

– *Douairière* ! reprit mon mari, en appuyant sur le mot, douairière, mamzelle Luce.

– Madame la Comtesse douairière, répéta la confidente d'un air de crème tournée, désire savoir si Vos Excellences ont bien passé la nuit et pourquoi elles ne sont pas revenues hier soir à Turin ; – si c'est une raison de santé ?

– C'est une raison de plaisir, mamzelle Luce, pas autre chose, répondis-je, nous nous amusions ici, nous y sommes restés, voilà tout. Assurez bien madame de Verrue de notre profond respect, et dites-lui que d'ici à… deux ou trois jours nous retournerons assurément à Turin.

– Cependant, madame, Son Altesse Madame Royale n'est pas prévenue.

– J'enverrai un de mes gentilshommes à madame la duchesse, interrompit mon mari, dont l'absence de sa mère avait fait un comte de Verrue, dans toute la force du mot, vous n'avez que faire de vous inquiéter, mamzelle Luce.

Je me cachai le visage sous la couverture, tant j'avais envie de rire et tant le nez allongé de mamzelle Luce me divertissait. Mon mari me semblait haut de trente coudées, comme la statue de Nabuchodonosor dans l'Écriture. Mamzelle Luce se retira à reculons, confondue, et se préparant à un rapport sur nous qui devait faire une révolution chez madame de Verrue. – Marion l'accompagna en ouvrant presque les deux battants avec une cérémonie ironique et moqueuse. Nos éclats de rire la poursuivirent et achevèrent de l'exaspérer. Nous devions la payer plus tard, mais la jeunesse calcule-t-elle ?

Cette journée passa comme un songe. Puis la suivante, puis une autre encore. Nous avions envoyé un gentilhomme à Leurs Altesses ; madame de Verrue n'avait donc rien à dire, Madame Royale ayant répondu qu'elle était charmée de nous savoir à notre villa de la Smolta et qu'elle nous autorisait à y rester suivant notre fantaisie.

Il fallut cependant rentrer, non pas chez nous, mais chez elle, car l'autorité tout entière était entre ses mains. Satisfaite d'avoir conquis mon mari, je ne songeais pas à la lui reprendre. Ce fut une grande faute. Pour notre bonheur à tous, elle n'eût point gardé sur son fils le pouvoir qu'elle eut toujours – et qui sait ? M. de Verrue vivrait peut-être encore heureux auprès de moi qui ne serais certainement pas la *dame de volupté.*

Ma belle-mère nous reçut comme à l'ordinaire. Son œil scrutateur épiait seulement jusqu'à nos moindres sourires ; elle était trop fine pour démasquer ses batteries et se plaindre. – Elle ne parla que de choses générales, du mariage de Son Altesse le duc, des toilettes de la princesse, des devoirs à rendre, de tout enfin, excepté de ce qui l'occupait fort pourtant. Elle me demanda si je voudrais être dame d'honneur de la jeune duchesse.

– Je vous ferai nommer, si cela vous convient ; comme la princesse est française, elle vous aurait pour très agréable, j'en suis sûre. – Vous n'avez qu'à parler.

Je refusai net. Les esclavages de cour, tout dorés qu'ils soient, n'ont jamais été mon fait. Je n'aime à servir personne et j'aime fort qu'on me serve, deux choses incompatibles auprès des princes, M. de Savoie ne fut pour moi qu'un amant semblable aux autres pendant longtemps. Dès qu'il a pris des airs d'autorité, j'ai rompu ces liens qui devenaient des chaînes.

Nous verrons cela plus tard. Revenons, si vous le voulez, à la cour que nous avons quittée, au ménage du prince et à tout ce qui précéda et suivit cet événement important pour la Savoie et pour son prince. Il est temps d'en parler davantage, de nous occuper de son caractère plus extraordinaire encore qu'on ne l'a dit et que les historiens futurs ne le pourront représenter. Je l'ai bien connu, mieux que personne, je le puis bien peindre, et je le peindrai sans partialité. J'ai été pour lui en même temps une amie et un conseil, il m'écoutait quelquefois ; je dirai tout, s'il était encore de ce monde, il ne me pardonnerait pas. Hélas ! il m'a précédée.

CHAPITRE IX

Avant de parler du duc de Savoie, ou plutôt du premier roi de Sardaigne, il est un personnage dont nous n'avons rien dit encore et qui cependant mérite une attention toute particulière, par la curiosité de son caractère et de son état. Il est facile de comprendre que c'est le prince Philibert Amédée, chef de la branche de Carignan et cousin germain de Victor. Le ciel lui refusa l'ouïe et la parole ; le malheureux prince naquit sourd et muet, mais il lui accorda tous les autres dons et, sans cette terrible infirmité, nul doute qu'il ne fût devenu un des hommes les plus éminents de ce siècle. C'était un prodige d'intelligence et de sagacité ; il eut une grande part à la confiance de son cousin qui le consultait, surtout dans sa jeunesse. Pour les choses secrètes, il suffisait de lui en écrire un mot, il lisait le reste dans le regard, aussitôt qu'on l'avait mis un peu au courant. Il était déjà âgé lorsque j'arrivai en Piémont, et je l'ai cependant bien connu ; son fils a épousé ma fille, ce qui nous ramènera vers eux dans la suite. L'éducation qu'on donna à ce prince par les ordres du prince Thomas, son père, fut si bien dirigée, et tomba en terrain si fertile qu'il comprenait presque tout à l'aide du mouvement des lèvres et de quelques gestes. J'ai dit exprès ce peu de mots sur son compte avant d'aborder Victor Amédée, parce qu'il se mêla à presque tous les événements du commencement de ce règne. – Venons-en au héros principal de ces mémoires.

Victor Amédée dès qu'il prit possession de la couronne affecta de la mépriser. Il commença dès lors à jouer un rôle, et à cacher sa pensée par système. C'était un prince adroit et fin jusqu'à la dissimulation, d'autres disent jusqu'à la ruse et la perfidie ; il mettait de l'orgueil à ne point être deviné, à voiler ses desseins, à jouer ses adversaires et même ses amis. Affectant une grande haine pour Louis XIV, le méprisant même en ses particuliers ; il l'imita en toutes choses, jusque dans les moins louables. Ce ne fut pas sa faute s'il ne fit pas la cour de Turin semblable à celle de Versailles, il y tâcha sans cesse. Mais il eut comme lui sa Montespan, ce fut moi ; sa Maintenon, tout le monde la connaît. Il eut son duc du Maine, ce fut mon fils ; sa duchesse d'Orléans, c'est ma fille. Il eut monseigneur dans son fils aîné ; la seule chose qu'il se soit imposée de lui-même c'est son abdication, et il s'en est repenti plus d'une fois. Encore a-t-il pensé à Charles Quint. Il aimait les grands modèles.

Il était assez ladre dans ses façons, bien que généreux et grand dans ses idées. Pour son compte, il ne dépensait même pas le nécessaire à son rang. Excepté lorsqu'il voulut me plaire et qu'il se montra magnifique, il était d'une simplicité peu digne d'un si grand prince. Après mon départ, il alla jusqu'à la lésinerie. Il ne portait, et des années entières, qu'un habit couleur de café, sans or, ni argent, de gros souliers comme un paysan : l'hiver, des bas drapés ; l'été, des bas de fil, jamais de soie, même pour les occasions d'apparat. Quant aux dentelles, il ne voulait pas en entendre parler, sous prétexte que les fabriques de ses États n'en fournissaient point et qu'il fallait acheter à l'étranger. Il n'entendait choisir pour ses chemises que de la forte toile de Guibert. On les garnissait de batiste plissée comme les séminaristes. Lorsque je lui faisais quelques observations à ce sujet,

– Ma santé ne s'accommode que de cela, me répondait-il.

Son épée, si souvent victorieuse, était d'acier rouillé. Il défendait qu'on la nettoyât. Encore la faisait-il garnir d'un cuir le long de la poignée pour ne pas user les basques de l'habit.

Il ne se servait jamais que d'une canne en jonc, avec une pomme de coco, et sa tabatière, la seule qu'il possédât, était en écaille garnie d'un cercle d'ivoire. – Je lui en voulais donner quelquefois une en rondin, prétendant que celle-ci était trop belle.

La seule partie de son ajustement dont il prît soin était sa perruque et son chapeau. Sa perruque était à la brigadière, des cheveux les plus choisis et les mieux ajustés du monde. Son chapeau de fin castor, garni de plumes et de galons, surmontait bizarrement sa toilette avec laquelle il jurait.

Dans ses promenades, il s'affublait d'un surtout bleu, pour les jours de pluie. C'était un de ces vêtements sans forme qui couvrent et qui ne parent point les gens.

Il ne possédait qu'une seule robe de chambre pour l'été et pour l'hiver. Elle était de taffetas vert, doublée d'ours blanc. L'hiver, l'ours était en dessous, l'été il était par-dessus, ce qui lui donnait une étrange figure. – Il n'était pas rare de le voir tout en nage, par les fortes chaleurs, sous ce balandras. – Jamais il ne voulut le quitter, quelque gêne qu'il en éprouvât.

La dépense de sa table était fixée comme celle des petits bourgeois. À Turin, c'était dix louis par jour, à sa maison de campagne c'était quinze louis, parce qu'il nourrissait les ministres, les premiers gentilshommes de sa chambre et les étrangers. Encore, pour plus d'économie, ne leur apportait-on que la desserte de son couvert, les pièces tout entamées, sans plus de vergogne ! On a vu qu'elles manquaient et qu'on leur ajoutait à la hâte un rôti de plus. Le roi (il l'était alors) en plaisantait ensuite avec eux.

– Je vous traite mal, messieurs, mais je ne suis pas Louis XIV ; il ne faut pas me demander au-dessus de mes forces.

Son fils aîné était loin des mêmes goûts, et le roi régnant encore davantage. – Aussi le trouvait-il très mauvais.

– Brillerez-vous plus avec vos diamants ? leur disait-il. – Croyez-vous qu'un prince mesure sa grandeur à ses dépenses ? Que vos peuples soient riches, qu'ils soient heureux, et portez l'habit de ratine des bacheliers, vous serez plus grands que les rois de l'Inde et toutes ses pierreries.

On assure que le roi d'aujourd'hui finit par le croire, mais son frère aîné qui est si tristement mort, ne se fût point arrangé de ses ratines et de ses portions congrues. Il avait en lui l'étoffe d'un grand prince, et le Piémont a fait une véritable perte.

Les qualités éminentes de Victor Amédée resplendissaient dans la paix comme dans la guerre. Il était à la fois habile administrateur, fin politique et brave général. Il tint en Europe une place que nul n'aurait occupée comme lui. Personne n'en connaissait les cabinets et les intrigues aussi bien que lui. Il savait les caractères, les habitudes, les mœurs de tous les princes, de leurs maîtresses, de tous les secrétaires d'État, de tous les personnages influents. Lorsque cette si regrettable duchesse de Bourgogne sa fille partit pour la France, il l'instruisit et la dressa à la mécanique de cette cour comme s'il y eût vécu de toute éternité. Elle domina le roi, madame de Maintenon, elle fut la maîtresse en ce pays-ci, à un moment où il était si difficile à gouverner, et cela par les conseils du roi son père.

J'ai souvent vu des preuves de cette finesse et de cette grande connaissance des autres. Nous en serons plus instruits par la suite.

Ainsi que nous l'avons vu déjà, le prince de La Cisterne, le comte Provana, son gouverneur, don Gabriel, même le prince de Carignan, le harcelaient tous les jours pour qu'il prît les rênes de l'État. Il en avait certainement grande envie, mais il voulait se faire violenter, afin de ne point blesser Madame Royale, et d'avoir l'air d'obéir seulement aux vœux de ses sujets et aux circonstances. C'était chaque matin des conciliabules interminables, dans lesquels il leur soufflait ce qu'ils devaient lui dire pour le décider. Il élevait des objections afin qu'on les détruisît, il faisait parler sournoisement à madame sa mère, et recevait les réponses avec modestie.

Le comte de La Tour, un de ses principaux confidents, esprit ardent, courage impatient et téméraire, après une conférence de plusieurs heures avec son jeune maître, le quitta en disant au prince de La Cisterne :

– Je vois qu'il faut le forcer, je le forcerai, et si vous voulez m'en croire, cela sera fait dès demain.

Ils allèrent ensemble à Rivoli, et rédigèrent une circulaire aux ministres d'État, aux grands de la Couronne, aux généraux, aux commandants des places de guerre, pour leur notifier que dès ce jour il était décidé à revendiquer les droits que son âge et que sa naissance lui donnaient.

Puis ils revinrent triomphants, ce titre à la main, et l'apportèrent à la signature du prince. Celui-ci les attendait impatiemment ; – il n'en fit pas moins mille difficultés avant de se rendre.

– Et ma mère ! répétait-il sans cesse, et ma mère ! c'est pour elle une blessure dont je ne puis être l'auteur. Je la connais.

– N'est-ce que cela ? interrompit sans cérémonie don Gabriel. – Je vais trouver Madame Royale, et je vous apporte le consentement ; moi aussi je la connais.

Il y courut, en effet. Madame la régente l'écouta sans sourciller ; quelles que fussent les tempêtes de son cœur, elle ne lui laissa pas moins achever sa harangue.

– Mon fils souhaite de régner, dit-elle, et il n'ose point me montrer ce désir. – Ses sujets le sollicitent et dans la crainte de m'affliger il se refuse à leurs prières. – Vous aviez raison, monsieur, vous me connaissez mieux qu'eux et je vais bientôt mettre tout le monde d'accord.

Elle prit une plume, et écrivit à monsieur son fils une lettre, véritable chef-d'œuvre d'adresse et de désintéressement. – Je l'ai longtemps conservée, mais M. de Savoie me l'a fait reprendre. – J'en suis doublement fâchée aujourd'hui qu'elle deviendrait un document historique. Elle la fit d'un trait de plume et sans la relire.

Elle lui disait qu'à leur âge à tous les deux, il était fait pour gouverner lui-même, et elle pour réparer sa santé détruite. Elle lui demandait instamment ce repos, et le conjurait de lui accorder la permission d'abandonner la chose publique qu'elle avait menée si

La circulaire.

L'abdication.

longtemps en son nom et dans l'espoir de ce jour tant souhaité. – Rien de plus tendre, de plus modeste que ses expressions, rien de plus noble que son langage.

Don Gabriel revint triomphant. – La conspiration avait réussi. – Victor Amédée entrait en possession de la couronne de ses pères.

– Vous le voulez, messieurs, ma mère le demande, j'y consens donc. Puissé-je régner d'une façon aussi glorieuse qu'elle, et rendre mes peuples aussi heureux qu'ils l'ont été sous sa loi ! Tels sont mes vœux, que le ciel les exauce !

J'étais déjà à Turin à cette époque. Je me souviens de l'effet produit par cette nouvelle et de l'humeur hérissonne de ma belle-mère, dont la puissance déchéait avec celle de sa maîtresse. Elle trouvait M. de Savoie très ingrat et très outrecuidant de venir remplacer une princesse qui depuis tant d'années l'entourait de sa sollicitude et de son habileté. Elle se plaignait fortement dans nos particuliers, bien qu'elle n'en montrât rien au public.

Mon mari, encore en tutelle comme le jeune prince, n'osait rien répondre ; mais il aurait bien voulu l'imiter et secouer le joug.

Madame de Verrue eut beaucoup de peine à se consoler. L'idée surtout de voir une dame d'honneur à la future duchesse, tandis qu'elle serait reléguée avec la douairière, la mettait hors des gonds.

C'est pourquoi elle désirait tant que je prisse cette place ; elle aurait conservé sa domination, et, par moi, elle aurait conduit la jeune princesse.

Tout enfant que je fusse, je compris cela et je ne me fourrai point dans ce guêpier. Une fois le prince maître de l'État, son mariage décidé, Madame Royale n'avait plus qu'à rester dans le palais et à s'occuper d'œuvres pies. Elle connaissait assez son fils pour savoir qu'il ne permettrait point qu'elle se mêlât en rien de ses affaires désormais. Elle eut le bon esprit de se retirer d'elle-même et d'attendre qu'il lui demandât un conseil, ce qu'il ne fit que dans les occasions où il était très décidé à agir suivant sa guise.

J'ai déjà annoncé le mariage de Victor Amédée avec la princesse Marie Anne d'Orléans.

Il ne m'appartient pas de juger cette princesse, j'en parlerai très peu ; ma position est trop délicate, non que je lui aie jamais manqué de respect, non que j'aie eu d'autres torts envers elle que ceux de ma faute et de l'amour de son mari pour moi. Je sais qu'elle ne m'en a point voulu de ce vol ; elle tenait peu à l'amour, elle tenait peu à la puissance.

Regrettant la France, regrettant sa famille, elle n'aima véritablement en Savoie que ses enfants. Lorsqu'elle arriva, elle fut pour moi bonne et prévenante ; elle me souhaitait toujours auprès d'elle, et nous passions des heures interminables à parler de Versailles, de Paris, de Saint-Cloud, de la cour enfin où mon âge ne m'avait pas permis d'aller, mais que je connaissais néanmoins par mes parents et leurs amis. En outre, j'avais eu l'honneur d'être conduite au Palais Royal pour jouer assez souvent avec les filles de Monsieur, dont Madame de Savoie était la plus jeune ; l'aînée avait épousé le roi d'Espagne, pour son malheur, hélas ! malgré la grandeur de l'alliance.

Les princesses françaises font toujours une grande difficulté pour les alliances étrangères.

Ces deux filles de Monsieur avaient l'espérance d'épouser Monseigneur ; elles s'en étaient monté la tête, et toutes les deux l'aimaient en secret, sans se l'avouer mutuellement. La pauvre reine d'Espagne se traîna pendant un mois au pied du trône de Louis XIV pour le supplier de ne point l'envoyer à ce supplice d'un mariage abhorré.

– De quoi vous plaignez-vous, madame ? lui dit-il, je ne pourrais rien faire de plus pour ma fille.

– Non, sire, mais vous pourriez faire davantage pour votre nièce.

Madame de Savoie était tout aussi désolée qu'elle, et plus encore, car la Savoie n'est pas l'Espagne. Je reçus ces confidences à cette époque. Elle me conjura de devenir sa dame d'honneur. Je refusai constamment, et j'en ai été bien heureuse depuis. Ce qui s'est passé fût arrivé également, et je me regarderais comme coupable d'un abus de confiance, envers celle qui eût été ma maîtresse ; c'est sur la même ligne qu'un vol domestique.

La princesse n'était pas jolie comme la reine d'Espagne. Elle avait cependant pris de la pauvre madame Henriette une grâce charmante. Elle dansait mieux que personne ; elle avait une voix touchante et douce ; son accent, en italien surtout, allait au cœur. Son auguste époux ne l'aimait point ; elle était trop bonne et trop simple. Elle le prenait trop droit. Lui qui sophistiquait sans cesse ne croyait pas à la franchise des autres. Il cherchait un sens caché aux paroles, même aux plus simples, et par cette raison-là, par mille autres aussi, ce mariage ne fut pas heureux.

La princesse eut cependant six enfants. Excepté le roi actuel, jusqu'ici, ils sont tous morts jeunes.

Nous allons entrer dans les guerres maintenant, et dans les intrigues de la politique. J'ai vu tout cela de près, je le puis dire, exactement du moins, si ce n'est en homme du métier. J'ai beaucoup appris, beaucoup retenu en ce genre de M. de Savoie, et peut-être ne m'en tirerai-je pas trop mal. – C'est ce que l'on verra bientôt.

CHAPITRE X

Je crois avoir dit que M. de Savoie avait pour Louis XIV des sentiments bien divers. Il l'admirait malgré lui. Cette admiration le poussait à l'imiter, ce qui ne l'empêchait pas de le détester de toute son âme et de chercher à lui nuire toutes et quantes fois cela lui fut possible. Ses affections étaient pour la Maison d'Autriche. Il eût voulu son élévation et humilier le roi de France, ce qui me fit penser souvent, je l'avoue, qu'il l'admirait jusqu'à l'envie.

J'étais, on le sait, au nombre des dames familières des deux duchesses ; je rencontrais donc souvent M. de Savoie chez elles. Il n'avait point de maîtresse en ce temps-là ; par conséquent il quittait peu leurs cercles. Bien qu'il ne s'occupât de personne en particulier, il avait dès lors une préférence pour moi.

Cette préférence, marquée pour moi seule, ne s'apercevait pas encore ; nul ne s'en doutait ; je ne me l'avouais point, c'était comme une manière d'instinct qui me la faisait découvrir.

On parlait des plaisirs de Venise, du carnaval, de la somptuosité des habits et du plaisir qu'on aurait à voir cela.

– J'y compte aller, quant à moi, dit tout à coup Monsieur de Savoie.

– Vous, mon fils ? dit la duchesse avec étonnement.

– Moi-même, madame ; – ne m'est-il pas permis de m'amuser un peu à mon âge ?

– Je ne dis pas que cela vous soit défendu ; – cependant cela est étrange ; – n'y verra-t-on pas un but politique ?

– On voit un but politique dans toutes les actions des princes, madame ; bien fou celui qui s'occuperait de ces mièvretés-là !

– Mais, mon fils, si le roi de France…

– Mais, madame, le roi de France ne saurait m'empêcher d'aller au bal, je ne l'empêche pas d'aller à confesse et de cajoler madame de Maintenon. – Vous oubliez toujours que vous n'êtes plus mademoiselle de Nemours et que vous êtes la mère d'un duc de Savoie qui espère compter en Europe. Voyons, mesdames, lesquelles de vous se laisseront séduire par les belles promesses de la Seigneurie de Venise ? Qui viendra avec moi ?

– Moi, répondit la duchesse régnante, si vous le voulez bien.

– Vous, madame,– cela va sans dire, puisque j'y suis,– mais ces dames ?

La duchesse se tourna vers moi.

– Madame de Verrue, m'y voulez-vous accompagner ? me dit-elle.

À mon tour, je me tournai vers ma belle-mère, ce qui fit rire tout le monde, et je répondis :

– De tout mon cœur, madame, mais…

– Mais qui peut vous en empêcher, si vous en avez tant d'envie? reprit aigrement la douairière : mon fils ou moi serions-nous assez peu séants pour ne pas sentir l'honneur que nous fait Son Altesse ? –

– J'irai donc, madame. – Oh ! quel bonheur !

Madame de Verrue me lança un regard foudroyant.

Cette exclamation de petite fille en vacance révélait trop mon esclavage. Je n'en tins compte et ma journée se ressentit de ma joie. En rentrant, j'eus à subir un discours tout entier.

– Vous irez seule, madame, mon fils reste ici. Son Altesse ne l'a point convié à la suivre. Il vous faudra tâcher de surveiller votre conduite et d'être ce qu'il convient à une personne de votre qualité.

Je ne répondis que par une révérence. C'était ma façon de m'en tirer toutes les fois que je ne voulais pas faire mieux. Quant à M. de Verrue, il ne répondait jamais.

Trois jours après cette conversation, nous étions en route pour Venise. Les préparatifs de Monsieur de Savoic n'étaient jamais plus longs.

Madame la duchesse conduisit cinq ou six jeunes dames. Néanmoins cela ne menait pas grand train, et l'on n'eût jamais reconnu dans ce pauvre équipage, un souverain allant visiter une République. Le dernier des patriciens de Venise était plus somptueux en sa suite.

La route s'égaya fort : pour moi, je fus triste... un peu ! l'absence de ma belle-mère ne compensait point celle de mon mari. Après quelques lieues, cependant, le chagrin se dissipa. Nous entrâmes à Venise par une belle matinée de février, et nous allâmes descendre chez l'ambassadeur de Son Altesse qui nous reçut magnifiquement.

Dès ce même soir, on parla d'aller en masque à la place Saint-Marc.

– Mesdames, nous dit le prince, nous sommes ici pour nous amuser, et nous nous amuserons beaucoup. Quant à moi, je compte attaquer tout le monde et je vous engage à en faire autant. – Monsieur, ajouta-t-il en se retournant vers l'ambassadeur de France qui s'était empressé d'accourir pour saluer la princesse, vous donnerez la main à madame la duchesse de Savoie. Je veux que chacun sache combien je suis honoré de l'alliance de S. M. Louis XIV et combien je tiens à en perpétuer les conséquences.

M. d'Avaux ne fut pas dupe de ces compliments : fin diplomate lui-même, il découvrit facilement des desseins cachés, ou du moins il les soupçonna, et dès lors la lutte s'établit entre eux.

Nous allâmes en gondole à la place Saint-Marc où cette foule noire et de toutes les couleurs nous étourdit bien vite, nous qui n'en avions pas l'habitude.

On était venu complimenter Son Altesse de la part du Doge et de la Sérénissime République, de sorte que son arrivée était connue, la police de l'Inquisition nous entourait déjà.

Victor Amédée resta longtemps près de la duchesse et de l'ambassadeur, puis il commença à lutiner quelques masques sans conséquence. – Ils lui répondirent fort honnêtement, comme si on le connaissait. Il s'en impatienta et il s'impatienta aussi de trouver sans cesse les yeux du comte d'Avaux fixés sur lui. Tout en folâtrant, il me prit par le bras et m'emmena plus loin.

– Madame, me dit-il, vous qui êtes française, ne sauriez-vous occuper les regards de M. d'Avaux ailleurs que de mon côté ? Je ne suis pas venu à Venise pour ne pouvoir parler à aucune dame, et, sans vouloir manquer à la duchesse, je serais charmé pourtant de savoir si les patriciennes ont tout l'esprit qu'on leur a prêté.

– Qui vous en empêche, monseigneur ? le comte d'Avaux ne dirige pas votre conscience apparemment.

– Non, mais en France aujourd'hui on est pointilleux à cet égard, et s'il prenait une plaisanterie pour des infidélités, l'illustre oncle de madame ma femme m'en pourrait réprimander. – Tout ceci, entre nous, madame de Verrue, et comme un service d'amis.

Les yeux du comte d'Avaux m'interrogeaient, ou plutôt cherchaient à lire dans ma pensée. – Je crus être impénétrable et je me sentais fière de la confiance du prince. Nous restâmes ainsi toute la nuit, Victor Amédée de plus en plus entreprenant, s'en prenant même aux Colombines et aux Arlequins qu'il rencontrait en route et s'émancipant avec eux.

Vers le matin il vint un messager du Doge annonçant que le médianoche de Son Altesse était prêt au palais Ducal, la République ayant coutume d'y défrayer ses hôtes couronnés.

– Mais je n'ai point encore vu le Doge, – dit le prince à monsieur d'Avaux.

– Votre Altesse ne le verra pas non plus, monseigneur. Vous serez servi dans une chambre où vous trouverez peut-être quelque provéditeur ou bien *Messire Grande*, accompagné de quelques patriciens ; on vous recevra avec une magnificence royale, on veillera à ce que vous ayez en abondance les recherches et les primeurs de tous les pays, que l'on ne peut trouver qu'à Venise, mais on ne vous importunera point. Tout se fait ici en silence et avec mystère ; vous serez seul en apparence, et pourtant vingt regards vous épieront, vingt oreilles écouteront jusqu'à la moindre de vos paroles. Quant au Doge vous vous verrez en cérémonie, avec une étiquette et des difficultés plus nombreuses que si vous étiez chez le roi mon maître. Vous êtes ici inconnu, comme voyageur. Ainsi l'on vous recevra, ce qu'ils appellent simplement. – Mais, quelle pompe, si vous étiez entré à Venise votre couronne en tête et vos gardes autour de vous !

– Ces nobles marchands sont donc bien riches ?

– Plus nobles que les princes, plus marchands que les juifs, plus riches que les trésors des Indes. Il faut vivre à Venise pour la connaître.

– Je n'en ai malheureusement pas le temps, répliqua le prince avec regret.

M. d'Avaux le regarda de façon à lui faire comprendre qu'il ne croyait guère à ce regret-là.

Nous entrions alors dans ce magnifique et curieux palais des Doges ; nous montions l'escalier des Géants, nous passions à côté des bouches de lions où l'on jette les dénonciations au Conseil des Dix, ces terribles dénonciations dont la pensée seule fait trembler. Je ne puis me défendre encore d'un sentiment de terreur en songeant à cette ville terrible, où tout se sait, où l'on n'ose pas même penser, enfermé dans sa chambre. Je ne me souviens qu'en frissonnant de ces noires gondoles, hermétiquement fermées, contenant on ne sait qui, allant on ne sait où. J'entends ces cris plaintifs des bateliers à chaque canal lorsqu'ils se rencontrent, et ces sbires qui viennent vous arrêter tout à coup au bal, au milieu d'une fête, « *de par Son Altesse le Doge et la Sérénissime République* » ; et ces cachots que l'on ignore toujours et ces plombs où l'on ne pénètre que pour n'en plus sortir, cela est mortel. Malgré tous les charmes de ce pays-là, je ne le voudrais point habiter.

Je n'ai pas à rendre compte de notre voyage à Venise, ni des réceptions du Doge et de la Dogaresse à Leurs Altesses Royales. Cela serait trop long et sortirait de mon cadre. Deux choses seulement sont dignes de remarque et je les dirai.

La première est toute politique et je la puis dévoiler aujourd'hui ; les suites ne sont plus à craindre. M. de Savoie y avait rendez-vous avec plusieurs membres de la ligue d'Ausbourg, qu'il parvint à joindre malgré le double espionnage du Doge et de l'ambassadeur. Le masque et le carnaval le servirent merveilleusement bien en ceci.

Je n'ai su que longtemps après le rôle involontaire que madame la duchesse et moi avions joué dans cette comédie. Un soir, nous avons occupé M. d'Avaux pendant que le duc masqué nous suivait sous les habits d'un laquais à sa livrée, accompagné de deux députés déguisés de la même manière et nous ont escortés ainsi plus de deux heures autour de tous les théâtres et de tous les fantoccini de la place Saint-Marc. Pendant ce temps le prince de La Cisterne enveloppé du bahuto de Son Altesse et absolument de la même taille que lui, paradait sous nos yeux avec les masques. Il ne nous parlait point et feignait de ne pas être de notre compagnie afin de se mieux divertir, nous avait-il annoncé en partant.

Nous y fûmes trompées, l'ambassadeur aussi. Cependant il apprit plus tard la vérité, et l'on en verra les suites.

L'autre fait est plus étrange et plus inconnu. Je le rapporte, d'abord, pour ces raisons, et puis, parce qu'il fera paraître le caractère de M. de Savoie sous un jour nouveau que peu de gens ont découvert.

Ce grand esprit, ce profond politique, ce brave guerrier, était crédule comme un enfant et sujet aux superstitions les plus ridicules. Il ne faisait rien le vendredi qu'il n'y fût contraint ; il ne sortait jamais du pied gauche ; il pâlissait devant un grain de sel répandu sur la table, et croyait aux sortilèges et aux sorciers. Dans beaucoup d'occasions de la vie, il se laissa guider par eux. C'est même une histoire de ce genre que je vous veux raconter. Elle m'est restée dans mon souvenir en dépit de moi, et je ne puis m'empêcher d'y songer encore. C'est en effet un singulier rapprochement.

J'ai dit déjà que le prince me marquait quelque attention ; pendant ce voyage il semblait occupé d'autres idées, et les deux premières semaines rien n'y parut plus.

Un soir nous nous étions promenés la gondole découverte avec la Dogaresse. Nous allions nous mettre à table, lorsque le duc que nous n'avions pas vu depuis le matin, arriva.

Il semblait préoccupé, ses sourcils se fronçaient involontairement ; il ne parla guère, et quand le souper fut fini, il rentra chez lui sans rien dire, ce que ne lui arrivait jamais.

– Qu'a donc, monseigneur, ce soir ? dit assez sottement la très sotte dame d'honneur de Son Altesse.

– Il se sera laissé prendre par une belle inhumaine qui se sera moquée de lui et qui l'a abandonné au moment décisif, répondit la princesse en riant.

Elle n'était point jalouse.

– Il aura été au Ghetto ou au quai des Esclavons, reprit un jeune Contarini, le plus étourdi de tous les étourdis de Venise.

– Et quoi faire, monsieur ? demanda M. d'Avaux plongeant son regard dans cette tête de linotte.

– Ma foi, monsieur l'ambassadeur, c'est ce que le Conseil des Dix et vous savez mieux que moi, car vous l'y faites suivre tous les jours.

Il y avait là de quoi déconcerter tout le monde. Ce fut ce qui arriva.

Excepté M. d'Avaux, tout le monde resta béant. Celui-ci avait trop d'habitude et de présence d'esprit pour la perdre.

– En vérité, monsieur, répliqua-t-il en riant de l'air le plus naturel du monde, j'ignore si le Conseil des Dix vous a chargé de pareille mission, pour moi je n'oserais. Vous avez trop besoin d'être espionné vous-même, à ce qu'il paraît, puisque le mot d'espionner est mis à la mode de ce pays.

– Quoi ! on n'épie pas M. de Savoie au Ghetto et au quai des Esclavons ! ah ! cela est un peu fort, monsieur l'ambassadeur. Mon père le disait hier en confidence à Messire Grande qui lui a fait signe de ne pas continuer, apercevant que j'étais là.

– Eh bien, monsieur, si je devais gager, je gagerais que cela n'est point, du moment où le seigneur votre père l'a dit à Messire Grande sans s'apercevoir que vous étiez là comme si on ne s'apercevait pas de tout à Venise.

La chose en resta là, ce qui n'empêcha point chacun d'y penser. On se sépara peu à peu.

Comme je rentrais dans mon appartement, je trouvai Marion à la porte, et attendant d'un air de mystère. Elle mit un doigt sur ses lèvres et me pria de la suivre jusqu'à une petite chambre qu'elle habitait dans les entresols. Quand nous fûmes à la porte, elle me dit tout bas :

– Madame, Son Altesse monseigneur le duc vous attend depuis longtemps ici.

– Moi ?

– Oui, madame, et Elle m'a ordonné de rester à la porte pour vous garder quand je vous aurais introduite. Entrez vite, je vous en prie, il est tard.

J'entrai tout étonnée et tout interdite.

Je trouvai le duc qui se leva à mon approche. Il était assis près d'une table, le coude appuyé et la tête dans sa main.

– Madame, me dit-il, ne trouvez point étrange ce que je vais vous demander. Je ne doute point de votre attachement pour ma maison, et j'en attends de vous une preuve. Voulez-vous me suivre demain bien masquée et bien dissimulée, et vous laisser conduire où je désire vous mener ?

– Monseigneur, je ne sais si je comprends bien, mais il me semble…

– Ne craignez rien, madame, vous êtes en sûreté sous ma garde, et je vous donne ma foi de prince qu'il ne vous sera rien dit, ni rien fait dont vous puissiez être blessée.

– En vérité, monseigneur…

– Consentez, madame, consentez ; – il s'agit des intérêts les plus graves, il s'agit de l'État, il s'agit de mon bonheur. Nulle personne au monde ne le saura, croyez-le.

Je me fis prier longtemps, mais il insista, il pressa de façon à m'obliger de promettre.

Il fut convenu que le lendemain je me dirais malade et que je resterais chez moi, et qu'à la nuit close je me tiendrais toute prête et masquée à la porte de terre du palais, où il m'attendrait. Le reste le regardait.

Vous jugez que toute la nuit, toute la journée, je fus inquiète. J'étais surtout curieuse, je l'étais beaucoup. Je n'avais pour le duc aucun penchant tendre ; mais il m'avait assez révélé le sien, pour que je le craignisse. Nous ne nous parlâmes que selon l'accoutumée et j'aurais oublié ma maladie préparatoire si un de ses regards ne m'eût avertie. Nous étions restés fort longtemps le matin dès l'aube à l'église pour un sermon et un office. Je prétextai une grande fatigue et je me dispensai de la promenade.

Victor Amédée fut exact et moi aussi. Il m'attendait déjà à la porte. Il me présenta la main, je lui donnai la mienne. Nous nous mîmes en chemin sans prononcer une parole, suivis d'un vieux valet de chambre du prince qui ne le quittait jamais.

Nous traversâmes deux ou trois passages obscurs, puis nous arrivâmes à un petit canal sombre, où une gondole nous attendait. Nous y montâmes, toujours sans rien dire. Le prince me fit signe de m'asseoir auprès de lui et bientôt nous fendîmes les eaux avec la rapidité d'une flèche perçant la nue.

J'en perdais presque la respiration. Le voyage ne dura guère ; la gondole s'arrêta, et le laquais ouvrit la porte, en disant à voix basse :

– Altesse, nous sommes arrivés.

CHAPITRE XI

Nous descendîmes ainsi que nous étions montés dans le même silence. C'était un canal étroit et sombre comme un souterrain. Les eaux clapotaient contre une grande muraille noire percée d'une seule porte, avec deux sales poteaux de chaque côté. On se fût cru à mille lieues de cette brillante place Saint-Marc, si remplie de foule et de lumières sous le bruit des instruments et des éclats de voix qui, de temps en temps, rompaient le silence de cette solitude.

La porte s'ouvrit après que Beppe y eut frappé d'une certaine façon. Nous entrâmes dans un corridor où une lampe fumeuse nous éclairait à peine. Il fallait avoir seize ans, il fallait être Jeanne d'Albert, si bien serrée et si bien gardée, depuis sa transformation apocryphe en comtesse de Verrue, pour s'être laissé ainsi conduire par un jeune prince dans un pareil bouge. Je ne conçois plus à présent comment j'y ai pu consentir.

Je tremblais bien un peu ; mais j'ai toujours été hardie. Je me remis promptement et je suivis Son Altesse qui marchait devant, en homme sûr de sa route. Je ne puis vous dire ce qu'était ce logis. L'humidité suintait du haut en bas ; les murailles étaient verdâtres et mousseuses, on y marchait sur je ne sais quelles substances grasses et glissantes. Je fus obligée de m'appuyer au bras que Son Altesse m'avait tendu.

Au bout de ce corridor se trouvait une autre porte à moitié à jour, tant la vétusté l'avait rongée. Cette porte tourna au bruit que nous fîmes, et un vieillard à barbe blanche, enveloppé d'une longue robe verte, parut devant nous. Il dit au prince quelques paroles dans une langue étrangère, auxquelles celui-ci répondit en me montrant. Le vieillard éleva jusqu'à mon visage une lampe qu'il tenait à la main, et se montra déconcerté à la vue de mon masque. Il se retourna vers le prince tout en colère. Celui-ci s'humilia profondément et je compris qu'il s'excusait. Le vieillard frappa du pied comme un homme qui ne veut pas entendre, et M. de Savoie se retourna de mon côté en hésitant. Cependant il me dit :

– Pardonnez-moi, madame, si je vous prie de vous démasquer ; mais ce docte personnage a besoin de voir vos traits et de les connaître avant de vous laisser pénétrer chez lui.

Depuis un instant, depuis mon entrée dans cette maison lamentable, la peur m'avait saisie. La vue du grand vieillard ne fit que l'augmenter encore. Aussi exagérée dans ma terreur que je l'avais été dans ma confiance, j'en étais venue à craindre pour ma vie.

J'avais entendu parler des magiciens qui pour accomplir leurs charmes ont besoin du sang d'une vierge. C'était avant la grande révolution de la maison de Verrue. Sans réfléchir que nul ne me connaissait en cette qualité, je me pris à trembler comme une feuille, et l'invitation de me démasquer ne me rassura point.

– Monsei... balbutiai-je.

Il ne me laissa pas le temps d'achever le mot.

– Vous n'avez rien à redouter ici, madame, vous êtes sous la protection de mon honneur, et le laboratoire de ce savant n'est hanté ni par les diables, ni par les patriciens de Venise, lorsque je m'y trouve surtout. Vous pourrez vous démasquer.

J'hésitai encore ; mais sur une nouvelle demande, je cédai. Le vieillard remonta sa lampe et m'examina longtemps, rougissante sous son regard, puis il se mit à sourire en disant en italien, sans doute par distraction.

– *Bene !...*

Quel sourire que le sien ! deux rangs de perles d'Ophir ! et quelle ironie ! quel sarcasme ! quelle suprême moquerie dans ses lèvres pincées et rouges comme du corail. Je ne sais comment

Victor Amédée put s'y laisser prendre. À dater de cc moment je n'eus plus peur du grand vieillard.

Nous entrâmes dans une chambre immense et délabrée, où se trouvaient des échantillons de tous les objets possibles depuis les diamants jusqu'aux ordures. On y voyait des armes, des pierreries, des tableaux, des étoffes, des animaux empaillés, des statues, des bêtes vivantes, des faïences, des cristaux, des pièces d'argenterie, des chiffons, des médailles, de tout enfin. Il s'y faisait des bruits incroyables ; dans les coins où la lumière ne pénétrait pas, je ne sais quels êtres pouvaient y grouiller.

Nous nous avançâmes vers une table boiteuse entourée de trois escabeaux luisants de vieillesse. Notre hôte y déposa sa lampe et nous fit signe de nous asseoir.

J'en avais besoin, car je ne me soutenais plus ; la conversation continua dans cette langue inconnue. Le docteur parlait beaucoup. M. de Savoie écoutait, interrogeait, approuvait quelquefois. J'ai su depuis que c'était du grec. Le prince avait une grande facilité pour les langues, et les parlait presque toutes aussi bien que la sienne.

Mon tour vint : le sorcier prit ma main, l'ouvrit, un peu malgré moi, la regarda longtemps et sembla l'étudier avec attention. Il fit remarquer différents signes à son élève, dévoré d'impatience et de curiosité. Puis il alla chercher une manière de fouine morte dont il me fit toucher la tête. Il regarda ensuite dans son intérieur, consulta ses entrailles, son cœur, ses yeux, écrivit quelques lignes cabalistiques, et se tournant vers M. de Savoie et lui montrant un écusson de France pendu contre la muraille, il lui dit cette fois, en bon français :

– Malgré tout, vous y reviendrez.

Le prince ne fit aucune réponse.

Nous restâmes plus de deux heures dans cette consultation, à laquelle je ne comprenais rien, mais dont je fus cependant le sujet et le but. Lorsqu'ils eurent épuisé la matière, nous nous levâmes et le duc parla en langue vulgaire en s'adressant à moi.

– Je n'oublierai jamais cet acte de complaisance et de bonté, madame, me dit-il ; je n'ai qu'une chose à attendre de vous, c'est le silence le plus absolu sur ce qui vient de se passer. Vous avez rendu, sans vous en douter, un grand service à la Savoie.

– Jeune dame, ajouta le devin en français, souhaitez-vous savoir votre fortune ?

– Oui, si elle doit être bonne.

– Bonne ou mauvaise, comme tout en ce monde – plutôt bonne que mauvaise – vous êtes née sous une étoile singulière – vous n'y pouvez échapper. Il vous faudra, malgré vous, devenir ce que vous n'auriez pas voulu être. – Il vous faudra quitter qui vous aimerez, et vous faire une vie tout éloignée de celle que vous deviez mener. Je veux vous faire un présent, un présent inestimable et tel que nul autre ne vous le pourrait offrir. Prenez ce paquet de poudre, et gardez-le plus précieusement que vos joyaux, car il y a là dedans votre vie à vous, d'abord, et puis celle d'un enfant que vous sauverez du poison, par lequel sa famille entière périra. Cet enfant sera le plus cher, le plus nécessaire au monde entier, et sans vous, il disparaîtra comme tous les siens ; conservez bien cette poudre, entendez-vous ?

Je pris ce petit papier plié avec une sorte de regret et de crainte ; je le mis dans ma poche, et je suivis M. de Savoie qui m'entraînait, en me répétant qu'il n'oublierait jamais le service immense que j'avais rendu à lui et à ses États.

J'étais tout ahurie, tout étonnée ; je ne sus que répondre ; je serrais machinalement le divin antidote dans ma main, et je rentrai chez moi sans avoir trouvé une parole à répondre à mon royal conducteur. Nous nous séparâmes à la porte. Je regagnai ma chambre et mon lit où je ne dormis pas plus que la nuit précédente, tant je me sentais singulièrement émue de tout ceci. C'était ma première aventure, il faut bien payer son tribut.

J'eus depuis l'explication de ce qui s'était passé. – La voici :

Le devin était un de ces juifs cosmopolites qui ont connu les quatre coins de l'univers. Je ne puis nier sa véritable science, et j'ai de bonnes raisons pour cela ; tout ce qu'il a prédit est arrivé, sans compter que je lui dois la vie. Il avait annoncé à Victor Amédée, ses guerres, ses irrésolutions dans ses alliances, tous les événements de son règne enfin. Mais il le surprit beaucoup davantage en lui disant :

– Il est des choses que je ne puis absolument distinguer, et qui se présentent confuses à mon esprit. Nous pouvons les éclaircir, si vous êtes de bonne foi avec moi. Une grande partie de ces faits se passeront sous l'influence d'une femme que vous devez aimer, que vous aimez déjà. Sa main seule peut m'apporter la clé de ces mystères, et me mettre à même de vous donner le conseil que vous sollicitez de moi. Faites que je la voie, que je lui parle, et je saurai après tout ce qu'il faudra savoir.

Le prince était encore assez jeune pour rougir. Il ne se rendait pas compte de ce sentiment pour moi qu'il eut plus tard ; mais en sondant son cœur, il lui sembla que j'étais désignée, et moitié curiosité politique, moitié désir d'amour il s'en voulut assurer. Il me demanda donc de le suivre, ainsi que je l'ai raconté tout à l'heure. Le magicien lui assura que c'était bien la personne supposée, qu'il m'aimait fort, que je l'aimerais aussi, que nous aurions ensemble des enfants, et que ce serait moi qui le quitterais.

Je m'étends beaucoup sur cette prédiction, parce qu'elle eut une vraie influence sur l'avenir qui m'attendait, et que j'aurai à en parler plus d'une fois.

Le lendemain de notre excursion, Marion me remit, de la part de Son Altesse, une fort belle petite boîte en filigrane d'or, entourée de pierreries et doublée de cristal de roche. Elle était suspendue à un anneau et à une chaîne d'un métal perdu, brillant comme de l'acier poli. – C'était un présent du juif pour y enfermer ma poudre et l'avoir toujours à mon cou. Ce bijou était d'une ancienneté sans date, et des plus rares qui se pussent voir. – Je l'ai encore, il ne m'a point quittée depuis.

CHAPITRE XII

Quelques semaines après son retour à Turin, Victor Amédée eut la preuve de la perspicacité de M. d'Avaux. – Il eut la preuve qu'on avait écumé ses démarches, qu'on connaissait ses rapports avec le roi Guillaume d'Angleterre et avec l'Électeur de Bavière également. Son ambassadeur de Venise lui fit part d'un de ses entretiens avec d'Avaux où celui-ci lui avait rendu compte, jour par jour, de ses démarches, qu'il supposait si bien cachées, preuve que le seigneur Contarini était bien informé ; l'ambassadeur ne lui dissimulait pas, en même temps, qu'on avait de profondes méfiances à la cour de Versailles, et qu'il aurait beaucoup à faire pour les détruire : il devait s'attendre à des demandes exagérées et s'apprêter néanmoins à y satisfaire, s'il ne comptait pas rompre entièrement.

Ceci devenait grave. Déjà pour donner un gage de tranquillité à Louis XIV, il avait recommencé la guerre, impolitique et impopulaire, contre les Vaudois ou Barbets, dont son père avait vu les abus ruineux. Ce prétexte, car c'en était un véritable, lui fournit l'occasion de lever des troupes et d'armer ses sujets, sans donner à son puissant voisin le sujet de se plaindre. Il avait, depuis longtemps, en vue de lui reprendre Pignerol et Casal, il n'en cherchait que l'occasion, et faisait tout au monde pour la faire naître, sans avoir l'air de la chercher,

De son côté, Louis XIV, qui ne connaissait pas encore son jeune allié, croyait sa domination facile, et se contentait d'étendre sa griffe de lion vers les États qu'il protégeait, pour les saisir plus tard peut-être. Il croyait avoir affaire à un homme de vingt ans, sans expérience, sans talent. L'affaire de Venise lui donna à réfléchir ; il commença à examiner de plus près, et ses ambassadeurs reçurent des ordres sévères pour surveiller M. de Savoie et ses desseins.

Celui-ci ne s'endormait point, en sachant Casal, la plus forte position de l'Italie, entre les mains du roi de France, et sous le commandement de M. de Cressau, homme aussi brave qu'habile.

Casal avait été vendue au roi par le duc de Mantoue, fainéant et voluptueux. Il eût vendu de même le reste de ses États pour satisfaire à ses plaisirs et à ses maîtresses, lesquelles étaient de la pire façon et tout à fait indignes d'un prince.

Victor Amédée eût bien voulu s'emparer de ce gâteau, mais les forces lui manquaient. Il n'était encore sûr de rien avec l'empereur et les confédérés, et il ne songeait à se déclarer qu'avec la certitude d'un appui et d'un secours efficace. Aussi se risqua-t-il à toutes choses avant de se brouiller, sans profit, avec l'oncle de la duchesse qui pouvait si facilement l'anéantir.

Sa prudence éclatait déjà.

Le maréchal de Catinat commandait pour le roi en Dauphiné et dans les Cévennes. Il écrivit à M. de Savoie et lui témoigna le désir de le voir et de s'entendre avec lui sur bien de choses – « non pas de la part de son maître, lui disait-il, mais de la sienne propre, et dans la joie de connaître un prince de si belle espérance. »

M. de Savoie reçut cette lettre, la montra à madame sa mère et lui demanda si elle ne serait pas bien aise de recevoir à Turin M. de Catinat.

– Le ferez-vous donc venir ?

– Peut-être, madame.

– Mais le connaissez-vous ?

– Je ne le connais pas. Lorsque j'étais à la cour de France, M. de Catinat ne marquait point. C'était un petit gentilhomme parvenu par son mérite.

– Je souhaiterais beaucoup de petits gentilshommes semblables à mon service. S'il vient, du reste, sa visite sera singulière, car j'en attends une autre, mon cousin Eugène qui s'est couvert de gloire en Hongrie et qui sera le premier héros de l'Europe, si Dieu le permet.

– Mon fils, prenez garde ! Il y a un proverbe de mon pays qui m'a toujours paru fort sage : *Qui trop embrasse mal étreint*.

Le prince sourit, ce fut tout. Il ne répondait point quand il ne lui convenait pas de le faire. Madame Royale raconta ses inquiétudes à ma belle-mère devant moi, je sus ainsi la chose d'origine, et je me réjouis fort de voir le maréchal et le prince Eugène, avec lequel j'avais fait connaissance à son dernier voyage et qui me semblait un prince fort distingué. Quant au maréchal, il me parlerait de la France, de mes parents, de la cour, de tout ce que j'avais aimé et que je regrettais encore. – C'était une fête pour moi.

Sur ces entrefaites, un matin que je jouais avec mon petit Michon, il me demanda tout à coup si le Comte et moi, ferions bientôt à M. Petit la visite que nous lui avions promise.

– Pourquoi cela, petit Michon ? Nous n'y avons plus pensé, je l'avoue.

– Parce que M. le curé veut vous préparer une collation friande et que j'en prendrais ma part.

– C'est donc toi qui es pressé ?

– C'est moi, et, puis c'est aussi cet abbé Alberoni qui doit faire les chatteries et les bonnes choses. Il vient chaque jour chez M. le curé, et lui demande quand cela sera décidé. Parce que c'est, dit-il, le chemin de la fortune qui s'ouvrira devant lui.

– Le chemin de la fortune s'ouvre donc par une porte de sucre et de biscuits ? m'écriai-je en riant.

– Je ne comprends rien à cet homme-là, madame, il fait des rêves et des discours auxquels on ne voit pas clair. C'est le fils d'un jardinier, assure-t-on, et il parle de devenir premier ministre. Un devin le lui a annoncé, et il y croit.

– Compte-t-il donc être premier ministre de M. le duc de Savoie ?

– Bah ! C'est trop peu de chose ! Il sera premier ministre d'un grand royaume.

– Je ne soupçonne pas trop alors à quoi notre collation et notre présence peuvent lui servir.

– Enfin, madame, il ne rêve qu'à cela. Il vit tout seul dans sa petite chapelle, et il invente des plats nouveaux tous les matins, afin d'en composer dont Vos Excellences soient satisfaites.

Je parlai le soir même chez Son Altesse de mon petit Michon, qui y était fort connu, de l'abbé Alberoni et de ses friandises. Madame Royale était gourmande. Depuis qu'elle ne s'occupait plus du gouvernement, elle avait de grandes séances avec ses officiers et ses marmitons. Elle se mit à rire de cet abbé et de ses préparatifs de fourneaux.

Madame Royale était simple et fuyait souvent les exigences de son état pour vivre en particulière. Elle aimait fort les à-parts avec ses favoris et favorites. Tant qu'elle fut Régente elle sacrifia ce goût. – Mais depuis son *abdication* elle s'en dédommagea fort.

– L'abbé Petit n'a-t-il pas une maison des champs ? demanda-t-elle à madame de Verrue.

– Oui, madame, il en a une charmante, où se trouvent quantité de tableaux et de curiosités. Elle est tout près de celle de mon fils.

– Hé bien, contessina, prévenez votre Michon que mardi prochain nous irons tous nous promener de ce côté, que je me reposerai à sa villa et que s'il s'y trouve quelque collation préparée, je ne refuserai pas d'y faire honneur.

Je ne fus point surprise ; Madame Royale faisait souvent de ces promenades. Ma belle-mère et moi nous en avions la privance, que la cour recherchait fort. Bien qu'elle n'eût plus de pouvoir établi, elle en avait encore un très réel sur l'opinion de son auguste fils. Il se faisait un devoir de lui être agréable, et lui refusait peu de choses en ce qui concerne les faveurs de cour. Quant au gouvernement, il écoutait ses conseils ; mais il se réservait d'en être le juge et ne faisait que ce qu'il lui convenait de faire, sans jamais en rendre raison.

Le curé fut prévenu dès le lendemain, et au jour désigné il nous reçut, avec sa bonté et sa modestie ordinaires. Quant à l'abbé Alberoni il se montra radieux, Nous ne le vîmes qu'après la collation ; au moment du fruit, il vint recevoir les compliments de Son Altesse et réchauffer ses espérances d'avenir. Madame Royale, instruite par moi, le fit causer. Elle se plut à l'interroger et à l'entendre. Il avait infiniment d'esprit, du plus fin et du plus bouffon ; en sondant son regard, on y trouvait une profondeur inattendue, et que cette folle enveloppe cachait au vulgaire.

À l'âge que j'avais alors, je n'en vis pas davantage, je le pris pour un Pasquin. Plus tard je me rappelai, lorsqu'il se fit connaître et que nous le revîmes dans une tout autre situation. Madame Royale prit plaisir à lui faire raconter sa vie et ses projets. Il lui dit tout net qu'il était fils d'un jardinier de Parme, et qu'il avait désiré monter plus haut dès l'âge le plus tendre.

– J'ai pris le petit collet pour aborder où mon petit sarrau de toile ne m'aurait pas introduit, madame. – Mon père et ma mère me traitaient de fou ; mais si je n'étais l'abbé Alberoni, si au lieu de greffer des poires, je n'avais su tourner des sauces, je ne serais aujourd'hui aux pieds de Votre Altesse Royale, et à la remercier de ses bontés, à lui en demander la continuation et la suite. Voilà ce que c'est que l'habileté.

– Vous avez raison, monsieur l'abbé, tout cela est juste ; mais je voudrais savoir, pour vous bien servir, ce que vous comptez être un jour.

– Hélas ! madame, premier ministre, rien que premier ministre, répliqua-t-il d'un air humble et soumis.

– De mon fils !

– Oh ! non, madame, d'un plus grand État. Soit l'empereur, soit le roi de France, ou le roi d'Espagne, je ne sais pas encore.

– Ah ! vous n'avez pas encore choisi, je comprends. – Mais ne trouvez-vous pas ce saut bien grand, de votre canonicat à une semblable position ! N'y a-t-il point des échelons pour y arriver ? et quel est celui que vous désirez choisir en ce moment ?

– Ah ! madame, le plus difficile, car c'est le premier.

– Ne peut-on vous aider ? voyons. Je vous promets de parler au duc.

– Au duc de Parme ? demanda-t-il vivement.

– Ah ! il s'agit du duc de Parme. – Je serai peut-être moins puissante, pourtant je tâcherai.

La princesse riait fort, en lui parlant, et le fin compère comprit qu'il pouvait oser.

– Le canonicat de Son Excellence est un bon petit poste, madame, on y gagne sa vie à ne rien faire que quelques prières bien douces et bien faciles ; on y chante vêpres, seul avec son clerc ; on y dit la messe devant trois vieilles femmes et leurs chiens de Bologne, et l'on s'en va tout doucement au paradis, escorté des regrets de ses voisins, à qui l'on donne un joli repas chaque semaine, sans se gêner. C'est un bénéfice enviable de toutes les façons, excepté....

– Excepté pour les premiers ministres en herbe, je le comprends. Ensuite ?

– Ensuite, madame, puisque Votre Altesse daigne comprendre si vite, elle comprendra bien aussi que j'en voudrais sortir.

– Parfaitement.

– J'ai des ambitions, madame : celle d'être premier ministre, qui ne peut pas me manquer, et celle de me promener dans les rues de Parme dans le carrosse de Monseigneur l'Évêque ; c'est par celle-là qu'il faudrait commencer.

– Voulez-vous que je demande à Monseigneur de Parme de vous promener en carrosse dans la ville de Parme à ses côtés ? Je ne vous promets pas de l'obtenir, car il faut une raison à cette promenade.

– Aussi je la trouverai, si madame a l'extrême bonté de m'écouter jusqu'au bout. Il vaque un office de Capellan dans sa maison ; si je puis avoir cette place, le premier échelon est franchi, et je tiens mon rôle de premier ministre.

– Si j'étais la Duchesse de Parme, je vous la donnerais ; la duchesse de Savoie ne peut que vous promettre de la demander dès demain. Ainsi fait-elle. – J'espère que Monseigneur de Parme ne me refusera pas, il a de l'esprit, il aimera un homme d'esprit, se présentant comme vous, j'en suis sûre. L'abbé, vous serez Capellan.

– Que Dieu vous entende et vous bénisse, madame la duchesse ! Vous aurez commencé une belle fortune et vous n'aurez pas à vous en repentir.

Il accompagnait ces paroles de mille grimaces et de mille singeries, dont la compagnie se pâmait, Son Altesse plus que personne. Elle en raffola sur-le-champ, elle lui fit répéter ses folies, et en rit aux larmes, de la composition de sa maison et de son gouvernement quand il serait premier ministre. – S'est-il souvenu de cette journée lorsqu'il l'est devenu tout de bon ? J'ai souvent eu envie de le lui demander.

Madame Royale fit écrire à l'Évêque de Parme ; il donna la place de Capellan à Alberoni et commença en effet son élévation. – Avant de partir il vint saluer madame la duchesse, ma belle-mère et moi. Il nous envoya de Parme d'excellentes conserves, et cela jusqu'au jour où il a quitté l'Italie. Je me suis toujours étonnée qu'il ait pu arriver à la grandeur, étant si reconnaissant. D'ordinaire, la première condition c'est d'être ingrat envers ceux qui vous ont servi.

CHAPITRE XIII

J'ai maintenant, il me semble, bien parlé des affaires des autres. Il est temps, je crois, de retourner aux miennes et de vous tenir au courant. J'ai vu tout ce que je viens de raconter. J'ai vu beaucoup d'autres choses, mais quant à ce que j'ai éprouvé, quant aux secrets de mon cœur, il m'est doux de les rappeler, il m'est doux de les tracer sur ce papier confident, innocent et fidèle qui ne gronde point, qui ne me fait aucun reproche, qui accueille tout de la même façon et qui ne me trahira pas, de mon vivant du moins. S'il me trahit après ma mort, je ne serai pas là pour le savoir, et je me soucie assez peu de la postérité ; je n'y crois point.

D'ailleurs, ces pages tomberont peut-être entre les mains d'un bon cœur, d'un charmant esprit qui saura deviner pourquoi je les ai tracées, qui appréciera les sentiments et les idées de la pauvre créature qui n'a su, dans toute sa vie, faire de mal qu'à elle-même. Cette idée m'est douce, je voudrais connaître cet ami futur que le ciel me destine peut-être. Je le bénis d'avance et je lui dis : merci à vous qui apprendrez aux autres à me mieux connaître, à vous qui direz aux siècles futurs que la *dame de volupté* ne fut ni ambitieuse, ni avide de richesses ; – elle fut tendre, elle fut paisible, elle fut malheureuse souvent, bien qu'on en ait pu penser, et si Dieu eût donné au comte de Verrue le même cœur qu'à elle, ils eussent offert un modèle et un exemple aux époux de ce monde ; – je l'ai déjà répété, et je pourrai bien le répéter encore.

Je n'ai pas besoin de dire qu'après le séjour à la campagne notre bonheur fut très grand et très complet. Madame de Verrue ferma les yeux, elle feignit de ne s'apercevoir de rien, et n'entra plus ni chez son fils, ni chez moi sans nous avoir fait prévenir préalablement.

L'abbé Scaglia était absent pour quelque mission, Madame Royale lui en donnait souvent ; elle le tenait en grande estime, et le chargeait de beaucoup de secrets. – Nous étions calmes et tranquilles, nous tâchions de ne point montrer notre tendresse et d'être ensemble devant les autres comme auparavant. C'était le plus difficile.

Ma belle-mère voyait moins son fils ; elle affectait une froideur sévère, espérant le ramener ainsi et le conduire à l'amende honorable. Il commençait à trembler, en effet, loin de moi ; mais dès que je paraissais, dès que mon regard rencontrait le sien, il reprenait du courage et de l'espoir. Nous allions partout ensemble, nous retournions souvent à notre chère villa et à la chambre en points de Hongrie. Nous nous rappelions sans cesse ces premiers moments de bonheur, et nous en croyions la durée éternelle. Un événement très naturel, qui d'ordinaire comble de joie les familles, et qui pour nous était la révélation publique de notre union renouvelée ou plutôt formée, vint redoubler nos embarras.

Il fallait l'avouer à madame de Verrue ; nous n'avions point dérobé ce pauvre petit, c'était l'enfant de notre amour ; nous étions les plus heureux du monde de l'avoir, encore fallait-il qu'il fût reçu par son aïeule comme une bénédiction du bon Dieu qu'il était pour nous tous ; et je ne savais trop si elle y consentirait.

Nous le cachâmes tant que cela fut possible. Une fille coupable d'une faute ne prend pas des précautions plus minutieuses. Ma souffrance me trahit. Madame de Verrue devina tout à ma pâleur, à mes incommodités continuelles. Chaque fois qu'elle me regardait, je rougissais. Mon mari rougissait plus encore, il détournait la tête et levait le siège. Il craignait les explications. Je ne tardais pas à le suivre, j'en avais aussi peur que lui.

Un jour, comme j'étais déjà détalée, madame de Verrue me rappela. Je n'osai pas aller plus loin, je sentis qu'il fallait revenir et

L'offense.

que le moment de la révélation arrivait. Ma belle-mère me rappela encore ; je retournai vers elle. Son regard me toisa avec un éclair de haine, et sans préambule me dit :

– Vous êtes grosse, madame.

Je ne répondis point, tant la déclaration à brûle-pourpoint me semblait brusque.

– Quand donc le comptez-vous avouer ? Quand donc en comptez-vous donner part à Leurs Altesses ? Est-ce que vous prétendez vous cacher, par hasard ?…

– Madame…

– Tout ceci est très ridicule, je vous en avertis. Après vous être comportée avec mon fils d'une façon inqualifiable pour votre âge ; après avoir mené une existence qu'une effrontée désavouerait certainement, ne venez-vous point faire la prude et dissimuler ce qui s'en est suivi ? Voilà une belle modestie vraiment ! Comme si vous ne deviez pas être fière de donner un héritier à la maison de Verrue ! À quoi seriez-vous bonne sans cela ?

Je me regimbai lorsque je m'entendis injurier de la sorte.

– Ne suis-je pas mariée, madame, s'il vous plaît ? En quoi ai-je manqué à la modestie ? En quoi ai-je montré des façons d'effrontée ? Si je donne un héritier à la maison de Verrue, il me semble que je suis de la maison d'Albert, et que…

L'argument était mauvais, la rude comtesse me coupa la parole.

– La maison d'Albert ! s'écria-t-elle, enchantée d'avoir trouvé un sujet véritable de m'humilier. Vraiment la maison d'Albert ? Ah ! vous croyez que cela se ressemble ? Qu'est-ce donc que la maison d'Albert ? D'ailleurs, est-ce une maison, et dans pareille classe donne-t-on ce nom aux familles ? Votre grand-père était un fauconnier, ma belle demoiselle de Luynes. Votre aïeul était moins encore, apprenez-le, si vous l'ignorez, et chacun sait ce qui a fait de ce fauconnier un duc, n'en pouvant faire un gentilhomme.

– Alors, madame, repris-je, toute pâle de colère, pourquoi la petite-fille de ce fauconnier a-t-elle été arrachée à son pays, à cet hôtel de Luynes où l'on vit si heureux, à cette *famille* que tant de respects entourent pour venir souffrir auprès de vous ? Pourquoi l'héritier de la maison de Verrue est-il devenu mon mari ? Ce n'est pas ma dot qui vous a tentée, je n'en ai point reçu. Ce n'est ni ma beauté, ni les qualités de mon esprit ; à treize ans, l'on n'a ni l'un ni l'autre. D'ailleurs, vous ne me connaissiez pas. Qui donc vous a pu conduire à une alliance avec ce duc de Luynes qui n'est pas gentilhomme et que vous méprisez tant ?

L'étonnement tua chez madame de Verrue la colère. Dans le premier moment, elle me laissa dire parce qu'elle ne comprenait point mon audace. Soumise jusqu'ici, je me relevais pour la première fois. J'étais la mère de l'aîné de sa maison en ce moment ; j'étais la femme du comte de Verrue et non une petite fille que l'on peut impunément offenser. Elle pressentit un adversaire qu'elle aurait de la peine à vaincre, et dès lors ma perte fut jurée, je n'en doute pas. Cependant elle voulut combattre et ne pas me quitter sans avoir épuisé tout son fiel.

– Si je vous avais connue, madame, si j'avais prévu ce que la fille de treize ans deviendrait plus tard, vous ne seriez point ici, je vous le jure. Mais je crus cet abbé de Léon, confiante en son amitié, désirant surtout assurer le bonheur d'un fils, que j'aime pardessus tout, j'ai consenti à vous recevoir ici, en mendiante, vous venez de le dire, à vous tout donner, n'exigeant en échange que votre jeunesse, votre vertu, votre beauté pour l'héritier d'une des plus vieilles maisons de l'Italie, me disant, pour excuser la mésalliance, que le comte de Verrue était bien assez grand seigneur pour faire une grande dame sans le secours de sa noblesse à elle, et qu'il était plus noble de tout offrir sans rien recevoir. Puisque vous le demandez, voilà pourquoi je vous ai prise, madame, et pourquoi vous m'insultez aujourd'hui, en reconnaissance de mes bontés.

J'étais retombée sur mon siège, suffoquée par la rage, par l'impuissance, par toutes les passions contenues et dans l'impossibilité d'éclater.

Le désespoir.

Elle eût continué ainsi deux heures que je n'aurais pas répondu davantage, j'étouffais, je me sentis mourir. Elle n'eut aucune pitié de moi ; se levant, au contraire, et enchantée de m'avoir réduite au silence, elle me fit une révérence ironique, en me disant :

– Je vais vous envoyer vos femmes, pour délacer votre corps de jupe, madame, et je vous engage à n'en plus porter. Cela devient inutile, je sais tout.

Marion et Barbette, qu'elle fit mander en me quittant, accoururent, poussant des cris et des exclamations sans fin. Marion alla chercher monsieur de Verrue dès que je fus reconduite à mon appartement, en lui annonçant que la méchante douairière nous allait tuer, mon enfant et moi, s'il n'y voulait mettre ordre.

Monsieur de Verrue se lamenta fort ; mais il n'était point homme à mettre ordre à rien, en face de sa mère. – Il se trouva très empêché entre nous deux. Je lui déclarai que je ne resterais pas une heure de plus en son palais après le traitement que j'avais reçu, que j'allais écrire à ma famille, et prier mon père de me venir chercher.

– J'attendrai son arrivée en quelque couvent, ajoutai-je, il serait peu séant que j'habitasse cette maison où madame votre mère m'a reçue par charité. Les filles de duc et pair n'endurent point de pareils traitements.

– Et moi ! et moi ! que deviendrai-je ? répétait-il en pleurant, et mon fils ?

– Vous, monsieur, vous aurez madame votre mère pour vous consoler. Quant à votre fils, soyez tranquille, je vous le renverrai dès que j'aurai pu m'en débarrasser.

Ma furie était semblable à la malédiction de l'Écriture, elle allait jusqu'à la troisième génération. M. de Verrue se jeta à mes genoux, il me supplia, il me demanda pardon, il pleura, il baisa mes mains ; il parvint à toucher mon cœur qui l'aimait ; je le baisai à mon tour, je mêlai mes larmes aux siennes, je lui pardonnai, je pardonnai à son fils ; mais quant à la douairière rien ne pouvait m'apaiser. Il fallait lui signifier sur-le-champ qu'elle eût à chercher un autre logis, qu'elle nous laissât libres *chez nous* en ne nous embarrassant pas davantage de sa présence et de sa domination.

Mon mari serait plutôt mort que de faire une semblable levée d'armes ; il se remit à pleurer de plus belle et à me supplier sur tous les tons. Je ne me laissai point attendrir et, tout en l'embrassant, je lui répétais :

– J'en suis aussi désolée que vous, ce n'est pas ma faute ; il faut choisir entre nous deux : si elle reste, je sortirai.

Après cette scène, je m'endormis, fatiguée que j'étais. M. de Verrue ne se vit pas d'autre refuge que notre bon abbé Petit, il n'espéra qu'en lui seul et dès que j'eus fermé les yeux il courut chez lui, trouvant cette manière plus courte et plus sûre que de l'envoyer chercher. Le curé écouta tout, il se doutait de cette situation. Il connaissait depuis longtemps madame de Verrue ; il m'avait devinée, il prévoyait cette zizanie et s'était préparé à la combattre.

– La personne à employer dans tout ceci, c'est Madame Royale, dit-il. Elle seule aura le pouvoir et la volonté de dominer madame votre mère. Elle seule entrera dans les sentiments de madame votre femme, sa compatriote et la fille d'une maison qu'elle a toujours honorée de ses préférences. Allez près de la princesse, monsieur, ou, si vous ne vous en sentez pas le courage, j'irai pour vous, je vous l'offre de grand cœur.

Mon mari accepta avec reconnaissance, avec bonheur, il remit tous les pouvoirs à l'excellent prêtre, qui s'en alla droit au palais, en le quittant avec sa simplicité habituelle, avec ses modestes habits et son placide visage, bien plus connu des malheureux que des riches. Aussitôt qu'elle sut qu'il était là, Madame Royale donna ordre de l'introduire, elle qui refusait souvent les dames et les seigneurs les plus brillants.

M. Petit s'exprima comme toujours, en fort bons termes. Il lui raconta la révolution intestine arrivée chez nous, il lui exposa la position que me faisait monsieur de Verrue et la supplia d'apaiser la tempête qui, sans elle, menaçait de tout bouleverser.

La duchesse connaissait ma belle-mère. – Elle ne s'étonna point, elle promit à l'abbé Petit de s'intéresser à sa demande, et comme elle me supposait la plus facile à séduire, elle voulut commencer par moi. Sans s'inquiéter des façons, ni de l'étiquette dont elle faisait bon marché depuis la fin de la régence, elle prit son écuyer, une demoiselle suivante, et vint chez moi tout de suite, en carrosse de ville.

Je ne l'attendais pas, on le pense bien, je dormais encore. – Elle ne souffrit pas qu'on m'éveillât et voulut, au contraire, m'éveiller elle-même. Jamais surprise n'égala la mienne ; lorsque je la vis auprès de mon lit, j'en perdis la parole.

– C'est bien moi, dit-elle, en riant ; ne soyez point si étonnée, nous allons causer un peu ensemble, si vous voulez m'entendre, ou plutôt si vous le pouvez ; on dit que vous êtes malade, cela ne sera rien, je l'espère.

Elle ne souffrit point que je me levasse et s'installa auprès de mon lit, avec son charmant esprit et toute sa bonté elle me fit raconter ma situation, mes douleurs, mes colères, mes résolutions de quitter la maison de mon mari, si ma belle-mère persistait à y demeurer avec nous. Il ne me fallait point prier pour jeter tout mon feu.

– Vous connaissez ma mère, vous, madame, vous connaissez le duc de Luynes, et vous savez si leur fille est venue en ce pays comme une mendiante.

La princesse m'écouta avec patience, sans m'interrompre. C'était le seul moyen d'obtenir sur moi quelque empire.

Lorsque j'eus terminé, elle reprit mon discours d'un bout à l'autre, et jeta bas mes raisons une à une. Elle me représenta mes torts, tout en ne cherchant point à excuser ceux de la comtesse ; elle me parla de mon mari, de mon enfant, de ma renommée, de tout ce qui pouvait émouvoir.

J'y fus d'abord insensible, mais comme elle insistait et avec une véritable tendresse, je me laissai prendre et je m'attendris. Elle en profita pour m'arracher la promesse que je ne partirais point et que je ferais avec madame de Verrue comme s'il n'était rien advenu.

– Je me charge d'elle si vous voulez oublier le passé, et je vous promets que cela ne se renouvellera point. Votre belle-mère est jalouse de son fils, c'est le défaut et le malheur des mères, je le sais, moi, j'ai eu beaucoup de peine à me consoler de cette Cumana, et ce n'était pas sa femme. Quant à ma bru…

La princesse s'arrêta un instant et sourit.

– Quant à ma bru, reprit-elle, je me suis raisonnée et j'ai vu que ce n'était pas si terrible que cela en a l'air.

Je ne sais ce que Madame Royale dit à madame de Verrue, mais elle la calma tout à fait. Depuis lors nous n'avons plus eu aucune discussion ; elle m'en a bien plus détestée pour cela, et elle s'est bornée à se venger sourdement.

Elle agit avec une finesse et une adresse si supérieures en me cajolant et en cajolant son fils, qu'elle reprit en fort peu de temps tout son empire. Elle le retint *sous sa loi* ainsi que disent les poètes ; d'abord, en lui parlant de moi de manière à flatter le sentiment qu'il me portait, ensuite en lui parlant de lui de façon à l'inquiéter sur celui que je lui portais moi-même.

Il fut donc successivement, en suivant la volonté de sa mère, tendre, empressé, confiant et jaloux. Il fut mon amant d'abord, mon mari ensuite, mon ami jamais. – Elle tua dans son cœur cet attachement qui survit à tout, en lui inspirant peu à peu des craintes sur mon caractère, en me peignant, et cela avec des nuances et des précautions infinies, en me peignant, dis-je, comme une étourdie, une folle, une visionnaire d'amour-propre, enragée de domination, n'aspirant qu'à l'humilier, à l'amoindrir, à faire tout ployer sous ma volonté.

Il en résulta qu'après les premiers moments passés, il n'eut plus d'amour, et il n'eut plus rien du tout !… Je lui devins non pas odieuse, c'est trop dire, elle eût dépassé le but sans l'atteindre, mais indifférente. Il ne vit en moi qu'une femme portant son nom, tenant la place à sa table, près des princes assez belle et assez spirituelle pour ne pas blesser sa vanité de mari, mais incapable de rien autre chose, et un véritable zéro pour la fortune et la gloire de sa maison.

Je vis s'envoler une à une mes belles espérances ; car moi, je l'aimais toujours, car je l'aurais aimé bien davantage encore, s'il l'eût voulu, car il est demeuré le seul amour de ma vie, en dépit des apparences, en dépit de mes fautes et de mes erreurs. – Il aurait fallu rester forte, – hélas ! Je ne l'étais point.

Voilà ce que madame de Verrue a fait de nous deux, et les voies qu'elle a préparées à la séduction qui marchait vers moi. Ah ! les belles-mères ! Dieu vous en garde !

CHAPITRE XIV

On le voit, monsieur de Verrue fut bien vite rentré sous la férule de madame sa mère. Malheureusement, mon enfant ne vint pas à terme. J'accouchai dans de grandes douleurs, à cinq mois, sans imprudences, sans provocations, simplement, dit le médecin, parce que je n'eus pas la force de le porter davantage.

Ce fut un grand malheur, je le répète ; si j'avais pu avoir ce fils, ma belle-mère eût perdu tout son pouvoir sur mon mari, j'étais puissante. Sans lui, je fus vaincue ; l'habitude de l'esclavage l'emporta.

Je cherchais à m'en consoler par la distraction. Je hantais fort les bals et les fêtes, j'allais à tous les cercles et je fis constamment ma cour à Leurs Altesses pour fuir ma maison où je ne trouvais que des ennuis. M. de Savoie commençait à me regarder de plus près encore. Il vint même deux ou trois fois me surprendre à la campagne, lorsque par hasard je m'y retirais pour prendre un peu de repos. On en parla sourdement, mais le soin que je mis à n'y point répondre fit tomber ces rumeurs dès l'abord. Un jour que j'étais assise dans un petit salon où passait fort peu de monde, je me jouais avec un petit singe qu'on avait donné à Madame Royale et qui était le plus joli du monde, j'entendis auprès de moi le bruit que faisait le prince de Carignan lorsqu'il désirait qu'on le regardât. Je me retournai aussitôt ; il me fit signe de venir m'asseoir sur un canapé dans une manière de niche, avec des glaces, et là notre conversation muette commença.

Il s'agissait de son auguste cousin, et il voulait m'entretenir de l'amour qu'on lui supposait pour moi ; et comme je m'écriais que cela n'était point vrai, il tapa du pied avec impatience, il me répéta que cela était très sûr et qu'il le savait bien.

– Non, monsieur, répétai-je à mon tour.

– Son Altesse vous aime, écrivit-il très vite, je le sais, mais si vous êtes sage, vous ne l'écouterez point, et vous lui montrerez que vous n'entendez point manquer à votre mari. Il faut rester dans l'ordre, madame, sans quoi l'on est toujours malheureux. C'est un homme voué aux réflexions forcées qui vous donne ce conseil. – Suivez-le.

– Monsieur, soyez tranquille, répondis-je, je ne veux point manquer à monsieur de Verrue, non seulement par devoir, mais encore par amitié.

– Alors tout est bien, et je suis tranquille en effet.

– D'ailleurs, M. le duc de Savoie a une épouse aussi jeune et plus belle que moi. Il doit l'aimer sans doute, et il l'aime ; pourquoi aurais-je la hardiesse de croire qu'il puisse tourner les yeux de mon côté ?

Le muet secoua la tête et traça dans son langage extraordinaire et figuré deux ou trois lignes où il disait que les plus beaux fruits d'un arbre semblaient toujours ceux qu'on ne pouvait pas atteindre. Cet illustre muet me portait un intérêt véritable. Plus tard, il me rappela ces avertissements. Je me les rappelais bien sans lui. Ils ne pouvaient plus servir à rien, hélas !

Victor Amédée ne me dit pas un seul mot que je ne pusse entendre, mais il prit des habitudes de partager mon jeu et de s'asseoir auprès de moi, de me faire demander de mes nouvelles par ses gentilshommes, lorsque je manquais un jour à me trouver au cercle chez Leurs Altesses. Cela n'était guère marqué que pour moi et les courtisans au nez fin. Les autres y pouvaient voir un attrait d'esprit, ou une envie d'être agréable à madame sa femme, qui me voulait traiter en amie et en compatriote. Je ne m'y trompais point. Je m'écartai peu à peu. Le prince me demanda tout haut à madame de Verrue qui ne manqua pas la belle occasion de noter mes caprices, mon humeur désagréable et la peine qu'elle avait à vivre avec moi.

Madame Royale n'était pas présente, sans quoi, elle n'eût pas osé parler ainsi devant elle qui savait le fond des choses. Le duc n'essaya pas de me défendre, il avait trop de finesse déjà.

Le lendemain, commençait la semaine sainte, époque à laquelle tout le monde s'enferme en des couvents ou fait la retraite chez soi, en passant la moitié de son temps dans les églises. Les offices et les vêpres durent fort tard ; on y va et on y reste ; chacun a une lanterne ou une chandelle allumée pour lire ses prières ; mais au moment de sortir, on les éteint toutes en même temps. Il en résulte une obscurité et une infection incroyables.

De bonnes âmes restent à prier dans ces ténèbres, ou bien des âmes tendres en profitent pour se réunir et se faire au pied des autels des serments clandestins qui n'en sont pas mieux gardés pour cela. Le jeudi saint surtout les chants se prolongent indéfiniment et là on veille toute la nuit près du saint tombeau.

J'étais triste et je voulus aller prier à mon tour, accompagnée seulement de mes gens et de Marion qui, pour ce jour-là devint tout à fait demoiselle suivante, car je n'emmenai qu'elle. – Nous allâmes dans une chapelle appartenant à la maison de Verrue, où il n'y avait personne, à ce que nous croyions du moins. Le confessionnal de ma belle-mère s'y trouvait. Il était placé dans la partie la plus obscure. Elle ne supportait pas qu'on la vît agenouillée, même devant le représentant de Dieu.

J'allai me placer dans le fond, et je me mis à prier ; Marion un peu éloignée de moi. J'étais tout à côté du confessionnal, fort enfoncée dans mes patenôtres. J'entendis quelqu'un à côté de moi ; mais je n'y pris pas garde et, sans retourner la tête, j'aperçus une robe noire semblable à celle d'un pèlerin ou d'un moine qui passait fort vite.

Il y en avait tant aux églises, ces jours-là que cela n'avait rien d'extraordinaire. Au bout d'un instant une voix sembla sortir du confessionnal, ce qui me fit peur, et j'allais crier lorsque cette voix me dit :

– Ne craignez rien, et écoutez-moi ; il s'agit de vos intérêts.

Je me retournai pour tâcher de voir qui me parlait ainsi ; mais tout était si sombre que je ne distinguai rien ; c'était effrayant.

– Vous êtes malheureuse, reprit-on ; vous avez une méchante belle-mère.

Je ne répondis point. Je pensai que c'était là son confessionnal et qu'elle y pourrait bien être cachée, elle ou quelqu'un chargé de m'épier de sa part.

– Vous vous défiez de moi ; vous avez tort ; je suis un ami – si vous le voulez, le bonheur peut vous être rendu.

J'ouvris l'oreille un peu plus grande, mais je ne répondis toujours pas.

– Vous pouvez vous débarrasser de ce Verrue et trouver un meilleur sort.

– Oui-da ! répliquai-je en colère, et plus vivement que je n'aurais dû ; je ne veux point me débarrasser de mon mari.

– Quoi ! vous l'aimez ?

– Je l'aime, certainement je l'aime ; et qui est-ce qui en doute ?

– Ainsi vous ne permettriez pas qu'on vous aimât ?

– Je donne toute permission de prendre de l'amour, à condition que je ne le devrai point rendre.

– Comment ! si un galant, riche, puissant, jeune, amoureux, venait vers vous, vous le repousseriez ?

– Je ne sais qui vous êtes, ni pourquoi j'ai la faiblesse de vous répondre ; je devrais vous faire prendre par mes gens et mettre hors de cette chapelle qui appartient à mon mari et où vous n'avez pas le droit d'entrer.

– Soyez cruelle jusqu'au bout ; faites-le, vous vous en repentirez après.

Cette assurance me donna à penser que cet inconnu pourrait bien être M. de Savoie lui-même, qui me voulait sonder et qu'en le faisant mettre hors, j'allais amener un événement qui me conduirait ensuite plus loin que je ne voudrais et qu'il ne faudrait pour la fortune de ma maison. Je me décidai donc à lever le siège plutôt et sans rien ajouter davantage.

L'homme du confessionnal s'en aperçut et s'empressa :

– De grâce, restez encore, je n'ai pas tout dit.

– J'en ai assez, j'en ai trop entendu.

– Non, un instant, je vous en supplie, ne me laissez pas ainsi.

– Je ne parle pas à des inconnus, à des malfaiteurs peut-être.

– Ah ! madame, vous voulez donc faire mourir les gens. Mais partez, partez, nous nous retrouverons, malgré vous, et alors...

Je n'en entendis pas davantage, j'appelai Marion, je fis avertir ma livrée et je sortis.

Mon écuyer voulut tourner la clé et fermer la chapelle. C'était un bon moyen de vengeance, sans doute ; mais ma gloire en pouvait souffrir ; on me pouvait accuser de l'avoir caché là et d'en être la complice. Je fis signe de laisser la grille ouverte en ajoutant qu'un pèlerin m'avait demandé la permission de prier le Saint Patron de Verrue et que d'ailleurs le comte ou sa mère pouvaient arriver également.

Je rentrai chez moi fort intriguée, l'esprit occupé et me demandant quel était cet étranger et dans quel but il m'aurait interrogée si ce n'était de la part de Son Altesse.

– Un autre n'oserait point, ajoutai-je. Il faut être tout-puissant pour s'attaquer à moi qui ne cherche personne et s'y attaquer de cette manière.

Je me trompais cependant. J'étais moins inattaquable que je ne le pensais. J'en eus bientôt la preuve.

La semaine sainte était cette année à la fin d'avril ; le printemps à cette époque de l'année est en Italie dans toute sa beauté. Ce ne sont que fleurs de toutes sortes, avec cette jeune verdure si fraîche qui apporte de bonnes senteurs et de douces pensées.

La veille de Pâques, j'étais restée presque toute la soirée à l'église, au milieu des chants, de l'encens, des prières ferventes. J'étais dolente et fatiguée ; je soupai seule chez moi et ensuite un clair de lune charmant faisait rire devant mes yeux les roses du parterre, de ce même parterre où monsieur de Verrue avait commencé de me trouver belle. Je me laissai tenter, et j'y allai promener par les allées. Je m'y promenais tant et si bien que le jour arriva, ce jour de résurrection, salué dès l'aube par les cloches, par le canon, par les acclamations de la foule, déjà dans toutes les rues.

Le peuple va se décarêmer dans les cabarets et chez des petits marchands qui bordent les maisons. – Rien n'est plus gai que ce coup d'œil. Beaucoup de dames et de seigneurs en jouissent inconnus cachés sous des mantes et de grands feutres espagnols. C'est une des récréations du bel air. L'envie m'en prit ; j'appelai Marion qui n'avait guère plus dormi que moi et qui était en compagnie du petit Michon, lequel accourait pour me souhaiter le premier les bonnes fêtes.

Je me fis habiller ainsi qu'il convenait pour cette escapade ; je pris, pour toute escorte, ma suivante et mon abbé Poupin et je me lançai parmi la canaille, enchantée de n'être pas reconnue et de pouvoir m'amuser, en vraie petite fille, de tout ce que j'allais voir.

Michon riait et sautait. On le connaissait partout ; sa bonne figure réjouie prêtait à rire dès qu'elle paraissait. Je lui donnai quelque monnaie qu'il dépensa en saucissons et en lard salé de toutes les espèces. Je m'arrêtai avec lui auprès d'une boutique de pâtisseries, où il s'en trouvait d'excellentes et j'en allais manger une, lorsque je vis un bras s'avancer de mon côté pour écarter une manière de bélître qui me gênait en passant ; je me retournai pour remercier mon libérateur, et, sous les grands bords d'un feutre noir, je vis briller les yeux du prince de Hesse, un de nos plus fidèles et de nos plus assidus courtisans. Il me demanda de rester avec moi, pour me préserver ; je ne le refusai point, et nous nous mîmes à marcher près l'un de l'autre, ayant Michon et ma suivante derrière nous.

Il commença à parler de lui d'abord, selon la coutume de presque tous les hommes et de moi ensuite et puis de tous les deux. C'est-à-dire qu'il me voulut faire entendre qu'il se mourait d'amour pour moi, qu'il n'avait jamais trouvé l'occasion de me l'apprendre, et qu'il prenait celle-ci aux cheveux dans la crainte de l'échapper et quelque singulier que je puisse trouver ce parti-là.

C'était un moment hors de saison, me semblait-il à moi, française, que la semaine sainte, pour me vouloir faire pécher ; et cependant, en Italie, c'est un des plus opportuns, à cause de la facilité de se rencontrer à l'église, sous des habits qui déguisent les gens. Mais semaine sainte ou carnaval, n'étant pas disposée à accueillir la demande, je la trouvai fort mauvaise et je rudoyai ce pauvre Hesse de la bonne façon. – C'était une excellente créature ; il ne m'en voulut point, se contenta de soupirer, et de me répondre :

– Le moment n'est peut-être pas venu, je repasserai plus tard.

Il n'en continua pas moins toute la promenade à soupirer très haut, si bien que je le quittai et que je rentrai beaucoup plutôt que je n'eusse souhaité le faire. – Ma fatigue était extrême. – Je me jetai sur mon lit, pour me reposer quelques heures jusqu'à la messe où je devais assister en grande pompe à la cathédrale avec toute la cour.

Je ne dormis pas. Ces deux hommes et leurs paroles dorées ne me sortaient pas de la mémoire. Peut-être ne faisaient-ils qu'un ; peut-être le prince était-il, en effet, le mystérieux inconnu de la chapelle. Pourtant si c'était lui, quelle apparence, qu'il ne m'en ait pas parlé ? Et si ce n'était pas lui, qui ce pouvait-il être alors ?

Je répondis mal à ces questions ; il faut bien l'avouer, je fus plus longtemps à ma toilette ; je la soignai davantage, je voulus être charmante, et je me trouvai plus belle que je n'avais cru l'être jusque-là. Mon mari m'avait si vite délaissée que j'en prenais défiance de moi-même.

Je partis avec lui et ma belle-mère ; nous nous rendîmes au palais : nous avions l'honneur de suivre Leurs Altesses et nous devions les attendre suivant leur bon plaisir.

Je ne paraissais plus depuis plusieurs semaines ; lorsque M. de Savoie m'aperçut, je vis très bien une expression de joie sur son visage ; je détournai le mien, car je rougissais.

Les cérémonies eurent lieu comme à l'accoutumée. Les princes avaient communié la veille, et presque tous les courtisans aussi. En ce pays, on communie plus facilement que chez nous ; on ne se fait pas un scrupule de l'amour ; presque toutes les dames ont un galant pour le moins, les plus sévères n'ont pas le plus, mais les autres ne s'en gênent guère et on ne pense pas faire mal. Si les prêtres refusaient l'absolution de ce péché-là, les églises seraient vides.

On alla ensuite chez madame la duchesse, où était servie une magnifique collation, les dames à table ; on n'est pas exigeant pour les rangs comme ici, et heureusement pour eux, ils n'ont pas de ducs et pairs qui les tyrannisent comme les nôtres.

Victor Amédée ne s'assit point et fit le tour parlant à chacune ; quand ce fut à moi, il me demanda avec une voix très émue si ma santé était meilleure, et si je pourrais prendre ma part des fêtes qu'il comptait donner, et cela bientôt, entre-ci et la Pentecôte. Il ajouta que, d'ailleurs, il les remettrait si je n'étais pas assez bien, ne voulant absolument que j'y manquasse et qu'elles perdissent leur plus bel ornement.

Je fus interloquée, et je me contentai d'une révérence pour réponse.

Le duc fort sur son épargne, n'avait pas coutume de prodiguer les fêtes ; il ne pouvait me dire plus clairement qu'il me les destinait. J'en demeurai songeuse le reste de la collation, malgré tout ce que je fis pour avoir l'air habituel, et j'en enrageais, M. de Savoie me regardant sans cesse, et semblant jouir de cette occupation. Elle n'était pas ce qu'il croyait ; je cherchais simplement le moyen de me débarrasser de lui sans porter dommage à notre état à la cour. Je le connaissais bien, il avait de la rancune, comme tous les hommes de ce caractère-là.

Cette séance finit à ma grande joie, par les vêpres, auxquelles il fallut aller. J'y réfléchis tout le temps, et voyant le bon M. Petit à l'autel, l'idée me vint de lui conter l'affaire et cela incontinent. Je le fis donc demander aussitôt après son office ; je prétextai la fatigue pour ne pas aller au souper de Leurs Altesses et je restai seule dans ma chambre, très impatiente de lui ouvrir mon cœur.

Il ne se fit pas attendre : jamais aucune misère ne l'attendit, et, me trouvant pâle et triste, il m'en demanda promptement le sujet.

– J'en ai beaucoup, en effet, d'être tourmentée, mon bon père ; et c'est là ce que j'ai voulu vous dire tout de suite.

– Parlez, madame, ayez confiance, Dieu vous entend.

Je lui contai l'histoire depuis le premier jour où je l'avais devinée, y compris le confessionnal et le prince de Hesse.

Il m'écouta sans m'interrompre ; ensuite il me loua fort de mon honnêteté, de mes craintes, d'être venue à lui sur-le-champ, sans laisser le temps au mal de gagner du terrain.

– Il n'y a qu'une chose à faire à présent, car le plus dangereux de tout ceci, c'est l'amour de Son Altesse. Qu'Elle sache qu'Elle perd son temps, Elle cherchera ailleurs. – Refusez les fêtes.

– Hélas ! je ne demande pas mieux ; mais comment faire ?

– Il n'est pas besoin de subterfuges, faites qu'il vous les offre de nouveau, et dites non, hardiment.

– Et s'il s'en prend à moi, s'il s'en prend surtout à monsieur de Verrue, s'il ruine son crédit et son avenir ?

– C'est difficile, je le sais ; si vous étiez plus âgée, il faudrait louvoyer peut-être ; mais une aussi jeune personne ne peut s'exposer au danger ; soyez droite et franche.

– Ai-je le droit de perdre mon mari sans qu'il en sache le motif ?

– Prenez garde, madame ! marchander avec l'honneur, avec le devoir ! c'est un péché que d'en supposer monsieur de Verrue capable.

– Je n'y songe même pas ; mais s'il était instruit, il trouverait, peut-être, un moyen que nous ignorons.

Le curé secoua la tête.

– Temporiser ! c'est tout perdre, madame. Songez à la qualité du galant, songez à son pouvoir, songez à son mérite !

– J'aime mon mari, monsieur, répliquai-je simplement.

– C'est la meilleure raison, madame. – Cependant l'absence ne nuit pas.

Nous causâmes longtemps, retournant la question de toutes les manières. La conclusion fut qu'il fallait ôter au prince tout espoir ; et, si l'on m'y forçait, en me voulant conduire à ses fêtes, tout avouer à ma belle-mère, ma meilleure défense et ma meilleure barrière en ceci.

En conséquence, dès le lendemain, je pris un air grave, et j'attendis M. de Savoie de pied ferme pour lui faire mon compliment de congé.

Il vint à moi en un instant que je m'étais retirée près d'une fenêtre, et me demanda si j'étais remise de cette fatigue subite qui m'avait empêchée de reparaître la veille au souper.

– Non, monseigneur, au contraire, je suis plus fatiguée que jamais.

– Il faut vous guérir pour les fêtes qui commenceront bientôt, madame.

– Je serai plus malade en ce temps-là, monseigneur.

– Qu'est-ce à dire, madame ?

Je voyais dans les yeux une ironie et une façon d'être certain de son fait qui me révoltaient.

Je lui répondis avec une hauteur suprême.

– Cela veut dire, monseigneur, que je n'aime pas les fêtes et que je n'y compte point assister.

– Même si on attend que votre santé vous le permette ?

– Oui, monseigneur, même en ce cas-là.

– C'est bien, madame, répliqua-t-il d'un ton piqué.

Je crus en avoir assez dit, et, sans attendre qu'il me congédiât, je fis une révérence des plus humbles et je me retirai. Cette énormité parlait plus haut que tout. Il resta encore un instant près de la fenêtre pour se remettre. Il était fort en colère. Il revint près des dames et fit l'agréable tout en enrageant. Il en eut assez pour ce jour-là ; il ne me parla plus et resta plusieurs semaines à bouder.

Enfin, un soir, madame de Pezzia, jouant avec lui fort familièrement, se mit à rire et lui demanda ce qu'étaient devenues ces fameuses fêtes qu'il annonçait depuis si longtemps et si l'on aurait jamais la joie d'y assister.

– Ceci n'est pas ma faute, madame ; la divinité à qui je les offre, les refuse.

– Monseigneur, elle les prendra bien lorsque vous les lui offrirez tout de bon, croyez-moi, ce sera le moyen de l'attendrir et de l'amener à vous écouter.

– Le croyez-vous, madame ?

– En doutez-vous, monseigneur ? Je vous supposais plus instruit en ce qui touche les dames. Elles refusent pour se faire prier ; votre inhumaine n'est pas plus invincible que les autres.

Madame de Pezzia était une vieille femme de beaucoup d'esprit, en possession de son franc-parler à la cour. Elle avait été fort galante et ne s'en cachait que ce qu'il fallait pour n'être point cynique. Elle racontait volontiers sa jeunesse, et excusait celle des autres. Elle ne s'était point fait dévote de profession, seulement, elle priait Dieu, elle allait à l'église et disait volontiers que le Seigneur valait mieux que ses créatures, et que cet amour-là était le seul qui n'eût point de lendemain pénible et d'abandon à déplorer. Le duc l'aimait fort et la mettait de ses parties.

J'entendis cette conversation en tremblant. Je me croyais délivrée, je ne l'étais point. J'allais recommencer les combats, et certainement ceux de l'intérieur s'ensuivraient. Je tâchai de ne pas m'en déconcerter, j'y réussis assez bien.

Quant à M. de Savoie, il ne me regarda point, il ne fit semblant de rien, et l'observateur le plus attentif n'aurait pu penser qu'il ne songeait qu'à moi seule.

Deux jours après, nous fûmes prévenus, comme toute la cour, que Son Altesse allait donner des fêtes splendides et qu'il fallait s'apprêter à y paraître et à y faire honneur.

La situation devenait critique. J'eus de nouveau recours à mon abbé ; nous tînmes un long chapitre dans lequel il fut décidé que je n'irais pas à ces bals, que je prendrais ma santé pour prétexte ; que je tiendrais bon envers et contre tous.

Je m'y résolus ; j'y mis un entêtement que l'on peut comprendre, la liberté du cœur étant, selon moi, la première de toutes les voluptés.

Madame de Verrue ne manqua pas de me demander dès le lendemain quel habit j'allais préparer.

– Aucun, madame, répondis-je.

– Comment, aucun ! s'écria-t-elle ; vous voulez donc être autrement que les autres et faire honte à notre maison ?

– Non, madame, mais je ne compte aller à aucun de ces bals.

– D'où vient cette fantaisie, madame, s'il vous plaît ?

– Je suis malade depuis longtemps ; les veilles me fatiguent, et la chaleur des salles où l'on danse m'est fort nuisible.

– En vérité, je ne vous puis concevoir. Quoi ! vous vous donnez des façons de vous faire prier, et vous oubliez qu'une invitation de Son Altesse, c'est un ordre. Je vous avertis que nous n'y consentirons point, et qu'il vous faudra venir avec moi, sans tous ces grands airs de France qui ne sont point de mise ici, entendez-vous ?

– Je vous demande pardon, madame, je n'irai point.

– Vous irez, vous dis-je.

– Je n'irai point, répétai-je avec tant de fermeté qu'ils se regardèrent remplis d'étonnement. Je ne les avais pas accoutumés à cette décision.

– Vous n'irez point ! et votre santé seule s'y oppose ?

– Oui, madame.

– Vous n'avez pas d'autres raisons ?

– Je n'en ai pas d'autres, et, alors même que j'en aurais, je saurais les taire.

– Vous vous défiez de notre discrétion ?

– Non, madame, mais de votre bonne volonté pour moi.

Nous nous attaquâmes ainsi de propos aigres-doux pendant un instant ; mon mari ne disait mot, selon son habitude. – En pensait-il davantage ? Je ne le crois pas. Il s'était accoutumé à rester si bien neutre dans nos discussions avec sa mère qu'il le devenait tout à fait.

L'heure appelait la douairière au palais ; elle me lança en partant son trait de Parthe.

– Souvenez-vous, madame, que vous viendrez au bal de Leurs Altesses parce que vous le devez et parce que je le veux.

Je ne répondis pas : à quoi bon ?

M. de Verrue regarda partir sa mère, ensuite il se tourna nonchalamment de mon côté et me dit :

– Tout de bon, ma chère comtesse, vous ne voulez pas aller au bal de la cour ; pourquoi cela ? Quelle fantaisie ? Qui vous en empêche ?

– Je vous l'ai dit, monsieur, c'est ma santé.

– Vous êtes blanche en couleur de rose, madame ; vous ne persuaderez à personne que vous soyez malade.

– Qu'importe qu'on le croie, puisque cela est.

– Pourtant, préparez votre toilette ; ma mère saura bien vous y faire aller, dût-elle demander à Son Altesse des carabiniers de son régiment pour vous y conduire.

Et tournant sur ses talons, selon une mode qu'avait donnée le prince de Hesse à tous les jeunes seigneurs, il me laissa seule.

Je persistai à ne m'occuper de rien. Cependant tailleurs et brodeuses, joailliers, tout était en combustion ; on ne dormait nulle part.

Nous étions au lundi, la fête avait lieu au lundi suivant ; j'avais vu dix dames dans la matinée qui toutes venaient savoir des nouvelles de ma parure.

– J'ai un habit tout prêt, répondais-je ; d'ailleurs je me sens si malade que je n'irai sans doute point ; je serai déjà forcée de manquer ce soir au cercle de madame Royale.

On me plaignait, on me faisait des compliments plus ou moins sincères ; chacun se répéta que j'étais malade, que je n'irais point à la cour, et cela tant et si bien, que ce fut la nouvelle du cercle et que le Duc l'entendit répéter comme les autres.

La marquise de Pezzia qui observait tout, devina le fait et les conséquences. Elle tenait Victor Amédée dans un coin, et tâchait de lui arracher un aveu ; le rôle de confidente lui plaisait par caractère, et puis les Italiennes accordent à l'amour tant de charmes qu'après l'avoir perdu elles ne songent qu'à le retrouver pour le compte des autres.

Le prince ne dit rien, – il souriait ; – elle n'en demandait pas plus.

– Monseigneur, continuons notre conseil, s'il vous plaît. La dame qui refuse les fêtes pourrait bien persister malgré tout ; savez-vous ce qu'on fait alors ?

– Non, madame, apprenez-le moi ; j'aime à m'instruire.

– Elle ne s'occupera d'aucuns préparatifs, elle se fera celer huit jours d'avance, elle dira qu'elle est à la mort, jusqu'au moment de partir où les sollicitations la pourraient vaincre, mais point de joyaux, point d'habits, rien de prêt, il faut rester ! Il est un moyen de parer à cela quand on est habile.

– Mais dites-le donc, marquise, j'attends depuis deux heures.

– Eh bien, monseigneur, cela est facile ; on a une sœur, une mère, une femme à laquelle on persuade que le bal ne peut avoir lieu sans cette belle, qu'il la faut faire venir, qu'il lui faut faire faire à son insu un bel habit, bien étincelant, bien éclatant, les faiseuses ont sa mesure ; on le lui envoie de la part de la princesse deux heures avant le bal. Dès lors, point d'excuses possibles et, dût-on crever, il faut paraître.

– Le conseil est bon, marquise.

– Je n'en donne pas d'autres à Monseigneur.

Il fut suivi de point en point. – Madame la duchesse régnante m'envoya, deux heures avant le bal, un de ses pages avec trois estafiers, portant une corbeille dans laquelle reposaient sur un lit de ouate, une jupe, un corps de jupe et un bas de robe de couleur bleu de ciel, avec une broderie de perles fines. Jusqu'aux dentelles en étaient semées ; ce qui formait la plus riche et la plus charmante nouveauté qu'on pût voir.

Ma belle-mère resta stupéfaite en face d'un pareil présent, puis elle me jeta avec sa voix criarde :

– J'espère que maintenant vous irez au bal, madame.

CHAPITRE XV

Je me trouvai indécise, contrariée, je dirai plus, furieuse. – J'étais forcée, j'étais vaincue. – Mon mari me regardait en riant et soulevait l'un après l'autre les glands de perles qui garnissaient mon habit et s'amusait à les faire jouer.

– C'est fort beau, madame, fort beau, en vérité ! Madame la duchesse vous a traitée royalement ; on voit que vous êtes une compatriote et une amie. Habillez-vous promptement, vous arriverez après Leurs Altesses.

Je ne répondis point. – Il n'y avait pas à reculer, il fallait obéir ou bien employer un moyen héroïque, tel que de me faire saigner, par exemple, sans cela, pas d'apparence de m'en dispenser. – Je pris mon parti et me tournant vers monsieur de Verrue :

– Monsieur, lui dis-je, envoyez promptement quérir le médecin, je suis fort malade ; il faut me tirer du sang, à l'instant même.

Le comte éclata de rire.

– Le médecin ! vous saigner ! à d'autres ! à d'autres ! ma belle comtesse, vous avez fait une gageure, sans doute, et vous la voulez gagner. – Je ne puis vous aider à cette folie.

– Eh ! monsieur, m'écriai-je, impatiente, ce n'est pas moi qui perdrai, ce sera vous.

– Moi ! et comment puis-je perdre ? Je n'y suis pas intéressé, je suppose.

Je levai les épaules et je me tournai d'un autre côté sans répondre.

– Ne barguignons plus, madame, et finissons-en. – Je vais appeler vos femmes.

– Comme il vous plaira ; – elles m'aideront à me mettre au lit.

– Assez de plaisanteries ; – habillez-vous et partons.

– Monsieur, ne m'y forcez pas.

– Cette obstination n'est pas naturelle, madame, il faut que vous ayez quelque motif inconnu.

– Monsieur…

– Cela doit être ainsi, ou bien vous êtes une folle.

– Je ne suis pas folle, il s'en faut.

– Alors, je le répète, vous avez un motif ; – faites-le connaître.

– Non.

– Vous n'en avez pas ?

– Je ne sais…

– Il est impossible que vous ne sachiez pas, si vous avez toute votre raison.

Nous discutâmes longtemps, je me défendais. Enfin il m'arracha que j'avais en effet un motif grave et sur-le-champ il me demanda lequel ? Je cherchai à reprendre mes paroles, il n'était plus temps.

– Maintenant, madame, je ne vous quitte pas, je ne vous laisse pas que vous m'ayez tout dit.

Ce fut une persécution complète, la patience n'était point ma qualité ; je répliquai en colère :

– Eh bien, monsieur, puisque vous l'exigez, apprenez donc ce qui se passe. M. le duc de Savoie a daigné jeter les yeux sur moi, il me veut pour sa maîtresse et ces fêtes où vous vous obstinez à me conduire sont les préliminaires de nos accords.

M. de Verrue eut un instant de saisissement, dont il se remit très vite ; il n'en resta qu'une petite rougeur.

– Êtes-vous sûre de ceci, madame ?

– Si je n'en étais pas sûre, vous le dirais-je, monsieur ?

– Cela est d'une honnête femme, d'une très honnête femme, madame, et à votre âge, c'est faire preuve d'une raison peu commune, je vous en remercie.

– Mon Dieu, monsieur, c'est que je vous aime, et que ma mère m'a enseigné à aimer aussi le devoir que j'ai promis de remplir ; il ne faut ni me louer, ni me remercier pour cela.

– Oui, c'est d'une honnête femme, reprit-il comme s'il ne m'eût point entendue, et d'une si honnête femme, qu'il n'y a rien à redouter, et que l'on peut vous exposer au péril ; vous n'y succomberez point. – Préparez-vous et allons à ce bal.

Mon étonnement fut grand, je le laissai voir ; il insista plus sérieusement, disant qu'il avait toute confiance, qu'il était sûr de moi et que, par conséquent, il croirait me manquer de respect, en ne me conduisant pas lui-même au devant de ce danger, qui n'en pouvait être un pour moi.

– Quoi, monsieur ! vous savez tout, et vous voulez…

– Je veux vous prouver que vous méritez tous les éloges, que je vous remets le soin de mon honneur, et que vous êtes une des plus parfaites personnes du monde entier.

– Monsieur, il y a en mon pays un proverbe très vulgaire, qui n'en est pas moins vrai et qui dit : « *Il n'est si bon cheval qui ne bronche.* »

Le comte affecta de rire.

– Allons, madame, habillez-vous.

– Monsieur, je n'ai pas si bonne opinion de moi que vous-même, et je vous supplie dc m'en dispenser.

– Madame, vous me désobligeriez par votre obstination et je compte que cela cessera tout à l'heure.

– Monsieur, vous y tenez donc absolument ? c'est au moins singulier, convenez-en.

– Je tiens à ne pas me mettre en lutte ouverte avec mon souverain, madame, et il ne convient ni à mon honneur, ni à ma fortune que vous marquiez rien en tout ceci. – Vous irez.

– J'obéis donc, monsieur.

J'ai raconté cette scène bien en détail, pour montrer comment j'ai été conduite, presque forcée, et comment j'en suis venue où l'on m'a envoyée malgré moi.

Je m'habillai, selon l'ordre. Je dois avouer que j'étais belle et que j'eus avec mon miroir un petit colloque de quelques minutes qui finit par un sourire et un compliment.

M. de Savoie, toujours maître de lui, me reçut comme les autres. – À peine une légère rougeur me fit-elle deviner son émotion. Il ne me dit rien de ma parure et il fut le seul. – C'était pour que je le remarquasse et que je susse bien d'où elle arrivait. Je fus très maussade à cette fête. – Je me retirai de bonne heure. – Je fus menée par M. de Hesse auquel je pensai ne pas rendre son menuet. Je refusai les courantes et les cotillons, ce qui étonna toute la cour, car j'y faisais fort bien et l'on aimait à me voir. – Enfin, je marquai autant que je le pus, ma mauvaise humeur.

M. de Verrue revint avec moi et me blâma, doucement il est vrai, mais il me blâma. – C'était, selon lui, donner trop d'importance à une chose qui n'en avait point ; c'était laisser croire au prince que je le craignais ; et il en pourrait abuser.

– Du reste, ajouta-t-il, j'en parlerai à ma mère, et vous verrez.

– Au nom de Dieu, monsieur, n'en faites rien. C'est là ce que je redoute, et voilà pourquoi je ne vous en ai rien dit plus tôt. J'ai l'honneur de connaître madame votre mère ; elle tournera tout contre moi.

Il me promit *presque* de se taire ; mais j'étais certaine qu'il ne le ferait point, et je ne dormis pas dans la prévision de ce qui arriverait et de ce qui ne manqua pas en effet d'arriver, dès le lendemain, aussitôt que madame de Verrue fût revenue du palais. Elle entra dans mon appartement, ce qu'elle avait recommencé à faire depuis que son fils n'y entrait plus ; elle entra la tête haute, les yeux étincelants, pleins d'ironie et de cette moquerie doucereuse qui cachait chez elle la rage et la furie.

– Qu'ai-je appris, madame ? nous devons à des visions cornues votre belle maussaderie d'hier. Vous voilà convaincue que M. le duc de Savoie, époux d'une princesse accomplie, n'a rien trouvé de plus glorieux que de soupirer pour vos charmes ! C'est à vous qu'il offre ses fêtes, c'est vous qui changez ses goûts, ses habitudes, ses idées ! – Comment ne nous sommes nous pas tous doutés de cela ? Comment, vous seule avez-vous découvert ce grand événement ? Je vous aime trop pour ne pas vous engager à ne pas perdre ces sottes pensées, madame, et surtout à ne les laisser voir à personne ; non seulement vous vous couvririez de ridicule, ce qui vous serait permis à la rigueur, mais vous apporteriez la honte sur notre nom, sur la maison de votre mari ; vous empêcheriez sa fortune et la nôtre, et c'est ce que je ne vous pardonnerais pas : je vous engage donc à revenir au bon sens, à ce que vous vous devez, à ne point chercher ces distinctions stupides, en vous rangeant aux obligations de votre état.

Je voulus répliquer ; j'étais outrée ; elle ne m'en laissa pas le temps et sortit. Je dois ajouter que si M. de Savoie eût été présent, s'il m'eût été possible même en ce moment de m'approcher de lui, j'eusse été capable de tout pour prouver que je n'avais point de visions cornues, et que ces visions-là pouvaient se montrer à d'autres yeux que les miens.

Heureusement, j'eus le temps de réfléchir, et je me promis, au contraire, de prouver par ma réserve et ma conduite que si je m'étais trompée, du moins ce n'était ni par prévention, ni par envie de mal faire, il s'en fallait.

M. de Verrue ne m'en parla point ; je gardai le même silence. Je retournai sans difficulté à trois fêtes données par Son Altesse, et les choses se passèrent comme à la première.

Je commençai à penser que M. de Savoie portait ailleurs ses vœux, bien qu'il n'y parût point, ou que, du moins, il avait renoncé à me les adresser. On annonça une quatrième fête avec un carrousel et beaucoup d'autres magnificences. – Je m'y préparai sans crainte, et cependant elle devait être bien importante dans ma vie.

CHAPITRE XVI

Cette fête nouvelle fut criée à grands renforts de trompettes et de hérauts dans les rues de Turin. Son Altesse ayant résolu de la faire sur le modèle des anciens champs clos au temps des chevaliers. On y devait jouter aux armes courtoises, comme aux carrousels de Louis XIV en sa jeunesse, avec des quadrilles de différentes nations. Le Duc, sans qu'on en devinât le motif, se voulut faire bohémien. – Ce fut donc à qui entrerait dans cette quadrille-là qui devait être fort magnifique. M. de Verrue fut désigné pour un des chefs par Victor Amédée lui-même. Les dames avaient aussi l'ordre de choisir des habits de caractère ; on les avaient engagées à se mettre plusieurs ensemble pour former des groupes de personnages d'histoire et de romans. Madame la duchesse avait pris les héroïnes de ce beau poème du Tasse qui est un sujet tout à fait italien et souhaita que j'en prisse comme elle. – Ainsi, elle se fit Clorinde et exigea absolument que je représentasse Armide.

Lorsque M. de Savoie l'apprit, il demanda si le Paladin Renaud n'avait pas été un peu combattre le Turc en Bohème, à quoi madame de Pezzia répondit que cela était certain. Excepté moi, personne ne remarqua cela ; mais je remarquais tout.

Cette Armide est une manière de magicienne, une païenne qui séduit les chrétiens et qui les veut faire damner quoi qu'il en coûte. Elle a pour cela des philtres et des charmes ; elle est éternellement belle, éternellement jeune et dispose des diables de l'enfer. Pour ce personnage, il fallait une magnificence tout orientale. Ma belle-mère me prêta ses pierreries, on les joignit aux miennes, à celles de deux vieilles tantes qui en avaient véritablement des trésors, de sorte que j'étincelai. Ma robe était une sultane en drap d'or et d'argent, brodée du haut en bas de roses en rubis, avec des feuillages d'émeraudes. Cela pesait tant que j'eusse souhaité trois personnes pour le soutenir. Je n'avais que mon petit Michon, tondu, teint en noir, vêtu en petit turc, c'est-à-dire avec des trousses, des colliers et une fraise comme dans les tableaux vénitiens. Toute la cour remarqua ses mollets. Le curieux est qu'il ne grandissait point, qu'il ne prenait pas un jour, et qu'il avait toujours l'air d'un enfant de sept ans, même lorsqu'il en avait douze. – On saura plus tard pourquoi j'insiste là-dessus.

Ma robe était ouverte par en bas sur le côté à la façon des chasseresses ; elle laissait voir ma jambe bien atournée et mon pied chaussé d'un cothurne antique avec une infinité de pierreries brodées dessus. J'avais une jaquette en toile d'argent, garnie de petits talismans en ces pierres bleues incrustées d'or qu'on appelle, je crois, des turquoises. Il y en a beaucoup dans ce pays-là ; ma coiffure était singulière ; mes cheveux en boucles tombaient sur mes épaules, à moitié retenus dans un réseau de diamants ; j'avais un diadème des joyaux les plus rares et une escarboucle digne d'une reine. Au milieu se trouvait un hibou, l'oiseau des sorcières, admirablement travaillé avec des pierres imitant ses plumes et des yeux de rubis balai. Je l'ai encore. De ce diadème sortaient des plumes élevées, pour montrer la sauvagerie de cette Armide, et tout le reste, mes oreilles, mes bras, mon cou ruisselaient de pierreries ; ma ceinture seule en était cousue. Lorsque je parus sur l'estrade, on m'applaudit. C'était, après celui de madame de Savoie, le plus beau et le plus seyant habit qu'il y eût dans toute la mascarade ; encore le mien était-il préférable, je le crois ; les femmes en crevaient de dépit et de jalousie.

Le duc entra dans l'arène à la tête de ses Bohèmes, sur un cheval blanc superbe, dont la housse et tout le harnais n'étaient qu'orfèvrerie et diamants ; l'habit du prince ne se pouvait également regarder au soleil. Je compris le secret de son déguisement en voyant sur sa poitrine une boîte absolument semblable à celle que j'avais moi-même et que m'avait donnée le sorcier de Venise ; seulement elle était plus grande et portait pour devise :

« Je préserve de tout »

Cette amulette était le plus bel ornement de ce costume, si riche pourtant. Chacun le remarqua et les courtisans y cherchèrent un mystère. Ils ont le nez si fin qu'ils les savent flairer de loin. En passant devant nous, Victor Amédée baissa sa lance et salua les princesses et les dames. – Nous vîmes alors les lettres brodées sur sa bannière. Elles étaient de nature à donner de l'occupation aux sphinx de cour.

– « À l'Inconnue ! »

Puis une montre avec cette légende :

« Tranquille au dehors, agitée au dedans. »

Madame de Savoie se retourna de mon côté. J'étais debout tout auprès de son fauteuil et me dit tout bas :

– Contessina, il faudra chercher cette inconnue ce soir, et savoir à qui le duc me sacrifie.

L'accent qu'elle donna à ce mot me prouva que sa rancune n'était pas grande. Quant à moi je ne pouvais plus m'y tromper ; l'amulette était la déclaration muette qu'il ne m'était pas permis d'ignorer et que je ne pouvais repousser davantage.

Ainsi cet étalage, cette magnificence, ce monde, cette fête splendide, si en dehors des goûts de M. de Savoie, tout était pour moi ! – J'étais l'héroïne, la reine de cette cour ; un mot de moi, et tous se jetaient à mes pieds avec le souverain lui-même. J'eus un moment d'étourdissement ; je fermai les yeux ; il me sembla que j'allais tomber de bien haut. Pour la première fois l'ambition, l'amour de la puissance se réveillaient en moi ; j'en ressentais une atteinte ignorée jusque-là et mon regard suivit le prince qui s'éloignait, avec un regret et une expression qu'il eût été fort heureux de saisir.

Le carrousel fut beau et dura longtemps, et M. de Savoie fut vainqueur ainsi que cela devait être ; les souverains ne cèdent aucune victoire. Le prince Eugène était en ce moment à Turin et commandait la nation des Indiens. Il dut se soumettre au chef de sa maison comme les autres ; mais, après lui, il fut le mieux couronné. Victor Amédée se servit de lui-même, pour arriver à ce qu'il avait résolu. Lorsqu'ils vinrent tous les deux à l'estrade des dames recevoir les prix de leur courage, M. de Savoie prit le prince Eugène par la main et dit à *Clorinde* :

– « Belle guerrière, voici un jeune étranger auquel je cède le bonheur insigne d'être paré de votre main, malgré le regret que j'en éprouve. Il vient de si loin et il en est si digne que je n'oserais essayer de le lui ravir. Permettez donc qu'une de ces dames, dont les yeux brillent autour de vous, me remette cette écharpe, don si précieux à mon cœur et à mon souvenir. »

La princesse lui répondit par quelque discours fort bien tourné qu'elle termina en lui disant qu'elle lui désignerait elle-même la belle dame à laquelle il devait s'adresser afin de lui éviter l'embarras du choix au milieu de tant de merveilles.

J'étais à ses côtés, j'étais, je n'en doute pas, la plus belle et la mieux parée ; elle me remit le gage de la victoire. Ainsi que je l'ai dit, il n'a tenu qu'à moi d'être sa favorite, et, si je ne me fusse pas tenue éloignée, ma situation plus tard eût été insoutenable.

Le prince avança la tête, s'agenouilla, je lui passai l'écharpe par-dessus la cuirasse.

Il était baissé, on ne le pouvait voir. Il prit ma main qui tremblait un peu et la baisa avec une ardeur qui ne pouvait rien laisser ignorer à la plus novice.

Je me retirai vivement, en affectant un air sévère qui n'allait point à l'office qu'on me faisait remplir. Madame Royale, un peu malade, n'était point présente, sans quoi elle eût bien deviné tout.

On entra dans la salle du banquet. Sous prétexte que je l'avais couronné, il me voulut servir ; c'était dans l'ordre et selon les usages que nous cherchions à représenter. Nul ne le trouva extraordinaire, mais quelques-uns déjà écumèrent la vérité, et je me vis entourée plus que jamais. Si ma belle-mère n'eût eu ses plans, est-il vraisemblable qu'une femme aussi rompue aux intrigues de la cour eût hésité à comprendre ce qui devenait clair étant prévenue ? Quant à M. de Verrue, il n'en croyait que sa mère, et si, par hasard, un doute se présentait à son esprit, il avait tant de confiance en moi, son respect était tellement profond, qu'il n'aurait jamais songé à m'accuser ni à craindre.

Moi, j'étais flottante entre la colère et l'orgueil ; pour la tendresse, elle était toute à mon mari.

Cette journée me parut longue. Je souhaitais d'être chez moi, en liberté, à songer. M. de Savoie ne se permit ni un mot, ni un geste, ni un regard dont je pusse me plaindre ; mais ce furent des allusions répétées, des manières de me louer sans s'adresser à moi, et de façon à se faire comprendre de moi seule, qui en disaient plus que toutes choses. Il me mena deux fois pendant le bal, je ne lui rendis qu'un menuet, et je le priai la seconde fois de trouver bon que je n'eusse pas cet honneur, parce que le poids de ma robe me fatiguait extrêmement.

Il ne répondit pas un mot. À partir de ce jour, je fus en butte aux plaisanteries, aux railleries de madame de Verrue qui ne m'en épargna aucune et qui m'accabla de quolibets. C'étaient de continuels lardons sur les orgueilleuses qui se croyaient adorées des plus illustres, dont la vanité était insatiable et qui se supposaient tigresses alors qu'on ne songeait point à les attaquer. Tout cela était dit certainement dans l'unique but de me pousser à bout. Elle voulait se défaire de moi à tout prix. La pauvre femme a été bien punie de cette risée si longtemps chérie par tout ce qui est arrivé dans sa maison et qu'elle se serait épargné en me soutenant.

J'ai négligé de dire que pendant ces années d'habitation conjugale avec M. de Verrue, j'étais accouchée presque coup sur coup de mes filles et de mon fils. C'est ici le seul lieu où je veuille parler des enfants nés dans mon mariage, car c'est le côté pénible de mon cœur, le seul qui me soit un regret, presque un remords. Je les ai quittés avec douleur et je ne les ai plus revus. Mon fils mourut peu après son père et mes filles élevées au couvent y demeurèrent. Leur aïeule, par haine pour moi, je le crois, ne les put souffrir auprès d'elle, et les rendit malheureuses ; elles s'attachèrent à leurs béguines et ne les voulurent plus quitter. Ce fut entre nous une séparation complète. Ces pauvres enfants ont contre moi des sentiments que je ne leur reproche pas, on ne leur a dit que ce qui pouvait me nuire. Cependant la dernière m'a écrit quelquefois, aux jours de devoir ; je lui ai répondu fort amicalement ; elle en a été touchée, et je ne doute pas que si nous pouvions nous voir, nous ne finissions par nous aimer, du moins elle, car moi je l'aime fort. Nous n'en parlerons plus maintenant.

Deux ou trois mois se passèrent de la même façon. L'abbé Scaglia était revenu habiter le logis. Devant lui madame de Verrue ne dit plus rien dont j'eusse à me plaindre. Elle me traita avec autant de froideur et de sécheresse, mais sans rien exprimer. Les fêtes cessèrent, non pas les occasions de voir M. de Savoie. Nous passâmes même plusieurs semaines avec lui et mesdames les duchesses à la maison de Rivoli par son ordre. Il se montra fort attentif et fort aimable. Il avait infiniment d'esprit et du plus agréable, du plus varié. Il savait beaucoup de langues et avait lu tous leurs livres. Madame Royale était fière de ce fils et avec raison.

– Eh puis, me disait-elle souvent, sa grand-mère était la fille de Henry IV, jusqu'à cela, madame, il est aussi près de lui que le roi, votre sire. C'est ce qui me fait espérer qu'il lui ressemblera aussi.

Ce prince était, en effet, arrière-petit-fils de Henry IV et tenait à la maison de France de plusieurs côtés ; bien qu'il affectât de n'y attacher aucune importance, il en était au fond très enchanté : on lui entendait souvent répéter :

– Mon aïeul Henry IV disait ceci.

Ou bien :

– Comme a fait mon aïeul Henry IV.

Il ne pouvait choisir un meilleur modèle.

Je me croyais hors de danger voyant ce long temps écoulé sans nouvelles tentatives, ou du moins j'espérais que le prince avait renoncé à une entreprise impossible, lorsqu'un soir que je me promenais en carrosse seule, avec deux demoiselles italiennes, une d'elles, s'étant trouvée malade, me demanda la permission d'entrer dans une maison au bord du Pô, où elle avait sa sœur. Je demeurai seule avec l'autre qui aussitôt me sortit une lettre de sa poche et me la donna.

– Madame, me dit-elle, on m'a commandé de vous remettre ceci.

– Et qui cela donc, mademoiselle ?

– Madame, lisez, je vous prie et vous verrez bien.

J'ouvris sans le moindre soupçon, la voie ne me paraissant pas suspecte. Je vis une page fort tendre et fort respectueuse, sans signature, il est vrai, et avec une écriture qui n'était pas tout à fait celle du prince. Cependant la lettre était faite de façon à ne pouvoir laisser de doute sur celui qui l'avait écrite. Il se plaignait de ce que je ne voulais entendre à rien, ni à personne de ce que je ne comprenais pas le silence qu'il avait gardé et la retenue qu'il y avait mise. Les expressions étaient arrangées de telle sorte qu'il était impossible d'y rien reprendre, ni de s'en offenser.

J'interrogeai sur-le-champ la demoiselle, qui s'appelait Julia Mascarone, et je lui demandai sévèrement si elle connaissait le contenu de cette lettre ; elle me répondit qu'elle l'ignorait. Je lui demandai encore si elle savait qui l'avait écrite, elle me répondit qu'elle n'en savait absolument rien.

– Alors, qui vous l'a remise ?

– Une des filles de chambre de Son Altesse Madame Royale qui l'a trouvée, m'a-t-elle assuré, dans le cabinet de la princesse la dernière fois que vous avez assisté à sa toilette ; elle a pensé que vous l'aviez perdue et m'en a chargée.

– Pourquoi attendre d'être seule avec moi en ce cas ? Pourquoi ne me l'avoir pas donnée tout à l'heure ?

Elle s'interloqua un peu de la question, et pressée enfin, elle avoua que la fille de chambre qui était son amie le lui avait fait promettre ainsi. Quant à elle, elle n'en savait pas davantage.

– Eh bien, Mascarone, votre amie s'est jouée de vous et vous a fait servir de courrier à une fort méchante plaisanterie. Si elle vous demande comment je l'ai reçue, ce qu'elle ne manquera pas de faire, vous aurez soin de lui dire que j'ai déchiré ce poulet, ainsi que je le fais, et que je vous ai commandé de ne jamais vous charger de semblables commissions, sous peine d'être chassée sur-le-champ.

La pauvre fille se mit à pleurer, m'assura qu'elle avait cru bien faire et me rendre service autant que sa condition le lui permettait. Elle me supplia de lui pardonner et me jura bien qu'elle ne recommencerait point et qu'elle m'était dévouée à vendre et à dépendre. Elle l'a prouvé et m'est demeurée attachée même plus tard, quand j'ai eu besoin de trouver des amis partout.

On juge que cette affaire m'occupa fort. Le prince n'était pas homme à en rester à cette tentative manquée. Il allait certainement recommencer à me poursuivre et s'il se mettait dans l'esprit de me vouloir tourmenter ; c'était bien facile.

Je n'eus pas plus tôt déchiré cette lettre que je m'en repentis. C'était une preuve à montrer à ceux qui doutaient. Je retrouvai un assez grand morceau dans le pli de ma mante, je le serrai soigneusement pour le cas où il me faudrait persuader les incrédules et me faire aider dans ma défense. En attendant je me résolus au silence, c'était le parti le plus prudent.

Je ne me trompais point : les tentatives recommencèrent. Jusqu'à l'ambassade de France, qui, sans s'en douter, servit de boîte aux lettres. Le cardinal d'Estrées m'en envoya une, un matin, arrivant de Paris et qu'il croyait de mon père. C'était encore le prince qui choisissait ce biais. Ce fut un tourment et des craintes de toutes les minutes. Je gardai ces lettres jusqu'à ce que je me visse assez obsédée pour en perdre le courage et pour en vouloir sortir à tout prix. Je ne dormis point de plusieurs nuits. Je savais quelles difficultés j'aurais à vaincre. Je savais quels ennemis j'aurais à combattre et combien, au lieu de m'aider, on chercherait à me nuire et à me décourager. Il me fallait une résolution bien ferme : avant de la prendre, j'allai trouver chez lui, en secret, mon saint pasteur. Je lui montrai ces lettres. Je lui dis que j'était décidée à la fuite et que j'allais, ce soir même, tout découvrir à mon mari en lui demandant de m'emmener.

– C'est, me dit-il, le seul moyen ; si vous échouez, j'essaierai ensuite, et enfin si nous échouons l'un et l'autre, il vous restera votre famille et la France. Ce sera le dernier parti.

Je rentrai plus vaillante. Madame de Verrue était partie avec Son Altesse pour passer quelques semaines de retraite dans un couvent de Chambéry. Je ne la craignais pas, le moment était favorable, et dès que nous eûmes dîné, avant l'heure où nous avions coutume de recevoir, je priai mon mari de venir avec moi dans mon cabinet de livres, où je désirais avoir avec lui un entretien sérieux.

CHAPITRE XVII

M. de Verrue était trop bon gentilhomme pour ne pas remplir ses obligations envers une femme. Il s'inclina à ma demande et marcha sur mes pas ; il en était visiblement contrarié ; bien qu'il ne le dît point, cela se devinait rien qu'à ses gestes.

Dès que nous fûmes seuls, il m'avança un fauteuil et s'assit à côté de moi, et voyant que je me taisais, il me dit avec beaucoup de politesse :

– Eh bien, madame, en quoi puis-je vous être agréable ? J'attends que vous daigniez m'en instruire.

J'étais émue, on le comprend ; je me taisais encore ; enfin je compris qu'il fallait m'expliquer.

– Monsieur, dis-je, c'est que j'ai cru devoir vous montrer ceci.

Et tirant toutes les lettres de ma poche, y compris le morceau de la première, je les luis remis entre ses mains. Il les prit et commença de les lire l'une après l'autre.

– Qu'est-ce cela, madame ? demandait-il à chaque instant.

– Vous le voyez bien, monsieur, ce sont des lettres d'amour.

– Et de qui s'il vous plaît ?

– De Son Altesse Monseigneur le duc de Savoie, à votre épouse indigne, la comtesse de Verrue.

Il fit un mouvement de surprise et d'impatience.

– Encore ! s'écria-t-il.

– Ce n'est pas ma faute, et si vous m'aviez écoutée, depuis longtemps, il n'en serait plus question. – On a pour exemple madame de Saint-Sébastien.

– Et que prétendez-vous que j'y fasse, madame ?

– Je prétends que vous me permettiez de me retirer à Verrue ou dans vos terres de Savoie, jusqu'à ce que Son Altesse veuille bien oublier l'attention dont elle a daigné m'honorer.

– Madame, c'est impossible, ma mère…

– Encore ! m'écriai-je à mon tour : – Madame votre mère a sa charge, elle s'en peut occuper et nous laisser libres de nos actions, monsieur. Écoutez et sachez bien ma pensée, car je n'y reviendrai plus, car c'est pour la première et dernière fois que je m'explique avec vous à ce sujet. Madame votre mère a sur vous les droits et l'empire que devrait avoir la mère de vos enfants ; elle m'a pris votre cœur, votre tendresse, elle m'a pris jusqu'à vos pensées, et cependant, après m'avoir ainsi épouillée, madame votre mère me hait, elle est jalouse de moi, l'ombre même de notre union qu'elle a longtemps empêchée et qu'elle est parvenue à briser, cette ombre lui fait peur. C'est elle qui, vous rendant sourd à vos intérêts, à la voix de votre honneur même, vous a détourné d'entendre mes plaintes et mes supplications, c'est à elle que je dois mon malheur ; c'est à elle que vous devrez le vôtre, si vous persistez à l'écouter de préférence à moi. Il en est temps encore, excusez ma prière, écrivez à madame de Verrue que vous lui abandonnez en entier ce palais jusqu'au moment où il vous conviendra d'y revenir avec vos enfants et votre femme, que vous quittez la cour, que vous allez vivre pour vous pendant quelques années ! Qu'avez-vous besoin de Son Altesse ? Que vous font ses bienfaits et ses faveurs ? En quoi pouvez-vous craindre sa puissance ? Vous êtes riche, vous êtes grand seigneur ; dans vos terres, vous êtes tout-puissant aussi ; vous avez des courtisans, au lieu d'être courtisan vous-même. Je vous aime d'une affection que rien ne saurait changer. Vos enfants s'élèvent, ils sont beaux, ils sont forts, intelligents, charmants enfin, ils vous aimeront aussi, et vous serez le maître à votre tour, et vous secouerez ce joug qui depuis si longtemps vous pèse, qui vous humilie : ah ! monsieur, le bonheur est sous votre main, vous n'avez qu'à l'étendre pour le saisir ; pourquoi le repousseriez-vous donc au contraire ?

La lettre.

Mon mari me regardait sans m'interrompre, mais je voyais ses yeux briller, mais je voyais ses larmes prêtes à s'épandre, je crus avoir remporté la victoire et je m'approchai de lui ; il me laissa venir, mais il ne m'attira pas.

– Mon ami, mon cher comte, lui dis-je, écoutez ma voix, sauvez votre bonheur, sauvez votre bonheur et le nôtre, je vous le demande à genoux.

– Ah ! relevez-vous, madame, s'écria-t-il, car j'avais fait le geste de m'agenouiller, relevez-vous, je ne souffrirai jamais que vous vous abaissiez même devant moi.

– Je supplie pour tout ce qui m'est cher, je ne m'humilie point, mon ami, trop heureuse si je parviens à vous persuader.

– Certes… vous dites vrai… mais, ma mère ?

– Ah ! que l'habitude de l'esclavage est difficile à perdre ! À quel point un homme est amoindri devant une obéissance servile ! Que je vous plains si votre cœur n'est pas plus fort que vos craintes.

Il n'osa répliquer, j'étais bien tentée de me retirer, d'abandonner une cause qui était la sienne et qu'il défendait si peu, la colère me dominait.

– Ah ! monsieur, m'écriai-je, prenez garde ! Madame de Montespan a commencé ainsi.

– Grâces à Dieu, vous n'êtes pas madame de Montespan, madame.

– Non, monsieur, mais je suis une femme aussi, et la patience humaine a ses bornes, les forces s'usent dans la lutte.

– Non pas celles d'une honnête femme luttant pour l'honneur de son mari et pour son devoir.

Cette belle phrase lui parut le superlatif de l'éloquence ; il se détourna ensuite comme pour me cacher ses larmes. Je ne me contentais guère de mots ; en une circonstance aussi grave, j'en voulais finir.

– Eh bien, monsieur, que décidez vous ? repris-je.

– Je vais écrire à ma mère, et je vous transmettrai sa réponse ; d'ici là, croyez-moi, ne changeons rien à nos coutumes et ne montrons rien de ce qui nous occupe ; ne prêtons à rire à personne.

– C'est votre dernier mot, monsieur ?

– Absolument.

– Fort bien ; j'y renonce donc et je sais ce qui me reste à essayer.

Je lui fis la même révérence qu'à la reine et je sortis dans une indignation que je ne puis rendre et que l'on comprendra. J'écrivis en hâte à l'abbé Petit d'arriver ; il vint à l'instant même. – Je lui contai tout ; il alla reprendre M. de Verrue et ne fut pas plus heureux que moi.

– À la grâce de Dieu, madame, me dit-il, tout découragé, écrivez à votre famille.

Il m'est odieux d'avoir à rapporter ces combats, de montrer comment ma défaite a été marchandée et comment on m'a jetée de force au péril où j'ai succombé. Je ne veux point suivre jour pour jour cette histoire pénible. Madame de Verrue persuada à son fils que les lettres n'étaient point de Son Altesse. Elle alla jusqu'à insinuer que je fuyais un faux galant pour m'en ménager un véritable. Il ne le crut peut-être pas, mais il eut l'air de le croire pour se préparer une excuse et un moyen.

Vaincue en Piémont, il me restait la France. Je priai ma mère de me demander à mon mari pour quelques mois. Il va sans dire qu'on déclina cette invitation. J'étais réellement malade, car en même temps les persécutions continuaient et du côté du prince qui m'obsédait et du côté des autres qui ne me laissaient plus un instant de repos. Ma belle-mère avait écumé l'amour de M. de Darmstadt, et elle l'affubla sur-le-champ du personnage d'amant préféré. – Il fallut lui interdire l'entrée du logis, ce qui l'étonna fort, et ce qui réjouit M. de Savoie, lequel avait la bonté d'en être jaloux. Madame de Verrue avait l'air de travailler pour lui. Et qui sait ? Elle en était bien capable.

Mon médecin était un homme d'esprit. Un jour il vint chez moi ; il m'échappa de lui dire que j'avais le mal du pays. – Cette parole ne tomba pas à terre. Il avait déjà deviné quelque chose de ce qui se passait autour de moi, sans en soupçonner la cause. Le lendemain, il m'ordonna les eaux de Bourbon.

– Ah ! docteur ! m'écriai-je, vous me sauvez la vie.

– Je le sais bien, madame, et c'est là mon métier. Je le fais toujours en conscience, Dieu merci !

J'écrivis à mon père que j'étais condamnée à prendre les eaux et que je le suppliais de se trouver à Bourbon, où j'avais à l'entretenir de choses qui m'importaient le plus sensiblement, parce qu'on ne me permettrait pas d'aller jusqu'à Paris. Cette lettre fut envoyée par Barbette pour plus de sûreté et je ne doutai point que le duc de Luynes ne se rendît pas à ma prière, à laquelle Barbette, à mon insu, ajouta quelques mots des plus pressants. Ils étaient de nature à inquiéter beaucoup ma famille, et la bonne fille le fit à cette intention pour les forcer à venir à mon appel. Elle souffrait plus que moi ; je n'avais pu me cacher d'elle, ni de Marion, et j'ai su depuis qu'elles en gémissaient souvent ensemble.

Madame de Verrue n'osa m'empêcher d'aller à Bourbon ; elle en avait pourtant grande envie. On imagina seulement que son fils ne m'y pouvait conduire et qu'il n'était pas séant que j'y allasse seule.

Là-dessus, au moment où l'on s'y attendait le moins, l'abbé Scaglia s'offrit à m'accompagner.

– Je veux faire ce plaisir à ma chère nièce, dit-il.

Je me hâtai d'accepter, le moyen m'était indifférent, pourvu que j'arrivasse au but. – Ma belle-mère en fut toute déconcertée.

M. de Savoie pâlit en apprenant mon départ, M. de Darmstadt avait justement pris congé de lui la veille, il se rendait en Espagne pour quelques mois ; le prince imagina que c'était concerté entre nous : lorsque j'allai lui faire ma révérence d'adieu, ainsi qu'à mesdames les duchesses, je le trouvai triste et grave. Il me demanda si je resterais longtemps ; je répondis que je ne savais.

– Ah ! vous allez revoir notre belle France, ne la regardez pas trop, vous qui l'avez presque oubliée, vous ne la pourriez plus quitter.

Cette exclamation échappée à la jeune duchesse déconcerta le sérieux du cercle. On me trouvait fort défaite, fort pâle ; on comprenait que j'avais besoin d'être soignée, on me plaignait, on me regrettait ; tous ces souhaits de cour auxquels on ne croit point lorsqu'on en connaît la portée et qui se distribuent en manière de jetons d'échange ; madame de Verrue me fit rester la dernière sous le prétexte de me reconduire elle-même : je vis le duc jusqu'à la fin ; l'adieu se prolongea donc autant qu'il put durer. Je ne fus point touchée de sa tristesse ; il était cependant bien respectueux.

Le lendemain, je montais en carrosse avec l'abbé Scaglia, Barbette, Mascarone et mon écuyer. Marion et mes femmes suivaient dans une calèche qui devait me servir au retour après ma guérison. Mon oncle fut aux petits soins pour moi tout le voyage, mais j'eus une des plus sensibles joies de ma vie en tombant dans les bras de mon excellent père, à mon arrivée dans ce pays de Bourbon où j'avais tant souhaité de me trouver transportée.

CHAPITRE XVIII

M. de Scaglia ne me laissa pas seule avec mon père pendant toute la première journée. Avait-il ses instructions ? Agissait-il d'après lui-même ? Je crois que c'est l'un et l'autre, il écoutait juste assez sa belle-sœur pour me tourmenter avec elle, mais chacun à leur point de vue différent ; on le verra. Mon père était fort impatient de m'interroger, et moi plus impatiente encore de lui ouvrir mon cœur ; aussi lorsqu'enfin je fus rentrée chez moi, je lui envoyai Barbette, pour le prier de venir dans ma chambre, malgré l'heure avancée, afin que nous puissions causer en liberté.

C'était un fort homme de bien, que mon père, un homme d'une vertu rigide, chacun le savait, et ma famille tout entière professait des mœurs et des principes aussi sévères qu'irréprochables. Mais M. de Luynes était aussi bon, aussi indulgent, aussi juste que pieux. Ma mère n'avait pas le même cœur, aussi étais-je bien plus sûre de m'entendre avec lui qu'avec elle. Il ne manqua point d'accourir aussitôt qu'on l'eut appelé, et s'asseyant vite auprès de mon lit, il me demanda incontinent de quoi il s'agissait.

– Ah ! monsieur, m'écriai-je, je suis perdue, si vous ne parvenez à me secourir.

– Perdue, ma fille ! N'avez-vous point un bon mari, que vous aimez, un état magnifique, au-dessus des espérances du bien que nous pouvions vous donner ? N'avez-vous pas des enfants bien venus, bien portants ? Dieu merci !

– Oui, mon père, oui, tout cela est vrai ; pourtant, écoutez-moi, et vous verrez.

Je lui racontai de point en point ce qui s'était passé depuis mon mariage, ce que j'avais souffert, les humiliations et les mauvais traitements que j'avais endurés. Je lui peignis les hauteurs de madame de Verrue, les insultes dont elle m'avait abreuvée, et j'en vins ensuite à l'amour du prince, à ce que j'avais fait pour le fuir, à ses poursuites réitérées, à l'incroyable aveuglement de mon mari et de sa mère, qui m'avait forcée de recourir à lui pour me protéger.

M. de Luynes m'interrompit en m'embrassant, en me félicitant de ma prudence, et en s'exclamant sur la position difficile et sur ce qu'il ne voyait d'autre moyen d'en sortir que de le suivre à Paris, où M. de Verrue me viendrait rejoindre. C'était la chose la plus naturelle du monde, il ne connaissait la France et la cour que pour les avoir vues quinze jours, au moment de notre mariage. La paix en Savoie ne l'appelait point au régiment qu'il commandait ; il pouvait, il devait venir ; cependant, j'assurai à mon père qu'il ne viendrait point.

– Sa mère ne lui laissera jamais quitter sa férule ; elle craindrait qu'il ne se révoltât, et puis, si j'ose vous le dire, je ne sais si elle serait bien fâchée que je succombasse, elle voudrait me trouver un tort, elle me hait.

– Pas à ce point-là car ce serait se haïr elle-même, apporter le déshonneur dans sa maison ; il est impossible que vous ne vous trompiez pas, ma fille.

Je n'insistai point, c'était mon idée, et la suite a montré combien elle était juste, hélas ! Mais mon père n'était pas homme à supposer un pareil calcul. Nous causâmes ainsi plus de deux heures. Je ne lui cachai rien de ce que j'éprouvais, de ma tendresse si mal récompensée par mon mari ; il me plaignit fort, pourtant, il bénit le ciel, qui me donnait cette défense. Sa conclusion fut qu'il parlerait à l'abbé de Verrue, très sûr de trouver en lui une aide et une approbation.

– C'est un vieillard important et rompu dans les affaires, il a passé par des emplois considérables, il a été ambassadeur, ministre d'État, il doit voir les faits tels qu'ils sont, et trembler du péril qui nous menace tous. Vous courez un double danger en demeurant à Turin ; l'amour de M. de Savoie d'abord, la folle conduite de votre belle-mère et de votre mari ensuite, en voilà plus qu'il n'en faut pour l'engager à veiller aux suites. Dès qu'il fera jour, je le verrai, vous comprenez que, cette nuit, je dormirai peu, il se lève de fort bonne heure, il vous l'a dit, je veux en avoir le cœur net.

Il me quitta, malheureux et désolé ; il était si bon, mon père ! Il tint sa promesse, et entra chez l'abbé Scaglia, aussitôt qu'il le put, avec décence, et lui raconta tout au long ce qui se passait, à quoi l'abbé se récria fort, et dit qu'il ne se doutait point de ceci, qu'il n'en avait jamais entendu parler, et que sa belle-sœur et son neveu lui paraissaient du dernier coupable en agissant de la sorte.

– Laisser une jeune femme exposée aux séductions d'un prince tel que celui-là auquel il ne manque rien pour plaire d'abord, et qui a, de plus, une ténacité de vues que rien ne déconcerte. Je ne comprends pas… Heureusement, me voilà prévenu, et j'y saurai mettre ordre.

– Le meilleur ordre à y mettre est l'absence. M. de Savoie, ne voyant plus ma fille, l'oubliera ou se prendra ailleurs, cela ne peut manquer. J'emmènerai madame de Verrue à Paris, son mari la rejoindra incontinent, ils y passeront une année ou deux, et, à leur retour, il ne sera plus question de rien.

– Ah ! M. le duc, vous ne connaissez point notre cour, on le voit bien ! M. et madame de Verrue s'absenter un an ou deux ! Mais, en ce cas, mon neveu devrait renoncer à toute espérance de fortune ; on ne quitte point sa place impunément, dans un petit État ; elle est bientôt prise, et, pour ma part, je m'opposerai toujours fortement à ce que M. et madame de Verrue prennent un parti aussi grave et aussi dangereux.

– La fortune est beaucoup, sans doute, monsieur, mais l'honneur est bien plus encore, il ne semble.

– Avec une femme telle que madame votre fille, monsieur, l'honneur est toujours sauf, je ne crains rien.

Ils discutèrent longtemps. Mon père, avec la droiture et la loyauté du plus honnête homme du monde, l'abbé avec sa finesse et sa perspicacité italiennes, jointes à une perversité profonde et à une méchanceté calculée. Ils se firent l'un à l'autre des concessions que M. de Luynes eût observées, tandis que M. de Scaglia ne cherchait qu'à gagner du temps. On convint qu'il annoncerait à madame de Verrue notre projet de pousser jusqu'à Paris, tandis que mon mari en serait prévenu par moi. S'ils y consentaient, tout était pour le mieux, s'ils s'y refusaient, nous partirions pour Turin, et l'influence de l'abbé, mêlée à mes prières, obtiendrait ce que nous désirions, très certainement.

M. de Luynes crut à ce leurre, je n'eus pas un instant sa confiance, je le connaissais trop, et je commençais à me défier de cet oncle, si facile à accepter, et si prodigue de promesses et de belles paroles. Je tâchai de me tranquilliser, de reprendre la confiance et l'espoir, de jouir en paix de la présence de mon père et de quelques autres personnes de ma famille, qui m'étaient venus voir. On me trouva fort belle, ma réputation alla jusqu'à la cour de France, où le roi eut la bonté de dire à mon frère, le duc de Chevreuse, qu'il eût désiré me voir. Je le désirais bien plus que lui encore, mais le moyen !

Six semaines passèrent comme un songe. Les lettres s'échangèrent avec Turin assez vivement. Mon père avait écrit lui-même, afin de ne pas essuyer un refus, qui ne lui manqua pas néanmoins, tout déguisé qu'il fût. Il s'y laissa prendre. On le priait de me venir reconduire, au lieu de m'emmener ; mon mari ne pouvait quitter la cour de Savoie, sous aucun prétexte, et sa tendresse s'alarmait, à la seule pensée d'une absence déjà si longue. Il ne pouvait vivre plus longtemps loin de moi, mais si M. de Luynes voulait venir, s'il était assez bon pour accepter l'invitation offerte, on pourrait s'entendre, et préparer l'avenir.

– Venez, monsieur, paraphrasait l'abbé, et vous emmènerez M. et madame de Verrue ; Madame Royale vous obtiendra cette faveur.

– Et si elle ne l'obtient pas ?

– Nous aviserons, nous arrangerons. Prenez toujours ce que l'on vous offre, c'est beaucoup, vous aurez le reste après.

À force de répéter la même chose à ce bon et noble vieillard, on le lui persuada. Il ne pouvait me suivre, mais il me promit de me rejoindre avant qu'un mois se fût écoulé.

– D'ici là, ayez patience, ma fille, conduisez-vous ainsi que vous l'avez fait jusqu'ici, et la récompense ne tardera pas à arriver, nous serons tous heureux.

Je secouais la tête, et je ne croyais point ; mon père me blâmait, il m'accusait tout de bon, et je fus réduite au silence. Le moment de la séparation approchait ; ce fut pour moi une douleur véritable, un moment affreux. Il fallut m'arracher des bras de M. de Luynes, qui s'attendrissait à mes sanglots.

– Ah ! mon père, lui dis-je, je ne vous reverrai jamais !

Il partit avec le duc de Chevreuse, avec mes sœurs, qui étaient venues aussi ; ils comptaient tous que nous passerions l'hiver ensemble, mais moi, j'étais sûre que nous étions séparés pour bien longtemps, et le destin s'est chargé de réaliser ma croyance.

Le soir même de leur départ, je demandai à l'abbé si nous n'allions point nous en aller aussi dès le lendemain ; il me répondit que rien ne pressait, que nous avions encore quelques jours favorables pour les eaux, et qu'il en fallait profiter. Comme j'insistais, il changea de manière, et s'enquit de mon goût pour les voyages, pour les beaux endroits. Il me proposa de nous en aller par le pays, lentement, pour voir et pour bayer. Je ne demandais pas mieux, moi qui ne cherchais qu'à ne point retourner en Savoie, à rester le plus longtemps possible en France, et loin de mes persécuteurs. Et puis, j'espérais donner à mon mari quelque inquiétude, et l'obliger à me rappeler ; j'aurais risqué le duc, si j'avais compté sur M. de Verrue.

Notre voyage se passa à merveille, pendant deux ou trois jours. Ainsi qu'il n'avait cessé de le faire depuis notre départ de Turin, mon oncle me combla de tous les soins, de toutes les attentions imaginables. On eût dit un amant près de sa maîtresse, plutôt qu'un vieil abbé près de la femme de son neveu. À Lyon, où nous séjournâmes une semaine entière, il me fit quantité de présents en pierreries, en étoffes magnifiques, en meubles même, qu'il envoya à Turin par le chemin le plus court. Il me donna, entre autres, la plus belle montre que l'on eût faite depuis qu'on fait des montres, avec des émaux, des aciers fins, des turquoises et des diamants en quantité. C'était une fort magnifique pièce, que j'ai encore, qu'on admire toujours, que ma fille voudrait bien tenir, mais qu'elle n'aura qu'après ma mort ; je compte la lui faire attendre le plus longtemps possible.

Il m'avait semblé, plusieurs fois, que les yeux de l'abbé prenaient des flammes juvéniles en me regardant, qui n'étaient point de son état, ni de son âge. Pourtant, je ne voulus pas croire moi-même, et je chassai ces soupçons, jusqu'au moment où ils se changèrent en certitude, par un rapport que me fit Marion, dans l'indignation de son âme.

La veille de notre départ de Lyon, M. de Scaglia lui proposa une grosse somme, pour s'introduire, la nuit, dans ma chambre ; elle devait faire ensuite le guet, afin qu'on ne nous troublât point, et qu'il eût tout le temps de me persuader ou de me vaincre. Elle l'avait hautement refusé, le menaçant de me prévenir, à quoi il lui fut répondu, que si elle avait cette insolence, elle ne resterait pas deux heures à mon service ; il la chasserait.

– Je viens cependant à vous, madame, et ses menaces ne m'effraient pas. Si je suis chassée, je vous suivrai de loin, et, quand je devrais aller demander justice au duc de Savoie lui-même, je n'en aurai pas le démenti.

Je tombai de mon haut à ce discours. Qui eût soupçonné l'amour dans ce vieux prêtre, si froid, en apparence, si faible, si dénué de charmes ! Comment espérait-il le faire accepter ? Comment pouvait-il croire, qu'après avoir résisté à M. de Savoie, j'écouterais un homme qui avait de l'âge, et qui ne pouvait compter me plaire d'aucune façon ? Je fus pourtant désespérée de cette entrave nouvelle, et je compris pourquoi il avait fait de si beaux discours à mon père, afin de ne me point laisser partir. Il me voulait garder, le loup, le renard qu'il était, espérant que je me jetterais dans ses bras, pour me sauver des autres. Il ne savait guère à qui il s'adressait.

Après un peu de réflexion, je me résolus à ne point savoir ce que je savais, à ne rien changer à mes manières, et à me jeter plutôt dans un couvent, si, à Turin, les persécutions recommençaient, et si je me trouvais en butte à un nouvel ennemi. L'essentiel était d'arriver. Je contrefis la malade, et je refusai de continuer plus loin le voyage que nous avions projeté. L'abbé Scaglia s'en montra très contrarié ; il fit venir trois médecins, qui, semblables à ceux de Molière, ordonnèrent chacun un remède différent. Ils ne s'accordèrent que sur une chose : si je ne voulais pas absolument demeurer à Lyon, afin de recevoir leurs bons soins, ce qui serait le plus sage néanmoins, il fallait me hâter de retourner chez moi, de me reposer et de vivre dans un parfait repos.

– Ce qu'il faut à madame la comtesse, dit le Purgon de la bande, c'est un bon bateau pour descendre le Rhône, et ensuite un vaisseau qui la conduise à Gênes, sans qu'elle ait besoin de se fatiguer. Voilà mon avis.

Je l'aurais battu. On juge si l'amoureux Titon accepta vite cette manière d'aller, qui nous laissait, tête-à-tête, pendant la journée, et qui nous rapprochait forcément pendant la nuit. J'eus beau dire, beau me plaindre, beau me faire ordonner par les acolytes de prendre un autre chemin, il n'en voulut pas démordre ; on planta notre carrosse dans un bateau, celui de mes femmes dans un second, et nous voilà tous les deux seuls en cette grande caisse, où il ne voulut point souffrir que ni Marion, ni Barbette demeurassent avec nous durant le jour.

– Cela me gênerait, et cela vous fatiguerait, madame ma nièce ;

vous babilleriez avec votre mie et votre fille de chambre, vous passeriez en revue tous vos souvenirs, ainsi que cela est naturel, en quittant de nouveau votre pays, et vous seriez plus malade encore. N'en parlons plus. Je lirai, vous lirez aussi, nous échangerons quelques mots d'admiration du beau paysage, et nous dormirons après.

S'il eût tenu à cela, j'aurais pris patience, mais je tremblais. En effet, dès le premier jour, aussitôt que nous fûmes assis et installés, et que le bateau fût en marche, il commença à me lancer quelques mots, espérant que je les allais comprendre ; je fis la sourde oreille, ce qui le força à s'expliquer plus clairement: Il ne chercha point à me persuader que je le devais aimer pour mon plaisir, mais bien pour le sien et dans mon intérêt, me faisant un tableau épouvantable du sort qui m'attendait, et me promettant, au contraire, tout ce qui me pouvait agréer, si je l'écoutais.

– Vous haïssez M. de Savoie, vous désirez retourner en France, vous serez servie selon vos vœux. Je vous promets de vous emmener, et incontinent même, si vous le voulez. Nous rebrousserons chemin jusqu'à Paris, et, de là je me charge de morigéner ma belle-sœur et mon neveu, de telle sorte qu'ils ne songent plus à vous tourmenter.

– Vous le pouvez donc ?

– Si je le peux! Vous avez apparemment oublié que je suis respecté, honoré, craint, au palais de Verrue, qu'il m'est resté de beaux biens, que votre mari et sa mère s'estimeront très heureux d'avoir. En faisant sonner haut l'honneur, ils seront forcés de m'entendre, ils se feraient assommer en me résistant.

– Eh ! bien, monsieur, puisque vous pouvez tout, pourquoi avoir refusé mon père ?

Il fut un instant déconcerté, la question était directe, il se remit bien vite.

– Est-ce que je pouvais consentir à vous perdre ? Est-ce que je pouvais vous laisser sans moi, si loin ? Vous ne connaissez donc pas l'amour, vous, qui prétendez cependant aimer votre nigaud de mari, qui n'a seulement pas l'esprit de le voir et de vous le rendre !

Je le laissai dire, je lui laissai défiler ses promesses, ses menaces, sans être plus pénétrée des unes que des autres ; lorsqu'il eut tout raconté, je m'enfonçai dans le carrosse, je fermai les yeux, et, me tournant un peu de son côté :

– Bonsoir, monsieur, je vais dormir, répliquai-je.

– Comment, dormir ! C'est là le cas que vous faites de mes paroles ?

– Monsieur, le sommeil fait oublier, et tout ce que je puis faire pour vous en ce moment, c'est d'oublier ce que je viens d'entendre. Autrement, il me faudrait vous répondre d'une autre façon, et c'est ce que le respect dû à votre âge, à votre qualité, à votre état m'interdisent de faire. Pourtant, ne recommencez plus, car ma patience ne saurait supporter deux fois un pareil discours.

Jamais je ne vis furie pareille à la sienne. Il devint rouge, à croire qu'il aurait une apoplexie, ses yeux s'animèrent de façon à me tuer, s'ils en eussent obtenu le pouvoir. Il commença à me menacer de nouveau, avec une véhémence tout italienne, puis, se radoucissant tout à coup, il se jeta à mes pieds, pleura, sanglota, m'assura qu'il mourrait de chagrin si je le repoussais, me demanda pardon d'avoir osé se servir de termes qu'il regrettait, m'assura qu'il était mon esclave, et que la moindre de mes volontés serait pour lui une loi suprême. Il fit enfin toutes les extravagances qu'une grande passion explique et excuse, mais qui, à plus de soixante ans, n'ont qu'un côté frappant, c'est le ridicule. J'eus si grande envie de rire, que je n'y pus résister, et que j'éclatai au nez du vieux paillard, mais d'un éclat si franc, si gai, que je serais morte plutôt que de le retenir.

Il me regarda avec des yeux encore plus féroces que tout à l'heure, ce qui ne me calma point, au contraire. Je n'en ris que plus haut et plus démesurément. Me laissant aller à mon entraînement, je voulus enfin lui répondre, lorsque cela me fut possible, mais lui répondre de la bonne manière, pour qu'il ne fût pas tenté d'y revenir de nouveau.

– Quoi ! lui dis-je, en essuyant les larmes que ma gaîté démesurée faisait couler ; quoi, monsieur, vous qui seriez mon grand-père, vous pouvez croire un instant que j'ai résisté à M. de Savoie, que je veux le fuir, lui et tous les autres, pour me conserver à l'honneur de vos bonnes grâces ! En vérité, vous croyez cela ! Ah ! si vous étiez français, je vous renverrais à Molière et à *l'École des Femmes*, mais vous vous garderiez bien de regarder ce tableau fidèle ; on fuit les miroirs, lorsqu'on est sûr de s'y voir en laid. Rentrez donc en vous-même, monsieur, songez à ce que je suis, à ce que vous êtes, et ne me rompez plus la tête de vos sornettes amoureuses. Faites pénitence, songez à la mort, non pas à pécher, et à faire pécher les autres.

Il était à mes genoux ; lorsque je commençai à rire, il se recula d'abord, puis il se releva lentement, les yeux sur moi, et à mesure qu'il me regardait, l'expression de ses traits et de ce regard changeait du tout au tout.

Pendant que je parlais, il m'écouta, sans chercher à m'interrompre ; lorsque j'eus fini, il se mit à sourire, mais d'un sourire si terrible, si effrayant, qu'il me glaça. Il se releva tout à fait, et s'assit à la place qu'il avait quittée, à côté de moi.

– Est-ce votre dernier mot, madame ? me demanda-t-il avec une tranquillité qui m'épouvanta, en le voyant si pâle et la physionomie si bouleversée.

– Oui, monsieur, certainement.

– Irrévocablement ?

– Irrévocablement.

Je n'avais plus envie de rire, je vous en réponds. Il se rejeta dans le fond du carrosse, croisa ses bras, baissa la tête, et réfléchit pendant au moins un quart d'heure ; après, il se releva, et c'était encore un homme différent. Un ascète, une statue de marbre, un de ces visages qui révèlent une âme inflexible, ou bien un saint, exténué par les austérités de la pénitence, voilà ce qui m'apparut.

– Madame, je ne vous crains pas, et vous avez tout à craindre de moi. Je commence par vous prévenir, afin que si vous nourrissez la fantaisie d'aller rire à mes dépens avec votre mari, vous sachiez bien que vous trouverez à qui parler en moi. Racontez cette scène, fort ridicule, j'en conviens, racontez-la et le ridicule retombera sur vous, car je la nierai, et je la nierai de telle sorte que nul ne sera tenté d'y croire ; je vous en avertis d'avance, c'est le dernier service que vous devrez à ma bonté. Écoutez le reste à présent, et ne l'oubliez pas.

Je m'inclinai, et je fis la fière, car je voulais le braver, et ne pas lui montrer ma terreur.

– J'écoute, monsieur.

– Vous avez en moi un ennemi mortel, un ennemi qui ne vous pardonnera jamais, qui vous fera tout le mal qu'il est possible de faire à un être détesté. Ce sera désormais ma seule étude, et rien ne me coûtera pour cela. Je vous reconduirai à Turin par le chemin le plus court, votre maladie m'occupe peu, et votre vue est pour moi un supplice. Si vous me connaissiez davantage, vous frémiriez de crainte, à l'idée de cette haine dont vous m'avez doté aujourd'hui. C'est désormais entre nous une affaire de vie ou de mort. Je ne vous prends pas en traître, vous êtes prévenue, garez-vous !

– J'aime mieux cela, monsieur, je ne vous crains point, non plus, et je préfère vos menaces à vos douceurs. Attaquez, je me défendrai, j'ai mes armes.

Il me répondit par un geste d'assentiment, puis il tira son bréviaire, et lut jusqu'au soir. Peut-être il fit semblant, car il restait bien longtemps sur la même page. Nous arrivâmes à Turin, en passant le Mont-Cenis, fort peu de jours après, le bateau ayant été abandonné et payé dès le premier soir. Ma santé couvrit tout.

CHAPITRE XIX

Dès le soir de notre arrivée, j'eus lieu de connaître que les menaces de l'abbé Scaglia seraient suivies d'effets prompts et terribles. Ma belle-mère arriva du palais, si bien endoctrinée, que je fus reçue par elle en ennemie, et en ennemie sans merci. Il avait été la chercher jusque chez Madame Royale, qu'il avait vue sans doute aussi, qu'il avait disposée en conséquence, et des persécutions m'attendaient encore de ce côté-là. Madame de Verrue, lorsque je m'approchai pour l'embrasser, me repoussa.

– Non, madame, non, je ne puis accueillir de la sorte une personne qui médite la ruine de ma maison, qui veut me séparer de mon fils, qui, pour une sottise criminelle, tant elle est invraisemblable, va porter à l'étranger les biens de nos ancêtres. Avant de vous laisser concevoir de plus coupables espérances, je vous déclare que ni vous, ni mon fils, ne sortirez plus d'ici, je vous déclare que vous êtes prisonnière de l'honneur, de la fortune des Verrue, et que je vous garderai bien. Vous êtes maintenant la maîtresse de m'embrasser, si vous le désirez encore.

– Tout autant qu'avant de vous avoir entendue, madame, répliquai-je en lui faisant une profonde révérence. Puisque vous n'avez rien de plus à me dire, permettez-moi d'aller rejoindre M. de Verrue, qui m'attend,

Et je sortis, plus fière qu'elle. Ces gens-là oubliaient toujours que j'avais dans mes veines du sang de la belle duchesse de Chevreuse et de la fière duchesse de Montbazon. Les filles de la maison de Rohan n'ont pas accoutumé de se laisser ainsi manquer, même par leurs belles-mères, et je ne voulus pas qu'elle eût le dernier.

– Mon père viendra bientôt, pensai-je, et rien ne m'empêchera de partir avec lui. Je ferais plutôt agir le roi de France, il est puissant, lui !

Lorsque j'allai saluer Madame Royale, elle me fit l'honneur de me dire, moitié sérieusement, qu'on lui avait dit beaucoup de mal de moi.

– Je le croirai, si vous me forcez à le croire ; cela dépendra de vous, ajouta-t-elle, lorsqu'on devient la comtesse de Verrue, il faut oublier qu'on a été mademoiselle d'Albert.

Puis, sans me laisser le temps de lui répondre, elle m'interrogea sur ses amis de France, sur le roi, sur la cour de Versailles, en duchesse de Savoie qui se rappelait cependant qu'elle a été madame de Nemours. Quant au prince, lorsqu'il m'aperçut, malgré toute sa puissance sur lui-même, il changea de couleur. Cependant, il fut sérieux, et presque sévère. Évidemment, il avait aussi entendu les plaintes, et il feignait de les accueillir. Je ne me trompai pas à son regard, il était heureux de me revoir, il voulait que je m'en aperçusse, et que je fusse la seule à m'en apercevoir.

Ce devoir rendu, je me dis malade, et je sortis le moins possible. Les persécutions et les tourments recommencèrent avec plus d'acharnement, avec plus de cruauté. De son côté, Victor Amédée m'envoyait continuellement parler par ceux qui avaient part à sa confiance. J'étais entre ces deux écueils, seule, sans amis, sans appuis à espérer de personne que de mon père. Le bon M. Petit avait quitté Turin pour Chambéry, ainsi que mon petit Michon. Ils devaient y rester plusieurs mois : des affaires importantes, relatives à sa cure, y avaient appelé le zélé pasteur. M. de Darmstadt était toujours à Madrid, très distingué, disait-on, de la reine d'Espagne, il avait le vol des reines. J'attendais mon père avec une impatience qui prenait sur ma santé ; lui seul pouvait m'arracher de cet enfer. Bientôt cette seule et dernière espérance me fut enlevée ; il fit une chute à la chasse du roi, il se blessa fortement à la jambe, et sous peine de se la voir enlever, il lui fallait garder le lit plusieurs mois.

En recevant cette lettre, je tombai dans le désespoir, et je pris, malgré moi, une terreur superstitieuse de l'abbé Scaglia, qui, huit jours avant, m'ayant rencontrée dans la galerie, seul à seule, m'avait dit ces mots, en passant :

– Vous attendez votre père ; votre père ne viendra pas.

Le savait-il donc ? Le devinait-il ? Les événements lui étaient-ils connus, avant même qu'ils n'arrivassent, ou plutôt les préparait-il ? C'est ce que je n'ai jamais su, mais que j'ai toujours soupçonné. Que faire ? Que devenir, à présent ? Je me consultai avec mes fidèles domestiques, que l'infortune élevait au rang d'amis. Barbette pleurait avec moi ; Marion, plus hardie, m'exhortait à me défendre, à sortir moi-même du gouffre où l'on me souhaitait jeter.

– Il n'y a qu'un moyen, madame ; monseigneur le duc ne peut venir, M. le duc de Chevreuse ou M. le chevalier de Luynes viendront. Écrivez, je porterai la lettre à la poste, et, dans quelques semaines, ils seront ici. Il nous faudra alors nous sauver avec leur assistance, autrement tous ces méchants vous feront mourir de chagrin.

J'écrivis, ainsi qu'elle me conseillait de le faire, au duc de Chevreuse et au chevalier de Luynes ; je les conjurais, avec larmes, de venir à mon secours, et je chargeai Marion, pour plus de sûreté, de porter les lettres à l'ambassade de France ; de cette manière, j'espérais qu'on ne les arrêterait point.

J'avais compté sans l'abbé Scaglia : il faisait guetter, nuit et jour, mes femmes, surtout celles qui étaient le plus dans mes confidences. Il vit sortir Marion, tenant un paquet à la main, et, sur-le-champ, la pauvre fille fut arrêtée, les lettres confisquées, et elle chassée du logis, avec défense d'y mettre les pieds, sous prétexte qu'elle servait ma désobéissance et ma rébellion. Elle cria, elle pleura, elle menaça, elle jura qu'elle ne quitterait point Turin, et qu'elle saurait bien me délivrer, en dépit d'eux ; ils ne firent que rire de ses menaces, ils la firent jeter dehors par des valets italiens, qui n'eurent aucune pitié d'elle.

La scène avait fait du bruit, Barbette accourut, elle fut témoin de cette barbarie, et revint, tout en larmes, l'annoncer, avec les nouvelles craintes dont elle était saisie. Ils avaient menacé de faire chasser Marion de la ville et de l'envoyer en Amérique, avec les déportés, afin qu'elle n'allât point se plaindre à mes parents du traitement qu'elle avait subi et de celui qu'on me destinait.

– Marion est perdue et nous aussi, madame, qu'allons-nous devenir, mon Dieu ! Et qu'y pouvons-nous faire maintenant ?

Je ne savais ; cependant j'espérais en Marion ; c'était une fille d'esprit, hardie, dévouée, infatigable, et je me doutais de quelque tour de sa façon ; j'étais loin de penser à celui qu'elle imagina. On me retenait presque prisonnière, en me faisant passer pour malade ; j'avais refusé de retourner au palais, et madame de Verrue voulait me pousser à bout. Mon malheur était au comble, je voyais à peine mes enfants, c'était mon plus grand chagrin. Quant à mon mari, j'étais honteuse de l'aimer, et j'employais tous les moyens pour m'en guérir. Je dois dire que je n'y suis point parvenue, et que j'aime encore son souvenir, ne le pouvant aimer lui-même.

Il me fut ordonné d'aller à cette villa, où j'avais passé mes premiers, presque mes seuls instants de bonheur. Quelques personnes s'étaient inquiétées de moi ; Madame Royale m'avait demandée ; on craignait apparemment une curiosité qu'on ne voulait pas satisfaire. M. de Verrue me demanda si je ne voulais point passer quelques semaines à la campagne ; tout m'était indifférent, dans la douleur où j'étais ; je pensai aussi que j'y verrais moins ma belle-mère ; j'y consentis, malgré les cris de Barbette, qui répétait incessamment :

– On nous mène là pour nous faire disparaître.

Je savais M. de Verrue incapable d'une lâcheté ou d'une scélératesse. Il déplorait certainement ces infamies, mais, à cause de sa faiblesse, il ne les pouvait empêcher. Et cependant, il est mort sur le champ de bataille, en honnête homme, il était fort brave ; il n'avait pas peur d'un canon, il avait peur de sa mère. Ce n'est pas le seul exemple que j'aie vu de ces contrastes-là. Les âmes peuvent être sans énergie, et cependant, les tempéraments courageux ; tout au moins, M. de Verrue était de ceux-là.

Nous partîmes : il me conduisit lui-même, en retourna le soir ; j'étais gardée et recommandée dans ma petite Bastille. Barbette était avec moi ; pour Mascarone, on la craignait, elle était du pays et pouvait se créer des intelligences. Barbette faisait rage, mais on ne l'écoutait point. Je ne pouvais me fier qu'à elle ; tous mes gens étaient vendus à leurs maîtres, les uns par l'intérêt, les autres par la peur. Nous ne savions ce qu'était devenue Marion, nous n'en avions plus ouï parler, et je tremblais qu'ils n'eussent exécuté leurs menaces. J'ai su, depuis, qu'on me donnait pour folle, afin d'expliquer ce qui se passait ; mes domestiques le croyaient, et le public le croyait bien plus encore ; on croit toujours le mal. Tant que ma belle-mère seule m'avait haïe, la situation se pouvait supporter, bien que difficilement ; depuis que cette rancune monacale s'en mêlait, c'était un combat à outrance, au-dessus de mes forces, et dans lequel je n'étais pas la plus rusée. Je me laissais aller au chagrin. Je crois que je serais devenue folle tout de bon, si la Providence ne m'eût secourue. D'autres diront que le diable fut plutôt en jeu, cela est possible, je ne me chargerai pas de les contredire. M. de Voltaire disait, l'autre jour, que le diable n'existait point, et qu'il ne servait qu'à effrayer les petits enfants et les imbéciles. Je ne suis ni l'un, ni l'autre ; partant, je n'en ai pas peur.

M. de Verrue devait retourner, le même soir, à la ville, il était d'un conseil de guerre qui ne lui permettait pas de s'absenter. Nous restions donc seules, Barbette et moi ; elle ne me quittait point, ni jour, ni nuit. Les soirées étaient fraîches ; il fait souvent très froid en ce pays, à cause des montagnes. J'admirais, de ma fenêtre, la vue magnifique de la vallée et de la ville, se déroulant devant moi ; enveloppée dans une mante, j'étais assez déguisée pour qu'on ne me reconnût pas de loin. J'écoutais des bruits autour du logis, par les domestiques, qui couraient en se poursuivant, je voyais s'éteindre peu à peu les lumières, et la nuit pénétrer jusqu'au fond des bocages et des allées. C'était triste, néanmoins c'était beau, j'avais envie de pleurer et de prier Dieu. Barbette se tenait au fond de la chambre ; mon balcon, en saillie, m'isolait de tous ; le calme se faisait autour de moi ; les gens rentraient chez eux et se taisaient ; je trouvais ce moment doux et pénible en même temps. Une voix connue perça tout à coup ce silence, c'était celle de Marion, qui m'avertissait d'en bas qu'elle allait monter par un petit degré intérieur de service, donnant dans mes cabinets, et qu'elle me priait de n'en point être effrayée.

Je fis presque un cri de joie, je me précipitai dans la chambre, à sa rencontre, la porte s'ouvrit, et, au lieu de Marion, je vis entrer un homme enveloppé d'un manteau, à la façon des Espagnols. Jugez !

CHAPITRE XX

Je reculai tout effrayée ; je me crus envahie par une troupe de bandits ; heureusement la terreur me rendait muette, sans quoi, j'aurais assemblé toute la maison. L'inconnu ôta respectueusement son chapeau à larges bords, et, à la lueur du crépuscule, je reconnus M. de Savoie.

Je me mis à trembler de tous mes membres ; encore aujourd'hui, je ne saurais dire pourquoi. C'était pour beaucoup de raisons, sans doute, je ne suis pas sûre d'avoir été très fâchée, bien que j'eusse montrée dans toute la sévérité d'une vertu qu'on offense. Il est des moments semblables dans la vie, où le masque est obligé. Le prince commença par me prier de l'excuser et de ne rien craindre, ni de lui, ni de qui que ce fût.

– Moi, je suis le premier de vos serviteurs, vos désirs sont mes lois, quant aux autres, je suis là pour vous défendre.

J'étais fort embarrassée, je n'osais, ni ne désirais me fâcher, il l'eût fallu pourtant ; la démarche était un peu bien hardie, un peu bien insultante. Je restais debout, attendant qu'il s'expliquât ; il ne me fit pas languir longtemps.

– Je suis venu vous sauver, poursuivit-il, vous n'avez que moi, et si vous ne voulez point perdre votre jeunesse, votre beauté, votre vie, peut-être, vous vous confierez à un prince qui sera votre ami avant tout.

– Monseigneur…

– Asseyons-nous, et écoutez-moi. Je sais tout. Votre Marion, que l'on comptait tout simplement envoyer mourir en Amérique, a trouvé le moyen de me prévenir, en se jetant à ma rencontre avec un placet, au nom de la comtesse de Verrue, ce qui me l'a fait lire tout au long. Le soir même, elle était en sûreté au palais, où je l'ai fait cacher chez un de mes valets de chambre, et, depuis lors, je la vois chaque jour, je lui entends raconter jusqu'à la moindre circonstance de votre supplice, qui me fait endurer mille morts, et je cherche les moyens de vous y soustraire. Je les cherchais impunément, car, d'abord, il fallait vous les faire accepter, lorsque vous êtes heureusement venue ici ; dès lors j'étais certain, avec l'aide de la fidèle servante, de parvenir jusqu'à vous.

J'écoutais, et je pensais cependant, mes pensées faisaient bien du chemin, et je ne savais où il en voulait arriver, lorsqu'il m'expliqua, par des raisonnements très clairs et très positifs, qu'il avait seul le pouvoir de me soustraire à mon malheur, et que je le devais satisfaire, en lui permettant de se dévouer à mon service.

Profitant de l'occasion qu'il attendait depuis longtemps, il m'entretint d'un amour que rien n'avait pu éteindre. Il m'offrit son cœur, sa puissance, sa gloire, ses richesses, il me supplia de les accepter, de venir régner auprès de lui, d'occuper le premier rang dans ses États, et de me venger de mes ennemis, en les humiliant. Il me peignait en traits frappants la vie à laquelle j'étais condamnée désormais, et celle qu'il me voulait offrir. Il employa enfin l'éloquence et la persuasion pour laquelle il était justement célèbre, et, se jetant à mes genoux, il déclara qu'il ne se relèverait point que je n'eusse consenti à ce qu'il désirait avec tant de passion.

Je n'aimais pas M. de Savoie, j'avais encore le cœur tout plein de mon mari, à mon grand dam, j'étais dans cette fameuse chambre aux points de Hongrie, sur laquelle il existait une prophétie si effrayante… Que de motifs pour résister !

Mais j'étais outrée, malheureuse, poussée à bout ; mais je voyais, d'un côté, la ruine, la misère, les souffrances ; de l'autre, l'éclat d'une couronne et la vengeance en perspective, j'hésitais… C'était déjà beaucoup, Victor Amédée s'en aperçut, il redoubla d'instances.

– Ah ! venez, suivez-moi, me disait-il, prenant mes mains, que je retirais faiblement, nul ne nous observe, ils ont oublié cette voie, et dorment tranquilles à l'abri de leurs sentinelles. J'ai mes gens près d'ici, un carrosse à trois pas, un palais magnifique vous attend, demain vos persécuteurs apprendront que vous êtes l'amie du duc de Savoie, vous triompherez d'eux, vous les forcerez de s'humilier devant vous, et le bonheur vous attend. Je ne vous parle pas du mien, vous ne m'aimez pas assez pour que cette considération vous décide, mais que je serais heureux, mon Dieu ! et comme rien ne me coûterait pour vous le prouver à chaque instant de notre vie !

Je ne répondais point, je tremblais d'accepter, et refuser, c'était mon déshonneur, celui de mon mari, de tous les miens. Le prince devina que cette pensée m'arrêtait presque seule maintenant, et se mit à la battre en brèche. Il me vanta les amours de Louis XIV, étala devant mes yeux l'illustration, la gloire dont ses maîtresses étaient entourées, me peignit leurs joies, leurs succès, leurs plaisirs. Il me montra madame de Montespan, adorée de sa famille, honorée, considérée de tous, recevant même la rigide abbesse de Fontevrault, sa sœur ; enfin, il agita, sous toutes ses faces, ce prisme brillant de l'ambition, qui ne m'éblouissait que trop, et parvint à m'étourdir, à ce point que je n'essayais plus qu'une faible défense.

– Mais, monseigneur, balbutiais-je (et c'était le dernier cri de l'honnêteté mourante), j'aime encore mon mari !

– Votre mari ! votre bourreau ! Est-il digne de vous, vous aime-t-il, lui ? Ah ! que je saurai bien vous le faire oublier !

Il me montra le caractère de M. de Verrue dans toute sa vérité, sous des couleurs réelles, sans y rien ajouter, mais avec une habileté de maître ; il le blâmait en tout, en ayant l'air de lui rendre justice.

La comtesse de Verrue était séduite, le cœur de la femme allait céder ; celui de la mère résista plus longtemps.

Enlèvement.

– Et mes enfants ! mes enfants ! m'écriai-je, je ne les verrai plus !

– Vous les verrez toujours ; qui donc oserait vous les enlever ? D'ailleurs, les voyez-vous, à présent ? Où sont-ils ? Les avez-vous près de vous, en ce moment ? Je vous les ferai rendre. On ne refusera pas de m'obéir, soyez tranquille, j'ai déjà prouvé que je suis le maître ici. Ne résistez pas plus longtemps, abandonnez-vous à l'amour qui vous appelle... Venez! venez!

Que vous dirai-je ? Il m'entraîna. Sans presque savoir comment cela s'était fait, je me trouvai à côté de lui, dans son carrosse, Barbette et Marion suivaient dans celui qui avait amené celle-ci. Nous étions seuls, par une belle nuit d'Italie ; il m'adorait, il était tout-puissant, et, néanmoins, son respect égala sa tendresse, il ne prit même plus ma main, ainsi qu'il l'avait fait dans cette malheureuse chambre, qui ne pouvait mentir à sa destinée. Il me raconta ce qu'il voulait faire pour moi, la protection dont il m'entourerait, et les hommages qui m'attendaient. Il me conduirait dans une délicieuse villa, que, depuis longtemps, on préparait en secret, près de son palais de Rivoli. Il voulait, dès ce jour, annoncer lui-même à ma belle-mère que j'étais désormais sous sa garde, qu'elle n'avait plus à s'inquiéter de moi, et qu'il regarderait comme une attaque personnelle toute atteinte donnée à ma tranquillité et à mon repos.

Je baissai les yeux ; le visage si noble et si digne de mon père m'apparut comme par enchantement, mes joues se couvrirent de rougeur ; à côté du brillant avenir qui m'était promis, je vis la honte et l'infamie, et cachant ma figure dans mes mains, je m'écriai, pleurant à chaudes larmes :

– Ah ! je suis perdue !

Il fallut toute l'éloquence, tout l'amour de Victor Amédée pour sécher ces pleurs, ils coulaient, malgré ses prières, ses supplications et ses promesses.

Il me montra des sentiments auxquels je ne pouvais rester insensible, et il me fallut lui promettre que je serais, à l'avenir, plus calme et plus raisonnée. Il m'installa lui-même dans cette maison charmante, que j'ai longtemps habitée, il y mit des gardes à lui, j'y trouvai quantité de laquais et de filles, j'y trouvai les plus belles pierreries, du linge magnifique, des habits merveilleux, faits à ma taille, des meubles en profusion et des plus superbes, j'y trouvai tout ce que j'aimais, les recherches de mes goûts, enfin ce qu'un amour aussi véritable pouvait inspirer à un homme dont la puissance est sans limites.

Barbette et Marion demeuraient près de moi le reste de la nuit. Je continuai à pleurer ; le prince m'avait quittée, sur ma prière, et, quoi qu'il lui en coûtât, afin de me prouver son obéissance et son désir de me complaire en tout.

Dès le matin, je reçus, par un courrier, une lettre de lui, la plus tendre et la plus respectueuse du monde, accompagnée d'un fort beau présent de pierreries et d'un bouquet de fleurs admirables. Il me demandait la permission de venir souper avec moi.

– « Nous causerons de votre nouvel état, de vos projets, votre esclave prendra vos ordres, je vous raconterai ce qui se sera passé pendant cette journée. Je ne prétends rien cacher : je suis le maître de mon cœur, et ceux de ma condition ont coutume de voir leurs sentiments approuvés par leurs courtisans. Je ne crains personne que vous, et, désormais, mon bonheur dépend de vous seule. »

Il va, sans dire, que je le reçus, qu'il vint avec l'empressement qui désire, et qu'il fut aussi tendre, aussi empressé, aussi soumis que l'annonçait sa lettre. Il avait déclaré à madame de Verrue qu'elle n'eût plus à me chercher, et, ce qui me confirma davantage encore dans mes soupçons, il m'avoua qu'il l'avait regardée, et qu'il avait été frappé d'un sourire à peine retenu sur ce visage, qu'il s'attendait à trouver si sévère. Elle avait simplement répondu :

– Cela ne m'étonne pas, monseigneur, nous devions nous y attendre.

Victor Amédée et Mme de Verrue.

J'avais sur les lèvres le nom de mon mari, je n'osai pas le prononcer. J'appris par Dom Gabriel qu'il avait été désespéré, que sa mère, après avoir tout fait pour apaiser sa douleur, n'avait réussi qu'à la tourner contre elle en furie. Il l'avait accusée, il s'était rappelé mes efforts, mes combats, mes souffrances. Il ne pouvait maintenant nier qu'on ne m'eût poussée dans les bras du prince malgré moi.

– Ce n'est pas elle qui est coupable, ajouta-t-il, c'est moi, c'est vous, surtout, qui m'avez aveuglé, qui avez fermé mon oreille et mon cœur à ses prières et à ses plaintes. Me voilà veuf, mes enfants sont orphelins, moi-même je suis déshonoré, et cela, parce que vous avez réduit une honnête femme au désespoir. Que Dieu vous le pardonne, s'il le veut, mais je ne vous pardonnerai jamais, et je ne vous reverrai plus.

Il prit ensuite une plume, écrivit au duc de Savoie une lettre pleine de dignité et de noblesse par laquelle il lui remettait tous ses emplois et lui annonçait l'intention de s'expatrier. Il n'en disait pas le motif, mais la moindre de ses expressions en était empreinte. Je n'ai malheureusement eu connaissance de cette lettre et des circonstances qui l'accompagnaient que longtemps après ; peut-être si je l'eusse appris alors, eussions-nous tous été sauvés. Il en était temps encore, j'étais toujours digne de lui, malgré les apparences. Le prince n'avait obtenu de moi ni aveux, ni promesses. J'avais accepté un appui, un sauveur, non encore un amant. M. de Savoie s'en doutait bien. Aussi défendit-il expressément de me rien apprendre à cet égard. Ce n'est qu'après une année au moins que Dom Gabriel me raconta tout ceci.

Je sus son départ, et je le regardai comme un soulagement. Je ne supportais pas l'idée de le rencontrer et de rougir devant lui. Quant à madame de Verrue, je la haïssais de toute la grandeur de ma faute. Je suis vindicative, je l'avoue, et je n'accordai à M. de Savoie ce qu'il sollicitait avec tant d'instance qu'après l'avoir fait chasser de chez Madame Royale et exiler dans une de ses terres, la plus éloignée de la cour. Elle emmena mes enfants, malgré mes prières, armée d'un ordre de mon mari ; elle refusa de les rendre, lorsque je les envoyai chercher.

Victor Amédée désormais sûr de son triomphe, jaloux jusqu'à la rage, prétendit ne pas oser passer outre. Il fut dans le fond enchanté de cet éloignement, il m'eût voulu isoler de tout et surtout du souvenir de son rival, de celui que j'avais tant aimé, que j'aimais encore.

– Ah ! que ne puis-je donner à M. de Verrue la moitié de mes États pour la part de votre vie et de votre cœur qu'il m'a prise. Je le ferais avec passion, me répétait-il chaque jour.

Madame la duchesse apprit la première ce qui arrivait de tout ceci.

– Puisque M. le duc doit avoir une maîtresse, dit-elle simplement, je suis charmée qu'il ait pris madame de Verrue, et je ne lui en veux point pour cela.

Je vais vous raconter pourquoi elle se montrait indifférente, si vous l'avez oublié.

CHAPITRE XXI

Madame la duchesse de Savoie n'oubliait point, elle, qu'elle avait été mademoiselle d'Orléans ; je vous ai dit, je crois, ami lecteur, qu'elle avait espéré, ainsi que sa sœur, la reine d'Espagne, devenir reine de France, et épouser monseigneur. Ce que je ne vous ai pas dit, c'est que même après son mariage avec Victor Amédée, même après celui de son cousin avec la princesse Victoire de Bavière, elle conserva cet amour dans son cœur. La reine d'Espagne se laissait distraire ; elle jamais. Elle ne pensait qu'à M. le Dauphin ; sa chambre était remplie de ses portraits, elle en portait un, jour et nuit, caché dans un bracelet, sous une grosse émeraude, garnie de brillants. Elle lui écrivait presque tous les ordinaires, bien qu'il lui répondît fort rarement. M. de Savoie le savait, et lui si jaloux en toutes choses, il lui passait cette innocente distraction, très sûr qu'elle ne pouvait avoir de suites, et tenant peu d'ailleurs aux sentiments exclusifs d'une femme qu'il n'aimait point. Il ne la voyait que par devoir, et tant que dura notre commerce il ne la vit absolument pas du tout. Jamais il n'exista d'homme plus fidèle que celui-là ; c'est en quoi il mérite qu'on l'admire.

Madame de Savoie tremblait de le voir tomber entre les mains de quelque impérieuse créature qui lui rendrait à elle la vie désagréable, qui chercherait à lui nuire et à la supplanter. Elle ne craignait rien de cela avec moi et me fit parler en dessous mains pour me tranquilliser et me prier de lui laisser filer en repos son roman par correspondance ; elle n'en demandait pas davantage.

– Si madame de Verrue revient à la cour, ajouta-t-elle, j'aurai l'air de tout ignorer, et je la recevrai comme s'il ne se passait rien du tout. Quant à la vieille Verrue, nous sommes ravies, ma belle-mère et moi, d'en être défaites ; elle nous tourmentait du matin au soir et nous avait déjà brouillées plus de vingt fois.

Ma situation à la cour de Turin était donc aussi bonne qu'elle pouvait être. Le prince au lieu de se dégoûter par la possession et par l'habitude, devenait de plus en plus épris. Il était à mes pieds avec le même respect que si j'eusse été une déesse et m'obéissait au moindre signe, à la moindre de mes volontés. Je n'ai point caché que j'étais ambitieuse ; je donnai donc en plein dans cette nouvelle voie et pour combler le vide que je ressentais, malgré les soins empressés de mon amant, je me mis à m'occuper du gouvernement. En peu de temps j'eus acquis une expérience et une habitude dont les ministres eux-mêmes s'étonnèrent. Pour M. de Savoie, il était confondu d'admiration et ne pouvait s'en taire.

J'avais, par un raffinement de vengeance, gardé l'abbé Scaglia à Turin. Je refusai de le laisser exiler, afin de braver sa haine, afin de jouir de son impuissance et de lui bien montrer le mépris qu'il m'inspirait. Il intriguait contre moi du matin au soir, il me cherchait des ennemis et tâchait à me nuire sans y réussir, bien entendu. J'étais seule, toute-puissante. C'était la couleuvre que j'écrasais sous mes pieds sans daigner même la voir. Elle répandait sa bave et son venin et ne pouvait m'atteindre.

Le prince Thomas continua à me venir voir assidûment, il me donnait d'excellents conseils ; en plusieurs fois, il me fut bien utile, j'en dois convenir. J'avais appris son langage, je le comprenais à merveille. Lui et Dom Gabriel venaient chez moi tous les jours. Le duc aimait à les y trouver et à me voir entourée de sa famille.

Lorsque mon fils vint au monde, il fut reçu comme l'héritier de la couronne. M. de Savoie le reconnut, à l'exemple du feu roi, et le légitima sans nommer la mère. Il lui donna le titre de marquis de Suze avec un fort gros apanage dont la puissance me resta jusqu'à l'époque de sa majorité.

La villa que j'habitais et qui avait été construite pour la mère de Dom Gabriel, me fut donnée également. Enfin, je ne puis dire tout ce que l'amour de ce prince lui inspira pour moi, tout ce qu'il fit et tout ce qu'il me laissa faire ; je n'en finirais jamais. Il ne me refusait rien, je disposais des places, les ministres comptaient fort avec moi et les ambassadeurs me faisaient leur cour. J'inspirais à Victor Amédée mes affections et mes rancunes. Il me consultait sur tout ; lorsque Madame Royale ou madame sa femme en voulaient obtenir quelque chose, elles commençaient par m'en prévenir. J'étais enfin la maîtresse absolue de la Savoie. J'y régnais sous le nom de Victor Amédée, ce politique si fin, si adroit, si difficile à conduire, et n'était pas une petite victoire pour une femme.

En ai-je abusé ? Beaucoup disent que oui, je ne le crois pas. J'ai été hautaine, impérieuse, c'est vrai ; mais j'ai été juste toujours et bonne lorsque j'ai pu l'être sans compromettre mon pouvoir et ma situation. J'avais de grands ennemis à combattre, j'avais des influences malfaisantes à écarter, j'avais une position à défendre ; je l'ai fait, et je l'aurais perdue avec une politique plus facile et plus accueillante.

J'ai tenté d'inspirer au duc de Savoie des sentiments dignes de lui, ou, pour parler plus juste, j'ai tout employé pour qu'il les conservât tels qu'il les avait conçus lui-même.

Ce prince était d'une bravoure personnelle très remarquable, et son habileté ne saurait se révoquer en doute. Il se trouvait placé entre son secret penchant vers la maison d'Autriche et la nécessité qui l'attachait à la France. Il fallait conduire de loin ces négociations. On a vu comment il s'en était tiré à Venise ; on a vu cette guerre des Barbets entreprise pour contester Louis XIV, et en même temps pour servir de prétexte à la levée de troupes qu'il méditait.

Pendant ce temps les intrigues secrètes marchaient à l'ombre ; il avait des envoyés déguisés à toutes les cours, et préparait les traités qui devaient éclater plus tard.

J'étais dans ses confidences, ce qui me plaisait fort et me faisait une vie occupée grandement.

L'ambassadeur de France écuma tout cela, en rendit compte à son maître et peu après il vint une demande du roi de France d'envoyer les régiments d'infanterie du Piémont en Flandres pour servir contre l'empereur. Le jour où le duc reçut cette lettre, il était chez moi ; on annonça l'ambassadeur de France avec des dépêches.

– Oh ! oh ! me dit-il, quelque nouvelle exigence de notre oncle bien-aimé. Le ferai-je entrer ici ? Verrons-nous cela ensemble ?

J'acceptai, bien entendu. L'ambassadeur entra et remit les dépêches après quelques paroles échangées. En les lisant, il pâlissait et se mordait les lèvres, deux signes de grande émotion chez lui.

– Quoi donc, monsieur ! dit-il en les refermant, le roi votre maître exige des garanties de moi, de son neveu !

– Des garanties ! non, monseigneur un secours seulement, un secours, ce que l'on demande à un bon allié. Votre Altesse prête à Sa Majesté des intentions qu'elle n'a point.

– Mon auguste oncle veut me désarmer entièrement pour être bien certain de ma neutralité dans cette guerre ! Soit ! J'enverrai trois régiments en Flandres, c'est tout ce que je puis en ce moment.

– Je crains que Sa Majesté parfaitement instruite des forces dont Votre Altesse a la disposition, je crains, dis-je, qu'elle ne se contente point de si peu de chose.

– La Savoie est un pays pauvre, monsieur. Son duc n'a pas, comme le roi de France, des sujets et des trésors à semer sur les champs de bataille. Prenez ce que je puis donner, en me réservant ce qui est nécessaire pour ma défense personnelle. Ma position géographique m'expose à bien des contre-coups ; j'ai de puissants voisins ; ils peuvent venir un jour ou l'autre se frapper sur mon dos, je ne veux pas succomber sans combattre, je sauverai ma gloire, si je ne puis sauver que cela.

L'ambassadeur n'avait rien à faire qu'à accepter. Ainsi fit-il ; après quelques autres menus propos il prit congé, mais il demanda dans mon antichambre quelles étaient mes heures de solitude, ayant besoin de m'entretenir sans témoins.

Mon écuyer lui répondit que je n'en avais pas de fixes, Son Altesse venant plusieurs fois par jour et souvent ne quittant point les *Délices*, nom qu'il avait donné à ma maison. L'ambassadeur répliqua qu'il enverrait prendre mes ordres.

On ne manqua pas de me répéter tout cela et moi de le redire à M. de Savoie. Il m'engagea fort à le recevoir et à le sonder ; nous pourrions ainsi apprendre beaucoup de détails bons à connaître et marcher plus sûrement. L'audience fut demandée dès le même soir et accordée de suite. On me priait, pour mieux jouer la comédie, de ne point parler à M. de Savoie de cette lettre et de ses conséquences ; je répondis avec la même franchise. Il en est souvent ainsi dans la politique ; on se trompe en sachant qu'on est deviné, et l'on met un masque que l'on arrache soi-même, en feignant de croire qu'il y est toujours.

L'ambassadeur me venait parler officieusement et de la part du roi, son maître. Il désirait savoir positivement les intentions du duc. Il lui en coûtait de croire qu'un parent, un allié se détournât de lui, il lui en coûtait d'agir de rigueur ; il avait pensé donc qu'étant née sa sujette, j'aurais pour la France l'inclination naturelle à tous les cœurs bien nés, et que je ferais cause commune avec mon pays.

– Mon illustre maître connaît l'intérêt dont Son Altesse Royale vous honore, madame ; il sait combien vous le méritez, combien vous êtes supérieure par votre esprit, votre sagesse et les hautes qualités qui brillent en vous. Il compte donc sur votre dévouement, sur votre raison pour représenter à M. le duc de Savoie de quel côté se trouvent pour lui la gloire et la fortune. Il a déjà reçu bien des grâces de Sa Majesté le roi de France, il lui doit beaucoup, je ne suppose pas qu'il l'oublie, mais enfin…

– Monsieur, je suis reconnaissante, comme je le dois, de l'honneur que veut bien me faire Sa Majesté le roi de France. Je suis très étrangère aux grandes questions qui se traitent en ce moment ; mais soyez-en très convaincu, monsieur, si monseigneur le duc de Savoie daignait me demander mon humble avis, je ne lui en donnerais aucun dont sa gloire ou ses intérêts eussent à souffrir.

– Je n'ai pas achevé ma mission ; permettez que je la termine. – Le roi, mon maître, a particulièrement le désir de vous être agréable, tant à cause de votre mérite, que pour la grande estime où il tient M. le duc de Luynes et toute sa maison ; il m'a donc ordonné de vous remettre son portrait enrichi de brillants, tel qu'il l'envoie aux personnes qu'il veut singulièrement honorer. Voici ce portrait, vous le reconnaîtrez, sans doute, car vous avez plus d'une fois dans votre enfance été admise au bonheur de voir Sa Majesté, n'est-il pas vrai ?

Je reçus le présent ainsi qu'il méritait de l'être, mais je ne donnai rien en échange, ni promesses, ni révélations. En se levant, l'ambassadeur peu satisfait, me plaça cette phrase entre ses deux saluts, en manière de *post scriptum*.

– La guerre de Flandres sera longue et meurtrière sans doute ; trois régiments sont bien peu de chose ; je crois que M. le duc de Savoie en devrait préparer quelques autres ; ils ne tarderont pas à lui être demandés.

Je compris que ces mots étaient l'appoint du présent ; je n'eus garde de le laisser voir, ni de répondre ; il n'eut qu'un sourire pour doubler le sien. J'attendis impatiemment le prince qui ne tarda point et qui sentit comme moi la portée de l'avertissement,

– Il me veut désarmer, c'est clair il me redoute. Il a deviné mes intentions, peut-être, ou j'ai été trahi quelque part. Mais de par le ciel, il n'en sera pas ainsi. Mon État est un petit État, cela est vrai. Quel qu'il soit, je l'ai reçu de mes ancêtres, à qui Dieu et leur épée l'avaient donné, je le défendrai contre toutes les ambitions, contre tous les envahissements, je le léguerai à mes enfants, sans

Le portrait.

qu'il y manque un château ; je l'agrandirai, au contraire, si la vie m'est octroyée, et je me montrerai digne du nom que je porte. Il me rendra mes très bonnes forteresses de Barreaux, de Pignerol et de Casal ; je les reprendrai, ou ils les démoliront, je vous le jure, et vous savez qu'on peut se fier à mon serment.

J'étais fière de cette fierté, je l'avoue ; sans avoir pour Victor Amédée le même amour qu'il avait pour moi, je m'y étais fort attachée. Je l'aimais assez pour être de son parti contre mon roi, contre ma patrie, contre tous les miens.

J'adorais nos enfants ; à défaut de ceux qu'on m'avait enlevés je reportais sur eux toute ma tendresse ; leur patrie était la mienne ; leur père était mon intérêt le plus cher et le plus naturel. Je ne pouvais donc qu'applaudir à ses dispositions et les encourager de toute mon influence ; Louis XIV voulait la Savoie, il la guignait, elle était à sa convenance ; c'était un joli joyau pour sa couronne, et nous, nous la comptions garder. Nous la gardâmes, grâce au ciel.

Voilà que je parle comme j'aurais parlé alors, comme si j'étais encore aux *Délices* ; j'oublie mes soixante-cinq ans, j'oublie que je suis à Paris, que mes enfants m'ont payée d'ingratitude, que Victor Amédée est allé rendre compte au Dieu qui juge les rois. Le souvenir est un grand magicien !

Les régiments partirent en effet, celui de M. de Verrue fut du nombre. Pour lui, il avait pris du service en France où il jouissait d'une considération dont la mienne souffrait d'autant plus ; on m'accusait de tout, et cela est ainsi, lorsqu'un homme n'a point de ces vices que tout le monde voit, et lorsqu'il faudrait être instruit du secret des cœurs pour juger sainement. J'ai été perdue par la faute de mon mari, cela est plus que certain, pourtant c'est moi qu'on a blâmée. Heureusement la justice de Dieu est là. Je n'appelle point M. de Verrue à son tribunal pour le faire châtier, mais je demande à partager la faute et la punition avec qui de droit ; et je me suis assez repentie de l'avoir commise pour en espérer le pardon.

Pendant ces trompeuses marques de bonne intelligence avec Louis XIV, nos négociations allaient leur train. Des courriers s'échangeaient perpétuellement, deux furent interceptés avec des paquets insignifiants ; mais c'en fut assez pour exciter de nouveau les soupçons mal assoupis ; nous nous y doutâmes sur-le-champ ; nous n'étions pas tout à fait en mesure de lever le masque, et nous ne savions comment gagner du temps jusqu'à ce que les difficultés fussent levées.

Nous étions un soir chez moi à en discourir, le duc, Dom Gabriel, le prince de Carignan et quelques amis particuliers de Son Altesse, lorsque la porte s'ouvrit tout à coup et nous vîmes entrer un homme tout botté, enveloppé d'un manteau, crotté jusqu'à l'échine, un vrai courrier malencontreux. M. de Savoie qui tenait par-dessus tout à ce que nul ne me manquât de respect, se leva en colère et demanda quel insolent osait se présenter devant moi en cet équipage.

– Ma foi, monsieur, c'est moi répondit une voix que nous reconnûmes sur-le-champ. Je n'ai pas pris le temps de changer de costume, c'est vrai, j'en fais mes excuses à vous et à madame, mais j'ai pensé qu'on ne m'accueillerait pas moins bien pour cela, à cause de la circonstance.

C'était le prince Eugène.

Il arrivait de Vienne, tout d'une traite, et à la dernière poste, ne pouvant modérer son impatience, il avait pris un cheval pour aller plus vite, et dans l'espoir de nous trouver tous réunis.

– J'apporte de grandes nouvelles, dit-il, les puis-je dire à présent, ou vous faut-il emmener dans quelque cabinet secret ?

– Mon cousin, Dieu me garde d'oser me comparer à Charlemagne ; cependant, j'ai, comme lui, ma table ronde et mes preux, sans lesquels, je ne saurais rien entreprendre et auxquels je ne puis rien cacher, parlez donc.

– Je n'en attendais pas moins de vous, mon vaillant cousin, aussi vais-je vous obéir à l'instant même, à condition, cependant,

Un courrier malencontreux.

que madame la comtesse me fera servir quelque chose de plus substantiel que ces brimborions-là. Je meurs de faim, je puis manger et conter, je suis homme à faire plusieurs choses à la fois.

On se à hâta de le satisfaire. Aussitôt que les officiers se furent retirés, il se tourna vers le duc dont l'impatience se contenait à grand-peine.

– Monsieur, dit-il, vous avez envoyé trois régiments au roi de France, n'est-ce pas ?

– Il est vrai.

– Êtes-vous d'humeur à dégarnir vos villes, à lui offrir le reste de votre armée ?

– Je ne crois pas.

– Vous plaît-il de lui remettre les forteresses de Turin et de Verrue comme gage de la neutralité ou de l'alliance que vous lui avez jurée ?

– Par Dieu ! non !

– Eh bien, alors, attendez-vous à voir le maréchal de Catinat sortir de Casal avec un bon corps d'armée et venir prendre lui-même ce que vous lui aurez refusé ; seulement on ne vous le rendra plus, et au lieu de places de sûreté, vos châteaux deviendront des conquêtes.

– Tout cela est-il certain ?

– Je suis parti de Vienne exprès pour vous en prévenir. Le roi de France est bien servi, l'empereur l'est encore mieux, parce qu'il ne se croit pas encore tout à fait le soleil, et qu'il daigne payer les petits services aussi bien que les grands.

– Cela arrivera-t-il bientôt ?

– Demain, ce soir… je suis étonné que cela ne soit pas arrivé encore.

– Eh bien, mon cousin tout est perdu, fors l'honneur. Car je jure à Dieu que je me défendrai, que je ne céderai pas.

– J'en étais sûr.

– Je ne suis pas absolument prêt, j'attends…

– Vous attendez ce que je vous apporte, monsieur. Je ne fais pas le Dom Courrier pour peu de chose. Votre ligue avec le roi d'Espagne est conclue depuis trois jours ; voici le double du traité expédié de Vienne à Madrid ; celui de l'empereur y est annexé, et voici les promesses de l'Angleterre et de la Hollande ; aussitôt que vous vous serez déclaré pour l'alliance ils signeront les leurs.

– Mais, monsieur, le roi de France est à ma porte, et l'Espagne, l'Empire sont loin de moi ; comment aller jusque-là ?

– Homme de peu de foi ! attendez le reste. Le gouverneur du Milanais a déjà reçu l'ordre de vous amener six mille chevaux et huit mille fantassins. La quadruple alliance vous assure en outre trente mille écus par mois de subside pour solder les troupes que vous pourrez lever ; enfin votre serviteur et cousin est désigné pour commander cette petite armée si toutefois vous ne vous y opposez pas.

– Dieu soit béni ! Tout est à souhait, mais je ne puis, cependant, abandonner mes braves gens, même à vous, mon cousin, et rester inutile lorsque tant d'amis se chargent de me défendre.

– Vous, monsieur, vous occuperez un poste digne du chef de la maison de Savoie, digne de votre mérite supérieur. Vous êtes généralissime des troupes alliées ; en voici le brevet que Sa Majesté l'empereur m'a chargé d'avoir l'honneur de vous présenter de sa part.

Ce fut comme un coup de baguette ; toutes ces choses se tramaient depuis longtemps ; on avait grand espoir de les voir réussir ; mais qu'elles arrivassent ainsi à la fois dans le moment où on avait besoin qu'elles arrivassent, cela tenait du miracle. Aussi la joie éclata sur tous les visages, les convives se levèrent en même temps, leurs verres à la main et crièrent spontanément :

– Vive monseigneur le duc !

Il leur fit signe de se taire.

– L'enthousiasme vous égare, dit-il ; nous ne sommes pas seuls et ceci doit rester secret. J'ai besoin de négocier ; attendons

Catinat de pied ferme ; nous nous connaissons déjà et nous savons nous attaquer l'un l'autre en paroles courtoises. Mais comment se fait-il, mon beau cousin, que vous soyez chargé de cette mission et que mon envoyé de Vienne ne m'en ait pas prévenu ?

– Eh ! où diable en aurait-il eu le temps ? À peine quelques jours se sont-ils écoulés depuis qu'on a appris les intentions du roi de France et qu'on a décidé ce que je viens de vous apprendre ; on doutait de votre assentiment ; j'en ai répondu ; j'ai donné pour vous ma parole, et je suis venu vous demander de l'acquitter, c'est trop juste.

– Merci, mon cousin, je vous reconnais là.

– Et j'espère que vous me reconnaîtrez toujours. Je ne suis qu'un cadet de votre illustre race, un cadet mis à la porte par le grand roi, et jugé incapable de le servir, mais de par le ciel, ou je perdrai mon nom auquel je tiens plus qu'à la vie, ou je le placerai si haut que je forcerai l'univers à adopter les cadets de Savoie comme les aînés des autres maisons.

Il a glorieusement tenu parole, on le sait. Le reste de la nuit se passa à discourir ainsi, et à se préparer à l'attaque comme à la défense. J'assistai à tout ; je ne voulus point quitter le prince.

Dès le matin, on vint annoncer l'envoyé de Catinat. M. de Savoie retourna à Turin pour le recevoir au palais, à cause de Madame Royale et de madame la duchesse qu'il demanderait à voir certainement ; je me mis en devoir de le suivre, c'est-à-dire, j'allai à ma maison de Turin où l'on ne me voyait guère que dans les occasions de ce genre. Je voulais être à même de tout savoir.

L'envoyé fut reçu, en apparence, comme un ami ; mais on le surveilla de toutes parts. Il apporta juste les mêmes propositions annoncées, seulement la manière de les énoncer n'était pas la même. Catinat, débouchant du Dauphiné, avançait jusqu'à Avilane, où il campait en ce moment, et de là il sommait le duc de Savoie de lui envoyer un ministre d'État *pour entendre les volontés du roi de France.*

La formule était de dure digestion ; aussi Victor Amédée ne la digéra point. Il répondit avec une grande fierté que Sa Majesté Louis XIV, ni les autres rois ses prédécesseurs n'avaient point accoutumé les ducs de Savoie à des hauteurs si inattendues ; il ajouta qu'il enverrait volontiers un ministre d'État au maréchal, non pour recevoir des ordres, mais pour entendre des propositions et en faire de son côté.

L'envoyé n'était point chargé d'en demander davantage. Il retourna près du maréchal, auquel on dépêcha le ministre pour gagner du temps. Il fit exprès des offres inacceptables jusqu'au moment où les ordres parvenus à Milan et le traité signé le 5 juin avec les confédérés d'Augsbourg purent recevoir leur exécution. Comme les préliminaires tardaient un peu, malgré le zèle et les lumières du comte de Brandis, plénipotentiaire du duc à Milan, malgré les efforts du prince Eugène, on décida pour rendre la comédie complète, d'envoyer à Paris le vieux marquis de Saint-Thomas, ministre aussi fin qu'habile, afin de donner le change et détourner les soupçons. Il avait ordre de tout faire pour ne pas réussir, en affichant au contraire les prétentions les plus humbles et les plus repentantes.

Il ne put même obtenir audience, tant le roi était irrité. Il eut soin de se plaindre beaucoup, de partir comme à regret, de déplorer le malheur de son maître qui ne pouvait en conscience abandonner les intérêts de ses peuples qu'il avait juré de défendre, et qui pour cela se devait brouiller avec un oncle si cher et si illustre.

Aussitôt qu'il eut reçu l'ordre de partir, il se mit en marche avec beaucoup de fracas et s'éloigna comme à regret et lentement pendant deux jours. Dès qu'il se vit hors d'atteinte, il courut la poste en traversant la Suisse pour ne pas être inquiété, il vint tomber à Turin où nous l'attendions avec impatience. Jamais je n'oublierai ce jour ; ce fut un des plus beaux de ma vie.

M. de Savoie avait fait pratiquer pour moi un escalier secret par lequel je me rendais dans ses appartements sans être vue de personne. En ces jours de crise il n'avait pas le temps de demeurer aux *Délices*. Je restais donc dans ma cachette composée de deux pièces prises dans un de ses cabinets. Il était avec moi lorsque le marquis de Saint-Thomas arriva. Le prince alla au-devant de lui jusqu'à la porte, aussitôt qu'il fut annoncé :

– Eh bien ? demanda-t-il.

– Eh bien, monseigneur, tout va à merveille ; on m'a chassé. J'ai mis les procédés du côté de Votre Altesse, j'ai attendu qu'on me rappelât, on n'a eu garde de le faire ; je m'en doutais, et me voilà.

– Bravo, marquis ! s'écria-t-il, l'œil rayonnant de joie, bravo ! et les renforts sont partis de Milan et mon brave cousin les conduit et nous les amène. Je ne tarderai pas plus longtemps à me déclarer. Le palais est ce soir rempli d'une grosse foule de noblesse ; ils m'attendent dans la salle de parade ; j'y vais sur l'heure et mes peuples apprendront de moi ce qui va se passer. Suivez-moi, marquis, je puis avoir besoin de vous ; et vous, contessina, vous mon ange gardien et mon Égérie, allez à votre tribune, nul ne vous verra et vous verrez tout le monde, et moi, je saurai que vous êtes près de moi, que vous m'entendez, j'en aurai plus de courage et plus de volonté.

Il m'avait fait arranger une tribune grillée, où je me plaçais dans toutes les cérémonies et où je restais inconnue. Je me hâtai d'y courir afin de l'y précéder. Il avait passé chez Madame Royale et chez la duchesse régnante pour s'excuser auprès d'elles de rompre, bien malgré lui, la paix qui durait depuis soixante ans entre les maisons de Savoie et de France. Il leur demanda pardon de blesser ainsi leurs affections de famille, mais le soin de sa gloire et l'intérêt de son État l'exigeaient.

– Je ne pouvais supporter davantage les hauteurs du roi de France, sans me dégrader aux yeux de l'Europe. J'ai dû prendre mon rang qu'il me voulait faire perdre, et je vais de ce pas déclarer à la noblesse que l'épée sortira du fourreau pour n'y pas rentrer de longtemps peut-être.

Pendant ce temps, j'étais entrée dans la salle. Je fus d'abord étourdie du bruit qui s'y faisait. Tous parlaient à la fois et c'était la confusion universelle ; les yeux brillaient, les gestes s'animaient ; j'entendais fort mal ; le tapage était trop grand ; mais il me sembla distinguer des menaces et des cris de rage contre le roi et des provocations près desquelles les fanfaronnades des Gascons passeraient pour des compliments.

Bientôt un cri domina tous les autres :

– Le duc ! le duc ! Son Altesse ! Il vient pour déclarer la guerre, qu'il soit béni !

Nous autres Français nous ne nous figurons pas les peuples du Midi dans leurs fureurs ou dans leurs joies. Ce sont des violences qui nous paraîtraient insensées et dont nous nous effrayons toujours, lorsque nous en sommes témoins. En ce moment néanmoins le respect l'emporta sur l'enthousiasme, et lorsque Victor Amédée parut, le silence se fit de tous les côtés : mais quel silence ! qu'il était éloquent ! Comme ces yeux parlaient, comme ces attitudes étaient fières et martiales ! Quelle impatience dans ces gestes ! Le duc était digne et fier ; son regard étincelait. Il monta sur son trône avec une résolution inaccoutumée, et au lieu de s'asseoir, ainsi que le voulait la coutume, et qu'il en avait l'habitude, il resta debout, se découvrit, et se tournant vers deux ou trois évêques qui avoisinaient son fauteuil :

– Messieurs, leur dit-il, priez pour nous le Dieu des armées, je vais déclarer la guerre au roi de France.

Un seul cri partit à la fois de cette multitude si tumultueuse tout à l'heure, si divisée :

– Viva ! Viva !

Je sentis mes larmes couler, malgré moi, car en ce moment suprême, prince et sujets étaient admirables. Victor Amédée avait tiré son épée qu'il agitait d'un geste souverain. Ce fut pendant

Victor Amédée déclarant la guerre à la France.

quelques minutes une agitation à rendre fous ceux qui le regardaient sans y prendre part : enfin on annonça que le duc voulait parler, et le silence se fit aussi promptement qu'il avait été rompu.

– Messieurs, dit-il, je vous dois compte des motifs qui m'ont décidé à cette démarche aussi importante ; par la grâce de Dieu et la succession de mes pères, ce bon duché m'appartient. Jamais nul homme vivant n'a humilié la maison de Savoie, ni ses fidèles sujets ; jamais homme vivant ne l'humiliera quel que grand qu'il soit du reste. Le roi de France veut me prendre mon honneur qui est le vôtre. Il veut me traîner à son char comme un esclave ; il veut m'enlever mes villes et mes châteaux ; il veut que je prodigue mes trésors et le sang de vos enfants pour les querelles de son ambition, et que je me soumette à recevoir ses ordres hautains. Que pouvais-je faire ? Accepter les insultes et rester attaché à ses intérêts, parce que nous sommes voisins et qu'il est plus puissant que moi ! Mon sang bout rien qu'à cette pensée.

Il fut interrompu par cinq minutes d'exclamations de tous les genres qui lui prouvèrent une exaltation plus violente encore que la sienne dans son auditoire.

– Il m'a menacé parce que j'ai refusé de me soumettre, et moi j'ai bravé ses menaces ; je me suis reposé sur le zèle et le dévouement de ma brave noblesse ; j'ai compté sur elle pour me suivre et me seconder ; je me suis senti le plus fort en m'appuyant sur elle ; me suis-je trompé, messieurs ?

– Non ! non ! à l'armée ! aux frontières ! partons, partons sur l'heure.

– Pas encore ! nos alliés s'avancent ; mon cousin le prince Eugène de Savoie amène avec lui un secours à marche forcée. Je trouve chez mes confédérés des troupes et l'argent ; le peuple n'aura que peu à me donner.

– Monseigneur, pardon, interrompit le prince de La Cisterne, bien que le Piémont soit un petit État, puisqu'il se bat pour son honneur, il ne doit recevoir l'aumône d'aucune autre puissance.

Votre noblesse est riche, nous autres grands seigneurs, nous avons des terres et des revenus considérables. Nous pouvons suffire à tout ; rendez le subside à vos alliés, nous paierons, n'est-il pas vrai, messieurs ?

En ce moment, on leur eût demandé la lune qu'ils eussent été la décrocher du ciel. Ils crièrent encore à qui mieux mieux, mais ils firent plus. En un clin d'œil toutes les poches furent vidées, toutes les bourses tombèrent au pied du trône, avec les joyaux, les montres, les bagues, tout, jusqu'aux croix de l'Annonciade en diamants.

Après s'être dépouillés, un d'eux eut l'idée de griffonner sur un mauvais papier une obligation considérable à payer sur ses terres ; aussitôt les autres se mirent à en faire autant. Jamais contribution ne fut si vite levée.

Le chancelier qui recueillait ces dons en était chargé. Le duc ne sachant comment témoigner sa joie et sa reconnaissance, laissait baiser ses mains à tout le monde ; d'autres portèrent à leurs lèvres le bas de son manteau ; c'était un spectacle touchant et fait pour émouvoir profondément le cœur.

Cette séance dura une demi-heure à peine. Elle fut plus remplie que bien d'autres qui ne finissent point. Victor Amédée fut presque porté en triomphe dans son appartement, où je m'empressai de me rendre et où il vint me retrouver bien heureux. Dès qu'il m'aperçut, il se jeta dans mes bras en s'écriant :

– Tout ceci est votre ouvrage, vous m'avez rendu brave et courageux, vous m'avez appris à aimer mes peuples, à les défendre ; jouissez donc de mon bonheur et de ce que je vous dois.

L'amour rapporte tout à l'amour, et si le prince désirait être grand, c'était pour moi, c'était pour être aimé davantage ; un pareil sentiment enfante des héros.

Le même soir un manifeste instruisit le peuple, et ce fut bien pis encore. Ils parcouraient les rues en criant :

– Mort aux Français ! – brandissant leurs armes et menaçant

les banquiers, les commerçants de toutes les espèces que la France envoyait perpétuellement à Turin. Il fallut ôter les fusils et les épées à tout ce qui n'était ni milicien, ni soldat, autrement la guerre eût commencé par une seconde répétition des Vêpres siciliennes. Je cachai chez moi à Turin et aux *Délices*, quantité de nos compatriotes, auxquels je facilitai les moyens de quitter le Piémont dans ce premier moment ; la canaille les aurait massacrés sans les précautions prises. Le duc ne s'en fût point consolé et moi moins que lui encore.

CHAPITRE XXII

Le duc allait partir, me quitter pour la première fois depuis le commencement de nos amours. Au milieu de sa gloire et de son délire ce fut une douleur cruelle.

Il me proposa d'imiter Louis XIV au temps de sa jeunesse, d'emmener les dames à l'armée et de combattre sous mes yeux ; je savais combien cette manière d'agir avait été blâmée chez le grand roi, je ne m'y voulus point exposer ; il fut convenu que je resterais à Turin, que je n'en sortirais point, que je veillerais à tout, et que je le préviendrais de ce qui arriverait pendant son absence.

Il n'avait encore vu ni la guerre, ni les batailles, et cependant il courait à ces dangers avec cette valeur tranquille, la plus rare et la plus estimable, en ce qu'elle vient de la réflexion.

Il passa les derniers moments auprès de moi, excepté lorsque son devoir l'appelait ailleurs.

Il voulait tout voir par lui-même et rien ne lui échappait. Du matin au soir avec ses troupes, il s'instruisait de leurs besoins, il y faisait faire droit en sa présence ; aussi l'adoraient-elles comme un père chéri.

Il me conduisit deux fois à des revues, malgré ma résistance ; je me tins loin de lui, je me cachai le plus possible au fond de mon carrosse : ma qualité de française aurait pu les exciter contre moi, si j'eusse été connue ; mais le duc avait pris soin de tout dire, et je ne trouvais au contraire que des visages amis.

Les troupes étaient presque toutes composées de soldats jeunes et sans expérience.

Les alliés lui avaient envoyé quelques vieilles bandes espa-

L'adieu.

gnoles et allemandes pour conduire les autres. Il sentit ce qui le menaçait et le déplorait avec moi.

– Catinat nous battra, répétait-il sans cesse, je ne saurais lutter à la fois contre son génie et contre son armée, moi qui ne suis qu'un commençant et qui n'ai sous mes ordres que des marauds sans barbe.

J'essayais de le persuader du contraire, bien que j'eusse les mêmes craintes que lui ; il secouait la tête en silence et se contentait de me répondre :

– Vous pensez comme moi, je le vois bien.

Enfin le jour fatal arriva, il partit ! Je me sentis presque aussi émue que lui-même, lorsqu'il m'embrassa, me fit ses adieux déchirants et passionnés, en répétant qu'il ne me reverrait peut-être plus.

Ce fut le seul instant de faiblesse qu'il montra ; la dernière parole à sa mère fut celle-ci :

– Madame, si je ne reviens point, soyez bonne pour la comtesse de Verrue.

Nous avions été, pendant ce temps, fort malheureux à Turin, d'inquiétudes surtout, car la ville était bien gardée, les milices animées d'un grand courage et tout se préparant à merveille autour des murs.

Cependant j'avais prévu les malheurs qui devaient arriver, lorsque je vis les dispositions changées, lorsque je vis le prince Eugène retourner à Vienne, au lieu de commander nos troupes, lorsque je vis le général Caraffa à sa place, provisoirement disait-on il est vrai, lorsque je vis surtout l'autorité du duc, prétendu généralissime, rester nulle et sans effet.

J'appris, en effet, bientôt la défaite du prince à la bataille de la Staffarde, avec un véritable désespoir ; mon premier mouvement fut de courir à lui, mais je n'osai point. Je craignais toujours les zizanies avec les princesses et moi que l'on taxait d'une hauteur si vaine. J'étais humble et soumise devant madame de Savoie et j'évitais avec soin toute occasion de lui être désagréable ; en cette circonstance encore, je m'abstins pour ne pas la blesser.

On avait conduit l'ambassadeur de France au château d'Ivrée, en représaille de ce que le marquis d'Ogliani, envoyé du duc, avait subi le même traitement à Paris.

Je fus un peu tourmentée à cet égard, mais tous les tourments cédaient devant celui de la défaite.

Le pays était ravagé de toutes parts, sans que le prince eut la possibilité de l'empêcher, sans que les alliés, retranchés à Pancalier, fissent un pas en avant.

Tous en défiance les uns des autres, tous s'accusant mutuellement de trahison et tous abandonnant la Savoie qui payait pour eux.

Les lettres du prince étaient déchirantes, il lui fallut toute sa force d'âme, toute sa puissance de vues pour résister à la mauvaise fortune ; il n'avait d'espoir et de confiance qu'en Dieu et en son épée.

Il y eut cependant des preuves de dévouement admirables. Je ne puis résister au désir de raconter ce qui se passa au sujet des régiments envoyés en Flandre à Louis XIV, c'était la *Marine*, *Aoste* et *Nice* : dès les premières hostilités ils furent dissous, on dispersa les soldats dans toute l'armée française ; quant aux officiers, il leur fut offert du service et même de l'avancement s'ils voulaient se donner à la France ; tous refusèrent. Ils restèrent plusieurs mais sans payement, sans secours, sans aucunes ressources, suppliant seulement qu'on leur donnât des passeports, afin qu'ils puissent rejoindre leur pays qui avait besoin d'eux,

Enfin, messieurs de la Chiusa, d'Ales et de Vrussaques, colonels de ces régiments, furent mandés à Paris, par le secrétaire d'État au département de la guerre, qui les pria de nouveau d'accepter une charge plus élevée et d'entrer au service du roi ; ils refusèrent, pour eux et pour leurs officiers ; ne pouvant plus les retenir davantage, on leur délivra les passeports qu'ils sollicitaient avec tant d'instances, ce qui les combla de joie.

– Ce n'est pas tout, messieurs, ajouta le ministre, sa Majesté m'a encore chargé d'une mission auprès de vous. Je dois vous offrir cette somme pour subvenir aux frais de votre voyage. Elle se partagera entre vous tous, suivant vos besoins. Le roi, mon maître, a été si rempli d'admiration pour votre belle conduite et votre fidélité à votre souverain qu'il désire vous en voir emporter une preuve.

« Voici son portrait, richement entouré, il ne saurait le remettre en des mains plus nobles et plus dignes de les recevoir.

M. de la Chiusa consulta ses camarades du regard, bien qu'il fût aussi sûr de leurs sentiments que des siens.

– Monseigneur, répondit-il, les passeports que vous avez bien voulu nous donner, nous comblent de joie, et nous vous en remercions du fond du cœur ; gardez votre argent nous n'en manquons point, et nous n'avons pas besoin de tendre la main aux ennemis de notre duc ; quant au portrait de sa majesté Louis XIV, c'est un honneur au-dessus de nos désirs, nous n'avons fait que remplir un devoir, et nous ne souffrirons point qu'on nous en récompense.

« Permettez-nous donc de refuser, avec tout le respect, l'admiration et la reconnaissance que nous portons à Sa Majesté très Chrétienne.

Et jamais ne voulurent sortir de là.

Tous les trois vendirent leur vaisselle et leurs équipages, empruntèrent en leur nom et parvinrent à former la somme nécessaire pour acquitter jusqu'aux moindres dettes contractées par les Piémontais pendant leur séjour forcé en France ; puis tous se mirent en route à pied pour revenir ; ils arrivèrent à Turin après un long et périlleux voyage, et ils y retrouvèrent presque tous leurs soldats, qui s'étaient enfuis aussitôt l'occasion.

Je vous laisse à penser comment ils furent reçus ; on leur donna ce que l'on put donner, on les combla de présents, d'honneurs, de gloire et d'éloges.

Ils reçurent ce qu'ils avaient refusé de l'étranger. Pour mon compte, je leur distribuai ce que j'avais d'argent, au nom du prince, et l'acceptèrent avec des acclamations ; je lui écrivis tout ceci ; il fut admirablement bon avec ces braves.

Hélas ! on ne lui en prit pas moins Suze, la clef de ses États ; on ne lui fit pas moins sauter plusieurs forteresses dont la perte était regrettable ; ce fut une série non interrompue bien décourageante pour un début ; lorsque Catinat rentra en Dauphiné, Victor Amédée revint à Turin prendre ses quartiers d'hiver. Si on l'eût voulu croire, qu'on eût marché sur Pignerol, alors presque désarmé, tout pouvait être sauvé encore ; mais on ne l'écouta pas, et son impuissance, malgré son titre fastueux, lui fut bien prouvée en ce moment. Les Espagnols et les Allemands prirent leur quartier en Savoie et dans le Montferrat, ce qui nous fut encore une charge, à laquelle le duc voulut subvenir de son épargne.

Quand je le revis, il était méconnaissable, tant ses douleurs l'avaient changé.

– Accueillerez-vous un vaincu ? me demanda-t-il en arrivant.

– Avec plus d'empressement qu'un vainqueur, répondis-je, puisque je puis espérer qu'il a besoin de moi.

Il me tint longtemps embrassée, et lorsqu'il se retira, je crus voir ses yeux pleins de larmes.

– Je suis malheureux, ajouta-t-il, mais non découragé : malgré la saison, nos troupes tiennent encore la campagne, et quelles troupes ! ces malheureux Vaudois et Barbets que mon père et moi avons persécutés, à l'instigation de notre ennemi commun, aujourd'hui ils ont surpris Barcelonnette et Montdauphin, ils vont partout levant des contributions et pillant le Dauphiné, que je leur abandonne. A-t-on respecté mes vallées de la Savoie ? Ah ! madame, que l'ambition de Louis XIV est coupable en tout ceci, et à quoi ne nous force-t-il pas pour nous défendre !

L'hiver se passa tristement, en préparatifs, en travaux de toutes sortes ; le duc était partout à la fois ; Catinat essaya de surprendre les troupes dans la vallée d'Aoste ; la vigilance déjoua les projets

Une visite au camp.

de l'ennemi ; mais ses efforts se réunirent sur Turin, que le maréchal menaçait d'un siège ; s'il prenait cette ville tout était perdu ; on la fortifia donc, on y fit entrer des provisions, on arma tout ce qui pouvait l'être, ce fut un bruit, des exercices, des marches continuelles.

Je ne quittai pas le duc un instant; habillée en homme, je le suivis jusque dans les visites au camp, à cheval à côté de lui ; il m'en avait suppliée, je n'eus pas la force de lui résister, le duc était jaloux, il l'était davantage depuis ses malheurs : il m'aimait trop pour n'avoir pas deviné que je n'avais pas pour lui un sentiment aussi fort, aussi tendre que celui qu'il me portait lui-même, et maintenant il répétait sans cesse que je l'allais abandonner, qu'il perdrait peut-être ses États et qu'alors il me perdrait aussi.

– Vous n'avez pas accepté l'homme, mais le souverain, mais le protecteur : lorsque ma puissance me manquera ne me repousserez-vous point, madame ?

Pour le convaincre, il le fallut accompagner partout. Il fallut tout voir avec lui ; les soldats me regardaient fort. Les uns disaient que j'étais madame la duchesse, d'autres un page favori, un autre plus avisé dit :

– C'est plutôt sa bonne amie.

– Fille ou diable, reprit un troisième, elle n'a pas peur, car mon mousquet a éclaté à côté d'elle, elle n'a seulement pas sourcillé.

Je n'avais pas peur en effet, j'allais jusqu'auprès des vedettes ennemies, lorsque le prince y allait lui-même ; il en était fier, en tremblant pour moi.

Le printemps recommençait les hostilités ; un malheureux accident, une poudrière éclatée, livra Nice aux Français et les rendit ainsi maîtres du passage des Appenins et des Alpes méridionales. Le comte de Vrussaques, le même brave colonel dont j'ai parlé, secondé par le comte Prioura, par le chevalier de Villafalet, tenait dans cette place depuis longtemps, et y eût tenu longtemps encore, sans ce désastre ; il s'estima heureux d'obtenir une capitulation honorable et de sortir avec armes et bagages, tambour battant, enseignes déployées ; retiré à Oneille, il y prit vaillamment sa revanche quelques jours après. Il y eut de toutes parts des prodiges de valeur et de courage, en pure perte malheureusement.

Le prince Eugène annonçait continuellement son retour et continuellement de nouveaux obstacles l'arrêtaient ; on le destinait à une autre armée, tandis que lui demandait celle-là ; il aimait fort sa maison, comme on le sait, et regardait comme un devoir d'en soutenir le chef. Il était venu à cette malheureuse bataille de la Staffarde, mais trop tard ; il nous avait quittés ensuite.

Enfin il revint pourtant, apportant à Victor Amédée le titre d'Altesse Royale, de la part de l'Empereur, ce que celui-ci, j'entends le duc de Savoie, désirait par-dessus tout ; on le lui donnait par-ci, par-là, de courtoisie, mais il n'y avait aucun droit ; cette joie lui prêta un peu d'espérance ; le prince Eugène ne lui cacha pas cependant les difficultés de la position. La gaîté cavalière et intarissable était nécessaire à Victor Amédée en ce moment pour l'aider à supporter son lourd fardeau.

Chaque jour l'ennemi arrachait un fleuron de sa couronne, il en desséchait de rage et de désespoir.

Catinat entra de nouveau par Nice, et fit une percée par Avillane dont il fit sauter les fortifications, jusqu'à Rivoli, qu'il brûla. Rivoli, ce charmant palais, le séjour favori du duc ! Ma maison qui n'en était pas éloignée, quoique plus près de Turin, fut épargnée par une galanterie de mes compatriotes ; les officiers défendirent qu'on y touchât.

– C'est la maîtresse du *Savoyard* il est vrai, disaient-ils, mais c'est une belle Française.

J'étais avec le duc, lorsque placé sur les hauteurs de Turin et voyant briller cette villa qu'il aimait tant, il dit ces remarquables paroles :

– Plût à Dieu que tous mes palais fussent ainsi réduits en cendre et que l'ennemi épargnât les cabanes de mes paysans.

C'est qu'il ne les épargnait point, c'est que la Savoie n'était plus qu'un monceau de cendres et de ruines, c'est que Turin lui-même était menacé. Aussi l'alarme se mit partout. Madame Royale et la duchesse régnante n'y voulurent point rester. Cette princesse était grosse de six mois, elle avait des frayeurs épouvantables, elle s'embarqua sur le Pô, pour se rendre à Verceil, accompagnée de toutes les bouches inutiles ; il ne resta dans la ville que les hommes en état de porter les armes, quelques femmes dévouées et courageuses, et moi qui avais juré de ne pas abandonner mon amant.

Le prince Eugène avait eu la joie de battre un peu les Français dans une embuscade, et c'en était pour lui une véritable, car il les détestait.

– Je les entendais venir en chantant, disait-il, selon leurs habitudes fanfaronnes ; ces gens-là ne doutent de rien ; ils ont été vite attrapés ; seulement mes soldats les ont traités comme des Turcs, ce que je trouve malhonnête ; je ne cesse pourtant de leur répéter qu'on doit faire quartier aux chrétiens.

Ce jeune homme était d'une bravoure que son habileté comme général égalait seule ; il était blessé dans presque tous les combats, en se jetant dans la mêlée, trop heureux lorsqu'il rapportait seulement quelques balles dans ses habits ; il avait le coup d'œil le plus sûr et le plus remarquable qui se puisse rencontrer, et sur l'inspection seule du terrain prédisait la défaite ou la victoire.

Malheureusement le duc, moins prudent ou plus vivement offensé, ne le voulut croire ni à Staffarde, ni à Marsaglia. Le prince Eugène me l'a souvent répété ; il avait près de lui un de ses amis intimes, le prince de Commerci, de la maison de Lorraine, qui lui disputait le prix de la bravoure et même de la témérité ; il avait reçu en Turquie au siège de Belgrade, je crois, une blessure épouvantable ; un coup de sagaie, en enlevant un étendard turc, dont toute la cour de Vienne s'était occupée ; il alla chercher ce drapeau au milieu de l'armée ennemie, seul, l'épée aux dents, un pistolet de chaque main, et cela parce que le cornette de son régiment s'était laissé prendre le sien ! Quelle brillante et folle jeunesse.

Les fortins de la colline de Turin furent rendus pour ainsi dire imprenables. Vingt mille hommes campèrent autour de la ville ; c'était un corps mêlé de troupes d'Espagne, de Wurtemberg et de Savoie ; on attendait l'électeur de Bavière ; le duc de Scomberg et le prince Caraffa : ils arrivèrent, et lorsque nous comptions chaque jour sur une attaque, Catinat, selon sa coutume, nous donna le change et se jeta sur Carmagnole, qu'il emporta après deux jours de tranchée, secondé par la trahison qui nous environnait de toutes parts.

Le coup était affreux, Carmagnole était un grenier, une place d'armes, une des positions les plus importantes du pays. Victor Amédée en apprenant cette perte, resta d'abord absorbé pendant quelques minutes, mais ce courage qui ne faiblissait point, se releva ; il donna l'ordre sur-le-champ de trancher dans le vif. Les citadelles qu'on ne peut défendre deviennent des refuges pour l'ennemi ; il fit le sacrifice de celles qui lui semblaient inutiles ; on démolit Querasque et Chivas pour mettre tous ses soins à conserver Coni.

Depuis le commencement de la campagne, cette ville résistait à toutes les attaques, défendue seulement par ses propres habitants et par quelques troupes de paysans voisins, entre autres par huit cents Vaudois, sous le commandement d'un chef célèbre parmi eux, qu'on appelait, je m'en souviens, Guilellemo, et sur lequel on racontait des histoires de toutes les couleurs, fabuleuses et autres ; on en a même fait des complaintes là-dessus.

Le comte de Rovere y commandait, et le comte de Bernezzo trouva le moyen de s'y introduire avec trois régiments savoyards et des détachements des alliés. Comme les finances de l'État n'avaient pas permis à Son Altesse de réparer les fortifications, les habitants les réparèrent à leurs frais et de leurs deniers sans vouloir entendre parler d'être jamais remboursés ; ce qui prouve le

L'adoration.

dévouement que ces provinces portaient à leur souverain, et la sollicitude de celui-ci pour leurs intérêts.

Le prince Eugène, impatienté et effrayé de ces défaites, partit pour Vienne en poste, afin de réclamer des secours ; il en obtint immédiatement, et revint en triomphe ; aussi changea-t-il la face des choses. Carmagnole fut reprise ; on parla de reprendre Nice, notre diamant, et d'arracher Montmeillan à l'ennemi qui la guettait ; mais Caraffa détestait la maison de Savoie et le prince Eugène en particulier, dont il était jaloux ; il s'opposa à ces visées, au point de mettre Eugène hors des gonds et que celui-ci se retira à Venise.

Nous étions au dernier point : Montmeillan, après une défense héroïque, après une famine épouvantable et trente-trois jours de tranchée ouverte, fut réduite à se rendre, faute de secours ; dès lors la Savoie appartint aux Français. Coni, néanmoins fut sauvée. Le comte de Bernezzo y introduisit les trois régiments de Savoie, de Piémont ducal et de la Croix blanche. Le comte Costa y pénétra ensuite, puis le comte Caretto, tous les deux avec de nouveaux renforts ; à la faveur d'une sortie des assiégeants, les femmes, les enfants, les prêtres, les moines, les vieillards, tout concourut à la défense. Quatre mille Français restèrent sous les murailles, mais ils persistèrent cependant, et si le prince Eugène n'eût imaginé de les tromper par la fausse nouvelle d'un secours prodigieux, ils eussent persisté malgré tout.

Après la levée du siège, le duc se voulut rendre en cette ville et me demanda de l'y suivre ; il n'était non plus question de la duchesse que si elle n'existait pas ; j'allais donc avec lui sous mes habits de cavalier, ce qui n'était pas sans risque ; l'armée ennemie tenait encore la campagne et faisant rage de tous les côtés; à mesure que nous avancions, nous trouvions ce malheureux pays désolé, ce qui nous fendait le cœur ; en ce moment même nous rencontrâmes des paysans qui fuyaient, et qui, reconnaissant leur souverain, se vinrent jeter à ses pieds et les baigner de larmes :

– Monseigneur, monseigneur, ayez pitié de nous, on nous a tout pris.

– Hélas ! mes enfants, répondit le prince pleurant avec eux, ce n'est pas ma faute, Dieu m'en est témoin, et s'il ne fallait que mon sang pour payer vos souffrances, je ne vous le marchanderais point. Mais voici ce que je puis réparer. Prenez, prenez.

Il versa devant eux sa bourse pleine d'or, et brisant son collier de l'Annonciade, qu'il portait au cou, il leur en distribua les morceaux. Ce furent des transports d'enthousiasme et d'amour, auxquels il était bien accoutumé, car ses peuples l'adoraient.

Sans cesse il arrivait des scènes de ce genre ; j'en étais attendrie autant que lui. Nous parcourions ensemble les rues de Turin et les campagnes, autant que la présence de l'ennemi nous le permettait. On était accoutumé à ma présence, et nul ne la remarqua plus. Une fois, cependant, j'éprouvai une émotion vive. Je rencontrai le bon abbé Petit, revenu à sa paroisse, qui portait le saint sacrement à un malade, avec mon petit Michon. Je ne les avais pas vus depuis mon élévation, ou ma honte, comme il vous plaira.

Je devins très rouge, et je détournai le visage ; ils ne firent pas semblant de m'apercevoir.

Le curé fit, en ces temps difficiles, des prodiges de bonté et de charitable abnégation ; on le voyait partout où sa présence pouvait apporter consolations et secours. Mon Michon, près d'être ordiné, restait toujours le petit Michon, comme devant ; il ne grandissait guère, et il avait le visage, les façons d'un enfant. Ses traits poupins ne prenaient pas un jour ; j'en ai été frappée de plus en plus en vieillissant ; sans la catastrophe qui le changea subitement, il aurait encore, à l'heure qu'il est, l'air d'avoir vingt ans. Privilège que bien des femmes lui envieraient, n'en doutons pas.

CHAPITRE XXIII

Cette guerre abominable durait déjà depuis deux ans ; le duc y avait perdu plus à lui seul, que tous les alliés ensemble ; il ne se repentait cependant point de l'avoir entreprise, car il y allait de l'honneur de la couronne. Louis XIV, au contraire, malgré ses victoires, sentait ce que valait un pareil ennemi, il sentait aussi qu'il le valait mieux rappeler que de le pousser à bout. Il lui écrivit une lettre, il lui fit écrire par Monsieur de ces épîtres de famille dont toutes les expressions sont pesées l'une après l'autre, et qui sont de véritables contrats.

On lui offrait la restitution de ce qui lui avait été enlevé, on lui cédait Pignerol et Fenestrelles, on remettait Casal, cette ville vendue au roi par le duc de Mantoue, pour en avoir le prix et le jeter aux courtisanes, Casal, ce joyau que tant de princes enviaient ! C'était bien tentant, surtout avec la garantie de messieurs des Cantons Suisses et de la République de Venise. Frappée des malheurs de la guerre, je penchais pour ce parti. L'envoyé secret de la France, M. de Chamery avait reçu l'ordre de me voir avant tout, de s'entendre avec moi et de me gagner à son bord, soit par les promesses, soit par les menaces.

J'y étais déjà convertie ; la guerre me semblait odieuse. J'employai tous mes moyens pour réussir : le prince demeura inflexible ; M. de Chamery lui parla chez moi, devant moi ; je réunis mes efforts aux siens ; voyant qu'on n'en pouvait obtenir davantage, il le pria d'adopter au moins la neutralité, lui faisant observer que s'il persistait dans son *entêtement* chevaleresque, il se trouverait bientôt dépourvu de troupes.

– Monsieur, répondit Victor Amédée, je frapperai du pied le sol de mon pays et il en sortira des soldats.

Chamery dut renoncer, et pour plus de certitude, on lui fit répondre tout haut par le marquis de Saint-Thomas que Son Altesse suivrait la fortune des ses alliés, quoi qu'il pût lui en arriver du reste.

Le prince Eugène, ennemi implacable et personnel de Louis XIV, ne contribua pas peu à cette décision. Il en rendit compte à l'Empereur, dans un voyage qu'il fit à Vienne, et celui-ci en fut tellement enchanté qu'il lui envoya le brevet de généralissime, avec les pouvoirs cette fois, et qu'il nous débarrassa du Caraffa, qui nous avait fait tant de mal. C'était déjà la moitié de la victoire. Le prince Eugène était radieux, mais ironique. Il se défiait des intentions de son cousin à l'endroit de la France.

– Madame la comtesse, me disait-il, Son Altesse Royale n'est pas de cœur avec nous ; ce n'est pas comme moi une belle et bonne haine qui l'a poussé là, c'est la nécessité et la vergogne. Au premier sourire de Louis XIV il nous lâchera.

– Vous avez bien vu qu'il y a résisté, monsieur.

– C'est que derrière le sourire il a vu les dents, sans cela !… Et puis, vous avez beau dire, vous êtes française, votre maison est en faveur à Versailles, vous inclinez pour le grand roi, sans vous en douter peut-être, mais cela est.

– Je ne veux que le bien de Son Altesse et celui de ses peuples.

– J'en suis persuadé, seulement ce bien, chacun l'entend à sa manière.

Il se tint un conseil chez moi, devant moi, dans lequel il fut décidé que, pour profiter des avantages obtenus, il fallait prendre l'offensive à son tour, et porter le champ de bataille en Dauphiné.

– Le *grand roi* n'est pas accoutumé à ce qu'on entre chez lui, il a posé Sa Majesté à ses frontières et il pense qu'on ne les peut franchir sans lui faire d'abord la révérence ; nous lui prouverons qu'on sait s'en dispenser.

Il appelait toujours Louis XIV le grand roi, et je ne saurais vous rendre le dédain avec lequel il prononçait ces mots. C'était là une rancune de prêtre, et comme je lui en faisais l'observation :

– Que voulez-vous ? me répondit-il, j'ai porté le petit collet, cela déteint sur l'âme.

Ce qui fut dit, fut fait : les princes de Savoie s'emparèrent d'Embrun et de Guillastre. La bataille fut rude, le prince de Commerci y reçut une balle qui lui cassa trois dents, dont il fut très marri.

– Mes trois meilleures ! répétait-il, les autres tomberont toutes seules, et puis ne voilà-t-il pas un joli galant édenté !

Le prince Eugène reçut une contusion dans la tranchée, à côté de Victor Amédée qui n'eut rien. On y perdit quantité de braves gens, mais enfin la victoire demeura, les princes s'emparèrent de Gap, presque sans coup férir ; tout allait à merveille, on se disposait à marcher sur Lyon par Cisteron, en passant à Aix ; la terreur était telle qu'on y serait parvenu en se hâtant avant que les secours ne fussent arrivés. La France était vaincue, on pouvait faire la paix alors avec des conditions qu'on aurait dictées. La Providence ne le voulait pas, et le soleil ne devait point pâlir encore…

Un soir, après une marche forcée, en arrivant dans un petit village, le duc de Savoie se plaignit d'un grand mal de tête, qui l'avait tourmenté toute la journée ; il se mit au lit croyant guérir par le sommeil, mais il avait une forte fièvre et dans la nuit la petite vérole se déclara ; l'alarme fut grande ; que faire ? que devenir ? en pays ennemi, avec cette terrible maladie, qui pardonne si rarement et qu'il faut soigner d'une façon si particulière ?

Le prince ne perdit pas la tête, lui seul la conserva. Il donna des ordres pour que tout se passât comme s'il était en santé, dépêcha des courriers, un à la duchesse et un à moi ; seulement, il me voulut écrire pour que je ne m'inquiétasse pas et pour que je ne vinsse pas près de lui dans l'ignorance où je serais d'y trouver probablement Madame Royale et la duchesse régnante. Ensuite il s'occupa des soins de son État, fit son testament, déclara, en présence de toute l'armée, qu'il nommait le prince Eugène à la régence jusqu'à la majorité de son fils, s'excusant d'en exclure les deux duchesses à cause des circonstances difficiles qui voulaient une main plus ferme. Cela fait, il donna de nouveaux ordres pour qu'on le transportât en lieu sûr ; il s'entendit avec le prince Eugène pour la retraite de l'armée, et le chargea de la reconduire, ce qui n'était pas petite besogne ; les rivalités des généraux surgirent, ils refusèrent presque d'obéir au prince, sous prétexte que Victor Amédée avait grand tort de ne pas les laisser pousser en avant malgré l'obstacle de sa santé. Mais Eugène était un habile homme, il savait qu'une armée sans chef se décourage promptement : il savait que Catinat ralliait ses forces, qu'il en arrivait de tous les bouts du royaume ; il savait que la surprise manquée, l'expédition était impossible, qu'il fallait profiter du premier moment de stupeur, malheureusement perdu par la maladie du duc, mais ce premier moment passé, on devait être écrasé indubitablement : la retraite était donc le seul parti à prendre.

Les soldats en gémissaient comme leurs généraux ; ils s'en consolaient en disant :

– Au moins nous avons vengé les horreurs des Français dans le Palatinat, sans en faire à leur façon ; nous avons bien pillé et levé un million de contributions.

Ils étaient si chargés de butin qu'on a vu des cuirassiers mettre vingt louis sur une carte. Il fallut abandonner tout cela, et renoncer à augmenter la dose ; ils s'en allèrent en rechignant ; mais le duc ! il fut très malade et fort sérieusement. La duchesse y courut et le trouva un peu mieux ; moi je n'osai pas aller jusque-là, je restai à quelques lieues, afin d'avoir des nouvelles à chaque instant. Il en fut profondément touché. Enfin, grâce au ciel, qui l'appelait à de plus hautes destinées, il guérit. Je courus à lui dès que la duchesse l'eut quitté ; ce moment fut bien doux pour lui et pour moi. J'avais craint de ne le pas revoir, et bien que je n'eusse pas pour lui un de ces amours fougueux qui dominent tout dans la vie, je l'aimais fort en ce temps-là ; il ne m'avait montré que le beau côté de son cœur. Il rentra en Savoie, puis en Piémont, pour achever son rétablissement, et dès qu'il lui fut possible de se tenir à cheval il voulut retourner en campagne.

Le prince Eugène, plus froid en de certaines choses, bien que plus exalté dans beaucoup d'autres, lui conseillait de ne point livrer bataille décisive. Les héros se jugent entre eux ; il avait jugé Catinat et reconnu son génie. Victor Amédée, d'une bravoure personnelle singulière, était plutôt grand politique que grand général. Il s'entendait admirablement aux négociations, mais il n'avait pas, sur le champ de bataille, le coup d'œil aussi prompt, aussi sûr que son illustre cousin.

L'ennemi avait brûlé, en manière de représailles, une autre maison du prince appelée *la Vénerie* et une autre au marquis de Saint-Thomas, son ministre. Il voyait tout s'écrouler autour de lui, il en voulut finir. À la fin de la campagne terminée par la maladie, il avait découvert une insurrection dans ses États du midi, la trahison était partout. M. de Tessé, commandant français de Pignerol, avait soudoyé des traîtres, et c'était véritablement trop de choses à la fois.

Hélas ! quelle défaite ! c'était bien autre chose que Staffarda ! Catinat en eut le bâton, et, ainsi que le disait plaisamment le prince Eugène, ce furent nos épaules qui en reçurent les coups. Celui-ci n'y tint plus et parlait de quitter l'Italie ; il alla en effet à Vienne solliciter un peu d'aide ; on nous l'accorda encore, mais en faisant observer que nous étions toujours battus et qu'il était un peu dur de sacrifier toujours argent et hommes sans résultat.

On mit le siège devant Casal, et c'était une chose importante que de prendre cette ville. Elle se défendit un peu, puis M. de Cressau le gouverneur, capitula. Catinat ne bougea point pour lui porter secours ; il le pouvait ; et alors l'armée des alliés était perdue. C'est que dès lors le prince, résolu à traiter avec la France, à sauver ses peuples qui gémissaient, à n'être pas plus longtemps le champ de bataille où se débattaient les intérêts des autres, dont il payait seul les pots cassés, le prince donc commença des négociations secrètes, afin de sortir de ce cul-de-sac où on l'avait acculé. Il n'en parla qu'à moi et aux nécessaires indispensables. Catinat, qui avait des instructions du roi, accueillit les envoyés, c'est-à-dire l'envoyé, et convint avec lui qu'on défendrait Casal à moitié pour donner le temps de conclure, et qu'on la livrerait après, lorsqu'on aurait tout décidé.

Les conditions étaient que Casal serait rasée et la place livrée au duc de Mantoue, à qui elle appartenait avant son marché honteux ; ce fut le seul qui y gagna : tant il y a que souvent en ce monde la justice de Dieu favorise ceux qui ne le méritent point, ce qui fait espérer en l'autre !

Le bruit se répandit cependant des intentions du duc de Savoie, et le prince Eugène en prit de l'ombrage, car sa haine ne se pouvait calmer. Il n'en dit rien, mais il le fit surveiller en dessous main. Victor Amédée s'en aperçut et s'en impatienta. Il voulait cependant voir les plénipotentiaires français et s'entendre avec eux définitivement, et quant à les faire entrer dans Turin, il n'y fallait pas penser ; il imagina un pèlerinage à Notre-Dame-de-Lorette. Venise était éventée, le cousin s'en formalisa encore.

– Prenez garde, lui dit-il, je vous ai déjà averti que je vous surveillais plus que Catinat.

Le prince Eugène en parlait bien à son aise. Il n'avait pas charge d'âmes, il n'avait pas un État et des sujets à sauver, il n'avait pas surtout des enfants et une Maison à soutenir ; ses intérêts et le plus vif des sentiments le poussaient vers l'empereur. Il fallut donc mettre plus de finesse, pour arriver à la conclusion, et signer ce traité que nous désirions tant obtenir et après lequel le pays tout entier soupirait.

Victor Amédée partit pour Lorette, sous prétexte d'un vœu fait pendant la petite vérole. Il y alla seul, avec une suite de laquais

Le traité signé.

assez grosse, mais sans la duchesse, sans moi, sans courtisans, en vrai pèlerin. Il y trouva les agents du pape, des Vénitiens et des Français ; on y discuta les articles du traité, et cela si secrètement que les espions les plus habiles ne purent obtenir de certitude. On se réunissait la nuit dans la chambre d'un vieux prêtre, attaché à la Sainte Chapelle, et qui ne se doutait même pas pourquoi ; il croyait à des prières et à des vœux particuliers. On parlait français, il n'y comprenait rien.

On avait commencé d'abord à Turin par tromper le duc en lui annonçant la mort du roi Guillaume, qui devait nécessairement rompre la ligue et mettre les alliés dans un grand embarras. Il sut que la nouvelle était fausse, mais il était avancé de façon à ne pouvoir reculer, dans l'intérêt de ses peuples. Il termina donc à Lorette, et le traité fut signé ; en voici les conditions :

Pignerol, tous ses forts et le château de La Pérouse seraient démantelés, comme l'avait été Casal, et le sol rendu au duc de Savoie.

Le prince rentrerait en possession de ce dont les Français l'avaient dépouillé au commencement de la guerre.

Le duc de Bourgogne, petit-fils de France, épouserait Adélaïde de Savoie, fille aînée de Victor Amédée.

Les ambassadeurs de Savoie recevraient désormais en France un traitement pareil à celui des ministres des rois.

Enfin, le duc joindrait ses armes à celles de Louis XIV et entrerait immédiatement dans le Milanais pour forcer l'empereur et l'Espagne à reconnaître la neutralité de l'Italie, laquelle neutralité serait dans ce cas reconnue par la France.

Ce traité, tout à l'avantage du duc de Savoie battu et malheureux, prouve ce qu'il eût obtenu du roi s'il eût pu mettre à exécution son projet de conquête, et combien on tenait à son alliance. Le mariage de sa fille surtout était pour lui un point capital, celui sur lequel il avait le plus insisté, et l'idée de la savoir reine de France le satisfaisait au-delà de tout.

– Le premier trône de l'Europe, chère comtesse, me disait-il, et avec ce que sera cette enfant, avec ce que l'on m'a appris du duc de Bourgogne, ils auront un règne merveilleux, auquel elle prendra autant de part que lui. Elle ne partira pour la cour de France qu'endoctrinée par moi, et je vous réponds qu'elle y sera la maîtresse avant six mois.

Nous parlerons tout à l'heure de cette princesse ; revenons à ce traité et à ses suites.

Le grand embarras de Victor Amédée était de l'apprendre au prince Eugène.

– Il croira que je l'ai trompé, il prendra ma discrétion nécessaire pour une perfidie, et tout cela m'est excessivement douloureux. J'aime fort mon cousin, je voudrais que nos besoins, nos opinions, nos nécessités fussent les mêmes. Malheureusement l'aîné de la Maison de Savoie a d'autres obligations à remplir que de faire sa fortune ; elle est toute faite ; il la faut conserver ; c'est là le plus difficile avec Louis XIV pour ennemi.

Il fut donc convenu que je me chargerais de la commission. Le prince venait souvent me voir, il avait pour moi une sorte d'amitié, qui ne céda pas même à sa colère contre le duc ; nous sommes encore en commerce de lettres. Je le fis donc prier de passer chez moi, et là avec des ménagements infinis, je lui annonçai le changement survenu dans les intentions de Son Altesse Royale. Eugène jeta feu et flamme ; je m'y attendais. Il cria, tempêta, jura, ce qui lui arrivait souvent, en allemand surtout, il s'emporta même à quelques injures. Je le laissai dire, me réservant de l'apaiser lorsqu'il pourrait entendre mes raisons. Il ne m'en laissa pas le temps.

– Madame, je vous quitte, je fais fermer mes coffres et je retourne à Vienne raconter cette trahison. Quant à M. mon cousin, il saura ma façon de penser avant de partir.

Il sortit de chez moi furieux, alla trouver le prince de Commerci, son ami, et s'exalter encore de la furie de ce jeune homme. Il était de mode parmi ces héros de détester Louis XIV, de le honnir sans cesse et même de le mépriser, ce qui me semblait de leur part une exagération un peu ridicule. Commerci cria plus fort qu'Eugène. Celui-ci ne voulut point voir son cousin, il lui écrivit une lettre qu'il a fort regrettée depuis, une de ces lettres qui veulent du sang chez des particuliers, mais qui en cette circonstance ne valurent de l'aîné au cadet qu'un généreux pardon.

Le prince de Commerci fit mieux. Il adressa au prince un cartel dans toutes les formes, assaisonné de ces expressions de Pandoures, auxquelles le duc souverain de Savoie n'était pas accoutumé. La colère le prit à son tour, et oubliant ce qu'il était, ses obligations de prince et de père, il fit répondre au prince de Commerci qu'il l'honorerait d'une rencontre.

Le valet de chambre de Victor Amédée vint tout affairé m'en prévenir, malgré la défense de son maître. Je savais que ce serait temps perdu que de surmonter celui-ci ; j'envoyai chercher le marquis de Saint-Thomas, je lui racontai ce qui se passait, en ajoutant qu'il pouvait seul empêcher cette folie.

– Rappelez à Victor Amédée qu'il a une famille et des sujets à soutenir, et ne le laissez point aller comme un enfant perdu tirailler dans la plaine. Je n'aurais aucun pouvoir en cette affaire-ci, et les femmes ne doivent pas s'entremettre contre les épées à tirer ; l'honneur des hommes est aussi délicat que celui des femmes en une autre façon, et l'on a toujours peur d'un soupçon, quoique, Dieu merci, la valeur de Son Altesse Royale soit connue.

Saint-Thomas était prudent, il avait grand pouvoir sur son maître, il le retint, en se faisant aider de tout le Conseil, et aussi des généraux de l'armée. Pendant ce temps, le prince Eugène un peu calmé, faisait entendre la raison à Commerci. Le duel n'eut pas lieu, le traité s'exécuta, et le siège de Valence, sur le Pô, entrepris par les deux armées, en fut le premier résultat.

Ce traité amena d'abord ceux de Vigevano et de Pavie, qui reconnurent de la part de toute l'Europe la neutralité de l'Italie, objet de l'ambition presque unique de Victor Amédée, qui voulait avant tout délivrer ses peuples du fléau de la guerre. Enfin arriva la paix de Ryswick, et celle de Carlowitz ensuite.

Tous ces traités furent l'ouvrage du duc de Savoie, ou plutôt la suite de son influence, ce qui ne fut pas pour lui une petite gloire. Il amena, par sa conduite, la paix générale ; elle ne devait pas durer longtemps, il est vrai, et ne fut ni sa faute, ni même celle des autres souverains. Le testament du roi d'Espagne ralluma les flambeaux de la discorde ; il n'en pouvait pas être autrement. Victor Amédée donna pour dot à sa fille le comté de Nice qu'on sut fort bien reprendre plus tard.

Elle était attendue impatiemment en France, en même temps qu'on déplorait à Vienne le refus fait par le duc de la main de cette princesse au roi des Romains, ce dont l'empereur ne se montra que médiocrement blessé. L'allié naturel de la Savoie était le roi de France, et Victor Amédée ne l'oublia jamais.

CHAPITRE XXIV

La princesse qui portait dans ses mains enfantines l'olivier de la paix à la France, et à l'univers, n'avait alors que neuf ans, à peine accomplis. Jamais fiancée aussi jeune n'eut un pareil rôle à jouer et ne le remplit avec autant de perfection que Victoire Adélaïde de Savoie. Je l'avais toujours suivie depuis des années, elle venait souvent chez moi, ce que les duchesses ne trouvaient point mauvais, au contraire, et j'avais souvent admiré l'intelligence précoce et la finesse extrême de cette jeune créature. Elle ne disait pas un mot de trop, bien qu'elle ne pût apprécier, en apparence, la délicatesse de notre position mutuelle ; elle ne parlait point de moi à sa mère, et ne prononçait devant moi le nom de la princesse qu'aux occasions indispensables ; tout contrairement, lorsqu'elle voyait Madame Royale elle ne manquait pas de lui apporter les choses flatteuses qu'elle m'entendait débiter sur son compte, ou de me dire à moi combien sa grand-mère était bien disposée en ma faveur. Elle répétait souvent à l'ancienne régente :

– Mon père aime beaucoup la comtesse de Verrue, madame, et pour lui plaire il faut aussi l'aimer.

Elle vivait au milieu de ces intrigues et de ces difficultés ; elle y prit une souplesse et un esprit d'observation qui la rendit propre de bonne heure au personnage qu'elle allait remplir. Son père, aussitôt le traité signé, commença à la styler, à lui inculquer chaque jour une leçon pour ce qu'elle allait avoir à entreprendre à l'avenir. Je dis entreprendre, car c'était certainement une grande entreprise que de charmer ce roi, si fier, si hautain, si maître de lui, avant de l'être des autres.

Le duc la tenait chaque matin deux ou trois heures dans son cabinet pour lui bien mettre dans l'esprit ce qu'elle allait voir et la façon de se conduire. Il lui apprenait par cœur les gens et les choses, laissant à son petit jugement le soin de régler les paroles, dont elle ne choisissait que les bonnes et les séantes. Il connaissait la cour du feu roi, son caractère, celui de madame de Maintenon et celui de toutes les personnes royales et importantes comme s'il eût vécu trente ans à Versailles. La princesse ne songeait qu'à cela ; elle n'avait pas d'autres conversations. Elle venait plus souvent chez moi pour m'interroger, et comme elle vit que j'étais peu instruite, elle me demanda un jour à quel âge j'étais venue en Piémont.

– J'étais bien jeune, madame, je n'avais pas quatorze ans.

– Et vous n'en savez pas davantage sur le roi de France et sur sa cour ? À cet âge-là j'espère que nul ne m'en pourra montrer pour la manière de m'y conduire.

– Madame, je ne suis point destinée à monseigneur le duc de Bourgogne, d'ailleurs je ne suis point une enfant extraordinaire comme la princesse Adélaïde de Savoie.

– Madame, ne m'appelez point une enfant, mon père m'a assuré qu'il m'était défendu de l'être désormais et j'y vais tâcher.

Victoire Adélaïde, dont il est temps de tracer le portrait, était fort petite, même pour son âge, elle n'était point jolie et n'annonçait pas le devoir être jamais, promesse qu'elle a tenue avec usure. Elle était régulièrement laide, les joues grosses et les mâchoires épaisses, le front si bombé qu'on ne savait au premier abord ce que c'était (ce défaut a un peu disparu en grandissant), le nez aplati, sans physionomie et sans noblesse, les lèvres avancées, épaisses et charnues, les dents pourries déjà ; plus tard elles tombèrent presque toutes ; elle avait le bon esprit d'en rire la première et de s'en moquer. À côté de cela les yeux les plus beaux, les plus parlants du monde, des sourcils et des cheveux d'un châtain brun admirable et plantés à la perfection. Là était tout le charme de son visage, qui malgré tous ces défauts, en avait beaucoup. Sa peau était d'une blancheur et d'une fraîcheur merveilleuse, son port de tête gracieux, galant, majestueux, lui seyait à ravir, son regard imposait et attirait en même temps, son sourire n'avait point son pareil, elle plaisait plus mille fois que les plus belles, j'aurais volontiers changé mon visage contre le sien, moi qui passais dans ma jeunesse pour un modèle à envier. Plus tard elle eut la taille la plus ronde, la plus aisée qui se pût voir. Son commencement de goitre ne la déparait pas ; au contraire, tout ce qui eût enlaidi une autre, devenait pour elle un charme de plus. Sa gorge peu prononcée était faite au tour. Je fis un portrait d'elle qui courut à Paris et que plusieurs personnes ont copié, dans lequel je retrouve ces phrases :

– « Les grâces naissaient d'elles-mêmes de sous ses pas, de toutes ses manières et de ses discours les plus communs ; elle avait une marche de déesse sur les nues, un air simple et naturel toujours, naïf assez souvent, mais c'était pour lâcher sa finesse. Son esprit charmait en dépit de soi, son aisance attirait jusqu'aux plus rebelles, et se communiquait à ceux qui l'approchaient. On se trouvait avec elle disposé à la confiance, disposé à l'aimer aussi, tant elle montrait de bienveillante dignité, douce, adroite, bonne jusqu'à craindre de faire la moindre peine à personne, et toute légère et vive qu'elle fût, très capable de vues et de suites de la plus longue haleine ; la complaisance lui était si naturelle qu'elle coulait de source, elle en avait jusque pour sa cour. »

Ce portrait était beaucoup plus long ; je dois dire qu'il fut fort admiré pour la vérité dont il était empreint. J'en retrouve encore ces traits :

– « Elle voulait plaire, même aux personnes les plus inutiles et les plus médiocres, sans qu'elle parût le rechercher. On était tenté de la croire toute et uniquement à celles avec qui elle se trouvait. Sa gaîté vive, active, animait tout, et sa légèreté de nymphe la portait partout, comme un tourbillon, qui remplit plusieurs lieux à la fois et qui y donne le mouvement et la vie. Elle ravissait par sa grâce et la perfection de sa danse ; elle avait tout ce qui charme, tout ce qui attire et tout ce qui retient. »

Le moment de son départ arrivé, elle vint la veille passer une grande heure auprès de moi. Le duc y était déjà et voulut me donner un échantillon de l'habileté de cette petite fille. Il lui parla de la cour de France, de ce qu'il lui avait enseigné à cet égard, et je vis avec une surprise sans égale la future duchesse de Bourgogne développer des plans et des aperçus dignes d'un vieux diplomate rompu à toutes les cours.

– Vous n'avez rien oublié, ma fille, lui dit le prince, vous savez comment vous devez commencer dès l'abord avec le roi, avec monseigneur, avec monsieur le duc de Bourgogne, avec madame de Maintenon surtout.

– Ah ! que oui, monsieur, répondit-elle armée du plus fin sourire, je ne suis plus une enfant, vous me l'avez dit, je suis une princesse destinée au plus beau trône de l'Europe, et il me faut dès à présent préparer ma place afin de l'avoir plus tard telle que je la désire, et de la bien remplir.

Elle répondit cela, non comme un perroquet qui récite sa leçon, mais comme une personne qui sait ce qu'elle dit, qui en sent toute la portée, et qui désire la faire sentir aux autres.

– Et vous vous rappelez bien ce que je vous disais hier encore, pour madame de Maintenon, pour ses relations avec le roi, relations légitimées par l'Église, dit-on, mais peu goûtées de sa famille, surtout de monseigneur ; vous aurez à rester bien avec les uns et avec les autres, pourtant…

– L'essentiel en ce moment c'est le roi, c'est madame de Maintenon, ce sont eux qu'il faut séduire, et ce n'est pas difficile, allez !

– Vraiment ? comment ferez-vous ? reprit M. de Savoie, en souriant d'un air satisfait.

– Mon Dieu, monsieur, le roi de France est accoutumé à sa propre majesté, au respect des autres, à une sorte de crainte qui l'isole ; il s'ennuie, j'en suis sûre, car il n'est plus jeune, n'est-ce pas, mon père ? et il regrette de ne plus l'être. Je l'amuserai, je le traiterai comme si de longues années ne nous séparaient pas, je, prendrai sur lui une autorité badine, à laquelle il ne se refusera pas, et qui en amènera ensuite une solide. J'ai retenu tout ce que vous m'avez prescrit et tout ce que vous m'avez raconté ; il me sera donc facile de ne me tromper point, soyez tranquille.

Le prince me regarda, j'étais confondue de tant d'assurance et de tant de sagesse.

– Et madame de Maintenon ?

– Oh ! pour elle, c'est autre chose, la veuve Scaron ne se traite pas comme Sa Majesté Louis XIV, bien qu'il faille en avoir l'air ; elle ne se doutera jamais que je sache la *scaronade*, et je vous promets, monsieur, de la prendre sur un tel ton d'amitié et de déférence qu'elle se croie bien sûrement ma grand-mère.

– Vous devez tout obtenir, tout établir en vous jouant. Ces gens-là sont pour vous maintenant de grandes poupées, destinées à devenir ensuite vos instruments. Ne perdez point de vue qu'il vous faut oublier Turin et devenir française, autrement vous ne réussiriez jamais en ce pays-là.

– Mon père, vous ne ferez plus la guerre à la France n'est-ce pas ? demanda-t-elle avec un air futé qui me ravit. Combien il y avait de choses dans ces mots d'un enfant de neuf ans !

– Non, si la France ne me la déclare point, ou ne me force pas à la lui déclarer, ma fille. On ne peut répondre de rien quand l'intérêt des États est en jeu.

– Je tâcherai alors, monsieur, de ne me souvenir point que vous soyez un ennemi, car je me souviendrai toujours que vous êtes mon père.

Et lui jetant les deux bras au cou, elle l'embrassa avec une tendresse, avec une grâce, une gentillesse, dont il était impossible de ne le point charmer.

– Et moi ? lui dis-je, madame, me garderez-vous un petit coin dans votre mémoire.

– Un petit coin dans mon amitié, madame, s'il vous plaît, vous êtes l'amie, vous êtes la confidente de mon cher père, vous qui faites souvent oublier les chagrins que lui donne un État mal établi, vous lui parlerez de moi, quand je n'y serai plus. Comment pourrais-je ne pas vous aimer ?

Cette adorable princesse avait le mot juste pour tous, le regard et le geste qu'il fallait au moment précis. Jamais je ne me consolerai de sa perte que la France et la Savoie déploreront toujours. Je lui demandai la permission de l'embrasser.

– Madame, me dit-elle, c'est de tout mon cœur, je le puis encore, ici entre nous je vous le dis, mais bientôt il me faudra calculer et savoir d'avance à qui je dois faire cet honneur ; à la cour de France c'est une grande aventure.

Les duchesses et les dames titrées ne me pardonneraient point de prodiguer ma joue. Oh ! je le sais bien, allez, et j'y ferai tant d'attention que j'en veux remontrer bientôt à une dame d'honneur elle-même. Ici il ne s'agit pas d'honneurs, il s'agit d'un vrai plaisir et je n'ai besoin de la permission de personne,

Ce disant elle me prit la tête et me baisa à plusieurs reprises, pleurant d'un œil, riant de l'autre, jouant avec son chagrin, et me priant de parler beaucoup d'elle avec son père, lorsqu'elle n'y serait plus. Elle détacha ensuite de son bras un fort beau bracelet, et le passa au mien ; ce bracelet renfermait son propre portrait, celui du prince et celui de Madame Royale, entouré de fort beaux brillants.

– Gardez-le pour l'amour de moi et pour l'amour d'eux, madame, ma bonne amie, et ne vous séparez jamais dans votre amitié.

On pourrait ne me pas croire, car tout cela est incroyable dans un enfant de cet âge, si les témoignages de tous les contemporains n'étaient là pour attester ce que j'avance. La cour entière de France, celle de Savoie ont connu cette charmante Dauphine ; on l'a vue naître, on l'a vue grandir, on l'a vue mourir, hélas ! dans la vingt-sixième année, ainsi qu'il lui fut prédit par un devin en Italie, lors-

Le départ.

qu'elle était encore toute petite. Le duc, dont la croyance était déjà grande dans l'astrologie, ne conserva plus de doute à cet égard, après ce qui arrivait à sa fille et ce qui nous était arrivé à lui et à moi.

Le départ de la princesse fut déchirant. Les duchesses pleuraient à chaudes larmes, le duc pleurait aussi, il vint se renfermer avec moi à son retour à Turin, car il alla la reconduire jusqu'à la première poste. La princesse de La Cisterne avec une autre dame, le marquis de Promero la devaient conduire jusqu'au pont de Beauvoisin, pour la remettre entre les mains de la duchesse de Lude et de la maison française. Elle se reposa quelques instants pour se parer, dans une maison qui lui avait été préparée du côté de la Savoie. Le pont est tout entier à la France ; elle fut reçue à l'entrée par le comte de Brienne, et les dames qui la menèrent à un autre logis, préparé du côté de la France où elle coucha deux jours. Elle se sépara en cet endroit des Italiens qui l'avaient accompagnée, sans verser une larme. Elle ne fut suivie d'aucun de son pays que d'une seule femme de chambre et d'un médecin, encore n'étaient-ils que pour l'accompagner jusqu'à Paris ; ils furent renvoyés selon les conventions, après qu'elle eut été un peu accoutumée aux soins des Français, dont elle parlait la langue peut-être mieux que l'italienne.

Elle fut aussitôt traitée avec le rang et les honneurs de duchesse de Bourgogne, comme si le mariage eût déjà été accompli. Son père en sut un gré infini au roi : ce n'était point l'usage, et les autres princesses avaient eu mille difficultés de rang pendant leur voyage : Madame en pensa devenir folle, disait-elle souvent, elle qui se gênait si peu et qui pourtant tenait à ce qui lui était dû plus qu'à la vie. Elle tint tout ce qu'elle avait promis ; elle le surpassa même, dès les premières entrevues avec le roi, et son empire fut assuré aussitôt qu'il l'eut vue. Ceci n'est point malheureusement de mon sujet en ce moment, peut-être en parlerai-je dans un autre moment de loisir.

CHAPITRE XXV

Une fois la princesse partie, le cours des négociations partielles recommença. Les traités de Ryswick et de Carlowitz se conclurent séparément entre tous les alliés. Monsieur de Savoie fut le sujet de toutes les conversations de l'Europe ; on l'accusa hautement de changer de parti et de se donner à celui qui lui offrait son avantage.

Je ne nierai pas qu'il ne fût fort habile, et qu'il ne sût choisir ses intérêts avec un tact merveilleux, mais ses intérêts n'étaient-ils pas ceux de ses peuples, et quel est le souverain qui soit blâmable pour les avoir pris ?

La façon dont s'était accompli le mariage de madame la duchesse de Bourgogne, la part que j'y avais prise, et le degré de faveur où j'étais, excitèrent à un tel point mes ennemis, qu'ils firent rage en propos et en discours. L'abbé de Verrue était à Turin, où il faisait des cris de chouette, montant sur tous les toits pour me vilipendre. Victor Amédée le sut, et voulut en faire justice ; je m'y opposai formellement. Bien qu'on en ait dit, je ne fus ni cruelle, ni vindicative, et je n'ai fait d'autre mal que celui qui s'est opéré malgré moi.

Un jour mon petit Michon, devenu abbé, et abbé assez à la mode, me fit demander à me voir ; il avait à me révéler des choses de la plus grande importance.

J'étais toujours heureuse de le retrouver, ainsi que le bon M. Petit, et je les faisais venir à la cour aussi souvent que possible. Michon vint donc un matin.

– Madame, me dit-il, prenez garde, le dessein est fait de vous empoisonner. On a cherché à séduire un de vos cuisiniers, Il est venu me trouver pour me le dire, ne pouvant vous approcher sûrement.

– Et qui *on*, mon petit abbé ? Cet *on* doit avoir un nom, puisqu'il a parlé.

– C'est justement ce que ne sait point mon marmiton, qui s'appelle Jacquinet, et qui vous fait ces tourtes aux pigeons que vous aimez tant. Il ne connaît point ce tentateur, lequel lui offrait de fortes sommes.

– Jacquinet est un sot. En pareil cas, on a l'air d'accepter, on accepte même quelques petits rogatons d'arrhes, que l'on empoche pour la peine. On reçoit les tentateurs dans quelque bon endroit bien gardé, où on les pince. Où veut-il que nous le pêchions, à présent, son tentateur ? Il va en résulter que je mourrai de faim, dans la crainte de mourir de la colique. Mais, j'y songe. Ces monstres veulent donc aussi empoisonner le prince, qui mange presque toujours avec moi ?

Ceci ne laissa pas que de me donner de l'inquiétude ; je n'avais pas envie de mourir, bien que je ne fusse pas au comble du bonheur. Je racontai la chose au duc, il me voulut donner des soupçons sur mon mari, dont il était un peu jaloux, car la finesse démêlait fort bien dans mon cœur le sentiment que je lui gardais ; je le reçus de la belle façon, il n'y revint plus.

Ce même soir où nous étions à causer ainsi, il arriva un courrier tout botté dans mon cabinet, ce qui ne se faisait point. M. de Savoie s'écria et moi aussi, et nous crûmes que la paix était rompue, et que l'ennemi nous venait de prendre quelque forteresse.

– J'apporte, en effet, une très grande nouvelle à Votre Altesse, et qui dérangera certainement la paix. Le roi d'Espagne est mort, et il a fait son testament en faveur de monsieur le duc d'Anjou, répondit cet homme, qui était justement un nommé Manuel, bien connu pour son adresse et ses vues.

Il s'était passé à la cour d'Espagne, pendant ces dernières

années, beaucoup d'événements singuliers, où mon cher prince de Hesse joua un grand rôle. Je les ai sus par lui d'original, et je les raconterai, si Dieu me prête vie, quand j'aurai fini ce récit des affaires de la Maison de Savoie, dont je veux m'occuper uniquement pour le présent.

Victor Amédée, en apprenant cette nouvelle de la mort du roi d'Espagne, fit cette moue que je lui connaissais bien, et qui signifiait :

– J'y vais mettre la griffe de mon lion.

Le courrier remit ses dépêches, donna quelques détails encore, et nous laissa. Le prince ne dit mot, étudiant ses lettres une à une. Ensuite, il se tourna de mon côté :

– Allons ! ma chère comtesse, encore une noce et une instruction, mais moins difficile cette fois.

– Comment donc ?

– Oui, je veux marier ma seconde fille au duc d'Anjou, quand il sera Philippe V. Il faut que l'arbre de ma maison pousse ses racines sous tous les trônes. J'ai, dès longtemps, formé ce dessein, dans la prévision de ce qui arrive. Je ne me déclarerai qu'à cette condition, et encore faudra-t-il que la France soit la plus forte, car je ne veux pas faire de pas de clerc. Catinat est à mes portes, je ne serais pas étonné d'apprendre ce soir qu'il les a franchies ; pourtant je ne céderai qu'à la certitude, je vous en réponds.

Jamais je n'ai connu d'homme ayant le coup d'œil si juste et si prompt, en jugeant si bien toutes choses.

– Nous aurons le prince Eugène sur les bras, ajouta-t-il, mais qu'y faire ? Il me faut toujours y porter quelqu'un, et je choisis la charge la moins lourde.

Il ne se trompa pas d'une heure. Le soir, au moment de se mettre au lit, il reçut une lettre de M. de Catinat, fort honnête sans doute, mais fort innocente, par laquelle il lui mandait qu'il entrait en Savoie, avec cinquante mille hommes, afin que M. le duc eût l'extrême bonté de mêler ses armes aux siennes, selon qu'il l'avait promis. Il lui demandait, de la part de son maître, ce qu'il pourrait lui offrir, comme base de leur meilleure intelligence, et, en attendant, il lui expédiait derechef le brevet de généralissime des troupes de Sa Majesté très chrétienne et de Sa Majesté catholique, brevet qu'il ne pouvait manquer d'avoir, puisqu'on le lui envoyait à chaque instant, et, ce qu'il y a de bon, c'est qu'avec tout cela, il ne commandait rien du tout.

Je ne puis nier que les inclinations de Victor Amédée étaient toutes pour l'empereur, et contraires à la France. Son puissant voisin l'inquiétait bien autrement que l'empire, qui ne le touchait pas. Louis XIV pouvait ne faire qu'une bouchée de cette pauvre Savoie, si fort à sa convenance.

– Mais parbleu ! je ne me laisserai pas avaler comme cela, disait le duc, je me mettrai en travers, et je l'écorcherai bien quelque part.

Dans ce commencement de guerre, on s'inquiétait de ce que ferait le duc de Mantoue, et je ne sais si j'ai parlé de ce prince en détail ; il en méritait bien la peine. Il était venu à Turin quelque peu auparavant, accompagné d'un certain abbé Vantoni, son gentilhomme de chambre, assez bien placé dans son métier de *ruffiano*, ainsi qu'on dit en Italie, avec de fort grandes manières. Il me représentait un homme qui prendrait des gants pour toucher des torchons sales.

Cet abbé mettait du rouge, et marchait toujours sur la pointe du pied. Il allait partout pour son maître, et lui choisissait des maîtresses dans tous les rangs. Il y en avait deux régnantes, la comtesse Calori, pour la cour et la représentation, et une certaine fille, nommée Matthia, qui le suivait partout, et qu'il nommait sa favorite de poche. Nous eûmes le bonheur de la voir à Turin ; elle était fort jolie, mais effrontée à miracle, et elle portait des bas jaunes, ce qui nous amusait fort.

L'abbé prétendait que c'était un vœu ; nous voulions savoir à quel Saint, il ne put pas le dire ; le duc prétendit que ce fut au dieu des coucous.

Ce duc de Mantoue était un homme d'appétits gloutons, il mangeait tout le jour, et il avait, la nuit, des compagnies indispensables, assurait-il gravement.

– Je ne sais, madame, pourquoi on ne s'empresse pas de me marier, car mon véritable état, c'est le mariage, je ne suis créé pour autre chose.

Le fait est qu'il avait un *vrai* sérail, gardé par de *vrais* eunuques. Je m'en fis montrer un, qui passait dans la rue, un matin que j'y regardais par la fenêtre ; cette figure-là ne me reviendrait pas du tout.

Depuis, M. de Mantoue épousa mademoiselle d'Elbœuf. Au moment de cette guerre de succession, l'Autriche lui voulait donner une d'Aremberg, afin de l'avoir à elle, mais le Vornigha et le Vantoni, gagnés par la France, lui donnèrent un si beau renfort de demoiselles et de bons dîners, qu'il ne put se résoudre à accorder ses grâces à une seule, quelle qu'elle fût ; Louis XIV le conquit ainsi.

Les affaires de la France et de l'Espagne réunies, allaient déjà bien en Italie ; le sage Catinat les eût conduites comme il savait le faire. Il vint à Turin passer vingt-quatre heures, pour s'entendre avec le prince, et il ne lui cacha pas que l'un et l'autre n'étaient pas bien notés en cour.

– Je m'attends à être rappelé d'un instant à l'autre, ajouta le maréchal, on m'en a prévenu : je ne suis point aimé à Versailles. Quant à vous, monsieur, vous y êtes craint. On vous accuse et on vous soupçonne sans cesse. Je ne trahis point les secrets en vous disant cela, et, d'ailleurs, pour agir de concert, il faut bien savoir au juste sur quel terrain nous marchons. J'ignore ce qu'il adviendra de tout ceci.

Catinat était un homme remarquable et estimable de toutes façons ; il n'avait rien de brillant, rien d'aimable dans le commerce, et, pour ma part, je n'eus pas à m'en louer. Il vint chez moi, de mauvaise grâce, et me parla, tout le temps, comme à mademoiselle de Luynes, non pas comme à la comtesse de Verrue, et nullement surtout comme à la maîtresse du duc de Savoie. Il ne voulut jamais, dans son propre pays, faire la cour à aucune maîtresse ; ce fut ce qui le perdit, et il le savait. Il retourna à son armée ; une semaine après, il y fut remplacé, et par qui !

Je ne puis m'empêcher de tracer ici le portrait du maréchal de Villeroi, qu'on nous envoya, et auquel la France et la Savoie ont eu tant d'obligations pour sa vaillance et son habileté.

Avant d'aller plus loin, il faut rétablir un fait.

Catinat ne fut pas rappelé encore, mais il reçut, comme aide, en apparence, et comme chef, en réalité, le maréchal de Villeroi. Je retrouve ce fait sur mes notes. De plus, il avait déjà pas mal escarmouché avec le prince Eugène en ce temps-là. Le prince Eugène guignait Mantoue, mais il ne put l'avoir. Seulement, il ne se gêna pas pour violer le territoire de la république de Venise, ce que Catinat, sur les ordres de sa cour, respecta ; aussi n'eut-il pas l'avantage, et ses ennemis s'en servirent.

Venons-en à M. de Villeroi.

Je l'avais bien connu avant mon mariage, et il était encore fort beau alors. Il avait été du dernier galant, et un des petits-maîtres les plus recherchés dans la jeunesse du roi. On l'appelait *le charmant* ; il eut toutes les belles femmes de la cour, à cette époque, et se fit exiler deux ou trois fois dans son gouvernement de Lyon pour ses entreprises amoureuses. Il avait été élevé d'enfance avec le roi, dont monsieur son père était gouverneur, ce qui lui valut une faveur constante, sans compter les bonnes grâces de madame de Maintenon.

Villeroi, à l'époque où nous le vîmes, n'était plus que le vieil amant de madame de Ventadour, et il se croyait encore le *charmant*. Il était si accoutumé à vaincre, qu'il se tenait pour sûr de la victoire et de la fortune, comme des belles dames autrefois. Il se figurait triompher sous jambe du prince Eugène et de tous les confédérés. Il était fat et content de lui en toutes choses, entêté comme un sot, bien qu'il ne le fût qu'à moitié, et, au total, le plus piètre général qu'ait eu la France en ce siècle-ci.

Il s'habillait du meilleur air, donnant la mode comme un jeune seigneur, et si convaincu de son mérite en toutes choses, qu'il ne daignait être jaloux de personne.

J'eus sa première visite, bien entendu ; il n'était pas sévère comme Catinat, à l'endroit de l'amour, sans quoi, il ne se fût jamais regardé au miroir. Il me fit beaucoup de fêtes, assura que j'étais plus belle que toutes les dames de la cour de France, et que j'y ferais un terrible ravage, si j'y daignais revenir.

– Mais, ajouta-t-il, je comprends que vous n'y reveniez point, vous êtes ici la reine. Vous la seriez partout ; cependant, votre royaume ici est dans un bouquet de fleurs, et nos climats glacés ne vous offriraient rien de suave et d'odorant comme elles.

Voici un échantillon du duc de Villeroi, en voici un autre de son tact, quant à sa capacité :

« On en verra les pièces ! »

comme dit Petit-Jean dans *les Plaideurs*.

Il se mit, dès l'abord, à traiter M. de Savoie avec une familiarité et une égalité dont il ne se démentait point, et d'autant plus sensible, qu'il gardait tous ses respects pour Madame Royale et pour madame la duchesse régnante, qui étaient de la Maison de France, comme on sait.

Un jour, à l'armée, M. de Savoie étant entouré de tous les généraux et de ce qu'il y avait de noblesse, ouvrit sa tabatière en causant ; il allait y prendre une prise, lorsque M. de Villeroi, qui se trouvait à côté, lui ôte sans façon la tabatière de la main, y met ses doigts tout entiers, ainsi qu'il en avait l'habitude, et la lui rend. Victor Amédée rougit de colère, il ne dit rien pourtant, mais il renversa tranquillement tout le tabac par terre, en appelant un de ses gens, pour qu'on lui en donnât d'autre. Il n'interrompit même la conversation que par ce seul mot, pour avoir du tabac. Villeroi en but la honte tout entière.

Pour avoir du tabac.

Dès le commencement de son séjour, il se mit à contrecarrer Victor Amédée dans tout ce qu'il voulait faire. Quand le prince disait :

– Je suis généralissime.

L'autre répondait :

– J'ai un ordre du roi.

Il l'avait, en effet, et le montrait. On conçoit quels dégoûts ! Catinat et le duc de Savoie, tous les deux aussi capables l'un que l'autre, étaient subordonnés aux caprices et à l'ineptie de ce général de carton doré. Il n'est pas étonnant qu'un grand prince comme M. de Savoie ait eu de la peine à supporter ce joug, et s'en soit affranchi dès qu'il a pu le faire.

On donna ainsi la bataille de Chiari. Il faut convenir, qu'en désirant la victoire aux armées, le prince souhaitait à Villeroi un bon échec, ce qui n'était pas facile à accorder. Lorsqu'il arriva à l'armée, le prince Eugène, qui ne manquait jamais aux respects extérieurs, l'envoya complimenter, comme chef de sa maison. Il lui fit offrir, en même temps, de beaux chevaux turcs, qu'il avait encore de Zenta ; le duc m'en envoya deux pour mon carrosse de ville ; les duchesses en furent fort jalouses.

Cette bataille de Chiari fut perdue par la faute de Villeroi, qui l'engagea, contre l'avis de Victor Amédée et de Catinat. Le prince s'y battit en héros, au point de forcer l'ennemi d'admirer son courage, ce qui fit dire au prince Eugène :

– Monsieur mon cousin, le duc de Savoie, voudrait bien que les Français fussent battus, mais ce diable de Victor Amédée a tant de vaillance, qu'il ne peut s'empêcher de nous battre de tout son cœur, en attendant.

CHAPITRE XXVI

Nous voici arrivés au moment où Victor Amédée me donna les plus grandes preuves de son attachement, au moment où il m'aima le plus, en effet, et où j'eus le malheur de m'assurer, au contraire, que j'avais plus de reconnaissance que d'amour. Je ne parlerais pas si longuement de moi, si ce n'était parler, en même temps, de ce grand prince, que les générations futures seront heureuses de connaître par celle qui l'a si bien connu. Il faut donc entendre ce qui va suivre, presque en dehors de la politique et de la guerre, et tout à fait dans l'intérieur du palais, sans compter ma villa, où nous irons bien quelquefois.

Le prince dînait presque tous les jours chez moi, on le sait, mais il ne manquait jamais d'y souper, et en compagnie de ce que nous pouvions réunir de beaux esprits, de courtisans et de généraux qu'il aimait ; j'y souffrais peu de femmes, et elles n'y entraient qu'après un mûr examen. Les femmes ne valent guère entre elles, à la cour, surtout. L'entrée de ce souper était bien enviée, on y tâchait par tous les moyens possibles, mais j'y faisais bonne garde, et l'on n'admettait que mes amis. Un soir, par un extraordinaire inouï, M. de Savoie me fit dire qu'il ne viendrait pas, il était retenu par Madame Royale, elle avait convié pour lui une vieille mie qui l'avait élevé, qui habitait à Chambéry, et qu'on avait fait venir exprès pour la voir. Je fus de si mauvaise humeur, que je renvoyai tout le monde, et je soupai seule, d'un plat français, que je ne mangeais guère avec le duc. Je mangeai de colère, plus que de coutume, ensuite je me couchai, et je ne tardai pas à m'endormir. Il était de bonne heure encore. Sur le minuit, je fus éveillée par des douleurs épouvantables, il me sembla qu'on me déchirait les entrailles. J'appelai mes femmes, les françaises, d'abord, je ne me confiais qu'à elles, et, l'avertissement du petit Michon m'étant venu en tête, je me mis à crier que j'étais empoisonnée.

– Mon Dieu ! madame, me dit Marion, cela se peut bien, ce méchant abbé de Verrue a tant dit que la main de Dieu vous frapperait bientôt.

– Ma mie, ne nous amusons pas à discourir. Vite un médecin, et vite M. le duc. Le médecin dira si nous ne nous trompons pas, et Son Altesse me donnera le fameux contrepoison de Venise, je veux le tenir de sa main.

– Mais si vous le preniez tout de suite, madame.

– Avant de savoir si j'en ai réellement besoin ! Non, non, Marion, il ne s'agit pas ici de perdre la tête, autrement, je ne la retrouverais plus. Fais partir deux de mes gens sur-le-champ, et qu'on se hâte, le temps presse !

J'étais à Turin, heureusement ; un quart d'heure après, le médecin et le prince étaient chez moi. Le premier déclara que j'étais bel et bien empoisonnée, et le second se dépêcha de me faire prendre une dose raisonnable de notre drogue, sans vouloir souffrir que j'en prisse aucune autre, et je puis dire que je lui dois la vie.

Analyse faite des matières rejetées, mon médecin déclara ne point connaître ce poison, et n'avoir pu me guérir avec les remèdes ordinaires. Je fus, toute la nuit, entre la vie et la mort ; Victor Amédée ne me quitta pas une minute. Il fit d'abord arrêter toute ma cuisine, et interroger sévèrement en les menaçant de la torture. Je voulus qu'on exemptât mon faiseur de tourtes, qui nous avait avertis. On eut beau demander, prier, donner des ordres sévères et se fâcher beaucoup, on n'apprit rien. Ce furent lettres closes. Seulement, un de mes chefs raconta qu'un homme, étranger à mon service, était venu le matin, sous prétexte de demander un de mes officiers, que j'avais fait chasser la veille. Il avait rôdé autour des fourneaux, et on avait dû le mettre à la porte, en conservant certaines formes, néanmoins.

Tout d'une voix on l'accusa.

À midi, le docteur me déclara hors de danger. Son Altesse en eut une joie dont je lui serai éternellement obligée. Elle fit dire une messe d'actions de grâces, et, en même temps, on donna sous main le conseil à l'abbé de Verrue de quitter Turin. Ma belle-mère, en apprenant ce qui s'était passé, m'envoya une lettre de mon mari, que j'ai relue bien souvent, et que je sais par cœur ; je l'ai encore sous les yeux, au moment où j'écris.

– « Je ne puis me consoler d'avoir perdu cette femme que tout me rappelle et que rien n'efface, je la regrette de toutes mes forces, et, cependant, je ne garde aucune haine de ce qu'elle m'a fait souffrir. Je lui souhaite bien du bonheur, je me surprends à penser que ce prince ne l'aime pas comme je l'aimais, et qu'il ne lui donne pas tout le bonheur qu'elle mérite. Vous voyez, madame, que je suis loin d'être guéri, et que je n'ai nulle envie de revenir en Savoie. »

Ces mots me firent à la fois du bien et du mal. Pourquoi donc avait-il été si faible, puisqu'il m'aimait, et pourquoi n'avais-je pas eu de patience ? Je me mis à détester ma belle-mère et cet affreux abbé Scaglia de toutes mes forces, je déclare que je les détesterai jusqu'au dernier jour, c'est une de mes voluptés.

Je restai près d'un mois au lit, des suites de cette belle équipée. C'était justement en même temps que Crémone l'échappait belle, de la part du prince Eugène. Villeroi y fut fait prisonnier, à la grande joie des deux armées ; la sienne se réjouit plus encore, je le crois, que les ennemis ; ils chantaient publiquement un pont-neuf que M. de Savoie me vint dire, pendant que je gardais encore la chambre, et qui nous amusa beaucoup :

« Français, rendons grâces à Bellone,
« Notre bonheur est sans égal :
« Nous avons conservé Crémone
« Et perdu notre général. »

– Nous voilà délivrés du Villeroi, ajouta le duc. L'empereur le rendra, il ne le craint guère, mais, en attendant, la France en enverra un autre, et, probablement, il ne reviendra plus.

Nous apprîmes, en effet, que nous aurions le duc de Vendôme. Victor Amédée n'en fut qu'à moitié content ; il avait déjà, je crois, le dessein de changer d'avis. Il eût voulu y être forcé ; le duc de Vendôme était homme à ne point justifier son changement, et à lui donner tort par ses victoires.

Quant à moi, j'en fus charmée : toute ma vie, j'avais entendu vanter ce brillant général. Je savais son esprit, ses talents guerriers, et combien le sang d'Henry IV dominait dans ses veines. Mon père l'aimait peu, il s'en défiait, mais ma mère en disait grand cas, et toute sainte qu'elle fût, elle lui passait ses débauches. Il faut bien le dire : le duc de Vendôme était hors de toutes proportions, à cet égard. Il passait, tout ce qu'on raconte, pour un des plus paresseux et des plus débauchés ; si l'on ajoute, des plus sales, on aura mis au jour ses trois vices principaux. À cela près, il était charmant, non point beau, mais d'un grand air et d'une amabilité surprenante, mais les défauts que j'ai dits le renvoyaient aux amours du ruisseau ; aucune femme n'en voulut, ou, du moins, ne l'avoua, car, pour la cachette, je ne réponds d'aucunes.

Le grand prieur, son frère, qui le suivit, était encore plus débauché, plus sale et plus paresseux que lui. L'état où nous les avons vus tous les deux, pendant leurs dernières années, leur cynisme, tout cela n'est point encore de mon sujet ; nous y verrons plus tard, si je me décide à donner suite à ces mémoires, depuis mon retour en France, pour ce que j'y ai vu et pour ce qui s'est passé sous mes yeux. Cela dépendra du temps que la mort me laissera.

M. de Vendôme arriva, que j'étais à peine convalescente. Il vint saluer, à Turin, Son Altesse Sérénissime, Madame Royale, et la duchesse régnante. Ce premier jour fut tout donné aux devoirs, il n'en glissa pas moins dans l'oreille du prince qu'il brûlait de me voir, et, en effet, dès le lendemain, il arriva chez moi, sans s'être fait annoncer.

– Ah ! dit-il, en entrant et en se jetant sur un siège, sans me saluer autrement, j'espère qu'ici, du moins, on est en France, qu'on parle français, qu'on mange en français, qu'on aime en français ; aussi, me voilà, madame, tout fier d'être chez vous, près de vous, de pouvoir l'écrire, et d'annoncer à l'Europe quelle merveille de beauté nous avons donnée à ce duc, qui devrait nous être à jamais fidèle, ne fût-ce que pour cette raison.

Je lui répondis comme je le devais, prenant bien garde à mes paroles, car M. de Vendôme était bien homme à me faire parler. Le duc m'en avait prévenue. Je lui fis servir un excellent dîner, auquel il fit honneur, et j'essayai de le raccommoder avec le fromage, que l'on met à toutes sauces en Piémont. Il le trouva bon en certains cas.

– Ah ! lui dis-je, si vous aviez goûté d'un certain plat, que me faisait un certain abbé Alberoni, que nous avons renvoyé à Parme, vous seriez bien plus enchanté encore, monsieur.

– Madame, je garde ce nom dans ma mémoire, et je vais m'enquérir partout de cet abbé Alberoni et de son plat.

Il l'a bien retenu, en effet, et, sans m'en douter, j'aidai, ce jour-là, au début d'une des plus grandes et des plus singulières fortunes de ce siècle-ci, comme on le verra.

Alberoni accompagna l'archevêque de Parme, lorsque celui-ci allait traiter pour son souverain avec M. de Vendôme, victorieux alors. M. de Vendôme avait, entre autres habitudes extraordinaires, celle de recevoir les ambassadeurs et les personnages les plus graves, sur un siège et dans une occupation, où, d'ordinaire, on n'admet que son apothicaire ou son valet de chambre.

L'archevêque fut singulièrement blessé de cette façon d'agir, et s'en alla, ce qui n'avança pas les négociations. Il fallait cependant les mener à bon port ; l'archevêque s'obstinait à ne pas vouloir retourner, et, en même temps, à ne point demander un successeur.

« Il fallait que M. de Vendôme le reçût décemment », disait-il, en quoi il n'avait pas tort, et monsieur de Vendôme répondait :

– Je ne me gênerai pas pour ce vieux pingre, qui n'a pas seulement un anneau pastoral en pierre fine, j'en ai reçu de plus huppés, sur ma chaise, qui s'en sont contentés, il s'en contentera, ou bien, au diable son traité et tout son grimoire !

La querelle n'était pas prête à finir, on le voit, puisque personne ne cédait, et l'on ne savait plus à qui s'adresser, ni comment faire, lorsque Alberoni s'engagea à tourner la difficulté, si on le laissait faire. Il proposa d'aller reprendre la conférence où l'évêque l'avait laissée. Alberoni avait fait son chemin, à petit bruit ; depuis son retour à Parme, l'évêque l'avait donné à son souverain, comme une manière de bouffon très amusant, et le duc le goûtait fort.

– Va donc près de ce singulier prince, lui dit-il, et ce sera la fable du singe et de la couronne, je suis sûr que ton adresse et ton esprit me serviront mieux que les meilleurs négociateurs.

J'ai négligé de dire une circonstance, la principale, cependant, et ce qui fâcha l'évêque par-dessus toutes choses, c'est que je ne sais trop comment m'expliquer, ayant le malheur d'être femme et de ne pas savoir parler latin.

M. de Vendôme, tout au beau milieu de la conférence, dans le moment le plus important et le plus grave, se leva tout à coup, et montra à l'évêque, épouvanté, ce qu'assurément il n'avait jamais montré aux ennemis de la France, et le tout, dans un accès de propreté, bien en dehors de ses habitudes.

– Mais, disait-il, il ne faut pas que les étrangers nous accusent d'être des…

Vous y mettrez le mot, s'il vous plaît.

L'évêque n'en fut que plus en colère, il se regardait comme offensé dans son double titre de prélat et d'ambassadeur. Alberoni était d'un bien autre acabit. Il arriva, se fit annoncer comme envoyé du duc de Parme, et réclama audience sur-le-champ.

– Un envoyé du duc de Parme ! Est-ce encore cette face blême d'évêque ? Dites-lui que je suis justement où j'en étais l'autre jour.

Comme on lui dit que c'était un abbé, qui semblait jovial, et qui n'avait point de prétention à d'autres façons que les siennes, M. de Vendôme le reçut. Il le regarda quelques instants, de ce coup d'œil sûr qui mesurait si vite les champs de bataille, puis il lui demanda son nom :

– Alberoni.

– Alberoni ! Justes Dieux ! As-tu été à Turin ?

– Oui, monseigneur.

– Tu connais la comtesse de Verrue ?

– Si je la connais, je lui dois tout.

– Ce serait une raison pour que tu ne la connaisses plus si ton *tout* était quelque chose, mais tu me feras la fricassée.

– Oui, monseigneur, celle-là et d'autres.

– Tu es mon homme, Alberoni, et je veux traiter avec toi, pour toi-même, plutôt que pour ton maître ; que ne parlais-tu l'autre jour ! nous nous serions déjà entendus. Attends un peu, nous allons aller dans la pièce, où sont mes cartes, et nous disputerons.

Et de se lever aussi vite que sa position le lui permettait, il recommença la même aventure qu'avec l'évêque, seulement Alberoni ne s'en fâcha point.

À dater de ce jour, il ne quitta plus M. de Vendôme, il devint son confident, son secrétaire, son cuisinier, tout, excepté son suivant à la bataille ; il le suivit en France, et de là sa fortune qui l'a fait depuis cardinal, premier ministre, arbitre de l'Espagne. Tout ce que nous avons vu enfin, et ce que chacun sait en ce temps-ci.

CHAPITRE XXVII

Monsieur de Vendôme annonça au duc l'arrivée de monsieur le roi d'Espagne comme très prochaine, en ajoutant que le désir de Louis XIV était qu'il allât recevoir Sa Majesté Catholique à Alexandrie, afin de la voir plus longtemps. La cour entière s'y devait transporter. Je n'étais pas assez bien portante pour l'y suivre, mais le prince le désira tant que je consentis à m'y faire transporter en litière, inconnue, et à condition qu'on le dirait le moins possible. Je m'apercevais bien que Victor Amédée était jaloux ; c'est un vilain défaut, selon moi, surtout dans un homme pour qui on a plus d'amitié que d'amour. Je le souffrais déjà impatiemment, mais ce n'était pas au point où cela est venu depuis.

Les princesses étaient à Alexandrie avant moi. Madame la duchesse de Savoie se plaignit de ce que l'on m'avait emmenée, non pas à son mari, mais à ses familières qui ne manquaient pas de le répéter.

– J'espère bien que le roi d'Espagne ne la verra pas, dit-elle.

Son Altesse le sut, il n'était pas dans ses idées gouvernementales qu'on s'occupât de ses actions privées ; elle réprimanda sévèrement la princesse, qui en avait encore les yeux tout rouges au moment du dîner.

– Madame de Verrue est mon amie, madame, avait-il dit, j'entends qu'on la respecte comme telle, et vous autant que les autres ; elle ne vous a jamais manqué, vous n'avez pas à vous plaindre d'elle, ne l'attaquez pas ; elle verra le roi d'Espagne s'il lui convient de le voir et de venir prendre à ma cour la place qu'elle y doit tenir, par sa naissance, son esprit, et sa beauté.

Je ne vis pas le roi d'Espagne, je n'en avais nulle curiosité, et je restai fort cachée, ce qui m'arrangeait beaucoup mieux. Il y eut là de grands événements dans de petites choses qui décidèrent du sort de la Savoie. Les princes et surtout celui-là tiennent à leur dignité avant leur intérêt même.

Philippe V vint en chaise de Finale, où il était débarqué, à Alexandrie ; le duc alla au-devant de lui assez loin, et dès qu'ils se rencontrèrent, ils descendirent de leurs carrosses et s'embrassèrent. Les compliments furent courts ; le roi s'excusa de ne pouvoir lui offrir une place dans une si petite voiture, et lui dit qu'il le reverrait dans peu, et que le soir même il lui demanderait à souper.

Ceci bien convenu, M. de Savoie revient à la ville, passe chez moi pour me raconter cette entrevue, et s'en va chez le roi son gendre. Il avait bien stipulé avec les seigneurs du *Despacho* de Sa Majesté Catholique qu'il aurait un fauteuil, et qu'il renonçait à demander la main, ainsi que l'avait eue Charles Emmanuel, en allant épouser en personne la fille de Philippe II, mais que pour le fauteuil il y tenait.

On fit changer d'avis à M. de Louville, le *factotum* de cette cour. Le duc fut reçu debout : Philippe V décommanda son souper, sous prétexte que ses officiers n'étaient pas arrivés ; enfin, il reçut toutes les mortifications possibles ; il abrégea sa visite, et revint à mon logis, outré, me demander un morceau à manger et de l'écouter décharger son cœur.

– Ils verront, me dit-il, et l'on ne me traitera pas ainsi chez moi sans que je me venge.

Le lendemain le roi d'Espagne le vint voir et ne s'assit pas ; il alla de même chez les princesses, avec lesquelles il est de fort bonnes grâces, surtout avec la fille de Monsieur, sa tante et sa belle-mère en même temps.

Le duc fut poli, très digne et très réservé.

En prenant congé du roi, qu'il reconduisit seulement à un mille de la ville, il lui fit une grande révérence en lui disant :

Arrivée de Philippe V à Alexandrie.

– Votre Majesté m'excusera, si je ne fais pas la campagne en personne, ainsi que je l'avais résolu ; il se peut aussi que je ne puisse fournir beaucoup de troupes. Mes peuples sont fort épuisés d'hommes et d'argent, je ne suis pas riche, nos montagnes ne produisent guère, mais mes vœux suivront toujours les armes de Votre Majesté.

Le compliment se termina là mais ceux qui connaissaient le prince purent dès lors en augurer ce qui arriva.

Il revint à Turin précipitamment ; j'étais partie la veille, pour qu'il n'eût pas à m'attendre. Comme je mettais pied à terre en ma maison, Barbette, que je n'avais pas emmenée, me vint dire que j'allais y trouver un étranger, caché dans le fond de l'appartement de mes enfants ; que Son Altesse lui avait envoyé l'ordre de le recevoir dans le plus grand secret, de le traiter comme lui-même et de le servir de son mieux. Un mot du duc pour moi éclaircit le fait, c'était le comte d'Aversberg, envoyé secret de l'empereur.

J'étais fort désolée de tout cela ; je voyais la ruine du pays imminente, et le prince en butte à tous les malheurs, à toutes les calomnies de l'Europe entière ; je me promis de le lui dire dès que je le vis.

– Je sais ce que je fais, me répondit-il, il suffit que vous soyez française pour que je ne vous écoute point.

Les conférences se passèrent toutes chez moi, en ma présence. Le comte apporta de très belles conditions, mais Victor Amédée voulait davantage ; je ne sais ce qui en serait résulté si l'ambassadeur de France, M. Philipeaux, n'eût découvert par ses espions un courrier dépêché au prince Eugène. Il vint sur-le-champ trouver Son Altesse, au palais, et tout rouge de colère, il commença des plaintes et des récriminations que M. de Savoie écouta avec un sang-froid méprisant.

– Mais monseigneur, reprit Philipeaux, quelles sont les intentions de Votre Altesse ?

– Ai-je des comptes à vous rendre, monsieur ?

– Non pas à moi, mais à mon maître.

– S'il me les demande, je saurai sur quel ton lui répondre.

– Monseigneur, je serai forcé d'écrire tout cela.

– Écrivez, monsieur ; qui dit ambassadeur, dit espion, je ne l'ignore pas.

– Monseigneur, Leurs Majestés les rois de France et d'Espagne vous renverront les princesses vos filles, si vous les forcez à vous traiter en ennemi.

– Qu'ils les renvoyent, nous avons besoin de servantes.

L'entretien devait s'arrêter là ; je le sentis plus vite qu'eux, moi qui n'étais pas en colère, et je fis signe à Philipeaux de sortir ; il comprit que mon conseil était bon, car il en profita, il salua le prince, qui lui rendit un signe de tête et nous laissa.

– Ma chère comtesse, me dit Victor Amédée, les vitres sont cassées et nous allons avoir l'Espagne et la France en face de nous. Il arrivera ce que Dieu voudra, mais je n'y tenais plus : envoyez chercher, s'il vous plaît, Aversberg tout à l'heure.

Le comte vint, ils s'enfermèrent ; je n'ai jamais su ce qui se disait dans cette conférence. J'en ai vu les résultats. Philipeaux écrivit ; marqua-t-il, le mot sanglant du duc sur ses filles ? Ce qui est certain, c'est que les suites furent terribles ; le roi envoya l'ordre à M. de Vendôme de désarmer les troupes piémontaises qui se trouvaient avec les siennes et qui venaient de faire des prodiges de valeur à la bataille de Lugara. Cette opération se fit sans résistance, car on ne s'attendait à rien. Les soldats désarmés furent incorporés dans les régiments français et bien entourés, de crainte de désertion.

Jamais je ne vis fureur semblable à celle de Victor Amédée lorsqu'il apprit cette nouvelle ; il soupait chez moi avec Aversberg et deux ou trois familiers. Il jeta la dépêche par terre et donna un grand coup sur la table en jurant d'une façon énergique.

– Comte d'Aversberg, vous pouvez annoncer à l'empereur que je me battrai jusqu'à mon dernier homme et ma dernière ressource pour m'opposer à l'ambition de Louis XIV. Vous n'avez plus besoin de vous cacher ici ; demain tous mes sujets connaîtront ma résolution, je les appellerai à moi, et ils ne me manqueront pas plus qu'autre fois. Je vous réponds d'eux.

Son indignation se répandit, comme une traînée de poudre, dans tout le pays, il n'y eut que cris et que rage, partout, dans toutes les classes ; les peuples, les bourgeois, la noblesse, ils accoururent tous.

Le soir même où il apprit cet étrange procédé, l'ambassadeur Philipeaux fut arrêté dans son hôtel, tous les Français résidant en Piémont le furent également et leurs marchandises saisies.

Dans la nuit il fit appeler les membres les plus influents de l'assemblée des nobles pour s'entendre avec eux.

– Messieurs, leur dit-il, c'est en vous, après Dieu, que j'ai placé ma plus ferme espérance, pour obtenir satisfaction d'une injure qui nous est commune, et qui ne peut être supportée par des gens de cœur.

Ce furent des cris et des menaces effrayantes, qui nous firent trembler, madame la duchesse et moi, car nous ne pouvions oublier que nous étions nées françaises.

Quoiqu'ennemies en public, et par position, nous étions loin de nous détester en particulier.

Nous avions des rapports fréquents, inconnus même à Victor Amédée. Et je lui donnais souvent des avis, dont elle profita dans sa conduite ; cette explosion de fureur ne nous plaisait ni à l'une, ni à l'autre.

Elle m'envoya une de ses femmes pour me le dire, en ajoutant, qu'elle souhaiterait d'être loin alors ; à quoi je lui fis répondre que je serais charmée de m'en aller avec elle.

Le prince envoya chercher Philipeaux, qu'on gardait à vue et dont tous les papiers furent visités.

Philipeaux soutint bien l'honneur de son maître.

– Comment, monsieur, lui dit le duc, le roi de France a osé commettre une action aussi lâche sans prendre même la précaution de vous mettre en sûreté ?

Il tient donc bien peu à votre liberté, à votre vie ; vous êtes cependant un fidèle serviteur.

– Sa Majesté peut disposer de moi, ma liberté et ma vie lui appartiennent, répondit Philipeaux, aussi tranquillement que s'il se fût agi d'une partie de chasse.

– Mais savez vous que cette action de votre maître est infâme ? désarmer un allié qui dort sur la foi des traités !

– Lesquels ? ceux de Votre Altesse avec mon souverain, ou ceux qu'elle est en train de conclure avec le prince d'Aversberg, caché chez madame la comtesse de Verrue depuis plus d'un mois ?

Le duc fut interdit la lueur d'un éclair, il se domina assez pour le cacher même aux yeux clairvoyants de l'ambassadeur, mais il lui vint à l'idée que Barbette ou Marion l'avaient trahi, et Dieu sait qu'elles n'y pensaient guère.

– Je puis me venger, monsieur, on m'a abreuvé d'assez de dégoûts, et je n'ai à rendre compte de ma vengeance qu'à Dieu ; je vous ferai connaître mes volontés.

– Je les exécuterai si je le trouve convenable, monseigneur ; moi j'ai à rendre compte de mes actions au roi mon maître et à l'Europe qui nous jugera tous les deux.

– N'osez-vous pas dire peut-être que je n'avais pas le droit de vous faire arrêter ?

– Non, monseigneur, vous ne l'aviez pas, vous n'aviez pas tant de raison de vous assurer de ma personne, que le roi mon maître de faire désarmer vos troupes ; deviez-vous douter qu'étant à sa solde, Sa Majesté ne fût la maîtresse de disposer de vous, de vos soldats et de vos États mêmes, monseigneur ?

– Sortez, sortez monsieur, s'écria le duc, hors de lui-même, sortez, ou j'oublierai votre caractère et je ne sais…

– Il me semble que depuis plusieurs heures Votre Altesse ne s'en souvient plus, répliqua froidement Philipeaux, faisant une révérence et se disposant à sortir ; on pourra le lui rappeler.

Le duc eut bien de la peine à se contraindre ; il le fit néanmoins, pour ne mettre aucun tort de son côté : le lendemain matin il reçut une dépêche de Louis XIV ainsi conçue :

Monsieur, puisque la religion, l'honneur et votre propre signature ne servent de rien entre nous, j'envoie mon cousin le duc de Vendôme, pour vous expliquer mes volontés ; il vous donnera vingt-quatre heures pour vous décider.

Les vingt-quatre heures de libre arbitre étaient une dérision ; le duc répondit sur-le-champ :

– Sire, les menaces ne m'épouvantent point : je prendrai les mesures qui me conviendront le mieux relativement à l'indigne procédé dont on a usé envers mes troupes ; je n'ai que faire de mieux m'expliquer et ne veux entendre aucunes propositions.

On lui proposa néanmoins de recevoir garnison française à Turin et dans les places fortes du Piémont ; il ne prit même pas la peine de répondre, mais en quelques semaines il eut organisé une défense magnifique dans tout le pays.

Pour la seconde fois je fus témoin de l'enthousiasme d'un peuple travaillant pour sa liberté sous les ordres d'un souverain éminemment capable. Il est incroyable ce qu'ils firent ; les forteresses se réparaient, une armée s'improvisa, les soldats surgissaient comme par enchantement, tout l'argent de la noblesse et de la bourgeoisie fut apporté entre les mains du prince qui sut en tirer un parti merveilleux.

Ceux que la France avait désarmés et incorporés dans les régiments désertèrent et revinrent trouver leurs drapeaux. Le prince était rayonnant.

– Mes peuples m'aiment, me disait-il, vous le voyez, et je suis sûr d'être approuvé de l'Europe, indignée d'un manque de foi, d'une trahison aussi indigne. Je saurai résister, mais l'empereur me vendra cher son assistance. Ah ! pourquoi n'ai-je pas un État assez grand pour me passer du secours des autres !

Le dessein était pris d'arrêter le prince et de l'envoyer en France ; j'en fus avertie par quelques lignes d'un ami que je ne nommerai pas et qui risquait sa tête pour me rendre service ; je ne l'ai jamais oublié ; le duc devait aller visiter les lignes des frontières pour les rendre inattaquables, ou du moins susceptibles de la résistance. C'était pendant le voyage qu'il devait être enlevé ; le duché était envahi et moi probablement réclamée par les Verrue. Mes parents en France ne m'auraient pas soutenue contre eux, ils me l'ont bien prouvé ; j'étais donc tout à leur merci, mon ami le savait, voila pourquoi il me prévint avec tant d'empressement, car pour Victor Amédée, il n'y tenait guère.

Cet avis m'arriva singulièrement ; le prince aimait les devins, je l'ai dit, il en avait plusieurs à Turin qu'il consultait souvent, et auxquels il accordait sa confiance. J'y allais aussi, moitié par conviction, moitié pour me distraire, car ils m'avaient trompée quelquefois, ils m'avaient aussi annoncé des choses très vraies et très étranges. Quelques jours après tous ces événements, Marion vint m'annoncer qu'il y avait là un homme se disant Vénitien, qui me demandait et qui assurait que je le verrais avec plaisir.

– Dites à madame la comtesse, ajouta-t-il, que c'est celui qu'elle a été consulter.

– Ah ! oui m'écriai-je, qu'il entre, il arrive à propos.

C'était en effet notre sorcier de Venise : on juge comme je le reçus, car la bague m'avait certainement sauvé la vie ; il m'écouta tranquillement, avec ce visage impassible qui faisait une de ses grandes puissances.

– Je suis venu exprès, madame, pour vous rendre un grand service, et j'espère que j'arrive à temps.

– Qu'est-ce donc ?

– Que Son Altesse ne sorte pas de la ville, elle court un grand danger. Une embuscade est dressée, elle doit être enlevée et conduite en France, tout est disposé pour cette grande action.

– En êtes-vous bien sûr ? ceci est-il une certitude, ou une prophétie ?

– Si j'étais un imposteur, je m'en donnerais le mérite auprès de

La prédiction.

vous, madame, mais je vous dirai la vérité, c'est un avis que l'on m'envoie vous donner. Voici quelques lignes d'un ami, pour vous donner créance.

Je lus toute troublée.

– Vous voyez qu'on peut ajouter foi à mes paroles, et que je ne vous trompe pas ; maintenant si vous voulez savoir ce que dit la destinée, de grands malheurs menacent M. le duc de Savoie, bien que cette embuscade ne doive pas réussir, mais le plus grand de tous sera celui qu'il aura de vous perdre.

– Je mourrai ?

– Non pas, vous quitterez ce pays-ci.

– Volontairement ?

– Volontairement.

– Et sera-ce bientôt ?

– Vous ne tarderez guère, je puis, si vous le voulez, vous en préciser demain l'époque.

– Surtout, gardez-vous d'en laisser soupçonner l'apparence au duc. Et pourquoi m'en irai-je ?

– Je ne veux pas vous le dire.

– Je voudrais pourtant bien le savoir.

– Écoutez, madame, vous êtes une personne de parole ; si vous voulez me donner la vôtre de m'obéir en tout, votre curiosité sera satisfaite, mais pas à présent.

– Comment cela ?

– Je regarde comme nuisible à votre bonheur que vous sachiez dès aujourd'hui le sort qui vous attend ; mais si vous voulez me promettre de ne pas l'ouvrir avant le jour où vous quitterez l'Italie, je vous donnerai un sachet cacheté qui contiendra votre horoscope. Vous verrez alors si je vous trompe.

– Eh bien ! j'y consens donc, donnez.

– Je vous l'apporterai demain.

Je m'empressai de le congédier pour chercher le prince et lui apprendre l'avis que j'avais reçu ; il ne s'en troubla point.

– On ne me prend pas comme cela, me dit-il, je saurai m'en garantir, oh ! si Louis XIV venait en Italie, ou si Philippe V n'était pas hors de mes États, je vous jure que… Enfin, nous allons leur en donner pour leurs frais.

– Vous ne ferez pas le voyage ?

– Je le ferai, mais précédé d'un manifeste, pour apprendre à mes peuples ce projet du roi, et les prier de me garder eux-mêmes ; vous verrez que je serai bien tranquille et que la mine éventée n'éclatera pas. Merci, comtesse, votre ami a choisi un messager tout particulier ; que faisait-il donc notre devin à courir les armées ?

– Il venait ici à Turin, pour vous. Ne l'avez-vous pas mandé ?

– Pas précisément ; me répondit-il avec embarras (il y avait des instants où il rougissait d'avouer sa crédulité ; j'ai remarqué que c'était surtout dans les moments difficiles), je lui ai seulement fait écrire que je serais bien aise de le voir.

– Il vous a compris et il est venu.

Le lendemain le sorcier m'apporta une manière d'amulette fort proprement arrangée à l'orientale, il me pria de me la pendre au cou, jusqu'au jour promis.

– J'ai quelque chose à y ajouter, dit-il, quelque danger que vous couriez ne vous effrayez pas, ni maladie, ni accident ne peuvent vous faire mourir, vous êtes destinée à faire d'abord une grande œuvre, et loin d'ici.

– Laquelle ?

– Vous sauverez la vie à un grand personnage, vous conserverez le dernier bouton de l'arbre le plus illustre et le plus précieux de l'Europe, et vous finirez paisiblement et heureusement vos jours, ceci je vous le promets.

Il a tenu parole ; quant au sachet, je l'ouvris quand j'en eus le droit, j'y trouvai strictement ce qui m'était arrivé et ce qui m'est arrivé depuis ; je n'ai jamais vu devin aussi habile que celui-là bien que j'en aie consulté beaucoup, car Victor Amédée m'avait passé sa maladie.

CHAPITRE XXVIII

Le moment des épreuves était venu pour Victor Amédée ; il faut lui rendre la justice de dire qu'il se montra supérieur en toutes choses, et qu'il fut plus grand que sa fortune.

Il signa le traité de Vienne, par lequel l'Empereur s'engageait à le secourir, mais le maréchal de La Feuillade n'envahit pas moins la Savoie, et messieurs de Vendôme gardaient l'autre côté.

Chaque jour apportait la nouvelle d'une perte ou d'une défaite, tous les courriers qui arrivaient auraient dû mettre un crêpe, car ils menaient un deuil. Le prince était partout, il ne couchait pas trois jours de suite dans le même lieu, et, ce qui est plus fort, il m'obligeait à le suivre. Il lui était survenu une jalousie effrénée, sans que j'y eusse donné lieu que par un peu de refroidissement dont je n'étais pas la maîtresse.

On le sait : je n'avais jamais aimé ce prince avec une grande passion, c'était l'amitié et la reconnaissance qui m'attachaient à lui. Il n'était pas, d'ailleurs, bien aimable en ces temps-là. Cette jalousie m'était odieuse, et je n'aspirais qu'à m'y soustraire.

Dès cette époque, je formai le projet que j'ai exécuté depuis : deux circonstances le retardèrent. La première fut une petite vérole des plus malignes, dont je fus saisie, et qui mit tout le monde dans l'inquiétude, excepté moi. La prédiction de notre sorcier me donnait la certitude de n'en pas mourir. Heureusement aussi, elle me prit à Turin, et pendant un repos du duc ; sans cela, je ne sais ce qui serait arrivé. Au risque de passer pour ingrate, je lui rendrai la justice qu'il mérite. Aussitôt que je fus attaquée, il s'enferma avec moi, ne me quitta pas, et me soigna lui-même, avec un zèle et une tendresse que je n'oublierai jamais.

En vain les médecins lui représentèrent le danger qu'il courait, en vain sa mère le vint-elle conjurer, presque à genoux, de songer à lui et à ses peuples, en vain le priai-je moi-même de m'abandonner à mon sort. Voici ce qu'il répondit :

– J'ai fait quitter à la comtesse de Verrue son mari, sa famille et sa maison, eût-elle envers moi tous les torts possibles, je ne l'oublierais jamais. Elle n'en a aucuns, Dieu merci ! Je dois donc remplacer pour elle tout ce que je lui ai pris ; je ne la quitterai pas.

Il tint parole, et, tant que le danger dura, il ne sortit pas de ma chambre, où il s'était fait dresser un lit de camp, et où il travaillait avec ses ministres, ce qui ne leur plaisait pas ; je l'ai su depuis d'eux-mêmes.

Quand je fus en convalescence, il retourna chez lui, pour la nuit seulement, encore fallut-il de grandes prières. Mon occupation constante était de demander un miroir, pour savoir si j'étais bien défigurée, et l'on me le refusait impitoyablement. Enfin, quand j'eus repris mes forces, et que je commençai à me lever, il n'y avait plus moyen de se taire. Tous les miroirs de ma chambre étaient couverts ; j'ordonnai à Marion d'ôter ces voiles.

– Madame, me répondit-elle, Monseigneur va venir, il veut lui-même parler à vous à ce sujet, il nous a défendu de vous dire un mot, ni de vous obéir pour cela.

– Allons, pensai-je, je suis hideuse, et l'on veut me l'annoncer doucement.

Je l'attendis avec une impatience incroyable, et si j'avais pu aller moi-même déchirer ces malheureuses enveloppes, je ne m'en serais pas fait faute, mais j'étais trop faible.

Il arriva enfin, et m'embrassa avec la dernière tendresse.

– Vous m'êtes rendue, ma chère comtesse, et que le Dieu miséricordieux en soit béni !

Le miroir.

– Je vous remercie, monsieur, de votre attachement, je le sens, comme je le dois, n'en doutez pas, mais, dites-moi…

– Si vous êtes encore belle, n'est-ce pas ? Vous serez toujours la plus belle du monde à mes yeux.

– Mais aux yeux des autres, monsieur, comment suis-je ?

– Que vous importe ?

– Mais on ne veut pas faire horreur, monsieur, et puis, pour soi-même…

– Rassurez-vous, me répliqua-t-il plus froidement, il vous reste encore plus de charmes qu'il n'en faut pour contenter des plus délicats. Soyez satisfaite, vous allez vous voir et vous juger.

Il alla vers un grand miroir de Venise, un des plus beaux qu'il y eût au monde, dont il m'avait fait présent, et que j'ai là en face de moi, au moment où j'écris. Il ôta la gaze qu'on y avait mise, et me dit :

– Regardez-vous !

Mon premier mouvement fut de fermer les yeux, et d'éloigner cet instant que j'avais tant désiré.

– Du courage, reprit le duc, du courage ! Cela n'est pas effrayant.

Je regardai enfin, et je vis une espèce de squelette couturé, avec les yeux rouges, sans sourcils, sans cils, et de la couleur d'une écrevisse cuite.

Je jetai un cri d'horreur et je m'évanouis.

Victor Amédée ni mes femmes ne me comprenaient pas. Ils m'avaient vue si laide, qu'ils me trouvaient superbe, en comparaison, et ne se souvenaient plus que je n'avais pas envisagé mes traits depuis leur changement. Il fallut bien longtemps pour m'y accoutumer. Le prince, cependant, ne se faisait faute de me dire, à chaque minute :

– Ma chère âme, je vous aime mieux ainsi, je serai plus sûr de vous garder à moi tout seul, et qu'une pensée ne vous polluera même point.

J'étais peu flattée du compliment. Il faut aimer un homme, plus que je n'aimais Monsieur de Savoie, pour renoncer à l'admiration de tous.

Il commence à être parlé, en France, d'un parti de philosophes qui veulent connaître toutes les impressions, tous les sentiments, et les expliquer ; qu'ils me disent donc pourquoi, à dater de cette époque, moi qui aurais dû aimer le prince de tout ce que je lui devais, je le pris, au contraire, en aversion, de telle manière, que je ne pouvais me souffrir près de lui. Il est vrai qu'il me fit payer cher les soins qu'il m'avait donnés.

Par une des particularités singulières de cet esprit, qui en avait tant, il s'était *flatté* que je demeurerais toute ma vie dans le même état, et que je ne reprendrais jamais le même visage qu'autrefois ; mais à mesure que la santé revenait, je redevenais aussi, non pas ce que j'avais été, au moins, un portrait un peu effacé, mais toujours ressemblant. Il en fut excessivement fâché, et prit une jalousie de plus en plus enragée, qui alla jusqu'aux mauvais traitements, et qui me fit trouver ma chaîne bien lourde.

J'ai dit que j'avais eu deux raisons de rester près de lui, en ce temps-là, la seconde et la plus vraie était le malheur qui l'accablait. Je ne voulais pas le laisser seul à sa mauvaise fortune, je me sentais un véritable remords, et puis, je ne savais, en vérité, quel moyen prendre pour me soustraire à cette tyrannie ; je n'en voyais aucun, il me surveillait trop.

J'étais strictement enfermée, ne recevant absolument personne, n'allant pas à la cour, ne sortant guère que pour quelque promenade en carrosse, bien gardé, ou une course à la villa.

Il m'emmenait dans tous ses voyages, me laissant quelquefois passer deux ou trois jours seule, dans un mauvais village, où je me mourais d'ennui, si bien que la duchesse régnante disait à notre intermédiaire :

– Si j'en avais jamais voulu à la pauvre comtesse, je lui pardonnerais à présent ; personne ne peut lui envier la vie qu'elle fait : elle me rend un grand service en me l'épargnant.

Sous les autres points, je n'avais pas à me plaindre. Le duc, économe pour tout le monde, était prodigue pour moi. Il me comblait de présents. Je le priais même de s'arrêter, en l'état où était sa fortune, il y pouvait trouver de la gêne. Il me répondit que je le priverais de son seul bonheur. En vérité, maintenant que j'y pense de loin, je fus une ingrate, il m'aimait fort, à sa manière, laquelle n'était éloignée de la mienne que parce que je ne l'aimais pas autant.

Je reçus, en ce temps-là, une lettre qui me donna de fortes tentations d'en finir, en m'offrant les moyens que je cherchais en vain de tous les côtés.

Je ne voyais absolument âme vivante que les ministres, qui travaillaient chez moi avec leur maître, et le bon M. Petit, accompagné parfois du petit Michon, plus petit Michon que jamais, et ayant l'air d'un enfant de quatorze ans à peine, bien qu'il en eût beaucoup davantage, et qu'il fût sur le point d'avoir un bénéfice.

Je vis arriver, un jour, le bon curé, avec un air de mystère qui pinçait sa figure ouverte et me donna envie de rire.

– Qu'apportez-vous, mon cher curé, lui demandai-je ? Vous semblez tenir en réserve la boîte de Pandore.

– Madame, je ne sais ce que j'apporte, ni jusqu'à quel point l'espérance restera au fond, mais voici une lettre qu'un commandeur de Malte étranger m'a prié de vous remettre. Comme j'ai fait quelques difficultés, ne sachant trop ce qu'était ce message, il m'a dit qu'elle venait de M. votre frère. J'espère bien qu'il ne m'a pas trompé.

– Donnez, répondis-je, et quelle qu'elle soit, je vous promets que vous la lirez.

J'ouvris la lettre : elle était, en effet, du chevalier de Luynes, lequel se couvrait de gloire dans la marine du roi, et croisait, dans la Méditerranée, contre les flottes anglaises.

Il était un peu de loisir en ce moment, et me demandait s'il me serait agréable qu'il vînt le passer avec moi. Il ne se fiait pas à la poste, avec raison, et avait prié un de ses amis, qui venait à Turin, pour les affaires de son Ordre, de se charger de sa lettre. On disait, dans le public, que j'étais fort malheureuse, il désirait savoir à quoi s'en tenir, m'offrant son secours pour me tirer de peine, si, en effet, j'y étais. Il ne doutait pas que son ami, homme fort intelligent, ne parvînt à me faire passer son message, quelque bien gardée que je fusse, en me priant de lui répondre par la même voie.

M. Petit me tourmentait depuis longtemps pour mettre un terme à un commerce que, religieusement, il ne pouvait approuver, et qui, maintenant, faisait le malheur de ma vie. À la lecture de cette lettre, il chanta le *Nunc dimittis*, et s'écria que Dieu inspirait le chevalier, qu'il fallait accepter sa proposition et sortir de ce péché, où je croupissais depuis tant d'années.

Je répondis que je ne demandais pas mieux, mais que, d'abord, je ne pouvais abandonner le duc dans le chagrin où il était, et, qu'ensuite, je ne savais comment faire, car, certainement, il ne me laisserait pas partir.

– Faites venir M. votre frère, madame, avec lui tout est facile. Quant aux malheurs de Son Altesse, nous sommes généralement d'accord pour croire que vous en êtes la seule cause. Le double adultère dans lequel il vit, éloigne la protection de Dieu de son État, et le laisse exposé à toutes ses vengeances. Ainsi, ne vous faites aucun scrupule de le faire cesser.

– Mais, monsieur, si cela est, en effet, pourquoi le roi Louis XIV a-t-il été heureux, tant qu'il a vécu dans ces adultères dont vous parlez, et pourquoi toutes les infortunes fondent-elles sur lui depuis qu'il est rentré dans l'ordre, en épousant madame de Maintenon ? Cela ne me rassure point.

Les gens d'Église ne sont jamais embarrassés de rien, ils ont réponse à tout.

– Il expie, madame, il expie, et, malheureusement, son royaume expie avec lui. Quant à vous, croyez-moi, vous n'avez qu'à accepter la proposition de M. le chevalier, et nous trouverons bien moyen d'arranger le reste. D'ailleurs… puis-je tout vous dire ?

– Parlez-moi franchement, je le veux.

– Eh ! bien, j'en aurai le courage, car le moment est décisif ; vous entendrez la vérité, et vous prendrez ensuite, je n'en doute pas, le parti nécessaire… On ne vous aime pas ici.

– Ah ! repris-je, blessée, et pourquoi ?

– Parce que vous êtes française, d'abord, et que les Français sont haïs. À chaque échec, on vous accuse de trahison, puis on prétend que vous soufflez au prince certaines mesures, qui n'ont pas l'approbation des grands ; quant au menu peuple, il vous tient pour sorcière, et jure que le duc est sous le poids d'un charme que vous lui avez jeté. Il vous attribue les défaites et les pertes successives du pays. Dans certaines églises de campagne, on fait des prières pour que vous soyez éloignée, et, pour tout vous avouer enfin, il n'est pas jusqu'à Madame Royale qui, en pleurant, ne m'ait supplié, l'autre jour, de vous engager à partir.

– Madame Royale aussi !

– Non pas de son chef, mais pour obéir à l'opinion. Elle vous aime, cependant, elle est influencée par madame la comtesse douairière de Verrue, et puis…

– Et puis elle croit que je lui ôte la part de domination qu'elle avait sur l'esprit de son fils, qu'elle ne connaît point, et que personne ne domine. C'est là la vraie raison. Je réfléchirai, mon cher abbé ; revenez demain, vous aurez la réponse.

Je réfléchis, en effet.

J'eus une nuit affreuse. Tous mes désirs me portaient vers la France. M. de Verrue y était. Ma famille pourrait peut-être amener un rapprochement. Le duc de Chevreuse, mon frère, était en fort bonne posture, et avait toutes les facilités de conclure cette affaire, s'il le voulait. Mon cœur battait de joie, à l'idée de revoir mon mari ; le seul homme que j'aimasse, le seul que j'aie aimé dans ma vie, ce que personne ne croira, et ce qui n'en est pas moins vrai.

Mais quitter le duc, mon bienfaiteur, quitter mes enfants, avec la certitude de ne les revoir point, c'était affreux. Je fus donc dans une perplexité terrible ; enfin, je me décidai, dans tous les cas, à faire venir le chevalier, pour en causer avec lui.

Je prévins le prince que M. Petit avait appris, d'un voyageur, sa présence à Gênes, et que je le mandais. Victor fit quelques difficultés, que je levai avec des prévenances ; il permit qu'il vînt, non à Turin, mais à ma maison de campagne, ce qui me convenait bien mieux, du reste.

– Vous aimez fort votre frère, madame, me disait-il.

– Je ne sais si je l'aime, car je ne le connais point, ou très peu ; il y a si longtemps que nous ne nous voyons plus !

Je savais que cette réponse le satisferait, et qu'il ferait ainsi un bon accueil au chevalier ; sans cela, il ne l'eût pas voulu voir, peut-être, car il était jaloux de toutes choses, même de ma tendresse pour mes parents.

J'obtins un peu de liberté, même avant cette arrivée, qui ne tarda guère, pour aller aux *Délices* avec mes enfants. Le prince les aimait plus que ceux de la duchesse, et ne s'en séparait presque jamais. Il les avait légitimés, sans nommer la mère, à l'exemple de Louis XIV. On crut que c'était moi qui l'avais demandé, et la rigidité des dévots ne s'en accommodait point. Il le fit de lui-même, et sans que je m'en fusse même occupée. Il les légitima tous les deux. Mon fils a toujours porté le titre de marquis de Suze, et ma fille fut la princesse Marie Victoire, qui ne changea point son nom, en épousant son cousin Victor Amédée, fils du prince de Carignan le Muet.

Je n'en parle plus, ni de Dom Gabriel, parce que je ne les voyais point, étant strictement enfermée et séparée de tout le monde, ce qui ne me plaisait pas, on le sait.

Mon frère arriva. C'est un des plus habiles et des plus courageux officiers de la marine du roi ; il me vit avec grande peine où j'étais, et traita mes enfants, non pas en neveux, mais en enfants du duc de Savoie, ce qui m'engagea à les renvoyer à Turin.

Une promenade.

Lorsque Son Altesse vint, le soir, il lui parla avec le respect dû à une tête couronnée, très froidement, et très peu désireux d'en être traité autrement que comme un étranger.

– Vous avez été bien hardi de venir ici, monsieur, lui dit Victor Amédée, les Français y sont peu aimés, en ce moment.

– Avec le sauf-conduit de Votre Altesse, je ne risquais rien, monseigneur, répliqua le chevalier.

– Vous êtes un ennemi généreux et osé, monsieur, on aime à en avoir en face de semblables.

– Dans les armées de Sa Majesté, ils sont tous les mêmes, monseigneur, il n'y a pas de choix.

J'étais assez embarrassée, à ce souper, entre eux deux ; mon frère y mettait moins de grâce encore que le prince. Celui-ci demanda son carrosse, au lieu de rester, ainsi qu'il en avait l'habitude.

– Madame, je reviendrai dans quelques jours, dit-il en me regardant d'un air piqué, je vous laisse à vos épanchements de famille.

Mon frère nous avait quittés, nous étions seuls. J'essayai de l'apaiser de mon mieux ; il me répondit toujours de la même manière :

– Je ne veux point de partage, vous ne pouvez vous occuper de moi et du chevalier en même temps. Soyez tout à lui, j'y consens, et je ne vous dérangerai point.

Au fond, je n'en étais pas fâchée, je le laissai partir, en me feignant piquée, à mon tour. Dès qu'il entendit partir le carrosse, mon frère reparut.

– Ma sœur, dit-il, il faut vous tirer d'ici.

– Je ne demande pas mieux, seulement, je ne sais pas comment m'y prendre.

– Si vous avez de la résolution, je m'en charge.

– J'aurai tout ce que vous voudrez, mais dépêchez-vous.

CHAPITRE XXIX

Nous fûmes, en effet, bien seuls ; les jours suivants je les employais à montrer au chevalier ce charmant pays, qui lui plut fort, nous courions du matin au soir très gais, très libres, ces moments me restent dans le souvenir comme les plus agréables que j'aie passés depuis ma première jeunesse, et mes beaux jours avec mon mari. Nous formâmes tout notre plan, il était hardi, mais par cela même il offrait plus de chances de réussite.

Nous décidâmes que je demanderais au duc la permission de conduire le chevalier jusqu'à la frontière, et qu'au lieu de revenir, je la traverserais avec lui à la barbe des commis et des soldats, qui n'oseraient pas s'y opposer. Le difficile était d'obtenir l'autorisation, j'osai l'espérer ; le prince, devant venir bientôt de ce côté, croirait que je l'y attendrais.

Je trouvai une résistance inattendue lorsque j'allai voir Son Altesse à Turin pour le prier d'y consentir.

– Je ne puis vous accorder cela, me dit-il, ce serait risquer de vous perdre. Les armées ennemies sont trop près, et vous hasarderiez d'être prise par elles. Jugez donc quelle joie de saisir la maîtresse du duc de Savoie ! Comme on me ferait payer cher pour vous ravoir !

– Mais, monsieur, je suis prudente ; je ne m'avancerai pas, et l'on ne me prendra point, je vous en réponds.

– Ne m'en parlez plus, cela ne se peut, je n'y consentirai jamais.

Quoi que je fisse, je n'en pus tirer autre chose : je revins fort contrariée, fort en peine de savoir comment nous sortirions de cet embarras. Le chevalier ne s'en déconcerta point.

– Il nous ouvre lui-même la manière, ma sœur ; il va aller à une de ses tournées, faites-vous malade pour ne le pas suivre, dites que vous l'irez rejoindre, mettez-vous en route et on vous enlèvera, c'est moi qui vous en réponds.

C'était, en effet, la meilleure façon, et nous l'employâmes de suite, en commençant à jouer notre pièce. Le chevalier prit congé de lui et partit ostensiblement. Le prince revint le soir même, il fut encore un peu froid, un peu gêné, mais le nuage se dissipa et je le retrouvai comme de coutume. Il m'annonça son intention de se mettre bientôt en route, et sa joie de m'emmener avec lui. Je n'eus garde de le contredire, et d'ailleurs, je fus saisie d'un chagrin involontaire, car, malgré tout, je l'aimais, et l'idée de le quitter pour jamais, en le laissant triste et malheureux me faisait mal. Je fus plus tendre aussi que d'ordinaire, ce qui le charma.

Après son départ, je songeai à ma fuite, à ce que je devais emporter, au sort que j'aurais en France. Mon frère ne m'avait pas caché que mes parents me verraient de mauvais œil, que je n'avais guère à compter sur eux, que le duc et la duchesse de Chevreuse étaient sévères, et peu obligeants. Lorsque je parlai du raccommodement avec mon mari, il hocha la tête, en disant qu'il n'y fallait penser que de loin.

– Sa mère l'effraye même à trois cents lieues, et les dispositions qu'on a pour vous à Paris, ne sont pas propres à le ramener ; mais venez toujours, emportez ce qui vous appartient, et j'espère encore vous remettre dans une situation heureuse un peu plus tard.

J'étais reine à Turin, j'allais être à Paris simple particulière, dans un couvent sans doute, ce qui ne changerait guère ma vie. J'allais quitter mes enfants, tous mes enfants, madame de Verrue retenant ses petits-fils, et le duc n'étant nullement disposé à me donner le marquis de Suze et Marie Victoire. C'était triste ! et puis j'aimais l'Italie, j'aimais ce pays, où j'avais passé de si bons moments, où j'avais vu s'écouler ma jeunesse. Ne plus le revoir me semblait cruel, je fus sur le point de rester, et, ce que je puis assurer, c'est que sans l'espoir de retrouver M. de Verrue je ne serais pas partie. Après une nuit d'insomnie, mon parti fut pris, j'étais décidée. Je fis emballer secrètement mes joyaux et mes pierreries, par Barbette et Marion, qui me devaient suivre. Je pris mes habits, mes hardes de prix, tout l'argent que je pus réunir et je me tins prête.

Une circonstance me vint donner du courage.

La duchesse me fit dire par notre confidente que le marquis de Saint-Sébastien était mort, et que sa veuve était arrivée à Turin. Elle avait écrit au prince, qui l'avait fait appeler, et lui accorda une audience fort longue. Le soir, il demanda à Madame Royale si elle ne serait pas contente de revoir une personne qu'elle avait honorée de ses bontés, et qui le méritait bien. Il ajouta qu'elle avait été beaucoup d'années très malheureuse, et que désormais elle se fixerait à la cour, pour y vivre en repos, et jouir de la belle fortune qu'elle avait gagnée par ses larmes.

– Je la voudrais placer comme autrefois près de Votre Altesse, madame, y consentiriez-vous bien ?

La princesse espéra que ce serait pour moi une rivale dangereuse, et pour elle une créature dévouée ; elle la prit, en se faisant un mérite de sa complaisance. La marquise de Saint-Sébastien était toujours fort belle, elle était encore jeune, et elle avait ce même caractère de finesse et de dissimulation qui l'a conduite où nous la voyons, ainsi que je le raconterai plus tard.

Madame Royale l'accueillit à merveille, la présenta elle-même à la duchesse, pour laquelle elle eut des respects infinis, et qui la trouva fort aimable. La fine mouche évita le prince, qui se souvenait trop du passé pour ses projets. Elle ne pouvait ni le rebuter, ni l'accueillir, il était bien plus commode de le tenir à distance à force de respect. Victor Amédée m'aimait encore avec trop de passion pour forcer cette barrière, bien qu'il y songeât peut-être. La duchesse qui ne se souciait pas de changer le connu contre le hasard, me fit prévenir, afin que je pusse veiller à mes intérêts et à ma place. Ce fut pour moi un véritable soulagement. Le prince aurait donc une amie, il aurait même une maîtresse, car ils ne s'arrêteraient pas en si beau chemin. Ce sentiment coupé dès sa racine, devait vivre encore au fond de leurs cœurs. La Saint-Sébastien était ambitieuse, et ma charge à prendre était tentante, elle la prendrait.

Je ne fis point semblant de me douter de rien d'abord, puis l'idée me vint qu'une petite jalousie ne ferait pas mal, et que je pourrais ainsi donner à mon amant l'idée de me tromper, s'il ne l'avait pas. La jalousie sert à cela, en général. En conséquence la première fois que je le vis, je pris un air pincé qui l'intrigua, je refusai de répondre à ses questions, enfin, je me laissai emporter jusqu'à lui dire que lorsqu'on était soi-même si soupçonneux, il fallait épargner aux autres le chagrin de craindre.

– Quoi ? que craignez-vous ? qu'est-ce que cette folie ?

– Vous le savez bien, monsieur, à quoi bon vous faire répéter ce que vous n'ignorez pas ?

– Je veux être pendu si...

– Vous avez reçu la marquise de Saint-Sébastien.

– Cela est vrai, hé bien, ensuite ?

– Comment ensuite ! mais la marquise de Saint-Sébastien est cette belle Cumiana que vous avez tant aimée, que vous pleuriez encore lorsque je vous ai connu, dont j'ai eu grand-peine à vous consoler. Elle est toujours belle, et elle est libre, comment ne la craindrais-je pas ?

Victor me jura qu'il n'y songeait point, et moi je compris qu'il y songeait quelques fois, pas souvent encore, mais cela ne pouvait manquer de venir avec le temps.

– Allons ! pensais-je, il m'oubliera !

Et nous sommes faites de cette façon que cette idée me fut pénible, bien que ce fût le plus ardent de mes vœux en ce moment. Je voulais être oubliée et je le craignais tout à la fois ; je voulais rompre ces nœuds et je les regrettais pourtant. La dernière fois que je le vis, j'eus peine à retenir mes larmes, je suffoquais, et cependant il ne fallait pas montrer que j'étais émue. Il s'inquiéta fort de ma santé qui me retenait loin de lui quelques jours encore, me fit jurer que je ne tarderais pas, et que je lui enverrais un courrier tous les jours. On eût dit qu'il pressentait un adieu éternel, car il revint trois fois m'embrasser, et ne pouvait s'arracher de mes bras ; à la fin je ne fus plus maîtresse de moi et je pleurai abondamment.

– Surtout n'allez pas plus loin que le point convenu, prenez une escorte, et ne vous aventurez point. Je devrais vous dire de m'attendre ici, mais je n'en ai pas le courage. Je vous laisse le prince de La Cisterne, vous viendrez avec lui, vous viendrez bientôt, n'est-ce pas ?

Je le lui promis, je le regardai partir et lorsqu'il m'eut quittée je m'évanouis. Mes Françaises attendaient, prévoyant ce qui arrivait. Elles me portèrent dans mon lit, j'y restai toute la soirée, avec mes enfants près de moi ; je ne les voulais pas perdre de vue un instant. Je jetais quelquefois les hauts cris toute seule en pensant que je les allais perdre, qu'ils m'accuseraient peut-être plus tard. Si je ne les avais pas tant aimés, je les eusse pris avec moi, ils auraient perdu un riche état, et un brillant avenir pour n'occuper à Paris que le rang de bâtards inconnus ; il fallait faire le sacrifice, je le fis, et rien ne m'a tant coûté en ma vie.

Enfin, le jour fixé arriva : dès la veille, et sans me prévenir, Barbette avait envoyé mes enfants à Turin, pour que je ne les visse plus, et que mon départ fût moins pénible. Le prince de La Cisterne et ses dragons arrivèrent, ils escortèrent mon carrosse, chargé de grandes valeurs, et qui eût été une bonne prise ; j'en avais deux, aussi précieux l'un que l'autre. Nous n'avions pas prévu les dragons et j'eus quelques inquiétudes ; cependant mon frère était averti par le messager annonçant mon départ et la route que j'allais suivre.

Je jetai un dernier regard sur cette maison qui m'appartenait, où j'avais eu tant d'heures tranquilles et fortunées, où j'avais la veille encore embrassé mes enfants pour la dernière fois, et je me laissai tomber dans le fond de mon carrosse, sans répondre à M. de La Cisterne qui s'approchait chapeau bas près de la portière. Il me crut encore indisposée, et se retira.

À la troisième couchée, je finissais de souper, lorsque Marion entra mystérieusement et m'annonça un messager de mon frère, bien déguisé.

On devait nous enlever cette nuit-là et sans bruit. L'hôte était gagné, du vin soporifique serait versé aux dragons qui gardaient les deux carrosses, au prince et à ses gens, on sortirait les voitures, on les attellerait toutes prêtes, et nous irions le rejoindre par une rue détournée, qui nous conduirait hors du bourg, sans être vus par personne ; pour se mettre tout à fait à couvert, l'hôtelier se verserait à lui-même de ce vin, une fois la besogne faite, de sorte que le lendemain le trouvant endormi comme les autres, on ne le soupçonnerait pas. Cet admirable plan avait été conçu à table par cinq ou six seigneurs français, tous, plus ou moins, mes parents, qui se réjouissaient d'enlever au Savoyard sa maîtresse. Je ne pus que l'approuver ; pour des étourdis il ne manquait pas d'un certain sens.

Tout s'exécuta à merveille ; on nous fit partir sans que nul s'en doutât ; c'était comme dans les contes de fées, un véritable enchantement. Les avant-postes français étaient fort loin de là, on ne s'attendait à une surprise de cette hardiesse-là ; il faut être français pour en former le dessein, et pour l'exécuter surtout. Ils auraient pu égorger les dragons endormis ; j'avais mis pour condition qu'il ne leur serait fait aucun mal. D'ailleurs le parti qui m'enlevait était peu nombreux, c'étaient une douzaine d'enfants perdus, ayant traversé le pays comme un ouragan, et se donnant pour des maraudeurs de l'armée savoyarde. Ils en avaient pris les habits, et la conformité de langue empêchait qu'on ne les découvrît.

Nous courûmes ainsi toute la nuit ; ils avaient des provisions et des chevaux prêts ; on ne s'arrêta pas un seul instant. Au jour nous rencontrâmes un parti considérable qui nous attendait ; nous ne craignions plus rien, et je me trouvais enfin au milieu de mes compatriotes, où je reçus force compliments. Le comte d'Estrées me vint demander où je voulais qu'on me conduisît. Je répondis que j'irais à Paris, aux Carmélites de la rue du Boulon ; où j'avais plusieurs bonnes amies.

– Touche donc à Paris ! dit-il à mon cocher, comme pour les princesses qui viennent de se marier.

Je ne voulus pas passer la frontière sans écrire au duc de Savoie ; voici ma lettre :

« Monseigneur,

« Je pourrais essayer de tromper Votre Altesse, lui dire qu'on m'a enlevée et que j'ai quitté, malgré moi, l'Italie ; je me regarderais comme une indigne de vous cacher la vérité ; je suis partie volontairement, aidée par M. le chevalier de Luynes et par nos amis. Je n'en conserve pas moins une reconnaissance éternelle des bontés que Votre Altesse Royale m'a prodiguées et je la prie de croire que l'ingratitude est bien loin de mon cœur. Je lui recommande mes enfants, qu'il m'a été bien cruel de laisser ; ils n'ont plus qu'elle, ils sont éloignés à jamais de leur mère, qui ne peut rien pour eux. Si vous me conservez quelque ressentiment, je vous supplie qu'il ne retombe pas sur ces pauvres innocents ; ils ne doivent vous rappeler qu'un temps de bonheur, qui ne peut plus revenir, hélas ! ne m'oubliez pas tout à fait, et croyez bien encore une fois, que je vous conserverai un souvenir éternel… »

Je ne lui donnai pas de raisons de mon départ. Il aurait fallu nous accuser tous les deux, et pourquoi faire ?

CHAPITRE XXX

À dater de cette époque, ces Mémoires se divisent en deux parties très distinctes : l'une, que j'écrirai plus tard et qui comprendra les événements personnels de ma vie ; l'autre, qui est l'histoire de Victor Amédée, jusqu'à sa mort, arrivée l'année dernière.

J'en ai eu tous les détails d'original et exactement par mon fils, par mon gendre, et par deux ou trois amis sûrs, dont étaient le fameux Muet et Dom Gabriel, tant qu'ils vécurent.

Cette volumineuse correspondance, que j'ai conservée, m'instruit, presque jour par jour, de ce qui se passait à la cour de Savoie, de ce que faisait le prince, et de ses sentiments, qu'il ne cachait guère, hors la politique, où il fut toujours si secret.

Il apprit mon enlèvement, comme il était à examiner une milice bourgeoise, levée à ses propres frais, et qui le régalait de cris de dévouement et d'enthousiasme.

Un de ses officiers vint lui annoncer cette nouvelle ; son premier mouvement fut un cri de rage, mais il se contint, sur l'heure ; le souverain dominait l'homme.

Il continua sa revue, parla à sa milice, avec la même éloquence que d'ordinaire, les vit tous, les uns après les autres, et, une fois son devoir rempli, de retour dans son quartier, il se livra à un de ces accès de colère auxquels il était sujet, et qui devinrent bien plus fréquents dans sa vieillesse. Il n'écouta même pas les détails qui lui furent donnés de ma fuite, et ne vit qu'une chose, c'est qu'on m'avait enlevée, et que j'appartenais sans doute à un rival. Il voulut courir au village d'où l'on m'avait emmenée, interrogea l'hôte, qui ne répondit point ; se fit montrer ma chambre, l'auberge tout entière, et se livra à toutes les folies du désespoir.

Ma lettre, au lieu de l'exciter, le calma. Il la lut assez tranquillement ; ensuite, il retourna à Turin, et dit aux princesses, comme une nouvelle indifférente :

– La comtesse de Verrue a été enlevée par les Français.

– Et elle ne reviendra plus ? demanda vivement la duchesse régnante.

– Je ne le pense pas, ils ne sont pas gens à la rendre.

Les deux princesses se regardèrent, étonnées de cette tranquillité, de ce calme ; elles n'ajoutèrent rien à cela, car elles ne voulaient point s'attirer d'observations ; la duchesse Marianne ne savait si elle devait se fâcher ou être bien aise. Quant à la marquise de Saint-Sébastien, qui entendait la conversation, son cœur tressaillit d'aise ; elle voyait son règne poindre, et la façon dont Son Altesse annonçait mon départ, la persuada facilement qu'elle n'était point inconsolable.

Le prince ne laissa jamais voir à personne, même à ses plus intimes confidents, quelles étaient ses pensées à cet égard. Il voulut me répondre, et sa lettre est assurément un monument véritable de la grandeur de son âme et de ses sentiments généreux.

« Vous étiez libre, madame ; si vous m'avez quitté, c'est que notre commerce vous était à charge, c'est que votre chaîne vous semblait pesante ; dès lors, vous avez bien fait de la rompre. Vous pouvez être tranquille sur vos enfants, ils sont les miens, c'est vous dire que leur sort n'aura rien à envier à personne. Ils se souviendront, comme moi, qu'ils vous appartiennent, et nous ne vous oublierons jamais. Quant à vos biens, quant à vos meubles et effets, vous n'en devez rien perdre. Tout vous sera envoyé à Paris, à l'endroit que vous désignerez. J'ai donné votre villa à votre fille, elle ne pouvait appartenir qu'à elle. Je vous en ferai passer le prix en espèces, avec celui de toutes les autres terres que vous possédez, tant en Piémont, qu'en Savoie. Si vous avez

des torts envers moi, je ne veux pas les connaître, mais je ne puis pas oublier que vous avez abandonné, pour moi, votre famille, sacrifié votre renommée ; quelques fautes que vous ayez commises, elles disparaîtraient devant ce souvenir. Soyez heureuse, si vous pouvez l'être, et comptez sur moi, autant qu'il me sera permis de vous le prouver.

« Victor Amédée. »

Cette lettre, écrite et partie, le duc ne prononça plus mon nom. Il se donna tout entier, pendant les premiers mois, aux affaires de ses peuples, et se montra toujours au-dessus de sa fortune.

Le prince Eugène vint à son secours, mais le duc de Vendôme était là empêchant leur jonction, et les tenant tous les deux en échec.

Quoi qu'en ait dit ici une certaine faction, Vendôme était un grand général ; s'il n'était pas un homme délicat, il avait un coup d'œil admirable, un courage merveilleux, et, sans sa paresse, il n'eût pas eu de rival. Le prince Eugène, son adversaire, me l'a souvent répété. Le duc de Savoie vit tomber, l'une après l'autre, ses forteresses entre les mains des ennemis, malgré la résistance magnifique qu'elles opposèrent. Verceil seul coûta aux Français plus d'un mois de tranchée. Dès lors, le duc de Vendôme et M. de La Feuillade joignirent leurs deux armées, et il ne resta bientôt plus à Victor Amédée que sa capitale, avec quelques villes sans importance, des troupes décimées, des finances détruites. Pourtant, il ne céda pas.

Il se renferma dans un camp retranché, près de Crescentin, sur la rive gauche du Pô. Il y tint cinq mois entiers, par son habileté et son courage. En vain le prince Eugène essaya-t-il de le rejoindre et de le délivrer. Le duc de Vendôme et La Feuillade le tenaient en échec, et lui gagnèrent la bataille de Cassano.

Le roi fit raser les forteresses de la Savoie, pour n'avoir pas la peine de les garder, et pour ne les jamais rendre, si la paix venait à se faire, ce qui ne semblait guère probable, car les deux partis étaient plus acharnés que jamais.

Les princesses, la duchesse Marianne, entre autres, écrivirent lettres sur lettres, à Versailles, pour obtenir qu'on ne poursuivît pas davantage un prince ruiné, perdu, réduit à ses dernières ressources.

Il ignorait cette démarche, car il ne l'eût pas soufferte, et il en eût été fort offensé. Mais Louis XlV était inflexible. J'eus moi-même l'occasion de m'en assurer. Madame la duchesse de Savoie me connaissait bien ; elle m'envoya une lettre pour son auguste fille, madame la duchesse de Bourgogne, en me chargeant de la lui remettre à elle-même, et de prendre la réponse, que je lui ferais passer par la même voie secrète où elle m'écrivait.

Je fis parler à la jeune princesse par une femme piémontaise, que je connaissais, et qu'elle avait à son service. Elle daigna me donner une audience secrète, dans ses cabinets, le soir, après son coucher public, qui était l'heure où elle était la plus libre et la plus débarrassée.

En m'apercevant, elle se jeta à mon cou, et me fit l'honneur de me baiser, comme une duchesse, en pleurant beaucoup.

– Ah ! mon pauvre père ! mon pauvre père ! me dit-elle ; il est donc perdu sans ressources, que l'on a recours à moi ! Je suis bien malheureuse, et il me faut avoir l'air de me réjouir. Quel bonheur de pouvoir causer avec vous ! Qu'y a-t-il ?

Je lui remis la lettre de Son Altesse Royale. Elle la lut en hochant la tête.

– Hélas ! je ne suis plus princesse de Savoie, je suis duchesse de Bourgogne, et je n'ai plus le droit de rien faire pour ma Maison. Ma mère doit connaître le roi. Je suis toute-puissante, il est vrai, je l'amuse, et je puis obtenir de lui, en l'amusant, ce que nulle autre n'obtiendrait, mais rien pour mon père. Je ne le hasarderais pas, et M. le duc de Bourgogne ne m'approuverait point.

– Il faut donc laisser périr la Savoie et son prince ? Votre père et votre pays, madame !

Elle se mit à sangloter, à jeter des larmes et des cris, en répétant :

– Je ne suis pas la maîtresse, et le roi ne veut entendre à rien.

– Faites un effort, madame, ne craignez pas de vous compromettre, songez quel intérêt immense doit vous guider.

– Songez aussi que je ne serai avouée, ni par mon père, ni par mon mari.

– Vous le serez par votre cœur, madame, et par tous les gens qui peuvent sentir une situation telle que la vôtre.

– Eh ! bien, j'essaierai.

– Que Dieu vous en récompense.

– Vous qui me parlez si bien pour mon père, pourquoi l'avez-vous donc quitté ? Il en a écrit quelques mots à son chargé d'affaires, en lui donnant ordre de vous remettre vos hardes, votre argent et vos meubles, qu'il vous a envoyés, mais il ne donne aucuns motifs…

– Madame, j'ai quitté Son Altesse Royale, parce que ma position n'était plus tenable ; permettez-moi de n'en pas ajouter davantage.

La princesse m'ordonna de revenir, le lendemain, à la même heure.

– J'aurai parlé, dit-elle.

Je revins, et elle avait parlé, en effet, mais sans succès, et sans avoir même pu prononcer dix paroles.

– Madame, avait interrompu Louis XIV, je vous aime beaucoup, mais ne me parlez jamais de M. votre père, sans cela, je me rappellerais que vous êtes sa fille, et je ne vous aimerais plus.

Telle fut la constante haine que le roi porta toujours au duc de Savoie ; même après leur réconciliation factice, il ne lui pardonna pas de lui avoir résisté.

La position de ce prince était des plus critiques, il lui fallait toute sa force d'âme pour y résister. J'en étais, sans cesse, occupée, et je me repentais amèrement de l'avoir quitté. J'aurais pu, croyais-je, l'aider à porter ce poids, qu'il ne porta pas longtemps seul, néanmoins.

Dom Gabriel m'écrivit que, peu de jours après mon départ, madame de Saint-Sébastien avait eu une nouvelle audience, et qu'on ne lui connaissait pas d'affaires à la cour. J'ai su, par une amie et confidente à elle, il y a six mois, tout ce qui s'était passé. Du temps de sa puissance, on a été discret, mais, à présent, on ne la craint plus.

Cette dame m'a montré, m'a laissé même entre les mains des lettres de la Maintenon piémontaise, qui prouvent jusqu'à l'évidence, avec quelle adresse et quelle astuce son plan fut conduit, comme elle sut attendre, profiter de tout, et se conformer à son modèle, pour arriver au même but. Elle ne démasqua ses batteries, qu'au moment de réussir.

Jusque-là elle fut humble, souple, soumise, obséquieuse envers tous. On m'accusait de fierté, elle voulut présenter le contraste. C'était une façon de m'accuser. Elle affectait cependant de me louer partout, en regrettant de ne m'avoir pas connue davantage. Elle consola le prince de mon départ, par des paroles pleines de douceur et de conciliation :

– Elle était pourtant bien heureuse, répétait-elle.

Le duc devait comprendre qu'elle eût apprécié ce bonheur-là autrement que moi.

CHAPITRE XXXI

Une circonstance terrible se présenta bientôt, qui resserra les nœuds de la marquise et du prince ; il faut lui rendre la justice de dire qu'elle se conduisit admirablement, et qu'elle justifia la confiance de Victor Amédée en toutes manières.

Je crois qu'elle l'aimait véritablement, mais je crois aussi que cet amour n'était pas dénué d'ambition et d'égoïsme. Hélas ! quel est l'amour où il n'y a pas d'égoïsme ! Quel est celui d'entre nous qui aime uniquement pour l'objet aimé ? Je n'en ai pas connu en ma vie qui pussent résister à un examen approfondi, et je n'ai pas la prétention de me faire meilleure que les autres.

La fortune avait entièrement abandonné le duc de Savoie. Il avait défendu, pied à pied, son territoire, mais aussi, on le lui avait enlevé, pied à pied ; il ne restait plus que Turin, dont le siège était imminent. Dès longtemps il le prévoyait, et la ville fut ravitaillée, approvisionnée de tout, autant que le permirent les faibles ressources du pays ruiné.

On sut que les ingénieurs français s'étaient procuré, par surprise ou par trahison, un plan des fortifications de la citadelle ; aussitôt les remparts intérieurs, tous les ouvrages à l'abri des observations furent changés, de sorte que les plans ne servirent plus à rien.

La garnison était peu nombreuse, mais choisie, et les bourgeois s'organisèrent en milice, qui ne fut pas la moins courageuse. Ils mouraient comme des héros, sans se plaindre. Un corps d'impériaux, sous le commandement du comte de Chaun, était parvenu à s'introduire, et les aida fort.

Le duc ne quittait pas le siège, il était partout à la fois, ne ménageant ni sa santé, ni son repos. Aussi l'amour de ses peuples pour lui allait-il jusqu'au délire. Ce fut alors que la marquise de Saint-Sébastien fit agir ses grandes mécaniques.

Un soir, le prince rentrait, excédé de fatigue, entouré de quelques familiers, parmi lesquels un, au moins, était acquis à la bonne dame, et lui répétait tout ce qui en valait la peine. Ce soir-là en se laissant tomber dans un fauteuil, il échappa au duc le fond de sa pensée.

– Ah ! c'est maintenant que j'aurais besoin d'une femme aimée pour me soutenir, d'une amie portant ce poids terrible avec moi, et me consolant de mes afflictions en les partageant.

Un maladroit, ou un audacieux, prononça le nom de la duchesse Marianne.

– Ah ! sans doute. Mais la duchesse est française, Louis XIV est son oncle, son frère est dans l'armée ennemie ; quelque tendresse qu'elle ait pour ses enfants et pour moi, son cœur ne peut être entièrement comme le mien. C'est comme mes pauvres filles, en France et en Espagne. Ah ! la condition des princesses est bien malheureuse !

Le lendemain, lorsque Son Altesse rentra, elle fut avertie mystérieusement, par un huissier de service, qu'une dame l'attendait dans son arrière-cabinet, dont il n'avait pas cru devoir lui refuser l'entrée, tant elle a insisté pour voir le prince et pour lui communiquer des choses de la plus grande importance.

– Et quelle est cette dame, la connais-tu ?

– Certainement, monseigneur, c'est madame la marquise de Saint-Sébastien.

– Ah ! fit Victor, avec un mouvement de surprise et de joie. Messieurs, je vous remercie, je suis fatigué, je rentre chez moi.

Les courtisans se retirèrent. Ils n'avaient pas entendu, mais ils comprirent (les courtisans comprennent toujours).

La marquise jouait un coup hardi, qui devait, ou la perdre, ou lui donner ce qu'il lui donna.

Bataille de Cassano.

Lorsque le prince entra, elle était tremblante ; cette émotion ne fut pas jouée, on le comprend de reste. Elle se leva ; elle était fort belle, et vêtue de noir, qui lui allait admirablement bien. Elle avait obtenu de Madame Royale et de la duchesse Marianne la permission de porter le deuil, bien qu'elle eût fini le sien, mais pour se donner un air mélancolique et désespéré, qui céderait aux prières du prince, qui se lèverait comme un nuage à sa parole, à son regard.

– Ah ! madame, lui dit-il, qu'y a-t-il ? qui me procure le bonheur inespéré de vous voir ?

Elle eut un instant d'hésitation, qui l'embellit encore, puis elle s'avança franchement et résolument vers lui.

– Monseigneur, Votre Altesse me pardonnera et m'excusera…

– Je pardonne et j'excuse tout ce que vous voudrez me dire, je vous supplie seulement de ne pas me faire languir, car je meurs d'impatience ; c'est un bonheur si grand et si rare, que j'en suis encore tout ébloui.

– Eh ! bien, monseigneur, permettez-moi… Vous souvenez-vous du passé ?

– Si je m'en souviens, madame ! Vous ne m'avez pas permis de vous le dire, sans cela, vous le sauriez depuis longtemps.

– Votre Altesse serait étrangement changée, si elle était satisfaite de vivre ainsi uniquement pour l'extérieur ; après la perte qu'elle a faite d'une affection si longue et si douce, elle doit être seule, sans particuliers intimes, autres que ceux d'une famille, à laquelle elle ne peut confier toutes ses pensées.

– Ah ! c'est vrai !

– Monseigneur, la jeune fille d'autrefois, en devenant femme, en devenant veuve, n'a pas changé de cœur. Vous avez besoin d'une amie, d'un dévouement de tous les jours, me voici ; je suis venue, j'ai passé par-dessus la modestie imposée à mon sexe, et je ne l'eusse jamais fait, si Victor Amédée eût été le puissant prince qui, jadis, m'honorait de ses bontés ; mais à un prince malheureux, que tout abandonne, une femme peut offrir son existence et son respectueux attachement. Ce n'est pas une flatterie, alors, ce n'est pas une audace…

– C'est une charité, c'est une bonne œuvre, et, avec quelle reconnaissance le pauvre prince accepte cette noble et franche amitié qui le vient trouver ainsi dans sa misère et son abandon. D'autres m'ont laissé à mes douleurs, vous me cherchez, soyez bénie, et, près de vous, je ne me souviendrai que de vous seule.

Madame de Saint-Sébastien n'en demandait pas davantage pour ce jour-là, elle feignit de vouloir se retirer, dans l'espoir d'être retenue, ce qui ne manqua pas d'arriver.

À dater de ce jour, elle fut, non pas maîtresse en titre, car ils ont soutenu l'un et l'autre la chasteté de leur commerce, mais une amie, une conseillère, une manière d'Égérie de ce Numa guerrier. Elle lui montra un attachement plein de courage, en ne le quittant pas un seul jour, au milieu des dangers. Elle se fit aimer et estimer des princesses, qui prirent son honnêteté au pied de la lettre, sans creuser une question dangereuse. Je crois, pour dire mon sentiment, qu'elle ne résista pas toujours, mais je crois aussi qu'elle céda rarement et à propos, de manière à tenir en émotion les désirs d'un homme insatiable, impatient au dernier degré, et dont on obtenait tout, en sachant le dominer avec adresse.

Ce qui est certain, c'est que son empire a duré jusqu'à sa mort, et durerait encore, s'il avait vécu.

M. de La Feuillade mit donc le siège devant Turin, et S.A.R. Monseigneur le duc d'Orléans avait un commandement dans l'armée.

Il envoya, dès le premier jour, un officier en parlementaire, pour s'informer du quartier choisi par le duc de Savoie, afin qu'on ne tirât point dessus. Il offrait, de plus, des passeports pour les princesses, pour les enfants de Son Altesse, afin qu'ils pussent se retirer sans danger, où il leur conviendrait de se rendre. Le roi avait eu toutes ces générosités, dans le but de plaire à madame la

Victor Amédée et la marquise de Saint-Sébastien.

duchesse de Bourgogne, sans nuire en rien au succès de ses armes et à ses intérêts politiques. Le duc reçut parfaitement le parlementaire.

– Monsieur, dit-il, répondez à M. le duc d'Orléans et à M. de La Feuillade que je suis sensible, comme je le dois, au procédé de S. M. le roi de France. Je n'accepte rien de tout cela. Mon quartier est partout où ma présence sera nécessaire à la défense de la ville ; d'ailleurs, je ne consentirais point à ce qu'on m'épargnât, en accablant mes sujets. Quant à ma mère, à ma femme et à mes enfants, le jour où il me conviendra de les faire sortir, ils sortiront, sans qu'il soit besoin d'autre protection que de la mienne. Remerciez, en mon nom, le général, monsieur, je vous en prie. Maintenant, nous allons à l'église rendre grâces à Dieu pour la levée du siège de Barcelone ; et ensuite, nous aurons une petite fête, à laquelle vous nous ferez la grâce d'assister ; vous pourrez dire que la cour de Turin n'est pas moins brillante, sous les boulets français, qu'aux temps de sa splendeur. On vous montrera aussi que les dames de ce pays peuvent rivaliser avec les plus belles du monde et j'espère que vous en rendrez témoignage à nos amis, comme à nos ennemis.

Le parlementaire a retenu ces fières paroles et les a rendues à M. le duc d'Orléans, de qui je les tiens. Il assista aux fêtes, il y fit bon visage, avec cette merveilleuse facilité des Français à se ployer à toutes choses. Les dames de la cour déployèrent leurs plus beaux atours et leurs plus séduisants sourires ; il fut reçu par un galant par toutes ; elles prétendaient qu'il devait emporter avec lui un parfum de leur beauté, à rendre toutes les dames de France jalouses, et tous les seigneurs français amoureux. Ce qui est sûr, c'est qu'il en rapporta une charmante aventure pour M. le duc d'Orléans, qui me la raconta et ne me fit point défense de la répéter. Le pauvre prince, d'ailleurs, en eut bien d'autres depuis, que tout le monde sut, et qui ne furent ni aussi charmantes, ni aussi honorables.

comme / pour ?

Il avait grande envie de voir la princesse, sa sœur, qu'il aimait si fort, qu'on a commencé par la lui donner pour maîtresse, avant de lui donner ses filles ; ce n'était pas plus vrai pour les unes que pour les autres ; jamais prince ne fut plus calomnié que ce Régent, qui, cependant, avait bien assez de vices pour qu'on ne lui en prêtât pas.

En ce temps-là c'était un beau prince, tout jeune, déjà corrompu, mais encore romanesque, très spirituel, très instruit, très brave et très bon, celui des descendants d'Henry IV qui lui ressemble le plus, même au physique ; on ne saurait le flatter davantage que de lui dire cela. Il fit demander à son beau-frère un sauf-conduit pour aller passer une journée avec la princesse Marianne, en donnant sa parole d'honneur qu'il ne verrait rien dans la place, que ce qu'il devait voir, et qu'il n'y aurait personne dans sa confidence ; il devait se déguiser, de façon à n'être pas reconnu.

Le duc connaissait la loyauté de ce pauvre calomnié, il lui envoya le sauf-conduit, en ajoutant qu'il espérait le voir plus d'une fois en faire usage. M. le duc d'Orléans, dès le soir même, prit un costume de miquelet (il y en avait dans les deux armées), se présenta à la porte, absolument seul, entra avec son sauf-conduit, et demanda le chemin du palais, On ne l'attendait que le lendemain, aucun ordre n'était donné pour son introduction. Comment arriver jusqu'à la duchesse, à une pareille heure, sous un pareil costume, sans se trahir ?

Le prince s'abandonna au hasard, entra dans les jardins, encore ouverts, à cause de la chaleur, et parce que Victor Amédée donnait asile à tous ceux dont les maisons étaient les plus menacées ; il y avait donc une foule considérable.

Il passa inaperçu, allant toujours, cherchant parmi ces visages celui qui lui inspirerait assez de confiance pour s'adresser à lui.

M. le Régent a toujours aimé les aventures, celles surtout qui ne ressemblent point aux autres. Il lui semblait très amusant d'être ainsi perdu au milieu de ces gens qui l'ignoraient, en le détestant.

Une rencontre.

L'effet que son nom, prononcé, eût produit dans ces groupes, si agités déjà de leurs craintes, ne peut se calculer. Il en eût peut-être été victime, la duchesse avec lui, et la confiance aveugle que ces peuples avaient en leur souverain, en eût certainement été ébranlée. Aussi M. de Savoie tremblait-il à l'idée d'une imprudence.

À force de regarder parmi les jolies filles, qu'il avait grande envie d'aborder, il en avisa deux assez lestement mises, fort agréables, qui cheminaient ensemble en causant. Il les suivit, écoutant leur caquetage, non pour y puiser des renseignements sur ce qu'il cherchait, mais pour y puiser des renseignements sur elles-mêmes.

Il trouva l'un et l'autre, et le hasard, son Dieu, le servit à merveille. C'étaient justement deux filles attachées à la duchesse, elles étaient à sa chambre, et l'une d'elles surtout, la plus jolie, semblait tout à fait dans ses bonnes grâces.

Elles racontaient mille petites aventures de palais, riant à gorge déployée, malgré la tristesse générale, habillant la Saint-Sébastien en fidèles servantes, plus jalouses du bonheur de leur maîtresse qu'elle ne l'était elle-même.

Au bout du jardin, elles se séparèrent ; la plus jolie embrassa sa compagne, et retourna au palais, pendant que l'autre continuait sa course.

Le prince attendait ce moment, et l'aborda.

Bien que d'une naïveté relative, elle n'était pas sauvage, et ne se sauva pas devant ce beau jeune homme, très poli, qui lui demanda, chapeau bas, si elle ne pouvait pas l'introduire dans l'appartement de madame la duchesse, et lui faire parler à une de ses filles d'honneur, ou à une des personnes de son service intime.

L'enfant le regarda avec soupçon, et répondit en hésitant :

– J'en suis, moi, de son service intime ; mais que Lui voulez-vous, monsieur, à Son Altesse Royale ?

– Elle récompensera certainement la personne qui m'introduira près d'elle : j'apporte un message qu'elle attend.

– Une lettre ?

– Non, un message verbal ; il faut que je lui parle, à elle-même.

– De la part de qui venez-vous ?

– De la part de son frère, dit-il très bas.

– Chut ! suivez-moi, et taisez-vous !

– Voici un sauf-conduit de M. le duc de Savoie, pour que je puisse entrer et sortir librement aux portes de la ville. Vous voyez que je ne vous trompe point.

La jeune fille fit un sourire, qui signifiait beaucoup, et qui lui donna de l'importance, à ses propres yeux, par l'idée d'être initiée à un grand secret. Elle marcha devant, faisant signe au prince de la suivre ; et ils arrivèrent ainsi à un escalier conduisant chez la duchesse, et descendant directement dans le parterre.

Joséfa passa la première, lui recommandant de marcher doucement ; elle monta deux étages, l'introduisit dans une petite chambre toute blanche, en ferma la porte derrière eux, et lui demanda alors, d'un ton décidé :

– Voyons, maintenant, que lui voulez-vous, à madame la duchesse ?

Le prince se mit à rire.

– C'est à elle que je veux parler, non pas à vous, la belle enfant.

– On ne lui parle pas comme cela si facilement, à notre princesse, toute bonne qu'elle soit.

– Je viens de la part de M. le duc d'Orléans ; je suis porteur d'un message verbal, de sa part, à madame la duchesse, elle m'attend, il s'agit seulement de la prévenir que je suis là, petite curieuse.

Joséfa hésitait toujours, et faisait une moue qui l'embellissait. Le prince la trouvait plus jolie que les grandes dames, il se mourait d'envie de le lui dire, et Philippe d'Orléans n'était pas homme à ne pas satisfaire un désir, quand il rencontrait l'occasion bonne.

– Mademoiselle… Votre nom, s'il vous plaît ?

Une recherche.

– Joséfa, monsieur.

– Mademoiselle Joséfa, vous me paraissez aussi obligeante que vous êtes jolie, et j'ai grande envie de me confier à vous, si vous êtes aussi discrète que vous êtes obligeante et jolie.

– Oh ! oui, monsieur, je suis bien discrète.

– Hé bien, mon message n'est pas tellement pressé que je ne puisse songer un peu à moi avant de le remplir. Depuis longtemps, je vogue par la ville, je suis très fatigué, je me meurs de faim. N'y aurait-il pas moyen de souper un peu avant d'aller chez Son Altesse Royale, qui me retiendra longtemps, peut-être, et ne me renverra à mon maître que fort tard ?

– Je vais vous conduire à l'office sur-le-champ.

– Sans doute ; mais à l'office on se demandera : quel est cet étranger ? que vient-il faire ? Et, de deux choses l'une, vous compromettrez ou votre maîtresse, ou vous.

– C'est vrai ! Dam ! Allez souper ailleurs.

– Non pas… On ne doit pas me voir ailleurs. Si on me reconnaissait pour français, on me mettrait en morceaux.

– Vous avez raison ! Il y a bien un autre moyen, mais vous ne le voudrez jamais.

– Lequel ?

– Si vous alliez me chercher à manger, et si vous m'en donniez ici.

– Dans ma chambre, monsieur !

– Oui, dans votre chambre, belle Joséfa, et où est le mal ? J'y suis bien en ce moment ; qu'importe que j'y sois assis, ou que j'y sois debout.

Le raisonnement fut appuyé d'un sourire, d'un regard croisé avec le regard de la jeune fille, qui se fixait sur un beau visage, bien franc, bien loyal, bien ouvert, rempli de promesses, et disant, aussi clairement que les plus belles phrases :

– Je vous trouve charmante, et je vous aime.

Joséfa était une honnête fille, mais elle était coquette, elle aimait à plaire ; elle avait grande confiance en elle-même, et puis, il y avait une certaine importance à traiter chez elle le messager de M. le duc d'Orléans, son confident, peut-être. L'imagination d'une jeune fille fait beaucoup de chemin en peu de temps, et le mariage est au bout de tous ses rêves. Le Français, si bien tourné, pouvait être un bon parti ; sa maîtresse et son frère pouvaient les unir, les doter, que sais-je ?

– Et, enfin, c'est une bonne action que d'empêcher ce jeune homme de souffrir, ou de tomber entre les mains de ces méchants qui veulent tuer les Français. Il y en a de très aimables, cependant.

Elle se décida.

Le prince l'espérait bien, et la bonne fortune lui semblait appétissante au suprême degré.

Il s'installa près d'une fenêtre, ouverte sur le parc. La nuit commençait à descendre, une nuit parfumée, étincelante, une nuit d'Italie, au mois de juin. Il jeta de côté et manteau et chapeau, pour être plus à son aise, et remercia la jeune fille avec une ardeur, dont elle ne s'effraya pas, et qui la réjouit, au contraire. Ses projets prenaient une figure de réussite. Qu'un de ses pareils songeât à la séduire, ne lui vint pas même à l'esprit ; un seigneur, à la bonne heure ! Elle s'en fût défiée, mais un si jeune cadet, et qui paraissait fort pauvre, un miquelet ! Quelle apparence !

– Attendez ici, je reviens bientôt, je vais voler, pour vous. J'apporterai ce que je pourrai, il vous en faudra contenter. Par exemple, vous souperez sans lumière, au clair de la lune... Une lumière nous trahirait, et je serais perdue... Attendez !

Elle laissa M. le duc d'Orléans seul, un quart d'heure à peine, et, revint, chargée d'un souper délicat, qu'elle avait maraudé à l'office ; elle lui raconta, avec toute la grâce et la gentillesse de son âge, les ruses employées pour se procurer chaque chose, qu'elle plaçait, à mesure, sur sa petite table devant lui, et Philippe se confondait en remerciements.

– Vous mettez deux couverts, j'espère, dit-il.

Le déjeuner.

– Il le faut bien, ou je me coucherais à jeûn. J'ai annoncé que je resterais dans les cabinets de Son Altesse, à attendre ses ordres, et que je ne descendrais point.

Ils s'établirent tous les deux, jeunes, beaux, riants ; l'un, si corrompu, qu'il jouait l'innocence à s'y méprendre, l'autre, si innocente, qu'elle ne soupçonnait même rien.

Il l'étourdit de compliments, de folies, il l'intéressa, il la fit rire, il la toucha ensuite, il lui parla des dangers qu'il courait, de la mort suspendue sur sa tête pendant ce siège terrible, il lui représenta la vie qu'il allait perdre, comme si belle et si riche, à son âge.

– Et, si j'étais heureux, encore ! Si j'avais quelques beaux moments en ce monde, avant de le quitter !

La pauvre enfant avait apporté, pour son malheur, deux bouteilles de vin de Sicile, ce vin qui porte si vite au cœur et au cerveau. Pour son malheur, encore, elle en avait bu, elle, accoutumée à la sobriété ; pour son malheur, surtout, le prince était jeune, beau, éloquent, passionné.

La soirée avait de ces émanations enivrantes, que les climats chauds connaissent seuls, elle comprit que ce jeune homme avait bien droit à un peu de bonheur sur la terre, et qu'il serait cruel, barbare de lui refuser le baiser qu'il demandait avec tant d'instances. Et puis, il lui persuada qu'il l'aimait, qu'il ne vivrait pas sans elle désormais ; il lui persuada ce que les amoureux persuadent si bien aux filles qui les écoutent, et qui se laissent tromper, parce qu'elles commencent par se tromper elles-mêmes.

Il en résulta, qu'au lieu d'aller souper avec madame sa sœur, de la voir ce soir-là, il ne parut que le lendemain, comme s'il arrivait.

Il n'osait plus lever les yeux devant Joséfa, qui, en apprenant son rang, fut bien confuse et bien malheureuse. Le prince n'en vint pas moins la voir en secret, fort souvent, même au milieu des batailles et de la mousquetterie. Son caprice pour elle fut assaisonné par ce sel dangereux qui le rendit plus violent et plus durable. Il paraît que la jeune fille s'humanisa.

En quittant l'Italie, il se confessa à la duchesse, et la pria de la marier, en se chargeant de la dot. On a prétendu qu'il était résulté une petite fille de ce joli commerce. Il est sûr que M. le Régent protégeait beaucoup une personne qu'il m'a recommandée, qui venait de Turin, et qui voulait se placer ici, près d'une grande dame. Il lui a fait une petite fortune, et la voyait souvent. Elle est entrée, comme maîtresse de la lingerie, chez madame la duchesse de Berry. À sa mort, elle est revenue au Palais-Royal et je crois qu'elle a suivi Madame de Modène, lorsqu'elle alla dans ses États, après son mariage. Son âge correspondait à peu près à la date de cette aventure. Revenons au siège de Turin.

Joséfa.

CHAPITRE XXXII

L'attaque marchait bien lentement, et le siège menaçait de devoir être long. Victor Amédée était encore maître d'une des portes, en pouvant ravitailler la ville. Une manœuvre habile de M. de La Feuillade le rapprocha de ses lignes, et lui permit d'investir presque toute la place.

Le duc alors comprit que le danger devenait sérieux, il fit partir pour Cherasco les princesses et ses enfants, les miens, dont je ne laissais pas que d'être inquiète, le chancelier, les personnes âgées de sa cour ; le vieux prince et la vieille princesse de Carignan s'y prirent si mal, qu'ils furent enlevés par les Français, et qu'on les conduisit au quartier général, où ils furent déclarés prisonniers de guerre. Madame de Saint-Sébastien résista aux ordres, aux prières, et déclara qu'elle ne quitterait pas le prince d'une heure. Elle vint s'établir tout à fait au palais, près de lui, et lorsqu'il allait aux remparts, elle le suivait, sans affectation, de façon à ne pas le perdre de vue, et à se trouver là en cas d'accident.

Victor avait à la fois trop de bravoure et trop d'habileté pour ne pas essayer tous les moyens possibles de sortir d'une position aussi critique.

Il imagina une manière de sorties quotidiennes, à l'aide desquelles il inquiéta M. de La Feuillade et l'attira à sa poursuite plusieurs fois, tantôt d'un côté, tantôt de l'autre. Il lui échappait toujours, tant par la vivacité de ses mouvements, que par la connaissance parfaite qu'il avait du pays, et par les intelligences qu'il s'y ménageait.

Ces manœuvres lui servirent encore à jeter des secours dans quelques petites places, qui tenaient encore pour lui, et qu'il soutint.

Dans une de ces rencontres, il fut blessé et foulé aux pieds des chevaux ; il faillit bien y perdre la vie.

Madame de Saint-Sébastien, en l'apprenant, sortit de la ville, presque seule, courant au-devant de lui, en s'exposant à se laisser prendre par nos troupes, qui, certainement, ne l'eussent point rendue sans une rançon de plusieurs natures. Elle eut le bonheur de le rejoindre, et le bonheur, plus grand encore, de le soigner, autant qu'il voulut le lui permettre, car, dès le lendemain, il recommença ses courses.

La disette devenait grande dans la ville, on y fit son profit de tout ce qui se pouvait manger, même le petit chien de la marquise, que ses gens laissèrent sortir, et qui fut mis à la broche par un pauvre ménage, ni plus, ni moins que les Chinois, qui, dit-on, mangent ces animaux.

Je regarde ce fait comme aussi monstrueux que l'anthropophagie ; les chiens sont nos vrais amis, et il est infâme de les réduire à la condition de gibier ou de bêtes de basse-cour. Manger un chien, fi donc ! Je ne comprends même pas comment on a le courage de le tuer.

Les Allemands et les Suisses désertaient par bandes, ils trouvaient la cuisine mauvaise, tout était à l'extrémité, quand on apprit l'heureuse nouvelle que le prince Eugène, à force d'habileté et de courage, avait percé les lignes ennemies, traversé le Pô, en arrivant au secours de la ville.

Le duc alla au-devant de lui, et je vous laisse à penser tout ce qu'ils se dirent.

Le prince Eugène aimait peu son cousin, je suis forcée de l'avouer, mais il aimait fort sa Maison, et il haïssait les Français, deux raisons qui, sans compter sa gloire, l'engageaient à tout mettre en œuvre pour réussir.

Pierre Micca.

Il ne put cependant arriver assez à temps pour retarder l'assaut général, que le marquis de La Feuillade, impatienté, donna, un peu à la hâte, dans l'espoir d'empêcher sa jonction avec le duc de Savoie, et d'emporter la place avant qu'il pût la secourir.

Les Français furent repoussés sur tous les points, ils y perdirent beaucoup de monde. Le prince fit des prodiges de valeur, il se battit comme un Dieu.

Un pauvre homme, que j'ai bien connu, qui venait souvent chez moi, où il travaillait à mes jardins, et que mon fils aimait particulièrement, à cause des beaux jouets qu'il lui fabriquait, un nommé Pierre Micca, simple ouvrier mineur, se fit, à cet assaut, un nom immortel, un nom à placer à côté de ceux de Curtius et de Scævola. Il venait de charger une contre-mine, et il vit l'ennemi prêt à l'éventer. Il ne lui restait pas le temps nécessaire pour se retirer. Il y mit le feu, et, se retournant vers ses compagnons :

– Allez, leur dit-il, sauvez-vous, vous autres, vous le pouvez ; recommandez au duc ma femme et mes enfants. Quant à moi, je meurs ici, mais je n'y mourrai pas seul.

Il jeta un tison sur la poudre, qui, dans l'instant, éclata, et l'engloutit, lui et tous ceux qui se trouvaient au poste ennemi voisin.

Victor Amédée ordonna que, pour récompense, la famille de Micca recevrait, à perpétuité, deux rations de pain par jour, par individu. Récompense toute antique, et toute spartiate, mais que l'on ne trouve pas généralement suffisante. Je l'ai dit, Victor Amédée était économe.

Dès le commencement du siège, les Français furent découragés par un présage qui, en même temps, relevait beaucoup les espérances des assiégés. Il y eut une éclipse de soleil presque totale, et, comme cet astre était l'emblème de Louis XIV, on y vit pour lui un signe de ruine et de déchéance.

– Il va donc pâlir et s'éteindre, cet astre, qui, au lieu d'éclairer, brûle, disait le duc de Savoie, c'est la volonté de Dieu, et c'est ma main qui l'accomplira.

Le présage ne se vérifia que jusqu'à un certain point ; cependant les revers et les pertes successives qu'éprouva le grand roi pendant la dernière partie de son règne, peuvent bien justifier l'éclipse.

Je retrouve, dans mes papiers, des vers qui coururent fort en ce temps-là ou à peu près, lors de la bataille d'Hostedt, lorsque les Anglais, enchantés de leur victoire, firent construire une pyramide sur le champ de bataille, avec une inscription pompeuse. On la détruisit depuis.

Je vais citer ces vers, parce que la postérité ne les connaîtra peut-être point :

« Maugrebleu du fat qui t'a fait,
« Vaine pyramide d'Hostedt.
« Ah ! si, pour pareilles vétilles,
« Pour chaque assaut, chaque prise de ville,
« Louis, ce héros si parfait,
« Avait fait dresser une pille,
« Le pays ennemi serait un jeu de quilles. »

Cette victoire d'Hostedt n'en donna pas moins beaucoup de gloire au duc de Malborough, beaucoup d'espoir aux Italiens. Le prince Eugène avançait d'ailleurs à grands pas ; tous les yeux étaient fixés, à Turin, sur la colline de la Superga, où l'on devait arborer les signaux annonçant l'arrivée des secours.

Ils parurent, enfin. Ce furent des cris de joie dans toute la ville, et des réjouissances à ne point finir, On s'embrassait dans les rues, on se montrait de loin ces malheureux signaux ; ce fut une ivresse générale.

M. le duc d'Orléans, qui n'était venu qu'en voyage, et presque en officier d'aventure, les premières fois, arrivait alors, avec son corps d'armée, pour renforcer celui de La Feuillade, et, dès le lendemain, on tint un conseil de guerre, sous un peuplier, dont ma fille me parlait hier encore, et qui est devenu célèbre dans le pays, où on le conserve avec soin.

Chacun y donna son avis. Le meilleur était celui du jeune prince, qui voulait lever le siège, à l'instant même, et marcher au-devant de l'armée qui s'avançait.

– Si la bataille est gagnée, disait-il, la place tombera d'elle-même ; si elle est perdue, il sera indispensable de se retirer.

Mais Louis XIV, qui ne permettait pas aux princes de son rang, pas même à monseigneur, pas même à ses petits-fils d'acquérir trop de gloire, avait donné un tuteur à son neveu. Le maréchal de Marsin exhiba un ordre du roi, de lui obéir en tout.

Il fallut céder.

– Messieurs, s'écria le prince, j'ai un tuteur ! Ma chaise de poste... Je pars.

Il ne partit pas, il aimait trop à se battre, mais il maugréa de toutes ses forces. Il n'en parlait pas encore de sang-froid, bien des années après.

Le prince Eugène et Victor Amédée montèrent à la Superga pour examiner le pays, la ville et les armées. Avec un coup d'œil d'aigle, le prince de Soissons dit, sur-le-champ, à la vue de quelques mouvements incertains de l'ennemi :

– Mon cousin, ces gens-là sont à demi battus.

La bataille commença presque sur-le-champ ; elle fut terrible et disputée des deux côtés, avec un acharnement sans exemple, mais la fortune était pour Victor Amédée en ce moment. Jamais victoire ne fut plus complète.

Le maréchal de Marsin y fut tué, le duc d'Orléans y fut blessé assez grièvement ; l'armée dut s'enfuir jusqu'à Pignerol. On sait ce que sont nos retraites, quand la panique s'en mêle.

On prit tout ce qu'elle laissa, canons, caissons, tentes, argent, bestiaux, sans compter des prisonniers innombrables. Ce fut magnifique à voir pour les vainqueurs, et, encore plus, à empocher, car on trouva dans le camp de vrais trésors, en vaisselle et en joyaux.

Les deux princes entrèrent dans Turin en triomphateurs ; le peuple ne les laissait pas avancer, tant il les entourait, en baisant jusqu'aux crins de leurs chevaux. On chanta un *Te Deum*, et l'église de Saint-Jean retentit de cris d'enthousiasme et de joie. La marquise de Saint-Sébastien reçut les hommages des grands et même ceux des petits, car une vingtaine de polissons la voulurent porter en triomphe. Elle fut assez modeste pour s'y refuser, en disant qu'elle n'avait pas gagné la bataille. Le duc conduisit, le soir, chez elle, son valeureux cousin ; ils y soupèrent. Le prince parla peu, et se montra fort réservé, et, comme Son Altesse Royale lui en demanda, le lendemain, la raison :

– J'aimais mieux madame de Verrue, lui dit-il, elle était franchement votre maîtresse, on pouvait plaisanter avec elle. Cette dame-ci fait la prude, et m'a l'air d'une fine mouche. Prenez-y garde, mon cousin, j'ai vu commencer madame de Maintenon, elle avait de ces airs-là.

La prédiction s'est accomplie. Le prince Eugène se l'est rappelée lorsque les derniers événements sont arrivés ; il me l'a écrit. Ce n'en fut pas moins un beau moment pour elle que cette victoire et la levée du siège ; l'absence des princesses la rendait la première dame du pays, et les plus grands honneurs lui furent prodigués ; elle les goûtait fort, et il lui en coûta de descendre.

Victor Amédée voulut conserver le souvenir de cette belle journée, la plus belle de son règne, assurément. Il fonda des solennités annuelles pour le jour de la Nativité de la Vierge, anniversaire de cette victoire, et, avec les dépouilles enlevées à l'ennemi, il fit bâtir un magnifique monument à la Superga, au lieu même où le prince Eugène et lui avaient décidé le plan de la bataille. Il ordonna que ce temple devînt le Saint-Denis de la Savoie, et voulut y reposer, ainsi que ses successeurs. Il établit des prêtres et des moines pour y dire des messes, et pour demander à Dieu le salut de la Savoie. Cet édifice coûta des sommes folles, on le comprendra, quand on saura qu'il n'y avait pas une goutte d'eau sur ces hauteurs, et que toute celle dont on se servit dut y être transportée à dos de mulets. Les pierres et le marbre vinrent aussi de carrières

Mort du duc d'Orléans. ?

maréchal de Marsin

éloignées. Ce furent des frais immenses, mais on assure que cela est magnifique, et qu'il n'y a guère, en Europe, de plus beau monument.

Les Français durent quitter l'Italie, à la grande joie des Italiens, et aussi à la leur. Ils maudissaient ce pays, de tout temps funeste à nos armes. Dieu ne veut pas que nous nous y établissions apparemment ; ce serait trop de deux joyaux semblables à une seule couronne.

Ils avaient, dans l'armée du prince Eugène, deux Français transfuges, qui ont fait bien du bruit dans le monde, un, surtout, le comte de Bonneval.

Après avoir été au service de toutes les Puissances, après s'être fait chasser de tous les pays, y compris le sien, où il ne pouvait rentrer, sous peine de condamnation à mort, il s'est allé faire pacha, et il tient un rang distingué en Turquie, où l'on parle fort de lui.

Il était d'une bravoure magnifique, que le prince Eugène admirait lui-même, et dont il entretenait ses amis, car il m'en a écrit plusieurs fois. Son esprit était au niveau de son courage, il avait bien le défaut d'être un peu escroc, un peu voleur, il fut pendu, en effigie, en Grève, pour avoir malversé les deniers du roi, à son régiment ; mais cela ne l'occupait guère, il en riait de tout son cœur, et ne se cachait pas de corriger la fortune aux dépens de ceux dont l'adresse n'était pas à la hauteur de la sienne.

L'autre Français, que le prince Eugène accueillit pour faire pièce, disait-il, au roi de France, était M. de Langallerie, devenu lieutenant-général par le prince Eugène, et qu'il aimait avec un engouement que justifiaient un esprit charmant et un caractère étrangement particulier. Il avait toutes les folies de la terre dans l'imagination, et il les mit à exécution l'une après l'autre.

D'abord, il quitta le service de l'empereur pour entrer à celui du Czar, lequel ne le satisfit pas davantage. Il s'en alla alors en Hollande, où il s'établit à Amsterdam, ne trouvant rien de mieux que de se faire protestant, et d'aller au prêche. Il se fit ainsi donner la charité, s'il vous plaît, car il ne lui restait pas le sou.

Lorsqu'il eut fini d'épuiser les bourses, il s'associa avec un autre aventurier, qui se faisait appeler le comte de Linanges, et se mettait en officier de marine, ayant servi pour le roi. Ils s'engagèrent à une manière de corsaire, pour commander en chef et aller établir, l'un par terre, l'autre par mer, une république et une nouvelle religion, je ne sais où. Mais ils prirent mal leurs mesures, et l'empereur les fit tout bonnement pendre, après les avoir guettés et pris sans façon et sans autre forme de procès. J'avais connu ce Langallerie à Turin, où il était déjà venu une première fois.

Le duc porta la guerre en Milanais, où la victoire le suivit encore. La chance avait tourné. Une campagne en Provence et en Dauphiné fut résolue. Le prince Eugène et Victor Amédée y entrèrent, et allèrent mettre le siège devant Toulon. Ils furent contraints de le lever, aussi bien que, l'année suivante, à Briançon. Il eut même quelque peine à s'en tirer.

– Il est aisé d'entrer en France, disait-il, mais il est difficile d'en sortir.

La guerre continuait, mais faiblement. On négociait sous main. Louis XIV essaya, plusieurs fois, de détacher Victor Amédée de la ligue. Il refusa toujours de traiter sans ses alliés. Il espérait de plus belles conditions en les dictant avec eux, ce qui ne manqua pas d'arriver, en effet. Les intrigues se croisaient en tous sens : plusieurs projets furent repris et abandonnés ; l'Angleterre, surtout la reine Anne, soutenaient le duc de Savoie, et voulaient lui donner la Sicile, avec le titre de roi, ce qu'il ambitionnait par-dessus tout. On hésitait à lui donner le royaume au nord de l'Italie ; le roi le voulait, l'Angleterre ne le voulait point. Celle-ci l'emporta. Le traité d'Utrecht, d'abord, celui de Rastadt, ensuite, lui assurèrent ce royaume, objet de tous ses vœux. Il obtint encore de grands avantages, des forteresses, pour remplacer celles qu'il avait perdues, des concessions de tout genre ; il ne fut jamais si content, de sa vie.

– Eh ! eh ! disait-il, il y a loin de Turin à Palerme, mais qui sait ? Avec du temps et de la patience, la Maison de Savoie parviendra peut-être à s'y rendre par ses domaines. L'Italie est un artichaut qu'il faut manger, feuille à feuille.

Il était alors à l'apogée de son bonheur. Madame de Saint-Sébastien tenait plus largement sa place que jamais, et les princesses en étaient venues à compter sérieusement avec elle. Elle se donna beaucoup de mouvement dans toutes ces négociations. Elle était plutôt l'homme d'affaires que la maîtresse du prince, et jamais procureur diplomatique ne parla mieux qu'elle le langage de la chicane. Elle connaissait bien son royal amant, sans doute, car nous voyons comment tout cela lui a réussi.

CHAPITRE XXXIII

Le *roi* voulut aller sur-le-champ se faire couronner à Palerme. Il laissait à Turin le prince de Piémont, son fils aîné, aidé ou plutôt conduit par un conseil administratif. Madame Royale se mourait d'envie de retremper un peu le bout de ses doigts dans le pouvoir, mais ce n'était plus le fils soumis d'autrefois ; il se douta de ses prétentions, et pour y couper court, il ne voulut même pas lui laisser le temps de les énoncer.

– Je connais votre éloignement pour les affaires du gouvernement, madame, aussi j'ai nommé un conseil administratif pour s'en occuper en mon absence, vous n'aurez donc rien à faire qu'à vous bien porter, et à vivre dans le repos qui vous est si cher. À mon retour j'espère vous trouvez heureuse et engraissée.

L'épigramme était trop forte pour que la princesse ne la sentît pas. Elle dut se taire et renfermer son mécontentement. Le prince s'embarqua à Villefranche escorté d'une flotte anglaise. Il emmenait la reine Marie-Anne, le duc d'Aoste, son second fils, et la marquise de Saint-Sébastien, la véritable reine en ce temps-là

Il déploya un luxe et une magnificence auxquels ses sujets savoyards n'étaient pas accoutumés, mais, en même temps, il montra une fermeté, une volonté invincible qui effrayèrent ces peuples accoutumés à la mollesse du gouvernement espagnol. Le nouveau roi ne resta qu'un an en Sicile ; il n'eut pas le temps d'exécuter la moitié des plans qu'il avait conçus pour le bien du pays, il retourna en Piémont, où de grands malheurs l'attendaient. Pendant cette année de séjour à Palerme, madame de Saint-Sébastien s'acquit encore de nouveaux droits à sa tendresse par l'habileté qu'elle

La cour se rendant à Palerme.

déploya dans ses rapports avec la reine et avec les Siciliens, qu'elle trouva moyen de ramener à lui, sans choquer la jalousie de Marie Anne d'Orléans, en laissant trop voir la main qui les conduisait.

J'ai dit qu'en partant Victor Amédée avait confié la régence au prince de Piémont, son fils aîné, sous la surveillance et la direction d'un conseil. Il avait seize ans, il était grand, formé comme un homme et étonnant par son intelligence et ses manières. Souvent, pendant sa régence, et cela par ordre de son père, on le laissa décider seul les affaires épineuses ; il s'en tirait toujours à merveille. II était adoré de ses peuples et de la cour, adoré de Madame Royale, adoré de ma fille, qu'il aimait tendrement et dont il avait fait sa confidente intime ; c'est d'elle que je tiens tout ce qu'on va lire. Elle venait de se marier alors et la tendresse de son frère n'avait pas peu contribué à l'établissement magnifiquement trompeur qu'on lui fît faire. Pendant l'absence de son père, le jeune prince tint sa cour chez Madame Royale. Il reçut avec une grâce, une aménité et des façons superbes auxquelles la stricte économie et le sérieux un peu rogue de Victor Amédée n'avaient point accoutumé les dames. J'avais vu cet enfant très jeune ; il me conservait un bon souvenir, que ses relations avec ma fille entretenaient ; il ne pouvait souffrir madame de Saint-Sébastien qui le lui rendait avec usure. Elle le desservait à plaisir dans l'esprit de son père, et lorsqu'elle apprit qu'il faisait si bien en son absence, elle ne cessa de lui répéter, avec un air de componction, que c'était fort heureux pour l'avenir, mais qu'il était dangereux pour un père de voir un prince de seize ans si capable.

– Il voudra prendre part à tout maintenant, et vous ne serez plus le maître.

– C'est ce que nous verrons, répondait-il.

Aussi lorsqu'il revint il traita son fils avec la plus grande froideur, affectant de l'écarter exprès des conseils, et défendant aux ministres de l'instruire de rien. Il ne lui témoigna même pas sa satisfaction de la conduite qu'il avait tenue en se permettant même de légers sarcasmes sur ses airs d'importance. Lorsque Madame Royale lui parlait de sa joie d'avoir un tel fils, il répondait :

– Oui, il promet beaucoup, il promet trop, il faut qu'il se modère. Je ne suis pas encore en âge d'abdiquer, ni de mourir, je suppose, et je n'ai que faire d'un remplaçant, d'un suppléant, pendant que je puis tenir les rênes de mon État.

Ces paroles furent répétées au jeune prince, déjà abreuvé de dégoûts, déjà désolé de la manière dont le roi l'avait reçu, et des froideurs inouïes qu'il lui montrait. Il était d'une santé faible, comme tous les enfants précoces d'intelligence sérieuse. Il commença à prendre une petite fièvre lente, dont il ne se plaignait qu'à sa sœur, qui ne put jamais le faire soigner, mais il changeait à vue d'œil. La cour lui témoignait des empressements infinis, malgré la disgrâce dans laquelle le roi le tenait, ce qui acheva d'exaspérer celui-ci. Il n'est sorte de devoirs qu'il ne lui imposât, au point de ne lui plus parler lorsqu'il le voyait, et de ne lui répondre plus quand le prince lui adressait les questions ordinaires, que le respect et la déférence lui ordonnaient.

On était, alors, dans le carnaval. Les dames se souvenaient des bals qu'il avait donnés l'hiver précédent, lorsqu'il était le maître. Elles le prièrent d'en ordonner un autre. Il ne crut pas trop s'avancer en leur promettant de demander au roi l'autorisation de les recevoir chez lui ; mais, lorsqu'il en ouvrit la bouche, il fut repoussé avec une dureté sans égale.

– Un bal chez vous, monsieur, quand je suis ici et que je n'en donne pas ! vous voulez achever de prendre de l'importance, et vous vous croyez un personnage parce que vous avez été un an sous la tutelle de mes conseillers, avec une ombre de pouvoir. Apprenez que je suis le maître, et que tant que je vivrai, vous n'êtes rien ici, entendez-vous ? rien que le premier de mes sujets, le plus soumis, celui sur lequel mes droits sont doubles par mon droit de père. Ne me demandez donc point, ce que je ne veux pas

Mort du prince de Piémont.

vous accorder et tenez-vous pour averti, que vous avez encore de longues années à m'obéir entièrement.

Le prince n'avait pas murmuré une fois depuis trois mois que durait cette tyrannie, il ne murmura pas davantage. Il baissa la tête, salua profondément et se retira chez lui, où il pleura beaucoup avec sa sœur.

– Ceci est mon dernier coup, dit-il, je n'en reviendrai pas. Mon père m'a blessé au cœur par la défiance et la dureté ; rappelez-vous ce que je vous dis, avant huit jours je ne serai plus en vie.

Le soir il se mit au lit, avec une fièvre ardente et d'affreuses douleurs ; il ne dit rien, et n'appela personne à son réveil, ou plutôt au réveil des autres, il ne se put lever et pria qu'on lui fît venir la reine, Madame Royale et la princesse de Carignan. Quand il les vit toutes les trois, il fondit en larmes et leur dit :

– Il faut nous quitter.

Vous jugez les cris et les désolations. On appela tous les médecins, ils trouvèrent le mal grave et jugèrent qu'il en fallait instruire le roi. Celui-ci ne s'en alarma pas d'abord et répliqua qu'ils se trompaient, que son fils était seulement contrarié et boudeur. Pourtant sur leurs assurances réitérées, il commença à s'inquiéter, et courut chez le prince de Piémont, où il trouva toute la cour rassemblée dans les dernières craintes. Madame de Saint-Sébastien l'y avait précédé et criait plus que les autres.

Quand le malheureux père vit que le danger était réel, il sentit des remords et prodigua à son fils toutes les marques de repentir et de tendresses, le conjurant de se guérir, en l'assurant qu'il aurait part sous lui à toutes choses.

– Ce n'est pas cela, mon père, aimez-moi, et je tâcherai de vivre, mais je crains qu'il ne soit trop tard.

On ne se peut figurer le désespoir du roi, ni tout ce qu'il fit pour rappeler ce fils à l'existence. Il ne le quitta plus un seul instant, l'accablant de présents, de caresses, lui offrant ce qui pouvait tenter ses désirs, et même ses caprices. Le pauvre enfant n'acceptait que l'amour de son père, dont il avait été privé si longtemps et dont il ne pouvait se rassasier. Il mourut le sixième jour de sa maladie, dans les meilleurs sentiments, entouré de sa famille, de toute la cour, qui remplissait ses appartements jour et nuit, pendant que le peuple était autour du palais, à pleurer, ou dans les églises, à prier Dieu pour lui. Cette mort fut une calamité publique et le deuil fut général, mais personne ne fut frappé comme le père, qui pouvait se dire qu'il en était la cause et qui le sentit aussi vivement que possible. Sa maîtresse était trop adroite pour rester dans ce mauvais pas. Elle s'empara de son chagrin, ainsi qu'elle s'emparait de ses travaux et de ses victoires. À peine si Madame Royale et la reine eurent la consolation de pleurer avec lui. Il s'enfermait seul, disait-il, pour pleurer à son aise, mais en réalité, avec la Saint-Sébastien, qui par l'affliction qu'elle lui montrait et les remords, les regrets qu'elle afficha, lui inspira une confiance nouvelle. Elle se plaignait tant d'avoir méconnu le jeune prince, de ne lui avoir pas rendu justice, qu'à la fin il fut obligé de la consoler. C'est le comble de l'adresse, ce me semble, et, quant à moi, je le confesse, je n'aurais jamais imaginé celui-là.

À peine si le roi de Sicile était remis de cette grande douleur, qu'il lui en arriva deux autres aussi violentes, presque coup sur coup. Il perdit, d'abord, notre charmante duchesse de Bourgogne, et très peu après, la reine d'Espagne, adorée de ses peuples et de son mari, et qui eût été une des souveraines illustres du monde, si elle eût vécu. Je raconterai ces deux morts en détail dans la seconde partie de mes Mémoires, si Dieu me prête vie ; en attendant, je veux finir la Savoie entièrement.

CHAPITRE XXXIV

Cependant les événements marchaient et les hommes changeaient de fortune avec eux et par eux. Mon petit Alberoni, mon faiseur de plats au fromage, qui m'avait tant flattée autrefois, pour obtenir un canonicat par ma protection, était devenu premier ministre et maître de l'Espagne. C'est bien s'y prendre. Il avait été la cheville ouvrière du second mariage de Philippe V avec Élisabeth Farnèse, fille du duc de Parme, son maître, et il gouverna avec elle et par elle en prince, dont toutes les capacités étaient dans ses sens et dont la reine obtenait tout par les roulettes de son lit plus ou moins rapprochées. La première chose qu'ils firent ce fut de déchirer le traité d'Utrecht et de s'emparer par trahison de la Sicile hors d'état de résister à un coup de main, si loin qu'elle était de son roi et de tous secours. En vain le roi dépouillé invoqua la garantie promise par la France et par les autres puissances ; l'empereur seul lui répondit efficacement en s'emparant de la Sicile et en la gardant pour lui, les autres se bornaient à quelques lettres échangées, jusqu'au traité de Londres, qui fit mettre la quadruple alliance, et qui donna enfin à Victor Amédée la Sardaigne en dédommagement. Elle ne valait pas la Sicile certainement, mais elle avait un avantage, c'était la proximité. Il fallut bien s'en contenter d'ailleurs, et changer ses titres et ses écussons.

Ce fut encore un grand coup pour Victor Amédée, que cette perte ; il s'était bercé de l'idée qu'il aurait l'Italie, et il vit au contraire l'empereur et l'Espagne s'en emparer de nouveau, se la partager, en lui laissant seulement une petite part du gâteau. Une fois sûr de la paix, il aspira à une autre gloire, celle du législateur.

Ce prince avait de la capacité en tous les genres, il régla, d'abord, l'organisation du service militaire, puis l'administration intérieure du royaume, les finances, le commerce, la justice, les sciences, les arts, il fit un concordat avec le pape, il n'y eut si petit détail qui lui échappa dans ses États réunis.

– Je voudrais, disait-il cependant, les amener à parler tous la même langue, mais ce serait là un tour de force, je crains de ne pas l'accomplir, les Savoyards n'oublieront pas le français et tant qu'ils se serviront de cette grammaire le roi de France les croira toujours un peu ses sujets.

Lorsqu'il eut tout fait, tout accompli, Victor Amédée songea à jouir du repos, rêve de tous les esprits agités, qu'ils s'efforcent de rejeter bien vite aussitôt qu'ils l'ont obtenu. Il se voyait tranquille possesseur de ses États, il avait marié son fils le duc d'Aoste, devenu prince de Piémont, par la mort si regrettable de son frère. Le prince, quoique bien jeune, en était déjà à sa seconde femme. La première, princesse de Bavière, était morte un an après son mariage, en couches d'un enfant qui ne vécut pas. Il épousa en secondes noces une Hesse Reinfeld-Rottembourg, parente de mon cher prince de Hesse. Elle avait des enfants, la succession directe était donc assurée. La reine Marianne mourut en 1728, elle mourut jeune et sans avoir été heureuse ; pour ma part je la regrettai fort, elle m'avait toujours été si bonne et si indulgente. La marquise de Saint-Sébastien avait dès longtemps projeté de régner tout à fait et sans partage. Elle n'eût pas osé penser à ce que Dieu lui envoyait pourtant, à la possibilité d'une union légitime, à devenir la femme de son souverain. Dès que la reine eut fermé les yeux, elle ne songea pas à moins et dressa ses batteries en conséquence. Ses conversations tendaient toutes au même but. Elle changea tout à fait de conduite avec le prince, et par une tactique commune à toutes les femmes astucieuses qui visent à consacrer des biens illicites, elle devint sévère, elle prit des scrupules, elle déclara qu'elle ne pouvait plus vivre ainsi, que sa conscience avait des murmures continuels, et qu'elle était effrayée de l'enfer, puis l'instant d'après, entraînée par sa passion, elle cédait, elle prodiguait des trésors de bonheur qu'elle retirait aussitôt plaçant le crucifix et le confesseur entre ces transports et son amant. Victor n'était plus jeune, il est vrai, mais il avait un de ces tempéraments qui ne vieillissent point et que rien ne satisfait. Madame de Saint-Sébastien le savait bien, et l'exemple de madame de Maintenon et de la reine d'Espagne Farnèse ne furent pas perdus pour elle.

Mais en vain s'y prit-elle de mille manières ; elle acquit la certitude que jamais Victor Amédée ne consentirait à appeler sur le trône une de ses sujettes ; ne pouvant s'élever jusqu'à lui, elle le fit descendre jusqu'à elle. Après de mûres réflexions, elle entreprit ce qui semblait presque impossible à exécuter ; elle voulut faire quitter le sceptre au prince le plus jaloux de son autorité, le plus ambitieux de sa domination, le plus amoureux de sa puissance. Elle s'y prit avec tant d'adresse, avec tant de douceur, d'esprit, de bonté même, elle lui remontra si bien le charme de la retraite, de la tranquillité, après une vie agitée, elle lui éleva si haut les exemples de Charles Quint, de Christine, de Casimir, de Philippe V, bien qu'il vînt de reprendre forcément les rênes du gouvernement, prétendait-il, qu'elle lui inspira le désir d'en faire autant.

– Il faut, lui disait-elle, un grand courage, une grande âme, pour abdiquer ainsi de soi-même ce pouvoir que tout le monde envie. Voyez ces souverains, quelle renommée ils ont acquise par cette action !

– Dont ils se sont presque tous repentis.

– Non pas. Demandez au roi Casimir s'il n'a pas été plus heureux avec la maréchale de l'Hospital que sur le trône de Pologne.

Elle lui persuada enfin que c'était l'action la plus magnifique, la plus merveilleuse qu'il pût faire et le bonheur le plus assuré qu'il pût goûter, mais en le lui persuadant, elle eut l'air d'être seulement de son avis et de se rendre à une pensée inspirée par lui ; il ne fallait pas montrer sa chaîne sans quoi l'esclave se fût révolté bien vite.

Lorsqu'elle eut produit l'effet désiré, la marquise se tut subitement et n'en parla plus, elle obligea le roi à mettre de lui-même ce discours sur le tapis ; il s'en occupa d'autant plus qu'on cessa de le tourmenter ; il en vint à quitter de lui-même Turin, pour aller s'enfermer trois jours à sa villa de Rivoli, qu'il avait rebâtie et qu'il préférait aux autres. Lorsqu'il en revint, sa résolution était prise. Madame de Saint-Sébastien tremblait de ce qu'elle allait apprendre, car elle savait, qu'une fois décidé, rien ne le ferait revenir. Lorsqu'on lui dit qu'il était revenu, qu'il la mandait sur-le-champ, elle s'évanouit trois fois de suite, avant de trouver le courage de s'y rendre. Comme on lui vint apprendre qu'il s'impatientait, elle s'y traîna avec peine et arriva presque mourante.

– Mon Dieu ! madame, vous êtes bien pâle, lui dit-il, dès qu'il la vit.

– Je suis, en effet, fort malade, c'est ce qui m'a empêchée de me rendre de suite aux ordres de Votre Majesté, je la prie de m'excuser si…

– Je vous apporte une nouvelle qui, si vous m'aimez toujours comme autrefois, doit vous consoler et vous guérir. Je suis décidé irrévocablement, j'abdique.

– Ah ! sire, quel moment, quelle joie !

– J'abdique, je me retire, je laisse à mon fils le fardeau que j'ai porté tant d'années, et maintenant je vais jouir un peu de la vie calme que je désire depuis si longtemps.

– Les grands esprits ont besoin de recueillement.

Ce lieu commun, placé comme une virgule au discours du prince, passa inaperçu. Victor reprit et arriva, sans y être provoqué, au point le plus important pour la marquise.

– Aurez-vous le courage de me laisser partir seul, madame ? le roi détrôné trouvera-t-il en vous la même amie que le puissant

L'abdication.

prince ? si je vous offrais un lien éternel ; si je vous demandais d'accepter ma main, de devenir ma femme, me refuseriez-vous ?

– Ah ! sire, s'écria-t-elle, si émue qu'elle pouvait à peine parler et fléchissant le genou comme si elle eût voulu baiser le bas de son justaucorps.

– Relevez-vous, madame, et embrassez-moi, si vous consentez à consacrer le reste de votre vie à un roi sans couronne et sans pouvoir, à vous exiler avec lui loin de la cour et des plaisirs.

Vous comprenez qu'elle ne se fit pas prier, et comme elle tremblait qu'il changeât d'avis, elle lui fit insinuer doucement qu'il fallait faire la cérémonie le plus tôt possible. Elle eut lieu la nuit dans la chapelle du château, sans autre assistance que les témoins nécessaires, et à la grande joie de la dame, qui faillit suffoquer pendant la messe ; il fallut la délacer.

Le lendemain même de ce mariage, ignoré de tous, le roi fit venir le prince de Piémont, et, après lui avoir ordonné de s'asseoir, il lui demanda s'il avait grande envie de régner.

– Que Dieu donne longue vie à Votre Majesté, répliqua le jeune homme étonné, je ne saurais désirer une couronne qu'il me faudrait acheter si cher.

– Mais si vous pouviez l'avoir tout en me conservant, le voudriez-vous ?

Le prince hésita, ne sachant que penser, il répondit en balbutiant.

– Tranquillisez-vous, tout est facile, mon fils, lorsqu'on le veut bien et qu'on connaît le néant des choses de ce monde ; vous allez être roi, j'abdique.

– Est-il bien possible, sire ! et pourquoi ? pourquoi abandonner ce royaume qui a si grand besoin de vous pour prospérer ?

Le roi lui détailla toutes les raisons qu'il avait, ou croyait avoir, et le prince s'empressa de les combattre. Il connaissait son père, il savait avec quelle adresse il sondait les dispositions de ceux qu'il avait intérêt à connaître, il craignit un piège et ne se laissa pas vaincre en arguments, il alla jusqu'à se jeter à ses genoux pour le supplier de changer de résolution.

– Non, non, mon fils, et vos généreuses prières ne font que me confirmer dans le dessein que j'ai pris ; vous régnerez.

Il ne voulut point faire les choses légèrement, et il envoya un ordre au Sénateur Ruberti, de lui présenter un mémoire sur les formes des différentes abdications qui avaient précédé la sienne. Il se décida pour le cérémonial de celle de Charles Quint. En conséquence il manda au château de Rivoli les chevaliers de l'Annonciade, les ministres, les présidents des cours souveraines, tous les grands enfin, et personne, hors le prince de Piémont et le marquis Del Borgo, ne se doutait de quoi que ce fût.

L'assemblée se forma à l'ordinaire : le roi alors, au milieu du silence, ordonna au marquis de faire la lecture de l'acte par lequel Victor Amédée renonçait au trône et remettait le pouvoir entre les mains de Charles Emmanuel, ordonnant à tous ses sujets de lui obéir uniquement comme à leur souverain légitime. Cette pièce était copiée sur l'abdication de Charles Quint, et le roi donnait les mêmes motifs ; il ajoutait des phrases pleines de tendresse et de louanges pour son fils, dont il vantait la capacité et le mérite, et sur lequel il se reposait désormais du bonheur de ses peuples. Chacun se regarda stupéfait, quelques-uns pleurèrent, d'autres s'abstinrent prudemment. Le roi descendit de son fauteuil et se montra plus affable, plus aimable pour les seigneurs qu'il n'avait coutume de l'être, leur recommandant bien d'être aussi fidèles à son fils qu'ils l'avaient été à lui-même. Il descendit ensuite dans les jardins où la curiosité d'une réunion si extraordinaire avait amené une grande foule. Il parla à tout le monde, rassura ceux qui semblaient craindre, et se retira entouré des regrets et des bénédictions de tous. C'était le 3 septembre 1730 ; on voit que cela n'est pas ancien et que les événements qui me restent à raconter sont d'une date très récente. Il passa ensuite dans l'appartement de la princesse de Piémont, il lui mena sa nouvelle épouse, et la prenant par la main il la lui présenta.

– Ma fille, lui dit-il, je vous présente une dame qui veut bien se sacrifier pour moi, et je vous prie d'avoir des égards pour elle et pour sa famille.

La princesse qui savait tout, se montra fort aimable pour la comtesse, mais sans la faire sortir de sa position d'infériorité. Elle lui fit des compliments remplis de grâce et de vide en même temps et ne lui promit, par le fait, rien du tout pour l'avenir. On se rendit au salut, dans l'église des Capucins. Au moment de la prière pour le roi, le prêtre s'arrêta ne sachant quel nom il y devait mettre. Victor Amédée s'écria d'une voix forte :

– Carolum Emmanuelem.

Trois jours après le roi réunit de nouveau sa famille et quelques-uns de ses anciens conseillers. Ils le trouvèrent ayant à sa gauche la comtesse de Saint-Sébastien fort parée et rayonnante.

Quand tout le monde fut arrivé, il dit fort gracieusement qu'on pouvait s'asseoir.

– Je ne suis plus roi, ajouta-t-il, il n'y a donc plus chez moi de cérémonial.

Puis, se tournant vers le jeune roi et la jeune reine, placés tous les deux à sa droite, il leur dit :

– Je dois à Vos Majestés la déclaration d'un acte important, je le dois également à madame la marquise de Spino, ici présente. Elle est maintenant ma légitime épouse, devant Dieu et devant les hommes. Je lui ai acheté et donné en toute propriété à elle et aux siens le marquisat de Spino, dont elle portera désormais le nom. Quant à moi, je me réserve cinquante mille écus de rentes, il ne m'en faut pas plus pour vivre en sage et en heureux à Chambéry, où j'ai fixé ma retraite.

– Mais, sire, interrompit vivement le nouveau roi, pourquoi vous retirer si loin : pourquoi ne pas rester au moins près de nous pour m'aider de vos conseils ?

– Mon fils, l'autorité suprême ne souffre aucun partage. Je pourrais désapprouver ce que vous feriez, et ce serait mal. Il vaut mieux n'y plus penser. Je ne veux point que nous nous attendrissions, cela ne vaut rien pour des gens de notre condition royale, qui conduisons les autres ; je vous fais donc ici mes adieux, ainsi qu'à vous, messieurs, qui m'avez si bien servi. Je ne vous reverrai plus, car je désire vivre seul, mais mes vœux vous suivront toujours ; mes carrosses sont prêts, je pars.

Il y eut bien quelques cris et quelques larmes que le sérieux sang-froid du vieux roi arrêta... Tous le conduisirent à sa voiture de voyage. Son train était peu de chose, il se composait d'un seul attelage, avec quatre valets de pieds, un valet de chambre et deux cuisiniers. Il montra cette suite modeste à son fils, en souriant, et lui dit :

– C'est assez pour un gentilhomme de province.

La Spino n'était ni gaie, ni contente, elle n'avait pas compté s'en aller si loin, et le séjour de la Savoie ne lui plaisait pas du tout. Elle se garda bien d'en rien montrer, elle avait ses projets, étant dans le principe qu'il y a remède à tout excepté à la mort. Ils allèrent, d'abord, s'établir au château ducal de Chambéry, vieil édifice, tombant à moitié en ruines, et d'une habitation fort incommode. En y entrant, le cœur de la marquise se serra, elle eut, peut-être, un regret, mais ses espérances ambitieuses se réveillèrent ; elle n'était pas femme à les abandonner ainsi. L'hiver entier se passa pour eux dans une solitude à peu près complète. Victor Amédée prenant sa retraite tout à fait en sage et se bornant à étudier, à lire, recevant chaque semaine par un courrier un bulletin du gouvernement que Charles Emmanuel lui envoyait avec ses dépêches. Il en raisonnait avec sa femme et deux ou trois personnes, tout au plus, admises à leur intimité. La Spino s'ennuyait à loisir. Elle entretenait des intelligences avec sa famille, avec quelques amis, méditant ce qu'elle exécuta depuis, mais n'en faisant confidence à personne. Le vieux roi se trouvait fort mal logé dans ce vieux château, où l'air perçait de toutes parts, et qui n'avait pas été habité depuis si longtemps.

– Je le veux réparer, dit-il un jour, car, en vérité, il n'est pas possible d'y pouvoir passer un hiver de plus, j'y tomberais malade.

– Ce serait une folie, sire, les murailles ne supporteraient pas les dépenses que vous y feriez, et nous serions bientôt entourés de décombres ; d'ailleurs, pourquoi y passer l'hiver ? pourquoi vous obstiner à rester ainsi, loin de tout, dans le domaine des chouettes et des araignées ? N'êtes-vous pas le maître de choisir entre toutes les maisons royales du Piémont et de retourner dans le seul climat qui convienne à votre santé ?

– Cela est vrai, mais je n'y tiens point, je veux rester ici.

– Vous êtes dans votre droit, sire, mais vous êtes aussi dans votre tort, ne voyez-vous pas que tout va mal depuis que vous n'y êtes plus ?

– C'est vrai, répliqua le roi en soupirant.

– N'aurez-vous pas à rendre compte à Dieu de ce qui arrive à vos pauvres sujets ?

– Ah ! madame, ceci nous mènerait trop loin, changeons de thème, s'il vous plaît.

Mais le mot était jeté, et il porta ses fruits. Ce ne fut pas la dernière fois. La conversation se reprit souvent, mais avec adresse, avec cette main légère d'une femme adroite, qui donne juste la dose voulue, et s'arrête quand il le faut. Au printemps, ils allèrent s'établir dans une campagne, appartenant au marquis Costa du Villard, situé à Saint-Alban, près de Chambéry. Le roi s'ennuyait fort, et ne trouvait pas à occuper son temps, malgré les travaux qu'il s'imposait. Il se mit à faire des acquisitions de terrains autour de ce lieu, et à y faire des constructions de murailles et autres, qu'il allait surveiller. Ce qu'il y eut de beau, ce fut qu'il ne paya point, et que, comme il s'en alla précipitamment, cela resta à la charge du propriétaire.

Ils bâillaient à qui mieux mieux. La Spino ne manqua pas

l'occasion de répéter son antienne, de la répéter sans cesse. Elle eut bientôt un auxiliaire puissant, sur lequel elle était loin de compter ; le roi tomba tout à coup en apoplexie, et cela au moment où, cédant aux instances de sa femme, il commençait à dresser ses plans pour ressaisir la couronne. La veille même de ce jour, il lui disait après une longue conversation :

– Le souvenir de ce que j'ai fait dans ce pays et pour ce pays ne peut s'effacer ainsi, madame. Ils seront heureux de me revoir. Le caractère timide de mon fils, sa déférence pour moi, me sont un garant de son obéissance. Il me rendra le trône que je lui ai donné, et je suis décidé à le lui redemander promptement. Je me suis trompé, je ne puis vivre sans les soucis dont j'ai souhaité de me délivrer, et si je restais longtemps ainsi, je perdrais tout à fait ma santé ; l'oisiveté me tue.

Dans la nuit il fut pris de cette attaque, qui le mit à deux doigts de la mort et qui laissa des traces, non seulement sur son visage qui demeura tout contorté, mais encore dans ses facultés, qu'on trouva singulièrement baissées. Depuis lors un courrier fut dépêché par madame de Spino à Charles Emmanuel, pour l'instruire du danger de son père. Ils étaient de retour à Chambéry, l'on était au mois de février, le passage des montagnes était dangereux pour les voitures. En revenant à lui, quand Victor Amédée apprit qu'on avait mandé son fils, il lui écrivit de sa propre main, qu'il lui défendait absolument de quitter Turin dans cette saison glaciale, qu'il allait mieux, qu'il était hors de danger, et qu'il lui interdisait absolument de venir. Peut-être le roi n'en fut-il pas absolument fâché, il répondit une lettre pleine de déférence et de respect, disant qu'il obéissait, à regret, aux ordres de son roi et père, qu'il ne se présenterait pas devant lui en ce moment, puisque sa présence ne lui était pas agréable, mais qu'au retour de la belle saison, il s'empresserait de venir lui présenter ses respects. Il ajoutait que si l'air du Piémont lui convenait mieux que celui de la Savoie, il mettait à sa disposition telle résidence qu'il lui plairait de choisir. Le roi reçut cette lettre avec plaisir, il s'en montra satisfait, et dit à madame de Spino :

– Vous le voyez, mon fils fera tout ce que je voudrai.

Le printemps arriva, et avec lui les neiges fondirent et les chemins devinrent praticables.

Le roi et la reine se mirent en route et vinrent rendre leurs devoirs à leur père. Ils le trouvèrent fort changé, fort triste, bien décidé à leur reprendre leur couronne et ils en furent en tout assez mal reçus. Pour comble, madame de Spino s'imagina une entreprise que rien n'avait motivée jusque-là et que Victor Amédée et elle avaient péniblement élaborée dans leurs conseils. Lorsque la reine arriva, elle se fit apporter un fauteuil semblable au sien et s'établit sur un pied parfait d'égalité avec elle. Charles Emmanuel fronça le sourcil et la reine surtout se montra tellement blessée que la visite s'en abrégea fort.

Il se trouve que je fus ensuite la cause indirecte de ce qui arriva ensuite, et de la destruction des projets du roi, sans m'en être doutée, bien entendu, et à la manière dont M. Jourdain faisait de la prose. Ma fille écrivait souvent à son père (elle est à Paris depuis longtemps avec son mari) ; depuis son apoplexie elle n'en recevait pas, ou presque pas, de réponse. Nous étions inquiets de ce silence, et nous cherchâmes le moyen de le faire cesser. Le bon curé Petit s'était retiré à Chambéry, ainsi qu'on le sait ; je pensais bien à m'adresser à lui, mais son grand âge ne me présentait guère de ressources ; l'idée me vint alors de mon petit Michon, qui serait heureux de nous rendre service ; je lui écrivis. Il allait souvent voir son ancien maître, et il était resté si jeune de visage et de façons, qu'on le prenait pour un enfant. Le départ de M. Petit pour sa ville natale, le mien, lui avait fait prendre Turin en dégoût ; il sollicitait la cure de Saint-Ombre, près de Chambéry, et il avait grand espoir de l'obtenir ; il l'obtint en effet l'année dernière. On laissait entrer le public dans le château ducal ; je lui écrivis de profiter de cette circonstance, de s'introduire ainsi sans demander une audience qu'on ne lui accorderait probablement pas, et de tâcher d'arriver jusqu'au roi, sans que la marquise s'en aperçût, car elle ferait, sans doute, tous ses efforts pour l'éloigner. Michon était intelligent, il était fort dévoué à nos intérêts, et j'étais sûre que nous pouvions compter sur lui.

Il reçut ma lettre, s'en alla à Chambéry, prit conseil du curé, sans lequel il ne faisait rien, et arrêta avec lui son plan. Il fallait attendre le départ du jeune roi, qui ne tarda guère, ensuite l'exécution devenait beaucoup plus facile. Ils convinrent de leurs faits, et Michon un beau soir, bien vêtu, bien peigné, poupin, comme un abbé de cour, et se croyant sûr de son éloquence, il arriva juste au moment, où le roi et la marquise de Spino étaient partis pour une promenade. Il se fit promener avec les bayeurs, regardant ce qui ne l'intéressait guère et épiant le moyen de se cacher quelque part, afin de parvenir jusqu'au roi au moment opportun.

Ils entrèrent dans la chambre à coucher, on leur détailla les portraits, les tableaux, et les curiosités anciennes, dont le roi était très friand. Michon n'y pensait point, il guignait tous les recoins ; enfin il avisa une portière, cachant une manière d'armoire dans un renfoncement, et rien ne lui parut plus propice ; il s'y fourra sans prendre le temps de réfléchir. Au même instant les gens arrivèrent tout effarés, en criant :

– Hors d'ici ! hors d'ici bien vite ! voici Sa Majesté et madame la marquise, ils reviennent plus tôt que de coutume, dépêchez-vous.

On les chassa presque, mais nul ne songea à Michon, déjà fâché de s'être ainsi avancé et n'osant sortir dans le crainte d'être vu et pris pour un voleur qui cherchait à dissimuler sa présence. Il était fort troublé et eût bien voulu être loin : ce fut encore autre chose après ! le roi et la marquise entrèrent, fermèrent leur porte et vinrent s'asseoir à côté de sa cachette.

– Quoi donc ! dit Victor Amédée, vous reculeriez devant un coup de main !

– Bien au contraire, et mon opinion est que pour réussir, vous n'avez qu'un parti à prendre. Partir dès demain et le devancer. Il s'amuse en route, par les chemins ; brûlez-les au contraire, arrivez à Turin avant qu'il se doute même que vous soyez parti, convoquez les ministres, dictez vos volontés, annoncez votre intention positive de reprendre votre couronne, et que lorsqu'il arrivera, il soit reçu par vous, comme votre premier sujet ; vous connaissez sa faiblesse, sa déférence pour vous, il est incapable même d'un murmure, et vous en aurez raison, si vous en prenez la peine.

– Vous dites vrai, cela est sûr, mon fils ne tient pas à la puissance, il a un caractère doux et poli, il aime le repos, et peut-être si je lui témoignais mon désir de reprendre le sceptre que j'ai quitté, peut-être me le rendrait-il de lui-même et sans y être forcé par une surprise.

– Et sa femme, croyez-vous qu'elle accepterait pour reine, pour supérieure celle qui a été son domestique, celle qui a tenu place dans la maison de sa belle-mère et dans la sienne ? Le croyez-vous, sire ?

– Non, elle est trop fière, et là serait la difficulté ; ma volonté imposée parlera plus haut que tout. C'est une chose décidée, nous partirons demain, nous irons comme le vent, et nous arriverons comme la tempête. Ah ! cela fera du bruit en Europe.

– Oui, l'Europe vous croit retiré de la lice, l'Europe a vu passer en des mains inexpérimentées ces rênes de l'État que vous teniez d'une main si ferme, vous étiez à la tête des conseils. Charles Emmanuel est le dernier des souverains, vos peuples en souffrent, et votre royaume serait bientôt attaqué et démembré de nouveau. C'est un devoir que vous allez remplir.

– L'essentiel est qu'on ne se doute de rien ; si on nous prévenait, tout serait perdu. Allons donc à ce sermon, auquel nous ne penserons guère, ni vous, ni moi, et j'en demande pardon à Dieu ! donnez vos ordres en secret, ou plutôt n'en donnez pas, demain nous partirons à l'heure de notre promenade, et nous irons droit à

Turin, en nous servant de la poste, comme de simples particuliers ; nous aurons soin d'emmener deux de vos femmes, mes valets de chambre, sous un prétexte quelconque, mais pas même un coffre ; avec de l'argent on trouve partout ce que l'on veut ; mon avis est que nous ne fassions pas un préparatif ; l'ombre d'un soupçon, et nous sommes découverts : ainsi ne changeons rien à nos coutumes.

On entendait justement sonner la cloche de la chapelle ; un gentilhomme vint prévenir qu'on attendait *Leurs* Majestés, car c'était une grande flatterie que d'appeler ainsi la marquise, dans leurs particuliers, bien entendu. Pour le public et les cérémonies, Victor ne l'aurait pas souffert, en ce temps-là du moins, ce qui ne nuisait pas aux projets de couronnement pour l'avenir. Enfin, ils s'en allèrent. Michon ne soufflait plus. Il écouta le bruit de leurs pas, tant qu'il put les entendre, et, dès qu'il put sortir, il sortit, plus mort que vif, possesseur d'un secret d'État, bien lourd, et ne sachant trop ce qu'il en allait faire. Comme tous mes amis, il détestait la Spino, laquelle, surtout, depuis son mariage, affectait des airs de dédain à mon égard, qu'on n'avait nulle envie de lui passer. Il avait grande envie de déjouer ses plans, et puis, il prévoyait de grands malheurs pour son pays, il sentait le poids au-dessus de ses forces, il ne pensa plus qu'à s'échapper le plus vitc possible, pour aller tout conter à M. Petit.

Michon a toujours été d'une finesse extrême, et fort adroit de toute sa personne. Il trouva le moyen de sortir sans être aperçu, par des passages qu'il découvrit, et il fut bientôt dehors, non sans prendre la précaution toutefois de s'informer comme, en manière de conversation et de curiosité simple, à des officiers qu'il rencontra, où se trouvait, en ce moment, Charles Emmanuel. Il apprit qu'il était à Évian, et ce fut une bonne précaution. Le pauvre abbé se sentait tourner le sang, de la frayeur qu'il avait eue, et de tout ce qu'il éprouvait encore. Il courut chez son ancien maître, sans prendre le temps de respirer, et lui conta tout.

– Mon Dieu ! s'écria le bon curé, est-il bien possible qu'une

Un secret d'État.

Charles Emmanuel.

calamité semblable tombe sur le royaume ! vous n'avez qu'un parti à prendre, mon enfant ; allez sur l'heure, sur la minute, sans en perdre une seule, à Évian, et dites au roi Charles ce que vous avez entendu. Comment une femme ambitieuse peut-elle égarer, à ce point, un esprit aussi ferme et aussi immense, que celui du roi Victor ? En vérité, j'admire, une fois de plus, où nous conduisent les passions, mais partez, partez !

Michon prit son courage, et partit, en effet, avec une telle hâte, qu'il n'en mangea pas. Il arriva à Évian, au moment où tout se préparait pour une fête que donnait la reine. On lui refusa absolument de voir le roi, et le Piémont allait être à deux doigts de sa perte, lorsqu'il pouvait être sauvé si facilement, lorsque le hasard amena un des officiers principaux de sa garde. L'insistance de Michon, ses traits décomposés, l'assurance avec laquelle il assurait une nécessité absolue, indispensable de parler au monarque, lui donnèrent à penser. Il prévint Charles Emmanuel, qui voulut voir sur-le-champ cet abbé importun.

On l'introduisit. Il se jeta aux pieds du roi, pouvant à peine parler, et lui demanda grâce, d'avance, pour ce qu'il allait lui dire, sur la très sacrée Majesté de son père, puis il lui répéta, mot pour mot, ce qu'il avait entendu.

Le roi Charles poussa des exclamations de surprise, interrogea Michon par mille questions diverses et contradictoires, pour voir s'il ne se couperait pas, et, enfin, s'écria sur tous le tons, que cela était impossible, et qu'il s'était trompé.

Michon assura, jura sur l'Evangile. On le remercia fort, et on lui dit qu'on ne l'oublierait jamais. Il n'a point été récompensé encore, et ne le sera pas. Dans le premier moment, on avait autre chose à faire ; depuis, le roi Charles n'a pas voulu en entendre parler ; il a été si peiné de la conduite du vieux roi, qu'il n'en voulut entendre parler, à aucun prix. Il en résulte que le pauvre Michon les a obligés *gratis* ; il en est souvent ainsi avec les grands, et l'on ne sait pas saisir le moment où ils ont besoin de vous.

La fête ne fut point manquée ; la reine la donna malgré tout. Le roi partit à cheval, une heure après, suivi de peu de gens fidèles et sûrs, sans que nul se doutât de ce qui se passait. Il traversa le petit Saint-Bernard, et fit une diligence si extraordinaire, qu'il entra dans Turin, presque en même temps que son père arrivait au château de Rivoli, où il comptait se reposer quelques heures, pour aller ensuite tenter son coup de fortune, se croyant bien sûr de l'absence du jeune roi.

Il entendit, des hauteurs d'Avillane, le canon annonçant la rentrée de Charles Emmanuel dans sa capitale.

– Ah ! dit-il à la Spino, tout est perdu ! nous sommes arrivés trop tard.

CHAPITRE XXXV

L'escapade était manquée, en effet, et la réussite devenue impossible. Victor et madame de Spino passèrent la nuit à se lamenter et à chercher un moyen de réparer ce qu'ils appelaient leur faute, et qui n'était en réalité que celle du hasard. Ils n'en trouvèrent point. Ils s'attendaient à des questions, à des étonnements, mais ils ne croyaient pas être soupçonnés ; leur dessein était de ceux qu'on ne devine point, et ils étaient sûrs du secret, puisqu'ils ne l'avaient pas confié même à leurs plus fidèles domestiques.

Charles Emmanuel arriva chez son père de très bonne heure. Il ne lui laissa pas deviner qu'il fût instruit, en s'informant avec une vive sollicitude d'un voyage si prompt et si extraordinaire, alors qu'ils venaient de se quitter à Chambéry, et qu'il ne lui en avait point fait part.

– Je me trouvais trop mal logé, trop à l'étroit dans ce donjon, et l'air de Savoie ne me vaut rien, il m'a semblé que j'allais avoir une nouvelle attaque, j'ai eu peur.

– Peur ! vous, mon père.

– En vieillissant le courage faiblit, et, puis je suis si heureux, que je tiens à la vie.

– Je le comprends, et, nous y tenons surtout beaucoup pour vous, sire ; je ne vous laisserai donc plus vous éloigner, et si Votre Majesté y consent, le château de Moncalier sera prêt immédiatement pour la recevoir.

Victor se mordit les lèvres jusqu'au sang, c'était une manière de congé poli, il ne répliqua point. L'entrevue fut froide, ils se séparèrent très convaincus qu'ils se reverraient peu, et très éloignés d'en avoir le désir. Le vieux roi se rendit, en effet, à Moncalier, et y reçut toute la cour, avec humeur, désagréablement, blâmant tout ce qui se faisait depuis son départ, et ne pouvant cacher sa déconvenue. On lui prodigua les respects par ordre du roi Charles, mais toutes ses actions n'en étaient pas moins épiées soigneusement ; cela ne l'empêcha pas de sonder adroitement les dispositions de ceux qui le visitaient, surtout de ses anciens ministres et des personnages considérables qui l'entouraient. Nul ne le comprit, car nul ne s'attendait à son projet ; on lui témoigna des regrets, ou plutôt des souvenirs, car les regrets auraient pu inquiéter le présent, mais quant à des espérances de retour, on n'y songeait même pas.

Quand il vit qu'il fallait se prononcer hautement, sans quoi, on ne viendrait point à lui, il s'y détermina avec cette promptitude de décision, qui est le propre des caractères altiers, quand leur orgueil est compromis.

Il manda le marquis Del Borgo, et le retint jusqu'à ce que les autres courtisans fussent partis.

La marquise avait grande envie d'assister à cette entrevue : le roi, je ne sais pourquoi, ne le voulut point souffrir ; il la pria de les laisser seuls.

– Monsieur, dit-il aussitôt, je vous ai envoyé quérir pour un parti fort extraordinaire, que je compte prendre.

– Je suis, comme toujours, aux ordres de Votre Majesté.

– Monsieur, l'oisiveté n'est point faite pour un homme de mon espèce, il m'ennuie de vivre ainsi, et j'ai résolu de changer de condition.

– Comment, Votre Majesté…

– J'ai essayé de la retraite, elle ne me convient pas ; d'ailleurs tout va mal, depuis que je ne m'en mêle plus. Je vous prie donc, et au besoin je vous commande de me rapporter mon acte d'abdication, je le regarde comme non avenu.

– Mais, sire, le roi Charles… balbutia le ministre épouvanté d'une énormité de ce genre.

– Le roi Charles redeviendra le prince de Piémont comme devant, ou bien, il pourra garder son titre, s'il y tient, cela ne fera pas une difficulté entre nous ; c'est vous que je charge de lui signifier ma volonté, à laquelle il ne se montrera point rebelle, je suppose ; il sait trop ce qu'il me doit, et ce que je suis.

– Sire !

– Vous me rapporterez cet acte, entendez-vous, monsieur, je vous trouve bien tiède, devant une pareille nouvelle, qui devrait vous combler de joie, vous mon ancien serviteur ; aurai-je donc eu tort de compter sur vous ?

– Sire, vous et votre illustre Maison, pouvez compter sur moi, tant qu'il me restera un souffle de vie.

– C'est bien, répliqua-t-il d'un ton sec ; parlez donc à mon fils et rapportez-moi cet acte.

Del Borgo se retira extrêmement troublé, le roi ne l'était pas moins que lui, il se repentait de sa démarche, il se repentait d'avoir parlé à cet homme, dont il ne se croyait plus assez sûr, il réfléchissait aussi que son fils, peut-être, ne serait point charmé de lui rendre le présent qu'il en avait reçu, et en revenant sur lui-même, il sentit qu'à sa place, il eût refusé la proposition, en se vengeant sur ceux qui auraient osé la lui faire.

Il était donc fort agité, se promenant par sa chambre et ruminant dans sa tête ce qu'il avait à tenter pour conjurer l'orage. La marquise partageait ses craintes, tous les deux se lamentaient, lorsque sur le minuit le vieux roi se décide, tout à coup, à reprendre son premier projet, autant que cela était possible, et à risquer la partie.

– Point d'indécision, point d'intermédiaire, point de demi-mesure, madame, tout se décidera cette nuit, j'ai la force, j'ai le droit, j'ai la volonté, j'ai le courage ; qui m'arrêterait donc ? Je vais aller immédiatement à la citadelle de Turin ; Saint-Rémi qui y commande, qui me doit tout, m'ouvrira les portes, les soldats de la garnison qui me connaissent et qui m'aiment, viendront à moi tout naturellement, et demain, avant que personne ne soit éveillé, je serai maître de la ville et de tout le pays, en ayant à moi cette place importante, dont tout dépend.

– Cela est admirablement bien conçu, vous avez raison, hâtez-vous, mais n'allez que peu accompagné, sans quoi M. de Saint-Rémi, qui est un rude compagnon, refuserait, peut-être, de vous admettre.

Les ordres furent donnés sur-le-champ ; le roi prit avec lui un seul aide de camp, embrassa la marquise qui pleurait aux sanglots, puis il monta à cheval et partit. La route se fit en silence et heureusement ; il arriva à la porte de secours de la citadelle, l'aide de camp y frappa et fit transmettre au baron de Saint-Rémi, qui est un Pallavicini de bonne race, l'ordre de Victor Amédée, qui lui mandait de venir lui ouvrir la porte incontinent.

Le baron se hâta de descendre, s'en alla se mettre au guichet, présenta ses hommages à son ancien maître, mais lui assura avec la dernière fermeté, qui n'était pas exempte d'une humeur déguisée, il lui assura qu'il n'ouvrirait pas la porte sans un ordre par écrit du roi Charles, qu'il était dans son devoir de prévenir sur-le-champ d'une demande aussi extraordinaire.

– Mais cela n'est pas possible, Saint-Rémi, vous vous souviendrez de ce que j'ai fait pour vous, et vous ne me refuserez pas une chose aussi simple que de m'introduire dans une citadelle qui m'appartient, dont je suis le maître après tout.

– Sire, j'en suis au désespoir, je sais ce que je vous dois et je ne l'oublierai jamais, mais rien ne me fera manquer à mon devoir, j'ai fait un serment, je le tiendrai ; personne n'entrera la nuit dans la citadelle sans l'ordre écrit de Sa Majesté.

Il fallut bien se retirer devant une réponse aussi positive, mais dans quelle furie.

– Ah ! disait-il à la Spino, quelle rage insensée m'a poussé à abdiquer le pouvoir, de faire prendre un tel homme.

Del Borgo, pendant ce temps, avait fait éveiller le roi, et lui avait conté la scène de Moncalier dans tous ses détails ; à sa gran-

L'ordre de Victor Amédée.

de surprise, le roi ne s'en montra point étonné, et lui donna seulement l'ordre d'envoyer chercher à l'heure même les membres du conseil pour délibérer sur ce qu'il y avait à faire ; l'ordre fut exécuté, et bientôt les trois ministres d'État, l'archevêque de Turin, le chancelier et les grands de la Couronne, furent mandés au palais, malgré l'heure peu accoutumée pour les conseils.

Le roi exposa ce qui se passait, et demanda aux seigneurs de l'aider de leurs lumières. Frappés d'étonnement, ils ne répondirent que par le silence, jusqu'au moment où l'archevêque, prenant la parole, exprima dans un long discours combien il était surpris de ce qu'il venait d'entendre.

Il dit que le vieux roi n'avait aucuns droits à revenir sur le passé, il plaida avec chaleur ceux du jeune souverain à conserver une couronne que son père lui avait remise de son plein gré, il ajouta qu'il ne le pouvait même en conscience, qu'il appartenait maintenant à ses peuples et à ses serviteurs.

Tout le conseil se rangea à cet avis d'un homme aussi éminent par ses vertus que par ses lumières.

La discussion se prolongeait néanmoins, lorsqu'un officier se présenta de la part du baron de Saint-Rémi, et vint apprendre ce qui s'était passé tout à l'heure à la citadelle.

Cette action audacieuse apprit au jeune roi de quoi son père était capable, et combien il aurait encore à se défendre contre lui : les membres du conseil, qui le connaissaient bien, avaient une frayeur plus grande encore, en cas de réussite ; il se vengerait certainement sur une des entraves qu'il avait trouvées, ils défendaient donc leur propre cause avec celle du roi et du pays.

Le marquis Del Borgo osa le premier prononcer un mot qui fit frissonner Charles Emmanuel jusqu'au fond du cœur.

– Une seule mesure est à prendre, dit le marquis, et quelque pénible qu'elle soit pour la piété filiale de Votre Majesté, il ne faut pas hésiter un instant ; le roi Victor Amédée doit être mis en état d'arrestation.

– Monsieur, interrompit le Monarque, c'est mon père, c'est un roi.

– C'est un rebelle, sire, et nous ne pouvons malheureusement lui donner un autre nom ; il faut, je le répète, s'assurer de sa personne.

– Jamais, je ne pourrai y consentir.

– Je comprends, sire, insista l'archevêque, que c'est une nécessité pénible, je sais tout ce qu'il en coûte au cœur de Votre Majesté, mais l'intérêt de vos peuples commande, il faut obéir…

Charles Emmanuel combattit longtemps, il fallut lui arracher son consentement, qu'il laissa prendre plus qu'il ne le donna ; mais lorsqu'on lui présenta la plume pour signer l'ordre, il la refusa.

– Je ne puis rien écrire, c'est assez de ce que j'ai dit.

– Il n'existe pas un de vos sujets, sire, qui veuille mettre la main sur le roi Victor Amédée sans un ordre écrit de Votre Majesté.

– Comment, mettre la main ! Je défends expressément qu'on le touche, je veux qu'on ait pour lui les égards et le respect qu'on aurait pour moi-même.

– Et s'il fait résistance, ce qui est plus que probable ?

– On le contraindra, mais sans manquer à ce qu'on doit à mon père, entendez-vous, messieurs, vous m'en répondez.

– Signez donc, sire, reprit le marquis d'Orméa, en lui présentant la plume.

– Je ne puis, je ne puis.

Et sa main tremblait tellement, qu'il ne pouvait en effet former ses lettres ; ses yeux étaient pleins de larmes.

– Messieurs ! c'est mon père, répétait-il incessamment.

Enfin, après de nouvelles instances, il signa ; mais le marquis d'Orméa fut obligé de l'aider.

Munis de cet ordre, les membres du conseil partirent pour en diriger et en presser l'exécution.

La signature forcée.

CHAPITRE XXXVI

Le marquis d'Orméa fut chargé de tout diriger, il s'en acquitta avec grand zèle, car il savait, comme tous les autres, que si Charles Emmanuel faiblissait, ils étaient perdus.

On appela des troupes, comme pour augmenter les quartiers de Turin, et le marquis fit entourer le château de Moncalier, pendant la nuit du 27 au 28 septembre, dans le plus grand silence. Il occupa avec un gros de gens un petit degré conduisant chez le roi, pendant que le comte de La Pérouse entrait par le grand escalier et s'emparait des domestiques, après avoir au préalable enfoncé les portes.

Il entra sans cérémonies dans la chambre où le roi et la marquise étaient couchés ; comme elle entendit du bruit, elle se jeta au bas du lit et, demi-nue, elle s'enfuit dans un cabinet, ne se rendant pas bien compte de ce que ce pouvait être. Elle avait été formellement déclarée dans le conseil, comme étant la cause de ce qui arrivait, et n'ayant pas pour elle les mêmes ménagements que pour le roi, on la poursuivit sans cérémonie, on la saisit au moment où elle ouvrait une porte pour s'échapper, on l'emporta malgré ses cris et sa résistance, on la mit dans un carrosse, escorté de cinquante dragons, et on l'envoya au château de Ceva, où elle fut étroitement gardée.

Cette expédition, toute importante qu'elle fût, n'était pas la plus difficile ; le roi n'avait rien entendu de ce tapage : il dormait, suivant son habitude, d'un sommeil léthargique et presque effrayant pour ceux qui n'étaient pas accoutumés à le voir ainsi.

Il devenait fort pénible de le réveiller pour ce qu'on avait à lui dire, et cependant cela était indispensable.

Le chevalier de Solar commença prudemment par s'emparer de son épée, placée sur un meuble, pendant que le comte de La Pérouse ouvrait les rideaux et commençait sa pénible fonction. Il n'osait toucher le Monarque, il l'appela plusieurs fois en vain, et comme il vit que cela ne finissait point, il se décida à lui prendre la main et à la secouer un peu vigoureusement.

– Sire ! Votre Majesté !

Rien.

– Sire ! que Votre Majesté se réveille.

Cela dura un quart d'heure. Enfin, comme cela menaçait de durer encore, le chevalier de Solar fit tirer une arquebusade dans la cour, se doutant bien, que ce bruit guerrier rappellerait promptement le vieux soldat, ce qui ne manqua pas d'arriver ; il se leva précipitamment sur son lit, se frotta les yeux, et demanda :

– Qu'est-ce ? que me veut-on ? où est la marquise ?

Le comte de La Pérouse, pour toute réponse, s'inclina profondément et lui montra l'ordre du roi.

– Lisez-moi cela, monsieur, je ne vois point.

– Sire… c'est que…

– Mais, enfin, qu'y a-t-il, reprit Victor, qui commençait à s'impatienter, où est madame de Spino ? de quel droit entre-t-on chez moi à pareille heure sans que j'appelle ? répondez, monsieur, répondez.

– Sire, que Votre Majesté me pardonne, mais je suis obligé d'obéir. Madame la marquise de Spino est en ce moment sur la route de Ceva.

– Est-il possible ! mais c'est un crime de lèse-Majesté, le savez-vous ? je suis toujours roi, monsieur, et c'est m'offenser dans ce que j'ai de plus cher. Ramenez-la, tout à l'heure, entendez-vous ? qu'il ne lui soit rien fait, qu'elle n'ait pas à se plaindre de la plus légère insulte, ou votre tête en répond.

– Pardon, Sire, pardon, mais ce n'est pas tout encore.

– Commencez, d'abord, par ramener la marquise, je vous écouterai ensuite.

Arrestation de Victor Amédée.

– Madame la marquise ne viendra pas, et il faut que Votre Majesté veuille bien se lever de suite.

– Pourquoi faire ?

– Pour me suivre.

– Et où cela, s'il vous plaît ?

– Si Votre Majesté daignait lire cet ordre…

– Un ordre signé de mon fils !… pour m'arrêter ! est-il bien possible ? m'arrêter, moi !

Le roi entra alors dans un accès de colère qui ressemblait, par sa violence, à de la folie : ses cris, ses imprécations, les horribles menaces qu'il proférait, faisaient trembler les plus hardis. Il invoqua Dieu, les saints, le diable, toutes les puissances pour appeler la malédiction du Ciel sur la tête de son fils ingrat et sur les lâches qui le secondaient dans son parricide.

C'était un spectacle épouvantable; moi qui le connaissais bien, je me le représente certainement ; s'il eût eu des armes, il les aurait frappés.

Ils se regardèrent embarrassés, car cela ne prenait point de fin et il en fallait une : le comte de La Pérouse le supplia encore de s'habiller, le temps s'avançait, il fallait partir.

– Je ne m'habillerai point, et le premier de vous qui me touchera, malheur à lui !

Ils se concertèrent quelques instants, et après bien des hésitations, comme il leur était interdit de le violenter, ils se décidèrent à l'envelopper dans ses couvertures et à l'emporter ainsi jusqu'au carrosse qui l'attendait dans la cour.

Il se débattit de toutes ses forces ; enfin on l'attacha fortement et l'on en vint à bout. Les officiers l'entouraient, il passa entre deux rangs de soldats qui, à l'aspect de leur vieux roi, qu'ils connaissaient et qu'ils aimaient, tous, commencèrent à murmurer : ce traitement dont ils ignoraient la cause, leur semblait inexplicable et infâme.

– Cela ne peut se supporter, dirent les plus vieux, presque tout haut, Victor Amédée a été notre Général, et nous ne souffririons point qu'on le traite ainsi.

– Silence, de par le roi, sous peine de mort, s'écria le comte de La Pérouse.

On se tut, mais les regards parlaient : ceux qui portaient le vieillard doublèrent le pas. Dans la cour Victor aperçut un régiment de dragons qui l'avait suivi dans toutes ses guerres ; il le reconnut et voulut le haranguer ; mais aussitôt un roulement de tambour couvrit sa voix.

On le mit en carrosse, non sans peine, et tout enveloppé de ses couvertures, ce qui fit encore murmurer les soldats et faillit amener une révolte, aussitôt réprimée par ce mot magique :

– Le roi le veut !

Le comte de La Pérouse, le chevalier de Solar demandèrent au roi la permission de se placer auprès de lui dans le carrosse ; il entra dans un nouvel accès de fureur à cette proposition.

– Hors d'ici, bourreaux! que je ne vous voye point, vous me feriez mourir de rage.

Ils montèrent à cheval et se mirent de chaque côté : six cents hommes formèrent l'escorte et l'on partit pour le château de Rivoli, tout prêt à recevoir le roi prisonnier. On fit même sceller des barreaux aux fenêtres, ce qui était fort nécessaire, car l'état de Victor Amédée ne se calmait point. Il avait des accès perpétuels. Il fallut lui ôter toutes les armes et tous les moyens d'écrire, sans quoi il se serait blessé lui-même, en blessant les autres, et il aurait pu jeter dans le public quelques plaintes, capables d'amener une émotion populaire dangereuse.

On lui interdit toute société ; ceux qui le gardaient avaient défense de lui parler ; lorsqu'il leur faisait quelques questions, ils devaient répondre seulement par une profonde inclination.

Pauvre vieux roi ! l'amant de ma jeunesse ! lui que j'ai vu si fier, si grand, si redouté ! Ah ! cela est profondément triste, cela est navrant pour mon cœur.

Quel traitement ! qu'était-il devenu ? c'est le lion auquel l'âge a enlevé les forces, et qui se consume en efforts impuissants ; je ne saurais écrire tout cela sans souffrir mille douleurs, et cependant ce sont les grandes leçons de l'histoire, c'est là ce que je dois raconter, sous peine d'avoir fait une œuvre incomplète et inutile. Je ne veux pas accuser le roi Charles, je sais qu'il a agi suivant la nécessité de son devoir envers ses peuples, mais il a dû verser des larmes de sang, car, je le répète, cela est une grande cruauté.

Cette grande furie, cette grande agitation se calma, après quelques semaines. Il devint, au contraire, abattu, anéanti presque. On permit à plusieurs de ses anciens serviteurs d'aller le voir et d'y retourner ; ils le trouvèrent d'une tristesse que rien ne pouvait dissiper, mais parfaitement doux. Le prince de La Cisterne son plus ancien ami y courut le premier, le roi se montra heureux de le voir, pendant un quart d'heure, ensuite il retomba.

– Vous manque-t-il quelque chose, Sire ? lui demanda le prince, je suis chargé de vous dire que rien ne vous sera refusé.

– C'est bien généreux, répliqua Victor en souriant amèrement.

– Vous plairait-il d'avoir des livres ? je vous en apporterai.

– Oui, donnez-moi des livres, que j'oublie en les lisant, et pourtant j'y trouverai encore des ingrats, des fils parricides... ah ! prince, je suis bien malheureux!...

Le prince essaya de répandre le baume de l'amitié sur ces blessures, mais inutilement.

– Ne désirez-vous rien de plus ? dit-il au moment de se retirer.

– Je désire ce qu'on ne me donnera pas, il est inutile d'en parler.

– Je suis positivement autorisé à vous dire qu'on ne vous refusera rien, Sire, rien au monde, demandez.

– On m'a séparé d'une personne... la seule qui me puisse aider à supporter mes douleurs, la seule qui me soit véritablement attachée, me la rendrait-on ?

– Oui, Sire, bien que cette personne soit cause de tout ce qui arrive à Votre Majesté, des malheurs de son illustre Maison.

– Ne l'accusez pas, monsieur, vous ne me connaissez donc plus ? depuis quand Victor Amédée n'a-t-il pas une volonté ? depuis quand se laisse-t-il conduire par une femme, pour qu'on blâme cette femme de l'avoir mal dirigé ? non, monsieur, ce que j'ai fait, je l'ai fait seul, sans l'avis de personne, je l'ai fait, parce que j'ai voulu le faire, je l'ai fait, parce que cela était juste, parce que cela était dans les intérêts de tous, et si mon fils n'avait pas cédé aux sottes vanités de sa femme, il n'eût point hésité à me rendre une couronne que j'ai toujours la force de porter.

Hélas ! le pauvre roi, il ignorait qu'on l'avait déclaré fou, par une communication officieuse à toutes les Cours, il ignorait que des démarches avaient été faites et sans succès au nom de Louis XV, son petit-fils, pour protester contre les traitements qu'on lui infligeait si traîtreusement.

Fou ! Victor Amédée ! ce génie si vaste et si positif ! cet homme si fier, si éclairé, si brillant ! oh ! misères humaines !

On fit venir la Spino, qui n'en fut contente qu'à moitié ; une prison ne lui plaisait guère.

Lorsqu'ils se revirent, le vieux roi se jeta dans ses bras en pleurant.

– Oh ! mon amie, lui dit-il, il ne me reste plus que vous.

Elle ne lui donna point un bonheur bien grand, au contraire, car son humeur devint acariâtre, désagréable, surtout depuis qu'on lui eût défendu de jouer à la reine et de se faire appeler Majesté.

Pour rendre la solitude plus complète et plus triste, Victor Amédée, détaché de tous, empêché de tous les côtés, se jeta dans une dévotion outrée, il en prit les pratiques minutieuses et les exigea de sa compagne, laquelle, donc, s'y soumit en maugréant. Un abbé, qui n'était pas mon petit Michon, fit de ce grand génie une manière de frère, lui marmottant des prières du matin au soir, et en quelques mois le rendit l'ombre de lui-même. À propos de mon petit Michon, j'ai négligé de dire qu'à la suite de sa grande aventure, il avait eu une maladie étrange, dont il a failli mourir, et dont il n'est pas encore guéri.

Il enfla et devint rouge comme une écrevisse cuite, son sang se tourna presque en eau de la frayeur qu'il avait eue. Il m'écrivait encore, il y a huit jours, qu'il ne se rétablissait pas ; cependant il y a trois ans de cela.

Victor Amédée ne revit plus son fils, et ne voulut plus revoir non plus nos enfants, fruits d'une erreur qu'il déplorait. Ma fille y a perdu gros, et surtout en considération dans les Cours, et en appuis dans ce pays-ci.

La Spino y contribua au moins autant que le confesseur.

Enfin, il y faut arriver, le roi Victor Amédée, ce héros, ce grand Monarque, est mort l'année dernière le 31 octobre 1732, à l'âge de soixante-six ans ; il était devenu silencieux et résigné, ne sortait plus qu'en chaise à porteurs, et s'éteignit ainsi peu à peu ; il ne demanda pas le roi Charles ; qu'on lui fit dire pourtant qu'il attendait ses ordres.

– Je n'en ai pas d'autre à lui donner que de lui souhaiter un règne meilleur à la fin qu'au commencement ; je lui pardonne, mais je ne le verrai point ; dites-lui, cependant, que je lui recommande la marquise de Spino.

On lui a laissé tout ce que le feu roi lui avait donné, seulement on a exigé qu'elle se retirât au couvent de la Visitation de Pignerol, ce qui a été pour elle un grand chagrin ; elle n'a pas recueilli grand-chose de sa royauté de hasard ; et, tout calculé, j'aime mieux ma place que la sienne ; bien que je me soye surprise souvent à l'envier.

Maintenant que dirai-je ? il faudrait parler de moi, et je ne le saurais. J'ai l'âme mortellement triste d'avoir évoqué cette ombre, qui s'est évanouie si malheureusement.

Je ne me trouverais point assez d'esprit pour peindre ce pays-ci, où l'on en a tant. Ce sera pour un autre jour, si Dieu me prête vie. – Je suis vieille aussi, je suis bien près de suivre celui que je regrette, quoiqu'il m'ait si peu regrettée, peut-être n'aurai-je plus le temps d'écrire cette dernière partie de mon existence agitée, j'en serais fâchée, je l'avoue, j'ai beaucoup à dire, et j'aurais grand plaisir à le dire aussi. Voltaire a vu ces mémoires, il veut que je les continue, c'est maintenant une affaire entre Dieu et moi !

FIN DES MÉMOIRES DE LA COMTESSE DE VERRUE

Charles Emmanuel III.

CHARLES EMMANUEL III

OU

LA FRANCE ET L'ITALIE

DEPUIS 1730 JUSQU'À 1773

CHAPITRE Ier

Comme toutes les personnes qui ont été élevées dans la contrainte et la dépendance la plus absolue d'une autorité paternelle exagérée et tyrannique, Charles Emmanuel était d'un caractère sombre, rusé, défiant, et faible par conséquent, car la confiance donne seule la force ; ses traits assez disgracieux étaient empreints d'une rêveuse mélancolie, qui n'aurait pas été sans charmes, sans cette expression forcée, de raideur austère, qui rendait sa physionomie impassible et glacée ; habitué à cacher ses émotions, jeune encore, il n'avait rien de cette brillante étourderie qui met comme un rayon sur les fronts de vingt ans, mais calme, réfléchi, silencieux, il était impénétrable aux regards les plus exercés ; un rare sourire plein d'une ironie amère et méprisante révélait tout ce qu'une précoce connaissance du cœur humain inspirait de dégoût et de dédain à cette âme fière, incomprise et froissée ; un regard magnifique, étincelant de feu et d'intelligence, éclairait seul son pâle visage et trahissait cet esprit ardent et ambitieux qui, pendant un demi-siècle, fixa l'attention de toute l'Europe.

Nous avons rapidement esquissé, dans les *Mémoires de la comtesse de Verrue*, les événements mémorables qui précédèrent la mort de Victor Amédée II ; historien fidèle avant que d'être romancier, nous voulons revenir encore sur cette époque mystérieuse et tâcher de soulever un coin du voile qui la dérobe à nos regards.

Après son abdication, nous avons vu le roi Victor élire le vieux château de Chambéry pour le lieu de sa résidence, sombre et silencieuse retraite, où il espérait trouver le bonheur auprès de l'aimable et douce compagne qu'il avait choisie. Mais laissons-le essayer de cette vie calme, rêve de tous les esprits agités, et dont il devait si vite se lasser, car le repos est incompatible à certaines natures ; le torrent a besoin de bondir, ses eaux croupissent si elles s'arrêtent, et le mouvement est, pour quelques intelligences, une loi vitale comme pour l'eau.

Avant d'initier le lecteur aux mystères de la vie privée de Charles Emmanuel, nous allons jeter un coup d'œil rapide sur les événements et les personnages de cette époque. Une guerre formidable menaçait de désoler encore l'Italie, cette héroïquc ct malheureuse contrée, toujours en butte à la convoitise de ses voisins et passant de mains en mains comme une captive livrée à la brutale férocité des vainqueurs.

L'Autriche, l'Espagne et la France sollicitaient l'alliance de la Maison de Savoie ; un avenir immense s'ouvrait à l'ambition du jeune monarque.

Mais pour profiter des circonstances, il eût fallu un homme de génie, il ne fut qu'habile ; plus prudent et plus circonspect que son père, il n'en eut pas le coup d'œil vaste et assuré ; pilote adroit il sut naviguer, évita les écueils où Victor faillit mille fois d'échouer, mais l'un aurait trouvé un monde, tandis que l'autre ne sut que prendre le vent.

D'ailleurs, il y a des temps d'arrêt dans la marche de l'humanité, et bien que tout concoure ici bas au même but, que tous les événements se rattachent à cette ligne grandiose, à laquelle viennent aboutir tous les fils épars brisés, c'est-à-dire, à cette loi du progrès, émanation providentielle et civilisatrice qui régit le monde, bien que tout s'enchaîne admirablement, selon les desseins de Dieu, il y a des époques, où sans être moins réelle, l'œuvre est moins manifeste ; où la pensée sème les récoltes de l'avenir ; il y a des hommes dont l'action est collective, d'autres chez qui elle est individuelle ; les uns fondent, les autres tendent à détruire, mais l'humanité n'en poursuit pas moins les développements, et sans bruit elle marche, elle avance, et chaque pas qu'elle fait signale ses conquêtes successives.

Victor Amédée fut un de ces hommes d'action et d'idées, Charles Emmanuel un homme de chiffres et de réflexions ; l'un avait le génie, l'autre le talent ; l'un fut aventureux, l'autre prudent ; l'un, seul, abandonné, ayant perdu ses États, debout sur des ruines, sut ramener à lui la destinée, reconstruire l'édifice détruit, étendre sa puissance et conquérir une couronne ; l'autre, en ayant devant lui la possibilité de la royauté italienne, n'osa pas s'en saisir, le génie téméraire qui fait oser lui manqua ; l'un éleva les circonstances jusqu'à lui ; l'autre ne fut pas à la hauteur des siennes. Mais l'un et l'autre furent des généraux habiles et possédèrent au plus haut degré cette bravoure chevaleresque et éclatante qui distingue cette forte race des princes de la Maison de Savoie, qui ne comptaient encore que des héros.

La reine Polixène, femme de Charles Emmanuel, d'une beauté naïve et enfantine, était douée d'un caractère doux et uniforme, elle n'avait qu'une volonté, celle du roi son époux, qu'elle adorait ; qu'une pensée, celle de lui plaire ; qu'un désir, de l'enchaîner à ses côtés ; car, instruite des aventures galantes du roi Victor, elle ne craignait rien autant que de voir son mari suivre les traces de son père dans ce genre.

D'un esprit assez borné, elle faisait consister toute la grandeur royale dans l'étroite observance de l'étiquette ; la plus légère infraction à ces usages, devenues des lois pour elle, lui semblait un crime inadmissible de pardon : ce défaut que les préjugés des temps excusent assez, eut des conséquences trop funestes pour ne pas le signaler ici.

La comtesse de Salasco, sa dame d'honneur, femme d'un esprit et d'une beauté médiocre, avait tous les défauts que donnent une grande naissance dénuée d'instruction, un petit esprit et un laid visage : secrètement jalouse de la chaste beauté et de la supériorité de la comtesse de Saint-Sébastien, elle lui avait vouée une haine féroce et sourde qui n'attendait qu'une occasion pour éclater.

Quant aux ministres de Charles Emmanuel, nous allons emprunter leurs portraits à la plume fidèle et naïve de Blondel.

« Le comte de Saint-Thomas (ministre de l'intérieur), dit-il, est né avec un esprit assez borné, il est redevable aux soins du roi Victor des talents qu'il a acquis de ministre intelligent et exact ; il a de la probité, de la discrétion et de la fidélité ; il affecte d'être dans la retraite, et de ne pas se mêler des affaires, il est sûr, cependant, que tout se décide par son conseil, il a toute la confiance du roi, qui l'affectionne par amitié et par reconnaissance (ce ministre l'ayant toujours conduit par ses conseils), s'étant souvent entremis et exposé pour lui épargner des chagrins domestiques, il est assez aimé dans le pays, parce que on sait que son avis n'a jamais été d'ôter à la noblesse les fiefs aliénés et de les réunir au domaine ; il a pris aussi fort peu de part aux mauvaises manœuvres qui se sont faites à Rome ; ces deux points qui font le système de cette cour, lui ont attiré l'inimitié du marquis d'Orméa.

« Le marquis Del Borgo (ministre des affaires étrangères) est intelligent, très ardent pour les intérêts de son maître, adroit, fin, dissimulé, vif dans le détail des affaires vétilleux, s'amusant à des riens pour prouver son zèle, lent dans l'exécution, parlant beaucoup sans rien dire.

« Le marquis d'Orméa (grand chancelier) a beaucoup d'esprit et de présomption, surtout depuis qu'il a terminé avec Benoît XIII les différends qui existaient entre cette cour et celle de Rome ; il est actif, vigilant, insinuant, sait retourner dans l'occasion sous l'apparence de la franchise, il est adroit, fin, dissimulé, haut, souple, modéré, entreprenant selon la circonstance ; il est capable de grandes idées, tant pour le projet, que pour l'exécution.

« Monsieur de Caissotti (premier président) est de basse extraction, il ne doit sa fortune qu'à lui-même ; il est du même esprit et du même caractère que le marquis d'Orméa, aussi se sont-ils mêlés dans les mêmes affaires, et ont-ils les mêmes ennemis, c'est-à-dire, la noblesse et le clergé. »

Ces hommes d'État formés par le roi Victor contribuèrent beaucoup à illustrer le règne de Charles Emmanuel.

Les hommes de génie ont l'intuition qui leur fait deviner le vrai talent partout où il se trouve, ils l'attirent à eux et savent s'en servir ; on dirait qu'il existe un fluide magnétique, dont le courant met en rapport les grandes intelligences et les rapproche à leur insu même.

Nous terminerons ces profils des personnes de cette époque, par celui de Victor Amédée, marquis de Suze, fils naturel et légitimé du roi Victor et de la belle comtesse de Verrue. Grand, bien fait de sa personne, il avait ce type chevaleresque et ce cachet de distinction, qui plaît tant aux femmes.

Aussi idéalement beau que sa mère, dont il avait la grâce mélancolique, il possédait la brillante bravoure, et, peut-être, tout le génie du roi Victor, qui l'aimait d'une tendresse passionnée ; ses succès auprès des femmes étaient nombreux, et Charles, qui affectait une grande rigidité sur cette matière, épiait toutes ses actions d'un œil sévère et désapprobateur. Quant à Charles Emmanuel, il n'avait que vingt-neuf ans lorsqu'il ceignit la couronne ; mal fait, petit, un peu bossu, il aimait le faste, croyant, comme toutes les personnes disgraciées par la nature, que le luxe supplée à la beauté. Son premier soin fut d'embellir et de restaurer le palais royal de Turin ; il fit tendre les murs de riches tapisseries en velours rouge à torsades d'or ; les voûtes de ces vastes salles resplendirent de ces féeriques arabesques, de ces rosaces d'or, que l'on y admire encore et qui rappellent les merveilles du palais ducal de Venise ; les peintres les plus habiles de l'époque créèrent un chef-d'œuvre dans chaque médaillon, sur chaque panneau ; les vases les plus précieux du Japon, les marqueteries les plus exquises, les plus délicates orfèvreries épuisèrent leurs trésors dans ces salons, dont les lambris étaient incrustés de nacre, d'écaille et de lapis.

Habile économiste, le marquis d'Orméa avait pressenti, avant que la science moderne l'eût prouvé, que le luxe, ruineux pour les particuliers, est une source de richesse pour les États ; car, en donnant des aliments à l'industrie, en ouvrant de nouvelles voies au commerce, il multiplie les moyens d'existence et établit un libre échange entre les productions des différentes contrées en même temps que par les rapports honorables qui dérivent du travail, il unit les classes riches et ouvrières par des besoins naturels, basés sur les droits les plus légitimes et les plus moraux. S'il ne parvient pas à équilibrer les fortunes, il tend du moins par le travail à diminuer ce hideux paupérisme, cette plaie honteuse des sociétés mal organisées et livrées à l'ignorance crapuleuse qu'engendrent la tyrannie et l'oisiveté monacale.

Il y avait à peine quelques jours que Charles Emmanuel était monté sur le trône, lorsque, dans la soirée de 9 septembre 1730, le jeune roi accoudé à l'une des hautes croisées du château de Rivoli, où il se trouvait avec toute sa cour depuis l'abdication de Victor Amédée, regardait d'un œil serein l'horizon immense qui se déroulait devant lui ; le ciel était revêtu des couleurs les plus éclatantes d'une chaude soirée d'été, l'atmosphère semblait phosphorescente et lumineuse, au loin la plaine étincelait aux derniers rayons du soleil couchant ; des bourgades, des villages, des blanches villas disséminées au milieu des vertes campagnes et des

Le château de Rivoli.

forêts touffues étincelaient au loin comme des étoiles sur le fond du ciel azuré. Evidemment Charles se complaisait à cette contemplation vague et indéfinie qui a tant de charmes pour les âmes jeunes et recueillies, car l'aspect de l'infini éveille toujours en nous le sentiment de nos plus hautes facultés, les tendances de notre nature se révèlent plus hautement en nous ; nos passions, nos instincts se développent dans ces muettes extases, l'homme dit son mot au Créateur et la nature semble lui répondre par une des ses ineffables aspirations que l'on n'explique pas. La jeune reine qui, depuis longtemps, le regardait avec amour, car, pour la femme qui aime, il n'y a qu'un seul objet qui absorbe toute son attention, s'avança timidement et se pencha avec une adorable coquetterie vers le roi, qui se retourna en souriant, serrant dans ses mains maigres, les doigts blancs et effilés de Polixène.

– Voyez, lui dit-il, en lui montrant au loin le sanctuaire de Saint-Michel, ces montagnes si dentelées qui bleuissent à l'horizon, écoutez ce chant des oiseaux, respirez ces parfums qui montent jusqu'à nous, n'est-ce pas que la nature est belle et qu'il est doux de vivre ?

– Oh ! oui, reprit la reine, tout présage à Votre Majesté un règne heureux et prospère.

– Puisqu'il a plu au roi, mon auguste père et seigneur, de m'appeler à lui succéder avant l'heure établie, selon l'ordre des choses, et qu'aucune circonstance funeste n'attriste mon avènement au trône, je veux témoigner ma joie à mes peuples et ma gratitude envers mon père par des fêtes, des bals, des réjouissances publiques. Déjà les habitants de ma bonne ville de Turin font merveille à se divertir, on ne parle que de feux de joie, d'illuminations, d'opéras ; demain nous irons dans notre capitale prendre notre part de tous ces divertissements et nous préparer pour notre voyage d'Alexandrie, le 9 octobre, à l'occasion de la foire annuelle que nous avons accordée à notre bonne ville en vue de favoriser son commerce.

– Les fêtes qu'on y donnera promettent donc d'être bien belles ? répliqua Polixène avec joie.

– Oui, on y accourt de tous les pays voisins ; Milan, Pavie, Gênes, et jusqu'à Venise y étaleront leurs beautés et leurs richesses.

– Oh ! que je vais m'amuser, s'écria la reine avec cette naïveté enfantine qui était la grâce de son caractère.

Charles sourit.

– Pour prouver aux étrangers que le Piémont l'emporte autant sur les autres pays par la beauté et mignardise de ses dames, que par le courage et courtoisie de ses chevaliers, nous avons pensé de nommer six des plus belles dames de notre cour pour présider à ces fêtes ; elles feront comme un bouquet d'élite destiné à faire mieux briller cette fleur de beauté que nous sommes heureux de posséder, ajouta le roi galamment.

– Grand merci, cher sire, dit la reine charmée, toute rougissante de bonheur.

– Nous avons, continua le roi, fait équiper et vêtir superbement cinq cents gentilshommes, destinés à nous servir d'escorte ; les habits de mes chevaliers ruisselleront d'or et de broderie, et je veux que vos dames soient étincelantes de perles et de brillants.

L'œil de la reine brilla de joie, car la perspective d'une parure fait toujours battre un cœur de femme, qu'il s'agisse du bandeau royal d'une puissante souveraine, ou du chapeau de roses de la simple villageoise, fleurs ou diamants, n'importe, c'est un attrait, une grâce que la coquetterie rêve pour l'amour.

– Et, dit la comtesse de Salasco, qui, jusqu'alors, s'était tenue à l'écart, et qu'un sourire de la reine avait invitée à s'approcher, et Votre Majesté a-t-elle déjà choisi les six élues destinées à faire les honneurs de la fête ?

Le roi, sans se l'avouer, n'aimait pas madame de Salasco par ce seul motif, peut-être, qui porte les hommes à dédaigner les femmes peu favorisées par la nature ; aussi était-il rarement aimable avec elle et subissait-il sa présence comme une conséquence forcée et ennuyeuse des lois de l'étiquette, dont il était rigide et minutieux observateur ; aussi c'est avec une sorte d'aigreur qu'il répondit :

– Le choix en est laissé à la reine, nous lui conférons le droit de nomination, nous réservant celui de simple remontrance.

La reine, naturellement jalouse, fut joyeuse d'une liberté qui l'autorisait à écarter les dames qui auraient pu lui faire ombrage, et se tournant gaîment vers sa dame d'honneur :

– Voyons, comtesse, aidez-moi à prouver au roi que j'ai bon goût et choisissons les six plus belles personnes de notre cour.

– La comtesse de La Trinité, la marquise Doria…

– Elle a quarante ans, s'écria le roi avec dépit ; voulez-vous qu'on dise à l'étranger que les beautés de ma cour ont un demi-siècle de date ?

La comtesse rougit, intérieurement furieuse comme une femme à laquelle on vient de rappeler son âge.

– Mais, madame de La Trinité ?

– Pas mal, continuez comtesse.

– Madame de Miolans…

– Elle est louche et j'en appelle d'un tel choix aux beaux yeux de la reine.

Et le roi se retourna, d'un air d'ennui, vers la croisée, mais, d'un geste gracieux, invitant à venir le rejoindre le jeune comte d'Alinges, qu'il venait d'apercevoir dans les jardins.

– Voici quelqu'un qui saura mieux, que tout autre, décerner le prix de beauté.

Et se tournant vivement vers le jeune comte qui venait d'entrer :

– Venez nous aider à nommer six des plus belles dames de notre cour, désignées pour faire les honneurs des fêtes qui auront lieu à Alexandrie ; la tâche est douce pour un si galant chevalier, ajouta le roi avec une gaîté malicieuse, inaccoutumée chez lui ; la comtesse de La Trinité a déjà été choisie par la reine, reprit-il.

– Il faudrait les nommer toutes, ajouta le comte en s'inclinant, la grâce et la beauté étant un privilège exclusif de la cour de Savoie ; pourtant j'oserais proposer à Vos Majestés les comtesses de Cortanzone et de Frosasque.

– Bravo, s'écria le roi tout joyeux ; qu'en dites-vous, madame ?

– On ne peut qu'approuver des choix aussi charmants.

– La marquise de Breil.

– De mieux en mieux, mon cher comte, et pour vous récompenser, je vous nomme sigisbée de cette dernière pendant les fêtes de voyage.

– Majesté, voici une faveur qui va me faire bien des jaloux.

– Quoi, s'écria Polixène étonnée, vous allez introduire cet usage dans votre cour ?

– Certes, madame, puisqu'il existe dans toute l'Italie, à Rome même, en Espagne le pays plus catholique de la chrétienté.

– Nous, habitués à l'austère sévérité allemande, se hasarda à dire Polixène, nous ne comprenons pas ce mélange de galanterie et de dévotion, et les mœurs....

– Ne peuvent que s'adoucir par le culte rendu à la beauté ; si en Allemagne les hommes étaient, comme en Espagne, soumis aux dames, ils ne seraient point en proie aux turbulentes idées des Luthériens. Comte d'Alinges continuez, reprit le roi évidemment préoccupé de quelque secrète pensée.

– Les marquises de Solar, de Caraglio, de Saint-Germain...

– Assez, dit le roi, dont le visage avait légèrement pâli à ce dernier nom, je laisse à la reine le soin d'approuver et de proclamer ces choix, si toutefois elle n'a aucune objection à faire.

– Je ne puis qu'applaudir et remercier le comte d'Alinges, ajouta Polixène en se tournant vers le jeune homme.

Le comte s'inclina et remercia d'un geste respectueux, avec cette grâce chevaleresque, qui faisait de lui le cavalier le plus accompli de la cour, après le marquis de Suze.

Le roi offrit sa main à la reine, et l'invita à descendre dans les jardins de fleurs, disposés au pied de la terrasse qui longeait les murs du château, et qui couraient d'étage en étage le long du flanc oriental de la colline qu'entourait une épaisse forêt réservée au gibier du roi ; aussi n'était-il pas rare, qu'un cerf poursuivi, vînt se réfugier sous les treilles parfumées, courant en vertes allées, sous l'appartement de la reine.

Les augustes époux, s'écartant des personnes de leur suite, s'étaient enfoncés sous les allées ombreuses qui entouraient les jardins sablés et symétriques, tels que le faux goût de l'époque l'exigeait alors.

La nature tourmentée à Versailles, sous la main de Le Nôtre, subissait partout les mêmes outrages, la grâce sublime de la végétation, telle qu'elle se déploie sous le souffle créateur, avait disparu, et faisait place à ces allées taillées en voûtes, en arcades, en tonnelles ; pauvres arbres, s'arrondissant, s'allongeant, s'accroupissant, selon le caprice du jardinier, dont le ciseau ignorant et impitoyable décapitait sans pitié la jeune feuille, assez imprudente pour oser s'avancer toute verte et pimpante afin d'aspirer un peu d'air, un peu de soleil ; mais le fer faisait prompte justice de cette rébellion ; pauvres fleurs, à vous aussi, l'ignorance a disputé un rayon de ce soleil que Dieu fit pour tous.

La reine adorait les fleurs, comme toutes les âmes pures ; ce goût si simple et si doux ne se retrouve que chez les personnes honnêtes, c'est une virginité du cœur ; l'homme corrompu comprend peu les beautés chastes de la nature.

Tout en suivant le sentier parfumé qu'ils frayaient, la reine brisait les jeunes touffes fleuries, qu'elle respirait avec ivresse : la soirée était brûlante ; l'été, extrêmement chaud cette année-là, s'était prolongé plus qu'à l'ordinaire ; le soleil avait, depuis longtemps disparu à l'horizon, mais un crépuscule lumineux et rose enveloppait la terre ; les étoiles diamantaient l'azur du ciel, une torpeur enivrante s'emparait des sens, quelque chose d'étrange et de voluptueux circulait dans l'air ; une vapeur diaphane flottait dans la plaine, la brise dormait sur la cime des bois, de doux parfums montaient des parterres en fleurs, la reine s'appuyait avec plus d'abandon sur le bras du roi, qui, impressionné par le charme de cette belle nature, serra plus tendrement la main de la reine.

– Enfin, dit-il, d'une voix émue, je pourrai te voir à toute heure ? D'aujourd'hui seulement tu es bien à moi ? Oh ! comme j'ai souffert de cette longue contrainte, combien j'ai maudit cette volonté inexorable qui me privait du bonheur de te voir ; toi la mère de mes enfants ! Souvent j'ai senti se révolter en moi le respect et la tendresse qu'un fils doit à son père.

Polixène regarda son mari avec autant d'étonnement que d'amour ; elle était charmée et effrayée en même temps, car, telle était la crainte que le vieux roi inspirait à son fils, que celui-ci, pendant leurs six longues années d'union, n'avait jamais osé se plaindre si hautement à sa femme elle-même de la contrainte où son père le tenait dans ses relations avec elle.

– Je veux, dit-il, en s'animant de plus en plus, tout changer, tout innover, et prouver à l'Europe que je suis enfin hors de tutelle ; le roi mon père absorbait tout dans sa personnalité ; croit-on ma main inhabile à porter un sceptre ? Mes cousins de France et d'Espagne ont grand tort, s'ils croyent trouver en moi un prince faible et incapable, ainsi qu'ils l'ont pu augurer de l'enfant malheureux, du jeune homme timide, si souvent repoussé, maltraité devant leurs ambassadeurs eux-mêmes ; mais la verge de fer qui courbait mon front a cessé de me plier, je me redresse, je tends les bras à l'avenir, je suis moi enfin ! Mon père, mon père, tu fus un grand roi, et pourtant écoute ces cris de joie, ces acclamations enthousiastes et frénétiques dont les peuples saluent l'aurore d'un nouveau règne : cette allégresse n'est-elle pas un reproche éloquent et tacite dont ils stigmatisent l'autorité tyrannique qui pesa cinquante ans sur eux ; la gloire même n'a pu les consoler, car rien ne remplace le bonheur et la liberté, pauvres gens ! Un roi n'a-t-il pas le devoir d'être aimé ? Je veux l'être moi, je veux que votre nom soit béni aussi, et que vous soyez une grande reine.

– Merci, cher sire, tant que Votre Majesté aura d'aussi douces paroles, aucune reine ne sera plus heureuse que moi.

Et la reine avec une câlinerie charmante offrit son front aux lèvres du roi, qui l'effleura d'un baiser en souriant, et les deux augustes époux, les mains enlacées, suivaient silencieusement le sentier, qui les ramenait au château. Polixène, l'âme inondée des plus suaves émotions, se sentait heureuse de ce bonheur qu'elle avait longtemps rêvé, et auquel elle n'osait plus prétendre ; élevée dans la chaste retenue des femmes allemandes, elle avait cru trouver l'idéal de l'amour dans le mariage, elle n'y avait trouvé que les devoirs de femme humiliée et froissée, elle avait longtemps souffert et pleuré en secret, sans oser révéler à son mari toutes les aspirations passionnées de son âme vierge. Depuis quelques jours, Charles, libre enfin, semblait s'être transformé à ses yeux, elle avait senti qu'un cœur battait sous cette froide enveloppe. Mais, hélas, si ce cœur s'éveillait, c'était à un autre souffle, et malgré sa grâce naïve et son blond et doux visage, Polixène, ne fut jamais pour Charles, que la mère de ses enfants, c'est-à-dire, la princesse destinée à perpétuer sa racc, la reine, qu'il entourait de respect et qu'il présentait aux hommages de ses peuples et de toute l'Europe, mais jamais elle ne fut pour lui l'amie, l'élue de son cœur ; pauvre femme condamnée à la solitude dans le mariage, pauvre reine dont le regard aimant ne rencontrait que des regards glacés par l'étiquette ; pauvre roi, dirons-nous encore, forcé d'étouffer la voix de son cœur et de subir des affections imposées par la politique.

Le bruit des instruments et de plusieurs voix joyeuses vint frapper l'oreille du roi et de Polixène, qui tournaient, en cet instant, le sentier qui les avait amenés vis-à-vis le jet d'eau, placé au milieu du jardin de fleurs.

C'était l'heure à laquelle d'ordinaire on servait une collation à la reine, sous une tonnelle de jasmins et de vignes sauvages : des musiciens, cachés sous le feuillage, remplissaient l'air des accords les plus doux, une table immense réservée aux deux souverains et aux dames, car, il était défendu aux hommes de manger devant la reine, s'élevait sous les berceaux fleuris, des groupes animés de dames et de cavaliers allaient, venaient, causaient, riaient dans le parterre ; à l'aspect inattendu du roi et de la reine, le silence le plus respectueux succéda aux joyeux éclats de rire, et chacun se rangea avec autant d'empressement que de grâce.

L'œil du roi parcourut rapidement le cercle des dames et s'anima d'un éclair vif et contenu ; il abandonna la main de la reine qu'il tenait encore, et vint s'asseoir à la place qui lui était préparée, ayant la reine à sa droite, et les dames assises, selon l'ordre des places qu'elles occupaient à la cour. Le roi paraissait animé et de bonne humeur ; quant à la reine, sa joie enfantine étincelait dans ses yeux d'un bleu limpide ; elle salua toutes ses dames, avec cette amabilité, que donne le bonheur ; l'expression du bonheur a une physionomie analogue au caractère de chaque individu ; chez les uns, il est doux, simple, charmant, adorable ; son influence bénigne se répand comme un parfum salutaire, on se sent heureux et meilleur, rien qu'en étant dans son atmosphère ; chez les autres, il est hautain, arrogant ; il cherche à humilier, aussi excite-t-il l'envie et la jalousie. Il y aurait moins d'envieux s'il y avait moins de méchants : un des attributs les plus puissants de la bonté est d'améliorer les autres, et de tenter d'assimiler tout à sa nature. La lune versait en plein ses rayons argentés, qui éclairaient l'espace occupé par le roi et toute la cour ; il y avait quelque chose de jeune et de gracieux dans l'ensemble de cette cour, qui n'avait pas encore pris cet air d'austère roideur, qui la rendit si triste par la suite.

Debout, derrière le fauteuil du roi, le marquis de Suze fixait un regard ardent et passionné sur la marquise de Saint-Germain, assise presqu'en face de Charles Emmanuel ; elle était vêtue d'une robe de gaze argentée à nœuds de perles et de saphirs ; une fontange d'azur relevait ses blonds cheveux ; elle était si belle, vue ainsi, aux pâles et mélancoliques rayons de la lune, que tous les yeux s'étaient tournés vers elle, car on aurait dit une apparition vaporeuse et fantastique.

Le roi, dont elle fut toujours le seul amour vrai, et qui l'aima d'une de ces passions idéales et platoniques qui brisent toute une vie, pâle, frissonnant, et le regard embrasé, la contemplait avec ravissement, oubliant la présence de la reine et les tendres paroles qu'elle venait de lui prodiguer.

Madame de Salasco jeta sur la marquise un coup d'œil si haineux et si significatif qu'il fit tressaillir Polixène qui soupira : le roi se retourna comme un homme éveillé d'un songe délicieux ; ses traits prirent une expression soucieuse et contrariée ; un silence pénible succéda aux douces chuchoteries, aux rires charmants ; enfin le roi, voulant secouer ce malaise qui pesait sur lui et sur tous par conséquent, rappela en termes gracieux à la reine le soin d'annoncer le choix des six dames destinées à présider aux fêtes d'Alexandrie ; toutes furent nommées :

Blondel, dit le roi en s'adressant à l'envoyé de France, nous vous nommons sigisbée de la comtesse de Frosasque ; mon cousin le roi très chrétien me saura gré de partager si bien son ambassadeur.

– Sire, pardonnez à un étranger, mais quelles sont les fonctions d'un sigisbée ?

– Aimer et servir sa dame ; en connaissez-vous de plus douces.

– Non certes, mais quelle est l'étiquette à observer pendant le voyage ? nous Français nous sommes un peu curieux.

– Monsieur le ministre de Toscane va nous l'apprendre. Comte Corsini, poursuivit le roi, nous vous écoutons.

– « Il faut bien des soins et de dévouement pour obtenir un bon servi que la dame est libre d'accorder ou de refuser : d'abord, dès qu'il est nommé, le sigisbée doit se montrer généreux par le don d'un éventail qui ne peut pas coûter moins de dix louis d'or.

Pendant le voyage il doit suivre dans sa voiture le carrosse de sa dame tandis qu'elle rit et coquette dans le sien avec les chevaliers de son choix ; à mi-route il devra lui offrir un grand dîner dont elle fera les honneurs ; à table, assis à côté d'elle, il lui versera à boire, la servira en tout avec empressement pendant les fêtes ; dévoué à ses ordres, il la suivra au bal, à l'opéra, à la promenade, et le soir, lorsqu'il l'aura ramenée chez elle… »[1]

– Eh bien, dit le comte d'Alinges toujours étourdi, eh bien, le soir ?

– Il obtiendra gravement sa main à baiser, tel est l'usage.

– À la cour de France, dit Blondel, nous ne sommes pas aussi discrets auprès des dames, et les belles mesdames de Parabère, de Berry ne nous ont pas habitués à tant de respect.

– Vous allez calomnier vos belles compatriotes, observa le roi et pourtant, ajouta-t-il d'un accent profond, on n'aime jamais autant que quand on le dit moins ; l'amour vrai est craintif, et les cœurs de lions sont les plus timides et les plus passionnés.

– Oh ! que c'est vrai, s'écria le marquis de Suze, dont le regard alla chercher celui de la marquise de Saint-Germain, qui rougit.

– Mon frère, dit le roi en se tournant vers Amédée avec un regard presque tendre, madame de Saint-Germain a été la compagne d'enfance de la reine, voulez-vous lui faire l'honneur d'être son sigisbée ?

– Votre Majesté m'accorde le plus précieux joyau de sa couronne : et le jeune homme, tout rayonnant, s'inclina devant la marquise après avoir respectueusement salué LL. MM.

Le roi se releva en offrant la main à la reine, et toute la cour remonta dans les salons où d'ordinaire on se réunissait jusqu'à l'heure où le roi rentrait dans ses appartements.

La marquise de Saint-Germain était préoccupée ; elle avait deviné la passion du roi avec cette rare perspicacité qui distingue la femme, et lui fait lire dans le cœur de l'homme avant que lui-même

1. *Mémoires de Blondel.*

ait le sentiment de ce qu'il éprouve ; douce et timide, elle s'effrayait d'un amour qu'elle ne pouvait partager et qu'elle était décidée à repousser ; mais on ne dédaigne pas un roi comme un homme ordinaire, surtout qu'à cette époque perdre les bonnes grâces du maître c'était s'exposer à quitter la cour, et la cour c'était le centre où refluait toute cette noblesse brillante, comme le sang reflue au cœur ; et d'ailleurs bien qu'on ne soit pas coquette, il est toujours doux de voir un roi à ses genoux, voir trembler celui devant qui tout tremble, ce n'est pas mal flatteur pour une jeune tête de vingt ans ! J'ai très bonne opinion des femmes… mais qu'en dites vous, mesdames, n'est-ce pas une épreuve bien dangereuse ?…

La marquise était plongée dans ces réflexions, peut-être, lorsque elle tressaillit à une voix bien connue qui murmurait tout bas à son oreille : Que mon frère garde sa couronne il m'a donné le bonheur ; ces huit jours c'est un rêve que je payerais de ma vie !

– Monseigneur, on nous observe ; oubliez-vous où nous sommes ?

– Et vous, Blanche, oubliez-vous mon amour ?

– Demandez-moi d'oublier ma vie, répondit la jeune femme d'une voix tremblante d'émotion.

– Demain, de retour à Turin, loin des regards importuns, libres enfin, nous pourrons nous voir et causer sans témoins ; où pourrai-je vous voir ?

– À la cour, et le soir un instant chez moi.

Ces mots échangés à voix basse n'avaient frappé aucune oreille, mais ils n'avaient pas échappé à un regard soupçonneux et méfiant ; la jalousie mordit le roi au cœur ; l'idée que son frère pouvait aimer la marquise ne s'était jamais offerte à son esprit : un roi peut-il avoir un rival même dans son frère ? Aussi ne l'avait-il nommé sigisbée de la marquise que pour avoir ainsi l'occasion de la voir continuellement ; un malaise indicible s'empara de lui : le cœur a des instincts qui ne trompent pas ; il pressentait ce funeste amour, il n'avait jamais trouvé Amédée aussi beau : sombre et le front voilé de tristesse, il suivait d'un œil inquiet tous les mouvements du marquis qui, trop amoureux et trop jeune pour savoir se contraindre, ne détachait pas son regard passionné du beau et touchant visage de madame de Saint-Germain, toute confuse et rougissante et plus belle par conséquent, car la pudeur est à la femme ce que la fleur est au fruit. Charles passa péniblement sa longue main maigre sur son front devenu rêveur ; il était pâle, il souffrait ; monsieur de Suze, dit-il, d'une voix saccadée et impérieuse. Demain, vous le savez, nous faisons notre entrée solennelle à Turin : nouveau lieutenant-général de l'infanterie, vous êtes-vous occupé de vos troupes ? J'espère qu'elles vous feront honneur, car, vous le savez, je suis sévère en fait de discipline.

Amédée, étonné, pâlit légèrement ; ce reproche indirect, le premier qu'il entendait sortir des lèvres de son frère à son égard, l'affligea ; son beau visage laissa percer tant de douleur et de noble fierté blessée, que les traits du roi s'adoucirent.

– Sire, dit-il, Votre Majesté trouvera les troupes dont elle m'a fait l'honneur de me confier le commandement prêtes à mourir pour le roi et pour la patrie. Vienne un jour de combat, et la victoire vous répondra pour elles.

Le prince avait dit ces mots avec cette noble assurance que donne la conscience de son droit ; le son de sa voix, l'éclair de ses yeux rappelaient tellement Victor Amédée II, que Charles sentit un mouvement haineux d'envie et de colère contre l'enfant naturel que le ciel avait comblé de tous ses dons.

– Bien, dit-il sèchement, demain nous verrons leur contenance, et il se mit à marcher à grands pas ; arrivé devant la marquise, il leva vers elle un regard passionné et suppliant ; un coup d'œil froid et sévère lui répondit seul ; il revint s'asseoir à côté de la reine qui le regardait avec inquiétude et amour ; il était triste, préoccupé, sombre ; il adressa quelques paroles froides et insignifiantes à sa femme et se relevant brusquement : demain à onze heures, dit-il, on part pour Turin, où nous faisons notre entrée solennelle, et d'un geste impérieux il congédia sa cour et rentra dans ses appartements.

Lorsqu'elle fut retirée dans les siens et qu'elle eut renvoyé ses femmes qui l'avaient mise au lit, Polixène se retourna vers sa dame d'honneur qui avait l'habitude de rester auprès d'elle jusqu'à l'heure où le roi était accoutumé à passer chez la reine.

– Qu'avait le roi ce soir, comtesse ? il me semblait bien triste et bien préoccupé ?

– Je ne sais, Majesté, j'ai cru qu'il n'avait jamais été d'aussi joyeuse humeur.

– Oui tout d'abord quand nous causions dans le jardin, mais à la fin de la soirée n'avez-vous pas remarqué que son front s'était rembruni ?

– Que Votre Majesté se rassure, je lui garantis que le roi n'a jamais joui d'une aussi bonne santé. N'est-ce pas que la marquise de Saint-Germain est bien belle ?

– Que m'importe, dit la reine, qui avait frissonné à ces paroles, comme si une lame glacée était entrée dans ses chairs.

– Comme je sais que votre Majesté prend intérêt à la marquise...

– Oui, elle fut mon amie d'enfance et je l'aime ; vous croyez donc, comtesse, que le roi n'est pas indisposé ?

– J'en suis sûre, madame, ses yeux lançaient des éclairs... le marquis de Suze paraissait très empressé auprès de la belle marquise.

– Voilà de la médisance, comtesse !

– Non, Majesté, permettez-moi de dire que c'est de l'observation.

– Eh bien ! dit la reine rassurée, quand cela serait : quel mal y trouvez-vous ? la marquise est un ange dont la vertu est au-dessus de tout soupçon.

– D'accord, mais de quel œil le roi verrait-il de telles amours ? il en paraissait fort contrarié ce soir.

– Vous dites ? comtesse, dit la reine d'un air sévère en se relevant sur son coude.

– Je dis, poursuivit la comtesse avec cet imperturbable sang-froid que donne la méchanceté, que le roi trop jaloux de l'honneur de sa maison ne peut que désapprouver l'empressement du marquis de Suze pour madame de Saint-Germain, dont il connaît la vertu ; au reste ce sont de simples suppositions : mais j'avais cru remarquer que les yeux du roi quittaient peu les mouvements de la marquise ; il semblait épier le marquis de Suze, et Votre Majesté aura remarqué, avec toute la cour, de quel air courroucé il lui a adressé la parole, et sans un motif… caché…

– Décidément le roi est malade, dit la pauvre reine en s'agitant dans son lit ; voici l'heure à laquelle il est habitué à venir et…

– Dois-je me retirer ?

– Non, restez, comtesse, causons en attendant afin que le roi ne me trouve pas trop maussade… Notre entrée solennelle demain sera bien resplendissante, ajouta la reine pour tâcher de donner une autre tournure à la conversation.

– Oui, madame, et j'ai vu de merveilleuses parures chez ma tailleuse, entre autres la robe de madame de Saint-Germain, une véritable robe de fée, une jupe d'alençon agrafée par des bouquets d'opales et des brillants, un manteau presque royal, tant il est magnifique.

– Je n'approuve pas tout ce luxe dans une simple dame, dit la reine, qui jalousait la toilette des autres femmes. Blanche n'a que ce seul défaut, elle aime trop la parure, c'est mal, c'est très mal ; les dames qui s'habillent comme les princesses ont aussi grand tort que les petites bourgeoises qui singent la noblesse.

– Madame de Saint-Germain se pare ainsi pour attirer les regards ; les hommes n'ont des yeux que pour elle. Votre Majesté n'a-t-elle pas remarqué qu'elle était ce soir l'objet de l'attention générale ?

– C'est qu'elle était bien belle.

Entrée de Charles Emmanuel dans Turin.

– Oui, elle a cet air de fausse modestie qui rendait madame de Saint-Sébastien si dangereuse.

La reine tressaillit à ce nom : bonsoir, comtesse, dit-elle, je suis lasse, vous devez l'être aussi, je vous permets de vous retirer. Sonnez mes femmes ; et tandis qu'après avoir baisé la main de son auguste maîtresse, la comtesse se retirait à reculons, la pauvre reine enfonçait sa tête dans ses draps et toute sanglotante se disait tout bas : Elle ne l'a que trop deviné, je ne l'ai que trop bien comprise ! le roi est amoureux de la marquise : Charles ! Charles, ne serai-je jamais aimée comme j'ai droit de l'être, comme j'aime moi ? Ce qu'il avait, ce qu'il souffrait ! Je le sais moi qui l'éprouve depuis si longtemps ; il était jaloux, et le marquis de Suze me vengeait sans le savoir ! et la reine, en entendant ses femmes, ferma ses yeux remplis de larmes et retint sa respiration…

– La reine dort, Fanchette, dit la plus âgée des caméristes, vois comme elle a l'air calme et heureuse.

– Bonne reine, elle rêve peut-être aux fêtes de demain !

– Puisse-t-elle revoir au moins en songe notre belle Allemagne, répondit Augusta, fidèle Hessoise, qui avait élevé la reine à la cour du duc son père.

– Que les reines doivent être heureuses, répéta Fanchette avec un accent d'envie mélancolique : qu'on doit bien dormir dans ce lit tout doré ! et la jeune fille s'éloigna doucement tandis qu'Augusta s'arrangeait de son mieux sur la chaise où elle devait passer la nuit.

CHAPITRE II

Le roi Charles Emmanuel fit son entrée solennelle à Turin le 10 septembre, il était revêtu du manteau d'or, le sceptre en main, la couronne en tête ; la reine, assise à ses côtés dans un carrosse, tiré à huit chevaux blancs dont les harnais dorés étaient ornés de pierres précieuses ; les pages se tenaient aux deux côtés de la voiture qu'entouraient les gardes des corps à pied ; puis les suisses à cheval, et un escadron de gardes du corps également à cheval, suivaient le carrosse ; puis venaient les voitures des enfants du roi, du prince de Carignan, du marquis de Suze, du prince de Masserano, toute la cour enfin ; à porte Susine LL. MM. furent reçues par le gouverneur et le syndic qui vinrent complimenter et offrir les clefs de la ville au jeune monarque. Un régiment de cavalerie était rangé en bataille, et l'infanterie, toute brillante et d'une tenue admirable était échelonnée le long des rues où devait passer le cortège ; les fenêtres étaient pavoisées, le sol jonché de fleurs ; la foule immense et compacte se pressait jusque sous les pieds des chevaux, barrant le passage aux voitures : malgré les coups des hallebardes dont les suisses régalaient les curieux, ce bon peuple n'en poussait pas moins de vives et bruyantes acclamations.

– Attrape, dit un petit vieux à un jeune garçon dont la mâchoire était presque fracassée, cela t'apprendra comment on doit crier, et les voisins de rire ; n'importe, dit un autre rudement frappé sur l'épaule, je n'en crierai pas moins vive le roi, et la foule allait, se pressait, imitant dans ses ondulations les flots de la mer dont ses cris rappelaient la rumeur sourde, vaste, infinie ; le bruit du canon, le son des cloches, les fanfares, le roulement des tambours, les chauds rayons du soleil, tout avait un aspect brillant et animé. Le cortège se rendit ainsi, au milieu des cris de ce peuple enthousiaste, jusqu'à l'église métropolitaine de Saint-Jean.

L'archevêque de Turin, monseigneur de Gattinara, et tout le haut clergé reçut le roi et la reine à la porte de l'église et les conduisirent processionnellement jusqu'au trône élevé au maître-autel ; les grands dignitaires de l'État, les chevaliers de l'Ordre, le Conseil d'État, le Sénat, le corps Décurionale et les membres de l'Université occupaient des places réservées ; une éclatante galerie dorée courait le long de la nef ; elle était occupée par un gracieux essaim de dames qui formaient ainsi comme une guirlande de fleurs, de plumes et de brillants. Après le *Te Deum* Leurs Majestés montèrent dans la chapelle du Saint-Suaire. Charles pria longtemps devant cette précieuse relique qui fut toujours l'objet d'une grande vénération pour les princes de la Maison de Savoie, et Charles, plus dévot que religieux, ne négligeait aucune pratique chrétienne de la forme du culte.

Rentrés dans les appartements du palais, le roi, assis sur son trône, reçut les hommages de la noblesse admise à l'honneur de lui baiser la main, tandis que la reine recevait également toutes les dames dans son salon particulier. Lorsque ce fut le tour de la marquise de Saint-Germain, vraiment resplendissante par l'éclat de sa mise et plus encore par sa jeunesse et sa merveilleuse beauté, Polixène ne put cacher une légère émotion, et ce fut avec assez de froideur qu'elle offrit sa main aux lèvres de son amie d'enfance : celle-ci le devina avec cet instinct de cœur qui révèle les choses les plus cachées, elle soupira et se sentit malheureuse d'être si injustement soupçonnée ; elle pressa avec plus d'amour les doigts de la reine, qui sentit, étonnée, une larme timide mouiller sa main : elle regarda la marquise, et leurs yeux, en se rencontrant, échangèrent une pensée qui rassura l'une et soulagea l'autre : le langage des yeux est si éloquent chez les âmes pures : elles laissent lire dans le fond de leur cœur comme les enfants : elles ne savent rien cacher ni tout dire. La sérénité revint illuminer le front de la reine qui croyait dans sa naïve candeur qu'une passion non partagée ne peut être durable, comme si l'amour ne s'exaltait pas des obstacles qu'il rencontre, et comme si, chez un homme habitué à voir tout plier devant lui, le motif le plus puissant d'éveiller ses désirs n'était pas de les exciter par un refus ; mais la reine et la marquise avaient cru échapper à un danger en le conjurant avec les seules armes qu'elles tenaient de Dieu : la vertu. Nous verrons par la suite si elles s'étaient trompées.

Le soir du même jour une foule immense envahissait la place du château, que cernaient deux rangs de troupes ; sous le palais Madame un régiment de lanciers repoussait assez rudement les curieux trop empressés de s'approcher sous les larges croisées du palais où se trouvaient le roi et toute la cour ; on allait lancer de merveilleux feux d'artifice qui avaient coûté des sommes immenses ; la population frémissante d'impatience trépignait de plaisir ; chaque fois que la pâle figure du roi apparaissait à la fenêtre une clameur frénétique, incessante, s'élevait de tous les points de la place comme un seul cri sorti d'un seul cœur et formé par dix mille voix.

Appuyé contre un des piliers des arcades qui s'élèvent entre l'église de Saint-Laurent et la rue de Grosse Doire, un pèlerin assez pauvrement vêtu, promenait autour de lui un regard curieux, ironique, et méprisant. Ses jambes étaient nues, ses sandales rattachées par des petites cordes tenaient à peine à ses pieds, tant elles étaient usées, sa barbe rousse et touffue inondait presque sa poitrine, son visage assez laid était plein d'intelligence, une rare énergie brillait dans ses traits ; mais à deux plis profonds creusés entre ses sourcils on devinait qu'une pensée amère et douloureuse avait souvent fatigué cet esprit réfléchi et concentré ; des cris plus forcenés éclatèrent dans cet instant ; il regarda le roi qui souriait à la foule.

– Pourtant, se dit-il, si cet homme le voulait, que de malheureux de moins dans le monde. Mais les rois sont partout les mêmes, ils oublient de regarder au-dessous d'eux, et les peuples au-dessus ; la nouveauté les intéresse et l'éclat d'une fête les séduit : et vivement heurté et repoussé, le pèlerin presque en colère se retourna en s'écriant : Prenez garde je ne suis pas d'humeur à céder ma place sans la défendre.

– Pardon, dit une douce voix de femme, c'est mon petit qui voudrait voir le roi.

– Puisqu'il est ainsi, répondit le pèlerin radouci à la vue de l'enfant, donnez-le moi, je le soulèverai dans mes bras afin qu'il voie mieux ; et le pèlerin se baissa pour prendre l'enfant qui recula effrayé à son aspect étrange.

– Giannino, ne crains rien, dit la mère, monsieur est un saint homme.

– Comment voulez-vous qu'il soit un saint, observa l'enfant, s'il est habillé comme un masque ?

Un éclat de rire, parti du milieu de la foule, accueillit cette réponse de l'enfant, et le pèlerin vit un petit homme assez rondelet, assez satisfait de sa personne et qu'à sa mine il devina être un petit marchand aisé.

– Qui de nous, lui dit-il, n'est pas plus ou moins déguisé, et, dans ces temps de troubles et de confusions, qui ne masque pas une pensée ou un sentiment ?

– C'est vrai, répliqua l'homme au gros rire ; mais, sauf le respect que je dois à votre sainte vocation, avouez que votre roquet et vos coquilles ont le droit d'étonner un enfant.

– Pas plus que ces habits dorés que vous voyez là-bas ; l'un est l'habit de la pénitence et de la misère, l'autre de la concupiscence et de l'orgueil.

– Il a pourtant raison, dit un troisième interlocuteur en se mêlant à la conversation. Nous autres pauvres gens nous nous laissons facilement éblouir par ces riches habits sans songer qu'il y a plus de vertu à porter dignement nos sales haillons que ces broderies d'or et de brillants.

– Oui, dit le pèlerin ; et qui sait que de remords et de mauvais désirs ils recouvrent !

– Qu'ils gardent leurs richesses, reprit le dernier qui avait pris la parole, je n'envie rien à personne quand j'ai travaillé tout le jour.

– Brave homme, dit le pèlerin, comment vous nommez-vous ?

– Pierre le tisserand, et c'est mon enfant que vous offriez tantôt d'élever dans vos bras.

– Faites ma paix avec lui et donnez-le moi ; de la place où je suis il verra mieux le roi et le feu d'artifice ; viens, petit, poursuivit-il en se tournant vers l'enfant, qui rassuré en ayant vu son père causer avec l'étranger, passa des bras de sa mère dans les siens sans faire aucune difficulté.

– Maman, dit-il en promenant un regard triomphant au-dessus de la foule, si tu voyais comme c'est beau ! on n'aperçoit que des têtes, on ne voit que des yeux, et là-bas, à cette croisée, quel est ce monsieur habillé d'un manteau d'or ? Oh la belle dame ! elle te ressemble, maman, tant elle a l'air d'être bonne.

– Oui, bien bonne en effet, soupira le pèlerin, en Allemagne les pauvres la pleurent encore !

– Vous avez donc été en Allemagne ? dit le petit homme.

– Nous sommes ici-bas comme la feuille morte que poussent tous les vents, répondit le pèlerin avec tristesse ; nous passons partout, sans nous y arrêter jusqu'à ce qu'un souffle libérateur nous porte dans le ciel.

– Je tiens, dit le petit homme, que cette vie aventureuse doit avoir ses plaisirs.

– J'ai passé de bien rudes nuits et de dures journées, sans pain, sans toit hospitalier pour reposer ma tête.

– Femme, dit Pierre le tisserand, en rentrant, tu dresseras un lit pour ce pauvre étranger.

Le feu d'artifice.

– Merci, dit l'homme de Dieu avec émotion : pauvre peuple, que d'instincts généreux dans ces âmes vierges et pures !

– Le roi Victor doit être bien heureux, dit la femme, des fêtes que l'on fait à son fils.

– Vous croyez, dit le pèlerin d'un air de doute.

– Quel plus grand bonheur que de voir son enfant aimé, dit la mère en regardant son petit. Oui, pour les pauvres gens, mais les princes !

– C'est vrai, dit Pierre, on assure que le vieux roi traitait bien durement son fils, c'était pourtant un grand roi que Victor.

– Oui, dit le petit homme, mais il s'est laissé fasciner par cette madame de Saint-Sébastien que les prêtres lui ont fait épouser et il nous laisse avec une grosse guerre sur les bras.

– Oh ! dit Pierre, tant qu'il y était, nous étions tranquilles, car il savait, lui, comment on fait pour chasser les étrangers ! vous qui venez de loin, continua-t-il en s'adressant au pèlerin, n'avez-vous pas entendu parler qu'une nouvelle armée doit fondre sur l'Italie ?

– Oui, des Espagnols qui viennent soutenir les droits de Don Carlos à la succession de Parme.

– Bon Dieu, fit le petit homme, ces vilains miquelets nous porteront encore la peste. Voilà tout ce que les petits gagnent aux querelles des grands.

– Sans compter, dit la femme, la cherté des vivres.

– Âmes égoïstes, s'écria Pierre tout frémissant, qui ne comptez pour rien les misères de la patrie, et qui ne voyez que de mesquins intérêts particuliers, là où l'on ne doit sentir que la douleur des calamités générales !

Le pèlerin tendit silencieusement la main à Pierre, ils n'échangèrent pas un mot, mais les cœurs de ces deux hommes s'étaient entendus.

– Vous n'êtes pas italien ? dit Pierre.

– Non, je suis polonais.

– Oh ! dit le tisserand, il y a des braves dans votre pays ; mais on dit que les pauvres gens y sont plus malheureux qu'ici.

– Oui, car ici si vous souffrez la faim, vous êtes libres, au moins vous n'êtes pas vendus comme de vils bestiaux : ici vos seigneurs peuvent séduire vos jeunes filles, mais ils n'ont pas le droit de déshonorer vos femmes la première nuit de vos noces, et le visage du pèlerin s'était couvert d'une pâleur affreuse.

– Infamie ! dit Pierre d'une voix sourde et fermant ses poings avec rage. Infamie !...

Une gerbe immense de fusées aux couleurs éclatantes s'épanouit dans les airs et retomba en étoiles lumineuses ; un hourra frénétique s'éleva du milieu de cette population impatiente.

– Vois, que c'est beau, maman, s'écria le petit garçon en trépignant de joie dans les bras robustes de l'étranger qui, absorbé dans ses rêveries, ne prêtait plus aucune attention à ce qui se passait autour de lui.

Les différentes pièces du feu d'artifice s'étaient allumées, les unes tournaient en roues enflammées, les autres jaillissaient en cascades éblouissantes, une clarté rouge éclatante éclairait la place et les arcades, les maisons semblaient embrasées, le ciel paraissait noir et livide, car les belles nuits étoilées prennent une teinte lugubre vues aux clartés d'un feu d'artifice ; on dirait l'enfer et le ciel se disputant la terre où nous nous agitons.

– Il y a moins d'un siècle, dit le pèlerin, ici sur cette même place, aux feux de joie de la Saint-Jean on brûlait des pauvres Vaudois comme hérétiques…

– On me l'a souvent raconté, dit le petit homme au gros ventre : comment nos vieux pouvaient-ils assister à de tels spectacles ?

– N'allez-vous jamais rire et deviser joyeusement le dimanche assis sous les murs de la citadelle ?

– Oui, mais quels rapports ?

– Vous ne songez pas quand vous vous chauffez aux rayons du soleil, près de votre femme et de votre enfant, vous ne songez point qu'à quelques pas de vous, sous les voûtes sombres du château dont vous touchez les murs, on donne peut être la question à quelque malheureux dont le seul crime est de prier Dieu d'une manière différente de la vôtre, et plus souvent encore de n'avoir que le tort d'être supérieur à notre époque si mesquine.

– J'ai, dit le petit homme (bonnetier de son état), entendu raconter par le valet de chambre du marquis d'Orméa que j'ai l'honneur de fournir de bonnets, qu'il y a dans les cachots de la citadelle un grand criminel, un homme dangereux par ses écrits, que la sainte Inquisition voudrait faire brûler et que l'on retient en prison pour condescendre au Pape ; je crois qu'on l'appelle Pietro Giannone.

– Giannone, dit brusquement le pèlerin, êtes-vous sûr de ce que vous dites ?

– Oui, reprit Pierre, c'est un coup du marquis de Saint-Thomas, qui l'a fait arrêter par surprise dans un petit village de Savoie : oh ! monsieur de Saint-Thomas, lui, est plus ami du Pape que du pauvre peuple.

– Ma femme, poursuivit le petit homme, est cousine d'un gardien des cachots de la citadelle, et en allant voir sa commère elle apprend toujours quelque chose de ce qui s'y passe ; l'autre jour elle revint toute triste, à cause de la torture qu'on donnait à quelques-uns de ces damnés Vaudois. Quant à Giannone, il est au fond d'un cachot humide et obscur ; il paraît qu'il ne désire que de la lumière et du papier pour écrire.

– On le garde donc bien étroitement, fit le pèlerin d'un air d'indifférence.

– Ses geôliers, et deux moines qui ont mission de le convertir, car il doit être un grand hérétique, peuvent seuls pénétrer jusqu'à lui.

Le visage du pèlerin était devenu livide.

– Rentrons, dit Pierre, l'air s'est rafraîchi.

– Bonsoir, dit le pèlerin en tendant la main au bonnetier, j'espère que nous nous reverrons.

– Vous ne partez donc pas encore ?

– Non, j'ai un vœu à accomplir ; N. S. Père m'a imposé l'obligation d'entendre la messe à chaque église et de visiter les hôpitaux et les prisons dans toutes les villes où je m'arrête.

– Alors nous vous aurons quelque temps ; car nous avons force églises à Turin.

– Venez avec nous, dit Pierre, donnez la main au petit, tandis que je me charge de la femme, et tous quatre suivirent la rue de Grosse Doire et tournèrent à gauche ; ils prirent la traverse des Argentiers et gagnèrent la rue de Saint-Thomas où Pierre habitait dans un pauvre taudis ; laissons-les gravir leurs cinq étages, et retournons auprès de Charles Emmanuel qui tout rayonnant de joie venait de rentrer dans ses appartements. Assis dans la salle du trône, il recevait les hommages de toute sa cour, et des députés des différentes provinces de ses États. Revêtu de son costume de grand chancelier, le marquis d'Orméa, beau de cette suprême beauté que donne une grande intelligence, se tenait debout au pied du trône.

– Le règne de V. M. s'annonce sous d'heureux auspices, murmura-t-il à voix basse, tandis que les grands dignitaires venaient un à un incliner leur tête blanchie devant le jeune monarque. Nous avons reçu des dépêches satisfaisantes d'Espagne et de France, et les marques d'amour prodiguées à V. M. lui sont un garant qu'elle est aussi aimée par ses peuples qu'estimée par ses voisins.

– J'ai été profondément touché, dit le roi, des cris partis vraiment du cœur qui m'accueillaient chaque fois que j'apparaissais à la croisée ; et les entendez-vous encore ? ajouta-t-il en prêtant l'oreille aux bruyantes acclamations d'une foule empressée et enthousiaste ; descendant lentement les degrés de son trône, Charles, dominé par une émotion rare chez lui, s'approcha de la fenêtre ouverte pour se montrer à la population : une clameur immense s'éleva comme un seul cri. « Il est doux d'être aimé », dit le roi en s'adressant au marquis de Suze, dont le mâle visage était empreint d'une douce émotion. « Faire des heureux est le privilège des Dieux et des rois », répliqua Amédée en regardant son frère avec une indicible tendresse.

– Je veux être un bon roi, même avant d'être un grand roi, dit Charles d'un air grave : ce peuple est épuisé de sang et de larmes ; je veux cicatriser ses plaies.

– Soyez béni pour ces intentions généreuses et saintes. La gloire ne vaut pas le bonheur ! et la poitrine de l'ardent jeune homme se souleva toute palpitante.

– Les rois, objecta le marquis d'Orméa, ont d'autres obligations que le commun des hommes, Dieu les juge à d'autres balances.

– Hélas ! dit Charles avec tristesse, nous autres rois nous ne sommes pas faits pour nous amuser ! Passons chez la reine, dit-il après un moment de pénible silence : et il traversa le salon de ce pas grave et mesuré qui lui donnait une dignité singulière.

La reine, émue des témoignages donnés à son mari s'avança, vers lui toute joyeuse et frémissante.

– Entendez-vous, cher sire, ces cris d'amour ? ils trouvent un bien doux éclat dans mon cœur ; vous entendre bénir, vous voir aimé ainsi ! Oh c'est trop de bonheur pour moi ! et Polixène tout en voulant se maîtriser laissa échapper deux larmes qui roulèrent sur ses joues rosées comme des perles de cristal.

Le roi fut touché de tant d'amour naïf, il y répondit par quelques douces paroles, et l'un et l'autre se rendant à la vive impatience de la multitude, se rapprochèrent une dernière fois de la croisée pour saluer le peuple. À l'aspect de la reine les cris redoublèrent, car la jeunesse et la beauté ont un grand ascendant sur les masses, et Polixène était bien belle ce soir là. Rentré dans son cabinet de travail, Charles, accoudé à une table couverte de lettres et de papiers, fixait son œil pénétrant et profond sur le marquis d'Orméa assis sur une chaise en face du fauteuil occupé par le roi.

– Et bien, qu'avez-vous à nous communiquer ?

– De grandes nouvelles, Sire, la France, l'Espagne et l'Angleterre viennent de signer à Séville un traité pour maintenir à Don Carlos la succession des duchés de Parme et de Plaisance malgré le refus de l'empereur de lui en accorder l'investiture ; les alliés comptent sur l'adhésion de V. M.

– Mais c'est la guerre avec l'Autriche !

– Les villes de Livourne, Porte Ferrajo, Parme et Plaisance recevront garnisons espagnoles et françaises ; le roi de France assure à la Maison de Savoie, si elle entre dans l'alliance, la possession du Milanais, s'engageant à ne déposer les armes que lorsqu'elle l'y aura solidement établie, articula le ministre d'une voix lente, et l'œil brillant de joie.

Charles passa la main sur son front comme quelqu'un qui cherche à chasser une pensée.

– Oui, je le sais, dit-il, le Milanais, la couronne d'Italie était le rêve de mon père, et l'astre sur lequel ma Maison a toujours fixé les yeux ; mais n'est-ce pas un désir magnifique et impossible ?

– Rien n'est impossible, dit le marquis en regardant fixement le jeune roi.

– Oh si je pouvais me fier à la France ! dit Charles, mais le passé ne sert-il pas de leçon pour l'avenir ? tout est ruines et débris sur ce pauvre sol du Piémont, et par qui furent dévastés et incendiés ces champs et ces bourgs ? Par la France ! mon beau neveu croit m'entraîner dans une guerre désastreuse en m'alléchant par cette amorce : le duché de Milan ! qu'il me ravira lorsque je serai épuisé d'hommes et d'argent. Ne nous pressons pas d'accepter ces propositions, tendons plutôt à un seul et suprême but : opposons-nous à l'arrivée de nouveaux venus en Italie pour nous délivrer plus facilement des anciens.

– Ce serait le conseil de la prudence et de la sagesse, répondit le marquis, mais la position du Piémont ne lui permet pas de rester neutre quand on va agiter les grandes questions italiennes ; et la politique de l'auguste Maison de Savoie…

– Est de représenter les intérêts de l'Italie, dit le roi avec un mouvement de suprême grandeur, je le sais, marquis, mais j'ai vu trop de près les misères de mon peuple pour ne pas hésiter devant les chances d'une nouvelle guerre…

– Que Votre Majesté ne pourra empêcher : le Piémont par sa position est le lit où coulent les eaux du torrent, il faut qu'elles le fécondent au lieu de le dévaster, la question est toute là.

– Vous croyez donc que nous devons entrer dans la triple alliance et adhérer au traité de Séville ?

Pour toute réponse le marquis désigna du doigt sur une carte d'Italie, déployée sur la table, les provinces occupées par l'Autriche qui possédait alors plus de la moitié de ce beau pays, puisque l'empereur tenait les Deux-Siciles, les ports de Toscane, les fiefs impériaux enclavés dans la Ligurie et dans le Piémont, le duché de Mantoue, enfin les dix provinces de Crémone, Lodi, Milan, Côme, Pavie, Bobbio, Tortona, Vigevano et le haut et le bas Novarais.

– Votre Majesté est-elle d'humeur à laisser l'Autriche dévorer tout le gâteau ?

– J'échangerai plutôt ma couronne contre un boulet, et je n'hésiterai jamais à compromettre ma vie et ma sûreté, lorsqu'il s'agira de l'honneur et de l'indépendance de ma couronne. Demain je ferai connaître au marquis Del Borgo que j'adhère au traité de Séville ; pauvre peuple, reprit-il après un moment de réflexion, que de nouveaux sacrifices, que de sang et de larmes nous allons encore lui demander !

– Sire, quand il s'agit de ce grand principe d'indépendance nationale, le peuple oublie ses sacrifices ; lorsque le roi, votre auguste père, déclara la guerre à la France, le peuple applaudit à cette témérité sublime, les hommes coururent aux armes, et les femmes détachèrent leurs anneaux d'or pour les porter au trésor : le même élan répondra à l'appel de Votre Majesté.

– Et le Pape confirme-t-il les concessions qui ont été accordées par son prédécesseur ?

– Sire, la cour de Rome n'accorde jamais rien ; il ne faut lui présenter que des faits accomplis ; elle cède alors à la force des choses et subit sans murmures ce qu'elle n'a pu empêcher.

– Benoît XIII avait pourtant reconnu les droits et privilèges de ma couronne.

– Et Clément XII attaque la bonne foi d'un traité juste et loyal, et nous accuse de l'avoir extorqué à son prédécesseur en corrompant ses ministres.

– Est-ce que les ministres d'un Pape se laisseraient corrompre ? fit Charles avec un fin sourire.

Un joyeux éclat de rire répondit à ce sarcasme royal.

– Clément XII, poursuivit monsieur d'Orméa, a menacé de lancer l'excommunication contre les habitants des fiefs Pontificaux de Cortanzone et de Masserano qui ont prêté serment à Votre Majesté ; bien plus encore : un Nonce, chargé de venir lancer l'interdit au sein du royaume, est parti de Rome et…

– Mais c'est la révolte ouverte, s'écria le roi en se levant en colère.

– Aussi, reprit le marquis d'Orméa, ai-je donné l'ordre qu'on refusât l'entrée du Piémont à l'envoyé de Sa Sainteté, qui a été arrêté à la frontière, tandis que l'avocat général de Turin dans sa réponse aux prétentions du Pape démontre clairement les droits de Votre Majesté et les privilèges dont jouit la couronne depuis 1557.

– Bien, dit le roi, mais arrêter un Nonce, ne craignez-vous pas d'alarmer la religion du peuple ?

– Aucun pays n'est plus sincèrement catholique que les États de Votre Majesté. On s'y conforme religieusement aux moindres pratiques, et le vicaire général m'ayant fait le rapport, qu'égarés par leurs fréquentations avec les Vaudois, quelques ouvriers maçons négligent d'accomplir leurs devoirs et de faire leurs pâques, j'ai fait condamner un de ces malheureux, que nous retenions en prison depuis quelques mois, à recevoir dimanche dix coups de fouet et à être exposé à la porte de l'église de Saint-Jean, lié par le cou à l'anneau de fer qui s'y trouve pour cet usage, ainsi que le porte la loi.

– Bien, dit le roi en se levant, car minuit venait de sonner. Avez-vous fini marquis ?

– Sire, encore une simple demande.

– Laquelle ?

– Votre Majesté est-elle informée de l'arrestation de Pietro Giannone, ourdie par le marquis de Saint-Thomas ?

– Oui ; ce Giannone est un hérétique, un homme dangereux, un esprit fort, rempli d'idées étranges tendant à tout renverser ; d'ailleurs au moment où nous luttons avec Rome, il est bon de lui accorder quelque chose pour ne pas trop l'irriter, et Rome exigeait l'incarcération de Giannone.

– C'est vrai, Sire, mais il fallait se contenter de la satisfaire en arrêtant des Vaudois ; j'ai ordonné de nouvelles rigueurs à leur égard malgré la lettre du roi de Prusse à Votre Majesté ; nous les délivrerons ensuite, lorsque nous aurons ajusté nos affaires avec Clément XII ; mais porter la main sur un homme de génie, Sire, c'est s'exposer au blâme sévère de la postérité, de l'avenir sur lequel les rois doivent toujours avoir les yeux fixés.

Et le marquis s'inclina respectueusement devant le roi qui, d'un geste moitié gracieux moitié contrarié, venait de le congédier.

CHAPITRE III

Veuve à vingt-deux ans, ayant perdu son père et sa mère de bonne heure, la marquise de Saint-Germain demeurait avec son grand-père maternel, le marquis de Caraglio, qui l'aimait avec cette idolâtrie absolue qui caractérise les vieillards et les rend esclaves de leurs petits-enfants ; le moindre caprice, le moindre désir de la jeune femme étaient des lois ; dans son amour aveugle et passionné le vieux marquis la laissait maîtresse absolue de toutes ses actions ; liberté dont elle n'abusait pas, car la nature l'avait douée d'une âme aussi pure que d'une beauté merveilleuse.

Immensément riches l'un et l'autre, ils étalaient un luxe presque royal, ce qui suscitait des ennemis, non des envieuses à la belle marquise. Bon nombre de soupirants s'étaient présentés, mais en vain, pour obtenir le cœur et la main de la jeune veuve, qui venait de toucher à sa vingt-troisième année ; mais, aucun n'avait été assez heureux pour la charmer ; quant au marquis, tout en désirant voir sa petite-fille faire un choix digne d'elle, il ne la pressait pas trop, par ce sentiment d'égoïsme qu'on retrouve chez tous les vieillards ; un mari jeune et beau aurait occupé tout entier le cœur de son enfant, et lui, le pauvre vieux grand-père, il se serait vu négligé, oublié, peut-être ! un tiers se serait entremis dans leurs douces causeries, dans leurs intimes confidences, car, le vieillard indulgent, voulait savoir tous les secrets de la jeune femme. Hélas ! depuis un an il y en avait un, que Blanche n'avait jamais osé avouer à son grand-père, son amour pour le marquis de Suze. Longtemps les jeunes gens avaient espéré que le roi Victor Amédée consentirait à leur union ; car, bien que le marquis de

Suze fût légitimé, et que sa sœur eût épousé le prince de Carignan, telle était la faiblesse de Victor pour son fils naturel, et son amitié pour le marquis de Caraglio, son ancien frère d'armes, que sans trop de folle présomption, une telle espérance pouvait bien entrer dans la tête des deux pauvres amoureux ; et, d'ailleurs, quel est l'amour qui n'a pas ses illusions, ses rêves, quel est l'amant qui n'espère pas ce qu'il désire ?

L'abdication de Victor Amédée venait renverser cet édifice enchanté de leurs espérances. Comment compter sur le consentement de Charles Emmanuel, si rigide observateur de l'étiquette ? D'ailleurs la passion de celui-ci pour la marquise était un nouvel et plus terrible obstacle ; ce dernier malheur, Blanche l'avait caché à son amant ; connaissant l'ardeur impétueuse et la violente jalousie d'Amédée, elle tremblait d'un éclat qui aurait à jamais ruiné leurs espérances ; elle voulait donc obtenir plus de prudence et de circonspection de sa part, sans lui laisser deviner le motif principal de ses craintes.

Seule dans son boudoir, véritable bijou incrusté d'or, de nacre et d'écaille, la marquise plus belle de son impatience et de sa simplicité, car, la beauté véritable n'est jamais plus séduisante que lorsqu'elle n'est parée que par sa grâce et sa jeunesse, la marquise, dis-je, attendait Amédée avec une sorte de fébrile impatience ; ses mains chiffonnaient les bouts flottants des nœuds de sa ceinture et plusieurs fois elle avait plongé un regard curieux à travers les flots de dentelle des rideaux de sa croisée ouverte sur la vaste place Saint-Charles, déserte alors, car neuf heures venaient de sonner, quand tout à coup son cœur battit violemment.

Elle avait vu, aux pâles clartés de la lune, glisser une ombre bien connue ; elle retomba sur son large fauteuil émue et frissonnante, et, presqu'au même instant, un laquais annonçait à la porte de son boudoir :

– Monseigneur le marquis de Suze.

– Enfin ! dit-elle.

– Merci de ce reproche, car je suis en retard, mais le roi semblait avoir pris à tâche de me retenir ce soir, il m'accablait de questions, de compliments, de brusqueries mêmes ; depuis quelques jours je ne reconnais plus mon frère, lui, d'ordinaire, si constamment bon pour moi et d'une humeur si égale…

– Et lui avez-vous laissé deviner que vous veniez chez moi ? dit la marquise avec une certaine inquiétude.

– Pourquoi lui en aurais-je fait un mystère ? ne va-t-il pas, lui-même, visiter toutes les dames de la cour, la comtesse d'Ogliani où il passe presque toutes ses soirées, la comtesse de Cortanzone, madame de Breil et chez vous-même, marquise ?

– Écoutez, dit la jeune femme, tant que l'ombre tutélaire du roi Victor planait sur nous, nous pouvions nous aimer sans craintes ; notre amour si pur aurait trouvé grâce auprès du roi : un jour peut-être, grâce à l'influence angélique de la marquise de Spino ma cousine, votre Auguste père aurait approuvé notre union, mais les temps sont changés, ne vous faites point de folles illusions, le roi Charles…

– M'aime, et quand il saura mon amour pour vous, quand je lui aurai avoué…

– Gardez-vous en bien, ce serait tout perdre et nous exposer aux plus grands malheurs… Sachons dissimuler, Amédée, vous savez si je vous aime… eh bien, il faut tâcher de nous voir moins souvent.

– Est-ce bien vous qui osez articuler ces paroles ? Blanche, vous me donneriez d'étranges soupçons… eh bien, si vous avez changé, ayez le courage de la franchise, mais ne vous jouez pas de moi, car, douter de toi, Blanche, oh ! c'est douter du ciel même.

– Qu'osez-vous penser ? moi changer, moi en aimer un autre ! et le pourrais-je, grand Dieu !

– Alors, poursuivit l'ardent jeune homme en couvrant les mains de Blanche de baisers passionnés, pourquoi voulez-vous m'ordonner une chose impossible, vous voir moins ! moi, qui ne vis pas loin de vous, qui compte avec l'impatience du tourment les heures que je reste sans vous voir, qui n'ai qu'une pensée, qu'un désir, vous, toujours vous ; non, dites que vous avez voulu m'éprouver, car vous ne pouvez vouloir une chose impossible.

– Notre sûreté l'exige, j'ai des ennemis… le roi a été vivement contrarié du mariage de son père avec madame de Spino… On pourrait l'effrayer à l'idée d'une nouvelle mésalliance dans sa famille ; enfin, cher prince, il faut que vous me donniez cette preuve d'amour.

– Enfant, vous rêvez des terreurs imaginaires ; les fêtes d'Alexandrie vont commencer, et le roi lui-même m'a nommé votre sigisbée ; ne pas vous faire ma cour serait lui désobéir.

– Rien ne ressemble moins à l'amour que cette galanterie de convention, et je ne tremblerais pas, si Votre Altesse n'avait pour moi que les égards qu'un sigisbée doit à sa dame, poursuivit Blanche avec un charmant semblant d'ironie.

– Que craignez-vous donc, mon Dieu ! Quand est-ce que mon amour a cessé d'être respectueux, vous l'objet chaste et idéal de mon culte, qu'ai-je fait pour mériter vos reproches ?

– Rien, mais tout se trahit en vous, vos regards, le son de votre voix…

– Faites-moi donc un crime de mon amour, s'écria Amédée, en se relevant tout frémissant et étonné.

– Oh, que je suis malheureuse de devoir vous reprocher ce qui fait mon bonheur ! Amédée, Amédée, vous ne savez pas que je mourrai de cette indifférence que je vous impose.

– Mais, alors, dit le jeune homme en tombant à genoux devant elle, par quel soudain caprice voulez-vous m'astreindre à cette conduite ? Il y a dans tout ceci quelque chose de mystérieux qui me fait peur ; Blanche, avouez-moi tout, qu'avez-vous ?

– Rien, rien que mes craintes, que mes pressentiments de femme, on nous épie, et il faut que nous soyons sûrs du consentement du roi Victor, avant que d'avoir un refus de Charles, sinon, ce serait un malheur irréparable.

– Vous avez raison, reprit Amédée confondu et cédant à un motif si juste, je partirai, j'irai à Chambéry me jeter aux genoux de mon père, je lui arracherai son consentement et alors…

– Oh alors ! dit la jeune femme joignant les mains avec une expression ineffable de tendresse et de bonheur : lui, toujours à genoux, l'entoura de ses deux bras, et attirant, jusqu'à ses lèvres, ce front rayonnant de beauté, il l'effleura d'un baiser passionné et timide ; elle tressaillit et renversa sa tête en arrière pour se dérober à cette caresse.

– Amédée, dit-elle, vous m'avez promis d'être mon frère.

Les bras du jeune homme se détachèrent de cette taille charmante qu'ils enlaçaient avec tant d'amour, et grave et respectueux, Amédée, tout tremblant d'émotion, alla s'asseoir à quelques pas de la marquise, qui avait caché sa tête dans ses mains.

Il n'y avait alors à Turin qu'un seul café, qu'on appelait le café Fornaris, du nom de son propriétaire. C'était le rendez-vous des jeunes nobles, des officiers ; des élèves de l'Université surtout, qui venaient y fronder à leur aise le gouvernement ; tous les rois de l'Europe et surtout le Pape, les récents démêlés des deux cours de Rome et de Turin donnaient beau jeu aux sarcasmes des esprits imbus des idées nouvelles, qui ne cherchaient qu'une occasion de blâmer la cour de Rome.

Le grand mouvement intellectuel, qui s'opérait sourdement en Europe, depuis l'époque de la Réforme, travaillait alors d'une manière cachée, mais sûre ; on préparait la mine qui devait éclater en 89.

Les sociétés secrètes, surtout en Allemagne, avaient des agents actifs et dévoués, jusqu'à la mort, à la cause qu'ils avaient juré de servir ; en France, en Italie, en Pologne leurs émissaires avaient des adeptes, partout s'étendaient les ramifications de ces fils mystérieux ; les initiés au grand œuvre se retrouvaient dans toutes les classes et dans tous les pays, et les gouvernements d'alors imprévoyants d'un danger, qu'ils ne connaissaient pas, car la sanglante

Blanche et Amédée.

leçon de 89 n'existait point pour eux, donnaient peu d'importance à ces vagues rumeurs d'associations secrètes qu'on désignait presque toutes du nom de Franc-maçonnerie. On creusait des cachots, on dressait des bûchers pour les hérétiques, pour les sorciers ; on avait un pressentiment de crainte contre les idées nouvelles, sans avoir la conscience du danger qui menaçait cette société vermoulue et tombant en lambeaux, comme un corps en putréfaction, mais on ne craignait pas encore le réveil du peuple ; une telle idée aurait semblé ridicule, tant on la croyait impossible. Ces considérations générales nous ont entraîné bien loin du café Fornaris, où j'allais inviter mes lecteurs à entrer, avec moi, par une belle matinée de la fin de septembre de l'année 1730, que nous passons ensemble à Turin, ami lecteur, si vous le voulez bien.

Le caractère des Turinois a toujours été indolent, causeur et bienveillant ; de là, le goût de cette population pour les cafés ; à cette époque déjà le seul café qui s'y trouvait, était très fréquenté et très beau ; on y admirait déjà des glaces, des tables de marbre, et, chose inouïe, de hauts et larges fauteuils rembourrés, tout comme dans les palais des grands seigneurs ; plusieurs jeunes gens poudrés et galonnés, comme l'étaient tous les beaux de l'époque, riaient, jasaient, criaient tout en vidant force bouteilles de vin d'Asti. À quelques pas d'eux, un homme, assez modestement vêtu, mais à l'œil vif et pénétrant, savourait une tasse de café, tout en écoutant leurs propos sans en avoir l'air ; son regard se portait avec précipitation sur tous les nouveaux venus ; à voir son impatience, on devinait qu'il attendait quelqu'un.

Tout à coup un éclair de satisfaction passa sur son front ; un homme à l'air grave, au front vaste et pensif et qu'à ses habits on devinait être moine et même un professeur de l'Université, venait d'entrer, et d'un pas lent, mesuré, il avait été s'asseoir à l'un des coins les plus isolés de la salle ; le garçon, avant même qu'il l'eût demandé, était venu poser devant lui une tasse de café tout bouillant, dont l'arôme délicieux fit sourire de satisfaction le savant professeur.

– Bravo, Luigi, dit-il en donnant quelques deniers au jeune homme, toujours exact.

– Et que ne ferais-je pas pour vous, père Beccaria ; ne sommes-nous pas du même pays ?

– C'est vrai, quand la reverrons-nous notre bonne ville de Mondovi ! et ce disant, le regard du moine rencontra celui de l'étranger assis à l'autre bout de la salle : ses traits prirent une expression étonnée et satisfaite tout à la fois : les jeunes gens s'étaient relevés, d'autres arrivants avaient envahi la salle, et, pendant cette confusion, l'homme que nous avons vu assis à la première table, s'était relevé et avait trouvé moyen de se rapprocher du père Beccaria ; ils avaient échangé une furtive poignée de main.

– Quoi, vous ici ? ne craignez-vous pas…

– Je sais échapper à toutes les poursuites et défier tous les regards.

– Quelles nouvelles de nos amis ?

– L'œuvre se propage, et le sol où nous marchons est miné sous nos pas.

– Que Dieu nous aide, car, ce n'est que l'accomplissement de sa loi que nous voulons.

– L'homme a toujours cherché à l'entraver et à en étouffer la connaissance.

– Qu'êtes-vous venu accomplir ici ?

– Étudier le nouveau règne, sonder les dispositions de ce peuple, avec lequel je me suis mis à vivre pour le connaître, et m'assurer si Charles Emmanuel est le digne fils de son père.

Le père Beccaria secoua la tête d'un air de doute.

– Je crains qu'il ait l'ambition du pouvoir et non des grandes choses.

– Et pourtant, quelle large part nous lui ferions, quel avenir il a devant lui, s'il sait le saisir ! Ah Victor, Victor, la couronne pesait-elle à ton front d'airain, pour avoir tant de hâte de la déposer ? et l'étranger soupira profondément.

– Sa passion pour la comtesse de Saint-Sébastien est cause de tout.

– Faiblesse humaine ! misérable raison, qu'on est souvent tenté de prendre pour une ironie ; l'amour d'une femme peut-il perdre un cœur de lion et faire oublier à un grand souverain ses devoirs envers ses peuples et envers l'avenir !

– Heureux ceux qui vivent à l'abri des passions, dit le moine ; elles ne doivent servir qu'à égarer.

L'étranger soupira.

– Oui, dit-il d'un accent profondément douloureux, les passions nous sont données pour deux fins : notre perte, ou notre grandeur ; sans passions, sans croyance, l'homme n'est capable de rien de grand et de glorieux ; l'amour, lorsqu'il est uni à une idée généreuse, rend l'homme propre aux grandes actions, et lui fait concevoir les œuvres immortelles ; lorsqu'il dégénère en instinct grossier, il avilit la nature divine de l'homme et le rend impuissant aux nobles conceptions de l'intelligence et faible pour les entreprises, qui demandent de l'énergie et de la grandeur : le besoin de satisfaire sa passion en épousant madame de Saint-Sébastien, a fait oublier au roi Victor le rôle magnifique, qu'il avait encore à jouer, et de quel poids il pesait dans les balances de l'Europe ; il ne tardera pas à s'en repentir, il frémira alors du repos auquel il s'est condamné et voudra effacer sa faiblesse par quelque action éclatante. L'avenir est gros d'orages, et le jeune roi me paraît bien occupé de fêtes et de plaisirs pour faire face aux événements qui s'amoncellent sur sa tête.

– Le marquis d'Orméa est homme à le tirer d'embarras.

– Oui, mais le grand principe pour lequel Victor lutta cinquante ans n'existe-t-il pas en lui ; une vieille dynastie a une politique de tradition, un ministre n'a que les idées de son temps.

Un individu à la physionomie ouverte et intelligente, soigné et recherché dans sa mise et dans sa personne, entra dans ce moment ; il n'eut pas plus tôt aperçu le père Beccaria qu'il vint à lui en lui tendant la main.

– Bonjour docteur Riva, dit le savant professeur, essayez de deviner avec qui vous êtes ?

– Mais si je ne me trompe… non, ce n'est pas possible ; quoi ! c'est vous Ladislatz ?

– Moi-même, vous ne vous attendiez pas à me voir !

– Béni soit le ciel qui vous rend à vos amis ! il y a bien huit ans que nous n'avions de vos nouvelles ! où étiez-vous ?

– C'est toute une histoire lamentable ; car, ma vie est agitée comme les flots de la mer ; mes membres ont été brisés par la torture et mon âme par la douleur. Giannone est captif, ajouta-t-il après un moment de pénible silence.

– Je le sais, dit le docteur.

– Quoi ! s'écria le moine, on a osé arrêter un savant aussi illustre, un homme aussi vertueux!

– Le génie ! la vertu ! fit Ladislatz avec amertume, dons fatals qui vouent à l'exécration des hommes : la gloire est une malédiction dans la vie et une bénédiction dans la mort.

Le docteur et Beccaria soupirèrent.

– La guerre, reprit le premier, va nous venir à cause des affaires de Pologne. Que faites-vous là bas ?

– Pauvre et héroïque patrie, murmura l'étranger, l'Autriche a envahi le sol sacré de la Pologne pour nous imposer l'électeur Auguste de Saxe ; Louis Stanislas est un prince faible, peu fait pour occuper un trône, mais il n'est pas étranger, et le principe de l'indépendance nationale est sauvé avec lui.

– Le Piémont doit embrasser le parti de la France ou de l'Autriche ; pour qui se décidera le jeune roi ?

– Docteur, Victor Amédée aurait pris les armes en faveur de la France ; par ce premier acte politique de Charles Emmanuel, l'Europe jugera de son avenir.

– Le comte de Saint-Thomas, qui représente à la cour le parti attaché à Rome et au féodalisme de l'Empereur, l'emportera-t-il sur les idées soutenues par le marquis d'Orméa ? la position est grave.

– Il y a quelque chose de mystérieux et de providentiel dans les destinées de la Maison de Savoie, dit le père Beccaria, j'ai foi en elle : espérons.

Longtemps encore les trois amis continuèrent à s'entretenir à voix basse, sans qu'on prît garde à eux. Le café Fornaris était une espèce de *Forum*, où chacun venait librement discourir, le marquis d'Orméa ayant adopté la maxime de Mazarin : le peuple chante, il n'agira pas.

Le roi Charles Emmanuel au milieu des fêtes et des plaisirs, dont il paraissait si exclusivement occupé, n'oubliait pas les graves préoccupations des affaires d'État. En vain les ministres qui voulaient le dominer, et toute cette jeunesse élégante et étourdie qui l'entourait, cherchaient à l'entraîner dans la pente si dangereuse des plaisirs ; le sang d'Emmanuel Philibert et de Victor Amédée bouillonnait encore trop chaudement dans ses veines pour accepter le repos ; fin et rusé, Charles affecta souvent, dans les premières années de son règne, de se livrer aux dissipations pour tromper l'Empereur, qui le croyait endormi dans les délices de Capoue, tandis qu'il préparait sourdement les grands événements, qui devaient trois ans plus tard le rendre maître de Milan.

Pénétrons dans son cabinet, pendant que la cour s'occupe du départ d'Alexandrie, et qu'il n'est question autour de lui que de bals et de fêtes ; fêtes qui servirent alors de prétexte pour cacher les menées mystérieuses, qu'on ourdissait avec la cour de France.

Assis dans un large fauteuil, le front incliné sur sa main maigre et longue, Charles suit les mouvements du marquis d'Orméa, qui écrit sous sa dictée ; les marquis Del Borgo et de Saint-Thomas paraissent pensifs ; ce dernier a l'air mécontent.

– Le secret, et nous sommes sûrs du succès, fit le roi après un moment de réflexion.

– Que Dieu protège V. M., ajouta M. de Saint-Thomas, nos vies lui appartiennent, et nous serons heureux de les consacrer à votre service, Sire ; mais cinquante mille Français, est-ce bien assez pour lutter avec les forces de l'Empire ?

– Et mes braves Piémontais, marquis ! France et Piémont, avec de tels soldats on conquit le monde.

– L'Espagne, de son côté, nous envoie six mille hommes de bonnes troupes, dit M. Del Borgo.

– Pendant qu'ils opéreront en Toscane et dans les Duchés, nous envahirons la Lombardie, reprit M. d'Orméa.

– Marquis Del Borgo, dit le roi, lisez-nous la note de l'ambassadeur de France[1].

« Le roi de France s'oblige à maintenir 50 mille hommes de troupes en Italie, pendant tout le temps de la guerre, et le roi de Sardaigne 15 mille. Le roi de Sardaigne serait nommé Général de l'un et de l'autre corps d'armée et recevrait 450 mille doubles par an. Toutes les villes et terres conquises dans l'État de Milan par les deux armées, divisées ou unies, seraient cédées en souveraineté au roi de Sardaigne. »

– Eh bien ? dit le roi, d'un air de triomphe, au vieux marquis de Saint-Thomas.

Celui-ci s'inclina respectueusement en signe d'adhésion.

– Marquis d'Orméa relisez-nous le manifeste que nous vous dictions.

« Le roi de Sardaigne étroitement lié au roi de France par les liens sacrés du sang et de l'amitié, n'a pu à moins que de prendre part avec lui au juste ressentiment qu'il a ressenti, relativement à l'injurieuse déclaration et négociation, dont l'Empereur a tâché d'offenser S. M. très chrétienne en s'efforçant de fermer le chemin du trône de Pologne à un prince, auquel il prenait le plus grand intérêt, et qui était si digne à tous égards de la couronne, que les insinuations, les menaces et les hostilités employées pour enlever

1. *MS. de l'abbé Pasini.*

les suffrages de la nation Polonaise n'ont pu traverser son élection unanime. Quoique l'esprit de la cour de Vienne se fût assez manifesté en Europe, pour que ses prétentions, les plus exorbitantes, n'eussent plus le droit de surprendre, pourtant, on n'a pas vu sans stupeur le rôle injuste qu'elle a soutenu contre la personne du roi Stanislas, contre la dignité du roi de France qu'il offensait et contre la Constitution du règne de Pologne qu'il renversait de ses fondements, et enfin la nature des moyens employés à soutenir ce parti qui offre un grand roi insulté de propos délibéré, et le spectacle d'une nation opprimée pour ne pas avoir voulu renoncer à sa liberté. Les puissances ne pouvaient assister tranquillement à un tel état de choses. Mais le roi de Sardaigne a encore d'autres motifs de ressentiment, outre son étroite parenté avec le roi de France, ne pouvant considérer l'usage que l'Empereur a fait de son autorité à l'égard d'un règne indépendant sans se rappeler les abus qu'il a fait journellement de cette même autorité dans les domaines de Savoie ; en vain le roi de Sardaigne a essayé de fermer les yeux sur de tels abus, la cour de Vienne lui a clairement fait connaître qu'elle fondait sur sa ruine l'idée de l'oppression de l'Italie…

– « Dont la royale Maison de Savoie a été et sera toujours le plus ferme appui », ajouta Charles en arrachant la plume à son ministre, et en traçant lui-même, d'une main ferme, ce suprême engagement.

« Pour l'honneur de son Auguste allié, continua M. d'Orméa, pour le sien propre, et pour la sûreté et félicité de ses États il prend les armes, espérant retrouver dans ses sujets le même zèle, fidélité et valeur que ses Augustes aïeux ont toujours trouvé, et que Dieu protégera sa cause et bénira par le succès la justice de ses desseins. »[1]

1. *Mémoires de l'abbé Pasini (texte original du manifeste).*

CHAPITRE IV

Les fêtes données à Alexandrie furent splendides ; le roi ne s'y montra jamais qu'escorté par six cents gentilshommes, superbement vêtus ; chaque jour ils changeaient de costumes et leurs habits étaient brodés d'or et de perles. Madame de Saint-Germain y fut l'objet constant et empressé des attentions et des hommages du roi, dont l'amour pour elle commençait à ne plus être un mystère, amour dont elle était effrayée et dont elle n'avait pas calculé toute la portée. Élevée avec la reine, qui l'aimait beaucoup, madame de Saint-Germain fut admise, à peine mariée, dans l'intimité de l'auguste ménage. Charles Emmanuel, alors prince de Piémont, assez maltraité par son père, avait un air malheureux et maladif qui intéressait. Madame de Saint-Germain lui témoigna un intérêt respectueux et sympathique, qui alluma dans le cœur du prince une de ces passions qui brûlent une vie. Attaché à la reine par devoir et par principe, Charles lutta longtemps contre sa passion ; il crut l'avoir étouffée à force de vertu, mais elle ne se développait qu'avec plus de ténacité et de force. Quant à Blanche, elle ignora longtemps la passion qu'elle inspirait ; car, telle était la réputation de rigidité et de vertu dont jouissait le prince de Piémont, qu'on n'aurait jamais osé le soupçonner d'une faiblesse ; d'ailleurs, quoique prince, il était par sa personne un de ces hommes sans conséquence, auxquels une femme ne fait jamais attention. Blanche aimait la reine : vivant dans l'intimité de la famille royale, elle y avait rencontré le marquis de Suze… c'était pour elle une occasion de le voir tous les jours, elle avait donc mille motifs de tâcher de plaire à Charles Emmanuel. L'empressement qu'il lui témoignait, ne l'effrayait pas et n'étonnait personne ; elle y trouvait tout le charme d'une douce amitié ; plus tard elle lut dans le cœur du roi ; elle eût dû alors avoir le courage de le désabuser ; elle s'obstina à ne pas vouloir le comprendre, espérant le dégoûter par son indifférence et sa froideur : la timidité est quelquefois plus dangereuse et plus coupable que la coquetterie.

De retour à Turin, il ne fut question que de fêtes, d'opéras, de bals, de courses en traîneaux ; car, l'hiver qui avait devancé cette année-là était aussi rigide que l'automne avait été chaud ; les premières neiges avaient trouvé les champs encore en fleurs ; leurs débris parfumés, surpris par la glace, jonchaient le sol ; ainsi nous foulons sous nos pieds nos espérances et nos joies en boutons, avant même qu'elles aient eu le temps d'éclore !

Le roi sortait habituellement à pied suivi par un seul domestique, il allait familièrement chez les personnes de sa cour qu'il honorait de sa confiance, surtout chez la comtesse d'Ogliani, qui était très laide, mais très spirituelle et qui avait le soin d'attirer chez elle les dames pour lesquelles le roi avait du goût, savoir : la comtesse de Cortanzone et les marquises de Breil et de Saint-Germain[1] .

On était à la mi-janvier, il n'était question à la cour que d'un bal costumé donné par le roi, on organisait un quadrille, dont les travestissements devaient être d'un luxe inouï; les sommes les plus folles avaient été prodiguées ; toute cette jeunesse étourdie mettait une telle importance aux préparatifs de cette fête, qu'elle était devenue un grand événement ; on se formait en coteries, chaque parti avait son salon où l'on dissertait, ourdissait, conspirait pour le choix d'un ruban, d'une plume, d'un rien, aussi sérieusement, que s'il se fût agi du salut de l'État.

Madame d'Ogliani réunissait chez elle tout un monde d'intéressés ; elle avait fait dessiner par un habile peintre les figurines des costumes désignés par le roi ; car, Charles Emmanuel avait pris lui-même le soin d'indiquer les costumes qu'on devait y porter.

1. *MS. de Blondel.*

Un essaim gracieux de jeunes femmes groupées autour d'une table, debout, au milieu du salon de la comtesse considérait avidement les peintures que madame d'Ogliani s'empressait de leur montrer.

– Quelle délicieuse idée vous avez eue, comtesse.

– Elle m'a été suggérée par S. M.

– Le roi ? Quel charmant prince.

– Marquis de Suze, venez voir ce costume tyrolien : avec qui figurez-vous ?

– S. M. m'a fait l'honneur de me destiner à accompagner la princesse Philippine, la gracieuse sœur de la reine.

– Vous êtes bien heureux.

– J'apprécie les faveurs de S. M., elles m'honorent et me charment.

– Marquise, dit madame d'Ogliani à Blanche, voyez ce costume andalou, n'est-il pas ravissant ?

– Oui, je le conseille à madame de Cortanzone qui a des yeux et des cheveux noirs magnifiques.

– Madame de Breil et M. d'Alinges seront habillés en bergers des environs de Zurich.

– Madame, dit Amédée à Blanche, voici un costume aussi pittoresque que plein de poésie ; vous devriez le choisir.

– Oui, il me rappelle ma vieille Allemagne, Munich, mon enfance, mon père, mes premières années de pension avec la reine, tous ces souvenirs de la jeunesse, du bonheur ; tous ces parfums du cœur me reviennent à l'âme, en revoyant ce costume plein d'une grâce pudique, comme les femmes de ces contrées.

– Avec qui figurez-vous marquise ?

– Le roi a désigné son grand écuyer, le baron de Vieu, pour être mon chevalier.

– Le choix est honorable, mais peu gracieux, le baron est laid et vieux.

– Madame de La Trinité sera en odalisque.

La marquise de Saint-Germain.

– Ce n'est pas moi qui lui jetterais le mouchoir, dit monsieur d'Alinges.

– Vous craignez de vous brouiller avec le prince de Carignan.

– Comte de Frosasque, vous êtes méchant, reprit madame de Cortanzone.

– Avouez, mesdames, que choisir pour amant un sourd et muet[1], est une mesure de précaution qui prouve une femme prudente.

– Voilà de la calomnie, prenez-y garde, monsieur d'Alinges.

– Non, tout au plus de la médisance.

– À qui la faute, messieurs, si nous sommes devenues méfiantes, ajouta madame d'Ogliani.

– Quant à moi, reprit M. d'Alinges, je déteste la discrétion presque autant que la fidélité.

– Fi donc, s'écria madame de Cortanzone, avec de tels principes vous ne serez jamais aimé.

– Qui sait, reprit-il avec un abandon plein de fatuité ; à vous, messieurs, à décider la question…

Mais au moment où l'on allait répondre à cette folle demande, on annonça le roi : dès qu'il entrait, d'habitude, on dressait une table de jeu, il désignait les personnes qui avaient l'honneur de faire sa partie ; lorsqu'il était fatigué de jouer, il remettait ses cartes à quelqu'un et allait se mêler familièrement à la conversation jusqu'à dix heures, heure à laquelle il se retirait constamment pour aller travailler avec ses ministres. Ce soir-là on continua à causer encore, puis on entraîna madame de Saint-Germain au clavecin pour lui faire chanter un de ces vieux airs nationaux de l'Allemagne, qu'elle avait appris à Munich, airs pleins d'une touchante et naïve simplicité et qui laissent dans l'âme comme un parfum d'amour et de mélancolie. Blanche chantait admirablement ; sa voix pure et suave s'harmonisait avec son visage angé-

1. Le prince de Carignan était sourd et muet et l'un des hommes les plus spirituels de son temps.

lique. Le roi ne l'avait jamais entendue, il tressaillit, jeta les cartes sur la table et s'avança vers elle, pâle, ému, le front perlé d'une moite sueur ; appuyé contre un fauteuil, il écoutait, haletant, cette voix, qui éveillait tant d'émotions dans son âme : au reste, l'auditoire entier partageait l'extase du roi ; car, telle était la puissance de ce chant, que tous les yeux étaient remplis de larmes ; lorsqu'elle eut fini, le roi lui offrit la main pour la ramener à sa place ; il s'assit à côté d'elle, tremblant et embarrassé ; il ne trouvait plus la force de lui parler ; la passion véritable a quelque chose de la timidité de l'enfance ; et le sentiment, qu'est-il ? si ce n'est la jeunesse et la virginité du cœur. Pensif et troublé, le roi brûlait et tremblait d'être compris.

– Il y a des voix qui font rêver le ciel, dit-il enfin, tout préoccupé.

– Sire, la flatterie n'est pas permise aux rois.

– Vous savez bien que je ne vous flatte pas, s'écria-t-il d'un ton si passionné qu'il fit rougir la marquise.

– Madame, reprit-il tout ému, il faudra pourtant bien que vous m'entendiez, que vous m'écoutiez…

– Sire ! interrompit-elle d'un ton étonné et sérieux…

Mais le roi s'était relevé, après l'avoir saluée profondément, et s'était retiré, car dix heures sonnaient.

– Blanche, lui disait le marquis en la conduisant à son carrosse, que vous disait le roi ce soir ? il paraissait ému.

– Rien d'intéressant ; tenez, Amédée, je suis lasse de toutes ces fêtes, le monde m'ennuie, tout ce bruit finira par me rendre malade.

– Le bonheur, le bonheur, soupira l'ardent jeune homme : quand nous sera-t-il permis d'être heureux!

– Jamais, peut-être, reprit Blanche avec tristesse.

– Qu'osez-vous dire, madame ?

– Vous êtes prince, l'ombre d'un trône est entre nous.

– Mais mon père nous aime, j'irai me jeter à ses pieds.

– Hélas, puisse le ciel nous exaucer !

La lettre.

Le lendemain, M. de Suze en entrant chez madame de Saint-Germain la trouva pâle et agitée ; elle venait de recevoir un billet du roi, respectueux et embarrassé, mais assez passionné pour l'effrayer et l'offenser ; elle était décidée à lui ôter tout espoir, et à simuler une indisposition pour avoir un prétexte de s'éloigner quelque temps du cercle de la reine où elle trouvait toujours le roi ; elle allait lui répondre, lorsque Amédée entra.

– Mon Dieu, marquise ? qu'avez-vous, vous êtes bien pâle.

– Je suis un peu souffrante.

– Écoutez, Blanche, vous me cachez quelque chose ; depuis quelque temps, vous êtes préoccupée.

– Oui, la cour m'ennuie, j'ai besoin de calme et de bonheur.

– Que ne puis-je vous offrir une chaumière ? mais nous pauvres princes nous sommes plus malheureux que le plus misérable paysan ; il est libre, nous ne nous appartenons pas.

– C'est vrai, on s'occupe de tout dans la société, excepté du bonheur, qui est pourtant si facile ! Madame de Spino elle, elle est heureuse !

– Le croyez-vous ?

– J'en suis sûre, voici la lettre qu'elle m'écrit.

– Des nouvelles de mon père ! lisez, de grâce.

« Je ne puis assez vous exprimer, ma chère Cousine, ma vive satisfaction et mon bonheur ; le rêve de toute ma vie, je l'ai trouvé dans ce vieux château de Chambéry qui tombe en ruines, mais que je préfère aux plus beaux palais du monde, puisque j'y vis près de celui que j'ai uniquement aimé dans ma vie. Qu'il est doux, ma chère Blanche, d'admirer le génie et les grandes qualités dans celui que l'on aime ; je n'ai qu'une inquiétude ; c'est que l'esprit si actif du roi Victor ne vienne à se lasser de ce repos ; je crains pour lui l'abattement qui suit l'inaction ; je lui ai conseillé de restaurer notre sombre demeure pour l'occuper un peu ; si la vie du cœur suffit à une femme, il faut à l'homme celle de la tête aussi. »

– Pauvre père, cet abattement je le redoutais : c'est son génie qui le dévore, c'est la fièvre qui tue les grands hommes, j'irai le voir.

– Vous me quitteriez ? Amédée.

– Oui, pour aller acquérir le droit de ne plus me séparer de vous.

– Pas encore, reprit la jeune femme avec un mouvement de frayeur, je me sens bien seule, attendez que mon grand-père, qui est allé par ordre du roi visiter les constructions d'Alexandrie, soit de retour.

– Voilà une promesse qui renferme trop de bonheur pour m'y refuser. Ce bal de demain où nous serons forcés de figurer avec d'autres m'ennuie ; ne trouvez-vous pas la société bien exigeante ? À propos ; quelle drôle d'idée du roi de vous donner pour cavalier l'homme le plus laid de toute la cour !

– Il est, comme le roi, un peu voûté. S. M. n'a pas le droit de le trouver mal fait.

– J'aime le roi mon frère avec passion, avec reconnaissance, je donnerais ma vie pour lui, mais il ne faudrait pas qu'il vous parlât souvent, comme il a fait hier soir ; ses yeux me brûlaient en vous regardant, j'ai senti mon sang refluer vers mon cœur, j'avais le vertige ; malheur, malheur, Blanche, à celui qui oserait vous aimer !

– Écoutez, dit Blanche, avec un geste plein d'une suprême grandeur et d'une pudique tendresse. Je vous aime, Amédée, et nul autre que vous n'aura jamais une de mes pensées ; je ne sais pas si je serai à vous, mais il est sûr que je ne serai jamais à un autre ; jurez-moi, Amédée, de ne pas vous laisser emporter par votre jalousie, de ne jamais douter de moi et d'étouffer toutes les préventions que votre amour pourrait vous inspirer : me le jurez-vous ? Vous fiez-vous de moi ?

– Comme de mon bon ange, reprit-il en couvrant ses mains de baisers ; mais, pourquoi cette promesse ?

– Je ne sais, mais j'ai l'esprit troublé de tristes pressentiments ; mais adieu, Amédée, c'est l'heure du cercle de la reine, votre absence pourrait être remarquée.

Une preuve d'amour.

– Non, laissez-moi encore vous contempler un moment à genoux, fit-il en se laissant tomber agenouillé à côté d'elle, un coude appuyé sur le sopha où elle était assise, sa tête penchée dans ses mains, son front relevé vers elle, l'œil fixé sur les siens, éperdus, palpitants, dans l'extase de la contempler toute frissonnante sous son regard de feu ; longtemps ils se turent ; car, les paroles sont bien froides pour deux cœurs qui battent si haut.

– Amédée, dit-elle enfin, au jeune homme toujours à genoux, respectueux, en adoration devant elle comme devant une Sainte Madone, retirez-vous, j'ai besoin d'être seule ; je suis triste et agitée ce soir, rappelez-vous de mon serment et gardez-moi le vôtre, et, d'elle-même, Blanche offrit sa main aux lèvres du jeune homme, qui, après l'avoir longtemps pressée avec ardeur, se retira et sortit.

– Mon Dieu ! que je suis malheureuse, s'écria Blanche, lorsqu'elle fut seule ; comment me soustraire à cet odieux amour du roi, que dois-je faire pour fuir, pour m'éloigner ! à qui demander un conseil ! tout avouer à Amédée c'est impossible, il est trop violent, trop jaloux, une imprudence pourrait le perdre, ce n'est pas pour moi que je tremble : si mon grand-père était ici ! Aidée de ses conseils, forte de son appui je ne craindrais rien, je vais lui écrire demain de tout quitter, que j'ai besoin de lui, et en attendant son arrivée, je ferai dire que je suis malade, je vais fermer ma porte dès ce soir, et la jeune femme se releva pour sonner : à peine avait-elle porté sa main au cordon de la sonnette, que la porte du salon s'ouvrit à deux battants et le roi parut devant elle.

– N'ayant pas eu le plaisir de vous voir au cercle de la reine, on vous a crue malade, madame, permettez à un de vos amis de venir chercher de vos nouvelles.

– Effectivement, Sire, je suis souffrante et j'allais me retirer lorsque V. M. est entrée.

– Je n'abuserai pas de l'honneur d'être auprès de vous pendant longtemps, madame.

Blanche fit une profonde révérence et prit place sur un fauteuil vis-à-vis celui occupé par le roi qui venait de s'asseoir. Embarrassés tous les deux, ils gardaient un pénible silence ; enfin la marquise, forte de la droiture de ses intentions, leva un œil calme et pur sur le roi, et lui dit avec assurance :

– Mon grand-père sera-t-il longtemps absent pour le service de V. M.?

– Je ne sais, madame, un mois peut-être.

– Alors, Sire, j'ose vous supplier de m'accorder la grâce d'aller le rejoindre ; ma santé est altérée et j'ai besoin de repos.

– Vous malade, madame ! avec ce teint qui ferait pâlir les lys et les roses !

– Les apparences trompent quelque fois ; j'ai l'honneur d'assurer V. M. que je suis très souffrante et je lui demande la permission de quitter quelque temps la cour.

– Vous ne le ferez pas ! s'écria Charles en se relevant tout à coup pâle et tremblant.

– J'espère, Sire, que vous m'y autoriserez, ainsi que S. M. la reine.

– Marquise ! s'écria-t-il en la saisissant brusquement par le bras, vous ne me fuirez pas ainsi !

– Sire !

– Non, reprit-il avec égarement, non, vous ne fuirez pas, il n'est plus temps de feindre, madame, vous l'avez deviné ce fatal secret, que j'aurais voulu me cacher à moi-même et que j'étouffe depuis deux ans dans mon cœur ; vous laisser partir ? vous raillez, madame, et le puis-je ? et Charles haletant, suppliant, se laissa presque tomber à genoux devant la marquise ; mais elle, s'éloignant avec un mouvement de suprême fierté :

– Sire, dit-elle, j'espérais que V. M. m'aurait épargné l'offense d'un tel aveu, et que le roi se serait rappelé que je suis d'une maison habituée à donner des défenseurs, mais jamais des maîtresses à ses souverains.

– Oh ! reprit Charles en joignant les mains avec désespoir, qu'ai-je dit pour mériter d'aussi amères paroles ? ai-je osé prétendre à votre amour ? ai-je cessé de vous révérer, de vous adorer comme on adore les anges.

– Sire, ces seules paroles sont un outrage à ma dignité de femme et à S. M. la reine, que j'aime et révère plus que tout au monde.

– Eh bien, je vous le jure, je m'imposerai de nouveau ce silence glacé qui pèse depuis deux ans sur moi, je dirai à mes yeux, à mes lèvres de se taire, mais par pitié ne fuyez pas ; restez, que je puisse vous voir, rien que vous voir ! oubliez ce que je viens de vous dire, et Charles tendit la main pour saisir celle de Blanche qu'il voulut porter à ses lèvres, mais elle, se rappelant le baiser, qu'un instant auparavant, Amédée avait imprimé sur cette même main, la retira avec un mouvement de répulsion comme devant une profanation ; le roi vit ce geste, et profondément blessé dans sa fierté d'homme :

– Madame, dit-il, j'ai imploré votre pitié, je puis tout souffrir, excepté le mépris, prenez garde, vous vous jouez d'une passion terrible.

– Je connais trop la justice du roi, pour craindre le ressentiment de V. M.

– Blanche, dit le roi d'un ton radouci, je ne vous demande rien, je sais que vous ne pouvez pas m'aimer, mais redevenez pour moi ce que vous étiez jadis pour le prince de Piémont : malheureux, oublié, méconnu par tous, vous seule alors vous étiez mon amie, mon ange, Blanche, soyez encore ma sœur.

– Votre sœur ? reprit-elle en tressaillant, oh ! oui, Sire, ne doutez jamais de mon respect, de mon dévouement.

– Hélas, dit Charles avec abattement, pauvres princes que nous sommes, on nous parle de respect quand nous implorons un mot de tendresse, on tombe à nos genoux quand nous ouvrons nos bras ! Ce que je veux, de vous, Blanche, c'est un sentiment profond, une amitié chaste et absolue, une union des âmes, ce bonheur le prince de Piémont l'avait espéré, le roi ne pourra-t-il pas l'obtenir ?

– Sire, vous l'avez dit, le prince de Piémont était malheureux, le roi n'a pas besoin de consolations.

– Que dites-vous ? ne savez-vous pas quel vide laissent les grandeurs ! quelle affreuse solitude on éprouve au milieu des applaudissements, oh ! la gloire ! la gloire infiltre dans le sang un poison brûlant qui dévore les principes de la vie, la gloire tue ; tout diadème est une couronne d'épines.

– Oui, mais Dieu vous accorda, Sire, tous les autres biens qu'envient les hommes : une chaste épouse et de beaux enfants.

– J'honore et j'aime la reine, j'adore mes enfants, hélas, et pourtant mon cœur est désert et désespéré.

– Dieu seul peut le combler ; Sire, les grandes âmes sont toujours isolées ici-bas, mais l'idée d'un devoir à remplir, le bonheur de vos peuples…

– Mes peuples !… ai-je la force d'y songer quand je porte en moi une passion insensée ! Mes peuples ! pourquoi êtes-vous toujours entre eux et moi ! pourquoi penser à vous quand je ne devrais m'occuper que d'eux ! Mes peuples ! que venez-vous me parler de devoir, de vertu, de sacrifices ? Croyez-vous que je ne sente pas ce que j'aurais à faire ? et que je ne m'indigne point de me voir là tremblant à vos genoux, moi, qui jette la menace aux puissances de l'Europe, moi, que vous dédaignez, que vous raillez peut-être !

– Sire !

– Ne m'interrompez pas ; je vous aime, Blanche, et je rougis de cet amour, qui est un outrage pour vous et une faiblesse pour moi, je le sens, et je ne puis me vaincre ; depuis deux ans les flots tumultueux de ma passion se heurtent dans mon sein, mais je vous le promets, je le vaincrai cet amour indigne de nous deux, j'en aurai la force, je ne mourrai pas, car un roi, vous l'avez dit, se

Un amour innocent.

doit à ses peuples ; prenez garde, madame, je puis me résigner à ne pas être aimé, mais il ne faudrait pas que vous en aimassiez un autre !

Et Charles, le front inondé de sueur, s'appuya tout chancelant contre le dos d'un fauteuil.

– L'idée que vous pourriez être à un autre, poursuivit-il d'une voix sourde et rauque, cette idée me rendrait fou.

– Mais, c'est une tyrannie, s'écria Blanche en fondant en larmes.

Charles fixa sur elle un regard perçant, comme s'il eût voulu lire jusqu'au fond du cœur de la jeune femme, qui baissa le front devant lui ; tout à coup ses dents claquèrent, et…

– Vous aimez ! s'écria-t-il tout transporté de rage.

– Et quand même ce serait ?

– Ah, toute cette vertu superbe dont vous m'écrasiez n'était donc qu'une supercherie pour me cacher vos amours ! Quel est le téméraire qui a osé se faire aimer de vous… Son nom, je veux son nom… Vous l'aimez donc bien peu si vous ne tremblez pas de mon courroux pour lui.

– Je ne dis pas que j'aime, murmura Blanche avec effroi, mais si j'aimais, quel crime trouveriez-vous dans un amour innocent ?…

– Un amour innocent ! celui qui brise ma vie, mais ce n'est pas vrai, non, ce n'est pas possible, Blanche, par pitié, dites que vous n'aimez pas.

Blanche inclina son front pâle, sans oser répondre, et Charles tout frissonnant s'avança vers elle.

– Vous ! vous pourriez être à un autre, non, madame, je braverai tout pour vous enlever, pour vous dérober aux transports d'un rival, je renverserai tous les obstacles, je suis roi enfin ! imprudente, qui m'avez rappelé sur la terre, quand je vous révérais comme une sainte au ciel, vous à un autre ! jamais ! et le roi, hors de lui, éperdu, voulut saisir Blanche dans ses bras, mais elle, se dégageant de cette étreinte convulsive, s'élança vers le cordon de la sonnette et, froide, méprisante :

– V. M. oublie qu'aucun homme n'a le droit de m'insulter chez moi, faut-il que j'appelle mes gens.

– Assez, dit le roi tout pâle et confus, oubliez un moment d'égarement, on pardonne à un insensé, on plaint sa folie.

Et Charles, reculant pas à pas vers la porte du salon, l'œil toujours fixé sur Blanche qui pleurait sans le regarder :

– Me pardonnez-vous ? dit-il, d'une voix brisée.

Mais elle toute rougissante et troublée s'obstinait à garder le silence.

– Ainsi, dit-il en s'arrêtant tout à coup, vous ne répondez rien ; vous n'avez pas pour moi une parole de douceur, de pardon, de miséricorde, vous ne devinez donc pas le tumulte de passions haineuses, de désirs, de colère et de vengeance que vous avez soulevé en moi. Son nom !

– Le nom de qui ? reprit-elle d'une voix faible.

– Le nom de celui que vous aimez, dit Charles, dont les lèvres tremblaient.

– Mais je n'aime personne, grâce, grâce, Sire, vous voyez bien que je n'aime personne.

– Je vois que vous tremblez, que vous vous rappelez que je suis roi, et que lui n'est qu'un misérable bâtard.

Blanche poussa un cri, tendit ses deux bras suppliants, mais Charles avait disparu.

CHAPITRE V

Depuis qu'elle était reine, l'existence de la pauvre Polixène était plus triste et plus monotone que jamais, l'étiquette à laquelle, comme princesse de Piémont, elle pouvait se dérober quelquefois, enchaînait à présent les moindres actions de la nouvelle souveraine : renfermée dans ses appartements, restreinte au cercle de quelques dames, séparée de ses enfants, qu'elle adorait et qu'elle ne voyait plus qu'à quelques moments de la journée, devant leur gouvernante, privée surtout de la présence du roi que les soins de l'État occupaient exclusivement, la pauvre reine en était réduite aux caquetages tracassiers de sa dame d'honneur ; aussi la naïve gaîté qui brillait naguère sur son front, avait fait place à un air de hauteur chagrine, qui enlevait le plus grand charme d'un visage dont la grâce était la beauté !

La veille du jeudi gras de l'an de grâce 1731, jour où devait avoir lieu ce fameux bal costumé qui préoccupa si sérieusement la cour de Turin, la reine toute pensive se tourna vers madame de Salasco :

– Comtesse, dit-elle, madame de Saint-Germain m'a demandé un entretien, faites-la passer dans mon oratoire dès qu'elle se présentera.

– Quoi, la marquise veut parler à V. M.?

– Pauvre Blanche, il y a longtemps que je ne l'ai vue, elle a été malade.

– Elle le dit ; mais elle est toujours belle, entourée, et reçoit d'illustres visites.

La reine tressaillit et ouvrit son livre d'Heures pour éviter de répondre à cette insinuation maligne : madame de Salasco continua craignant d'en avoir trop dit :

– On assure que le marquis de Suze ne quitte pas son salon…

Au même instant l'huissier de service annonça que la marquise attendait.

En entrant dans son oratoire la reine fut frappée de la pâleur de son ancienne amie.

– Vous étiez donc vraiment malade ? dit-elle avec ce ton de bonté qui lui était ordinaire.

– Oui, madame, et je venais supplier V. M. de m'accorder un congé de quelques semaines ; je compte aller rejoindre mon grand-père à Alexandrie.

– Dans cette saison, objecta la reine, il fait bien froid, les chemins sont bien mauvais.

– J'espère ne pas en souffrir, et V. M. me rendrait un service en même temps qu'elle me ferait une grâce.

– Je ne me priverais qu'avec peine de vos services, Blanche, continua-t-elle avec émotion, qu'avez-vous ? confiez à votre ancienne camarade de pension le motif de cette résolution si étrange.

– Je vous l'ai dit, madame, je suis souffrante et j'ai besoin de m'éloigner quelque temps de la cour.

– Ne craignez-vous pas de donner prise à de vains propos ?

– Le témoignage de ma conscience et l'approbation de V. M. me suffisent.

– Avez-vous l'autorisation du roi ?

– Je l'ai prévenu que j'aurais demandé cette grâce à V. M.

– Quand l'avez-vous vu ?

– Le roi m'a fait l'honneur de venir chez moi hier.

La reine demeura un moment pensive, puis elle dit à la marquise en lui tendant la main :

– Vous souvient-il, Blanche, de nos douces années de pension au couvent de Munich ? nous étions bien heureuses alors, nous

nous aimions en amies, en sœurs ; hélas ! un jour vous vous accusâtes d'une faute que j'avais commise pour m'épargner une punition, vous avez toujours été bonne et généreuse pour moi.

Et la reine attira Blanche vers elle, la pressa contre son cœur et la baisa au front.

– Quant comptez-vous partir ?

– Demain matin, si V. M. me le permet.

– Et le bal de demain soir où vous devez figurer ? attendez jusqu'à vendredi.

– Comme il plaira à V. M., je suis à ses ordres ; et la jeune femme s'inclina encore toute émue sur la main que lui tendait la reine.

Le bal fut magnifique, le roi et la reine y assistaient assis sur un trône resplendissant d'or et de pierreries. Les vastes salons du Palais royal avaient été décorés avec un goût et un luxe inouïs ; les plus riches tentures, les fleurs les plus rares étalaient leurs merveilles sous ces voûtes dorées qu'embaumaient le parfum des fontaines odorantes qui tombaient en perles de cristal dans de larges conques d'albâtre, d'onyx et d'agate. Le marquis de Suze sous son costume simple et élégant de berger du Tyrol attirait tous les regards ; le roi le considérait attentivement : que se passait-il dans son cœur ? C'est cc que nous saurons bientôt. Sous ses simples habits de paysanne allemande, Blanche, belle de sa ravissante et touchante beauté, éclipsait toutes les autres ; dès qu'elle paraissait, on oubliait celles qu'on admirait un instant auparavant et l'on n'avait plus des yeux que pour elle.

Amédée tâchait de lui parler ; car, depuis la veille il n'avait pu pénétrer jusqu'à elle, mais elle tremblante sous le sombre regard jaloux du roi qui la poursuivait, osait à peine lever les yeux ; elle évitait Amédée, tant elle redoutait pour lui l'effet des menaces qu'elle croyait encore entendre vibrer à son oreille.

Charles suivait tous leurs mouvements avec inquiétude : cette préoccupation pénible n'échappa point à madame de Salasco, aussi prit-elle soin de faire remarquer aux dames placées près d'elle, l'empressement de M. de Suze pour la belle marquise, et le fit-elle assez haut pour être entendue par le roi.

À onze heures le roi et la reine firent le tour du salon, ayant un mot, un sourire gracieux pour chaque dame; arrivé devant Blanche, le roi s'inclina :

– Madame, dit-il, le marquis de Caraglio a terminé sa mission, demain il sera de retour.

Et Charles continua sa tournée sans attendre une réponse.

Une table somptueuse était servie dans la galerie Baumont ; à minuit le roi et la reine rentrèrent dans leurs appartements, et les invités, plus libres, loin des regards des princes, se livrèrent avec plus d'ardeur à la danse : le baron de Vieu qui, ainsi que nous l'avons dit, était le cavalier de Blanche, lui avait demandé la permission de se rendre un moment auprès du roi, lorsque LL. MM. avaient regagné leurs appartements : il revint la rejoindre après une demi-heure ; il avait mis son masque de velours noir.

– Marquise, lui dit-il, voulez-vous visiter le charmant bosquet d'orangers et de fleurs qu'on a improvisé dans la galerie Daniel ?

– Volontiers, on étouffe ici, et la vue des fleurs repose l'âme et réjouit les yeux.

Blanche suivit le baron qui lui offrit son bras ; elle le regarda étonnée, car elle avait cru sentir qu'il tremblait ; ils traversèrent quelques salons où se pressait la foule la plus compacte ; le baron poussa une porte et ils se trouvèrent sous une voûte embaumée de verdure et de fleurs ; des globes opaques de diverses couleurs, disposés dans le feuillage, répandaient la clarté la plus douce et la plus mystérieuse ; une musique lente, douce, mélancolique semblait soupirer, cachée dans les buissons en fleurs, le bruit d'un ruisseau qui serpentait dans son lit de mousse ; le chant des oiseaux qui voltigeaient de branche en branche et qui chantaient à cette clarté vaporeuse comme ils chantent à la pâle lueur de la lune de mai produisaient un effet magique. Blanche s'arrêta, ravie à ce spectacle si inattendu, si nouveau et si bien fait pour impressionner son âme poétique.

– C'est ravissant, dit-elle, pourquoi laisse-t-on ce lieu de délices pour ces froids salons où l'âme est prisonnière ?

– Parce que, répondit le baron, peu de personnes savent apprécier les beautés pures et simples de la nature, et ce bosquet qui vous ravit qu'est-il, si ce n'est la reproduction d'un coin ignoré, d'un vallon solitaire par une nuit d'été ?

– La nature, dit Blanche, a des beautés secrètes et sublimes qui élèvent l'âme de ceux qui les contemplent, heureux ceux qui respirent l'amour à l'ombre des bois solitaires, où dans le calme des nuits étoilées.

– Oui, répondit son compagnon d'une voix sourde, l'air des cours altère la pureté de tout, jusques du sentiment ; ici la voix ment, les yeux faussent l'expression de l'âme, rien n'est vrai, l'amour le plus pur est raillé.

Blanche regarda le baron avec un vague sentiment d'inquiétude.

– Rentrons, lui dit-elle.

Mais lui la retenant doucement :

– Marquise, respirons encore un instant le parfum si frais de ces fleurs, ne trouvez-vous pas une étrange et douce volupté dans ces exhalaisons des plantes ? Oh ! vivre ainsi, loin des importuns, dans une douce solitude, vivre de cette vie du cœur près d'une femme aimée ! et le baron avait saisi la main de Blanche, qui se releva toute effrayée en poussant un cri, car elle venait de reconnaître le roi dans son cavalier.

– Laissez-moi, laissez-moi, dit-elle avec égarement, Sire, c'est une trahison, mon Dieu, laissez-moi fuir.

– Blanche, dit le roi d'une voix si émue qu'elle semblait un râle. Blanche, j'ai voulu vous parler une dernière fois ; nous sommes seuls et nul n'osera pénétrer jusqu'à nous, écoutez-moi, soyez sans crainte, je vous aime trop pour que vous ayez rien à redouter, c'est moi qui tremble. Blanche, asseyez-vous, et le roi la força doucement à s'asseoir près de lui. Vous voir comme je vous vois à présent, tenir votre main dans les miennes comme je la tiens, Blanche, c'est tout le bonheur que je vous demande, je sais bien que vous êtes trop fière, trop divine pour partager l'amour plus terrestre d'un homme, je vous ai offensée l'autre jour, pardonnez-moi, j'étais fou de douleur ; d'un geste j'aurais pu briser celui que vous aimez, non, celui qui ose vous aimer ; je ne l'ai pas fait pour vous ménager, pour vous prouver que je ne vous crois pas capable de l'aimer, car vous ne l'aimez pas ? je ne veux rien de vous que ce mot.

– Sire, je ne sais pas mentir, dit Blanche en se levant, dussiez-vous m'en punir, j'aime M. de Suze.

– Et moi qui voulais en douter ! moi, qui cherchais à me tromper ! Ah ! vous l'aimez ! mais qu'espérez-vous de cet amour ? Avez-vous cru que j'autoriserais une mésalliance ?

– Hélas, dit Blanche, je suis bien malheureuse, voilà tout ce que je sais.

– Vous êtes une imprudente, dit le roi, et lui un fat, un séducteur de femmes. Comment avez-vous pu lui donner votre cœur ?

– Il l'a mérité par son respect, reprit la jeune femme avec dignité.

– Hypocrisie, faux semblant, fit le roi avec un geste de colère. Ah ! monsieur mon frère, n'est-ce pas assez de vos folles amourettes, vous osez porter vos yeux sur les anges de notre cour ?

– Sire, l'amour pur que M. de Suze peut avoir pour moi n'a rien de commun avec les sentiments auxquels vous faites allusion ; c'est moi que vous offensez en parlant ainsi.

– Ah ! dit le roi en serrant ses mains crispées, rien ne pourra donc la convaincre !

Et comme elle s'éloignait cherchant à retrouver la porte, il vint vers elle tout éperdu :

– Pardon, dit-il, je vous tourmente, je suis méchant, hélas ! car je suis bien malheureux, vous avez brisé ma vie, vous m'avez enlevé toutes mes plus douces croyances, ma foi en vous et mon amitié

Une nouvelle de Victor Amédée.

pour mon frère, car je le hais, poursuivit-il d'une voix sombre, je le hais ; enfant, qui ne savez pas tout le mal que vous avez fait ! c'est vous qui devriez me demander mon pardon, et c'est moi qui l'implore. Blanche, oubliez un malheureux, votre main en gage de pardon, votre main !

Et comme Blanche, émue à tant d'amour, tendait sa main au roi, qui la recevait à genoux, haletant, prêt à la porter à ses lèvres, la porte s'ouvrit avec fracas et l'on entendit le marquis d'Orméa et Amédée qui s'écriaient :

– Le roi, où est le roi ?

Blanche n'eut que le temps de fuir sous un épais berceau de lauriers et de myrte, et elle vit Amédée, pâle, tremblant se précipiter vers le roi en s'écriant, d'une voix pleine de sanglots :

– Sire, Sire, vite, vite, un courrier de Chambéry, le roi Victor…

– Eh bien ! dit Charles tout troublé.

– Que V. M. se rassure, ajouta M. d'Orméa, il y a encore de l'espoir, mais j'apprends avec douleur à V. M. que le roi, son Auguste père, vient d'être frappé d'une attaque d'apoplexie.

– Mon père, dit Amédée en fondant en larmes, je veux le voir, V. M. m'accorde-t-elle la grâce de partir pour Chambéry ?

– J'allais vous en prier, dit le roi, j'irai moi-même aussi.

– Sire, dans cette saison V. M. ne peut risquer ses jours précieux aux hasards d'un aussi long voyage, elle se doit au bonheur de ses peuples.

– Hélas, dit Charles, un roi n'a pas le droit d'aimer ; partez mon frère, allez recevoir le dernier baiser de mon père et portez-moi sa bénédiction. Vous n'êtes pas roi, vous ; vous pouvez être aimé !

Et Charles tendit la main à son frère, qui mettant un genou en terre devant son souverain, porta sa main respectueusement à ses lèvres.

– Sire, dans une heure je serai sur la route de la Savoie : quelles paroles dois-je porter au roi de la part du souverain, au père de la part du fils ?

– Dites au roi que je marche sur la voie qu'il m'a si glorieusement tracée et que j'ai jeté un défi à l'Autriche ; dites à mon père que son fils lui demande sa bénédiction et son amour, car il est malheureux.

– Hélas, dit Amédée, qui peut se dire heureux si vous ne l'êtes pas !

– Marquis d'Orméa, dit le roi, faites chercher le docteur Riva, qu'il parte avec mon frère : il avait toute la confiance du roi Victor ; et tous les trois sortirent du bosquet.

Rentrée à peine chez elle, Blanche se jeta sur un sopha ; elle donna un libre cours à ses larmes ; ainsi Amédée allait partir ! Quels événements allaient amener son absence ! La mort du roi Victor renverserait à jamais tous ses projets. Quatre heures venaient de sonner à l'horloge du Palais royal, elle appela ses femmes et se fit mettre au lit ; à sept heures du matin elle reçut un billet bien tendre, bien désolé du pauvre Amédée, qui était au désespoir de partir sans la voir, il finissait en lui disant :

« Priez pour notre père, j'espère le trouver encore en vie, et lui arracher l'aveu de notre bonheur, mon existence dépend de la sienne. Adieu, Blanche, aimez-moi et n'oubliez pas votre Amédée. »

Blanche pleura longtemps sur ces lignes chéries ; mais laissons un moment ces nobles personnages de notre histoire et retournons auprès de nos anciens amis de la place Château ; le matin du vendredi, lorsque la nouvelle de la maladie du roi Victor se répandit dans la ville, une consternation générale s'empara de toute la population ; notre ancienne connaissance, le petit bonnetier, venait d'ouvrir sa boutique située à l'angle de la rue qui de Grosse Doire va à la rue des Imprimeurs ; son œil investigateur n'eut pas plus tôt interrogé la figure des quelques passants, qu'il vit qu'il y avait quelque chose d'extraordinaire dans l'air qui soufflait ce matin-là ; curieux comme les gens de sa condition, il était plongé dans ses réflexions, tâchant de trouver les moyens de deviner ce

Mystère et Fatalité.

qui se passait, lorsque son petit œil gris brilla de joie ; il venait d'apercevoir Simon, l'un des domestiques du marquis d'Orméa.

– Simon, lui cria-t-il lorsqu'il fut à portée de sa voix ; ne viendrez-vous pas goûter d'un excellent vin d'Asti, que m'a envoyé mon parent l'archiprêtre de Villeneuve ?

– Toujours joyeux, vous qui n'avez pas les soucis des affaires ; il y a du trouble ce matin.

– Qu'est-il arrivé ? vous m'épouvantez.

– Un grand malheur, le roi Victor a été frappé d'un coup d'apoplexie.

– Ce malheur, fit le bonnetier, devenu tout pâle et en posant sa bouteille sur son établi, ce malheur frappe bien plus le pauvre peuple que la cour, car la noblesse lui en voulait toujours au roi Victor, pour l'affaire des fiefs aliénés, qu'il a fait rengorger aux familles des anciens favoris de Madame Christine et de Madame Royale, deux fines commères qui jetaient assez volontiers l'argent du trésor aux jeunes galants.

– Le roi Charles achèvera l'œuvre de son père, mais cette mort n'en est pas moins une grande calamité.

– Le roi est-il parti pour embrasser son père ?

– Non, mon maître l'en a empêché, mais le marquis de Suze est déjà sur la route de la Savoie.

– Pauvre roi, quelle folie de se marier à son âge, et de quitter le trône ! l'ennui l'a tué.

Et ce disant, le bonnetier aperçut Pierre le tisserand, qui se rendait à son atelier.

– Pierre, lui cria-t-il, sais-tu la nouvelle ? le roi Victor se meurt !

– Malheur ! fit le tisserand ; qu'allons-nous devenir ? Les conseils du vieux lion étaient nécessaires à son fils.

– Comme si mon maître n'était pas là pour le conseiller ! dit Simon d'un air de ressentiment.

– Hélas, dit Pierre, les princes et les peuples s'entendent ; ils s'aiment : ce sont les grands qui gâtent tout.

– Et, fit le bonnetier, que dira Ladislatz ?

– Voilà trois jours qu'il est absent, il est allé visiter les vallées vaudoises.

– Convertir ces hérétiques est une sainte œuvre, poursuivit l'honnête marchand : tiens, le voilà ! s'écria-t-il, et tous trois se tournèrent vers le pèlerin qui vint à eux.

– Ne savez-vous rien ? Avez-vous appris l'affreuse nouvelle ? dirent-ils tous à la fois.

– Quoi donc ? expliquez-vous.

– Le roi Victor…

– Et bien ? dit le pèlerin ému.

– Il se meurt d'un coup d'apoplexie !

– Se peut-il ? en êtes-vous bien sûrs ?

– Simon que voilà vient de nous le dire, il le sait, lui, qui est domestique chez monsieur d'Orméa.

Le pèlerin fit un geste désespéré.

– Que Dieu nous protège ! murmura-t-il ; depuis quand cette nouvelle ?

– Ce matin à quatre heures, comme on dansait encore, il est arrivé un exprès ; le roi voulait partir sur-le-champ, mais on lui a fait observer que les chemins sont trop mauvais pour exposer sa personne : Monsieur de Suze s'est rendu auprès de l'Auguste malade.

– Mystère et fatalité, fit le pèlerin ; Victor Amédée n'est pas encore mort ?

– Non, dit Simon, il paraît qu'on espère de le sauver.

Tous quatre gardèrent un long silence.

– Pierre, fit Ladislatz en lui tendant la main, j'ai fini ma tournée ici ; puisse le Seigneur vous rendre tout le bien que vous m'avez fait ! Voici, dit-il en sortant un chapelet de sa poche, un rosaire béni par le Saint-Père, donnez-le à votre femme de ma part, en lui disant de ne pas m'oublier dans ses prières ! et le pèlerin tout pensif prit le chemin de place Château, tandis que Pierre regagnait l'atelier de son patron.

La bénédiction.

La vigoureuse nature du roi Victor avait triomphé de cette rude attaque, et deux jours après le malade était hors de danger ; mais ses traits restèrent contractés et sa langue épaissie et embarrassée n'articula plus que des sons rauques et convulsifs, qui donnaient à sa voix l'expression gutturale d'un râle ou le hoquet d'un cri furibond. La respiration gênée, la langue un peu pendante hors de la bouche, les yeux à moitié clos, le roi, la tête affaissée dans ses oreillers, semblait plongé dans un lourd sommeil ; la marquise de Spino debout, près de son lit, le contemplait avec une anxiété douloureuse et pleine d'amour : tout à coup Victor ouvrit de grands yeux qu'il promena d'un air hagard autour de lui.

– Mon fils, murmura-t-il avec effort, mon fils est-il arrivé ?

– Non, Sire, reprit la marquise avec tristesse, je n'ai reçu aucune nouvelle de la cour de Turin.

– On m'oublie là-bas ! mais vous me restez toujours, et le roi tendit la main à sa femme qui la porta à ses lèvres. Voilà deux jours que vous veillez, allez vous reposer, vous devez être fatiguée.

– Non, Victor, je suis si heureuse de vous voir mieux.

– Toujours bonne et dévouée, soupira le roi, et, sa main toujours dans la main de la marquise, il retomba dans cet état de somnolence, dont il venait d'être tiré par le sentiment de l'amour paternel.

Vers le soir, un bruit de chevaux et de voitures ébranla le pavé ; le roi rouvrit les yeux et tressaillit ; une voiture ! s'écria la marquise : au même instant, le marquis de Suze pâle, haletant vint tomber à genoux au pied du lit où gisait le roi.

– Mon fils ! dit l'Auguste malade en se soulevant avec effort, mon fils, êtes-vous seul ?

– Sire, le roi Charles n'écoutant que la voix de son cœur voulait partir, mais ses ministres s'y sont opposés ; la saison est trop rigoureuse et les chemins trop mauvais.

– Hélas ! dit le malade en retombant affaissé sur ses oreillers, nous, rois, nous devons étouffer la voix de la nature, mais vous, mon enfant, n'avez-vous pas souffert ?

– Sire, quand il s'agissait de venir vous revoir, ai-je pu songer à moi-même ?

– Mon fils, dit le roi après un assez long silence, en étendant sa main sur la tête du jeune homme toujours à genoux, mon fils, recevez ma bénédiction, et le roi referma ses yeux appesantis.

– Madame, dit le marquis en portant la main de madame de Spino à ses lèvres, soyez bénie pour les soins que vous prodiguez au roi, et permettez-moi de vous aimer et de vous respecter comme une mère.

– Amédée, dit le malade d'une voix faible et émue, promets-moi, comme tu viens de le dire, d'être un fils pour elle ; pauvre femme, je la laisse au milieu d'ennemis acharnés ; sois son protecteur quand je ne serai plus.

– Sire, je vous jure qu'il sera fait ainsi que vous le désirez ; mais le ciel vous gardera encore de longues années à notre amour ; voici le docteur Riva qui vous rendra aux vœux de vos fils et de vos anciens peuples.

Quelques jours après, le vieux roi était presque rétabli. M. de Suze avait confié à la marquise de Spino son amour pour Blanche, il lui avait fait part de ses craintes, de ses projets, de ses espérances ; proche parente de madame de Saint-Germain, la marquise était flattée d'une alliance avec M. de Suze ; aussi fit-elle de son mieux pour induire son mari à approuver les idées de son fils ; Victor résista d'abord, car il prévoyait tous les obstacles qu'une pareille union rencontrerait de la part de la cour de Savoie, puis, séduit par les caresses de sa femme et par les larmes de son fils, il finit par promettre qu'il ferait valoir son autorité de père pour arracher le consentement au roi Charles Emmanuel. Ce dernier écrivait tous les jours de longues et tendres lettres à son père, il lui annonça même sa visite pour la fin de mars.

De retour à Turin, le marquis de Suze remit au roi une lettre de

Une mésalliance.

Victor Amédée, lettre dans laquelle celui-ci recommandait vivement son fils légitimé à la tendresse et à la protection de son auguste frère ; sans s'expliquer entièrement, le vieux roi glissait vaguement un mot de mariage ; après avoir parcouru cette lettre, Charles dit à son frère debout devant lui :

– Mon père vous recommande bien vivement à ma tendresse, en auriez-vous douté !

– Sire, quel soupçon ! Mais un père ne saurait trop recommander son fils aux bontés de V. M.

– Le roi Victor aura lieu d'être satisfait, car je veux faire beaucoup, oui, beaucoup pour vous, et Charles se leva pensif, le front chargé d'un vaste ennui.

Le soir même, M. de Suze, assis sur un tabouret aux pieds de Blanche, lui disait avec une ivresse pleine d'adoration :

– Rassurez-vous, chassez ces sombres et inexplicables pressentiments de malheur, qui vous poursuivent depuis quelques mois ; tout nous sourit, le roi mon auguste père bénit nos amours, lui-même il veut nous unir.

– Oh ! dit Blanche avec une indicible expression de bonheur, répétez encore ces paroles, dois-je vous croire ? N'est-ce point un rêve, Amédée, ne vous abusez-vous pas ?

– Lisez cette lettre de la marquise ; et M. de Suze remit à Blanche une longue lettre de sa cousine : celle-ci la lut avec avidité et des larmes de bonheur tombèrent de ses yeux sur le papier qu'elle tenait d'une main tremblante.

Amédée, penché vers elle, suivait tous ses mouvements ; leurs visages s'étaient rapprochés, palpitants, oppressés, ils entendaient le bruit de leur respiration et les pulsations de leurs cœurs qui se répondaient. Quand elle eut achevé sa lecture, Blanche releva la tête ; Amédée était si près d'elle, que leurs cheveux se touchèrent ; elle voulut se détourner, mais par un élan irrésistible leurs lèvres frémissantes se rencontrèrent dans un baiser de feu.

– Amédée, dit Blanche toute défaillante et en détournant la

tête, Amédée, laissez-moi, je ne puis croire encore à tant de bonheur ; le roi, que vous a dit le roi ?

– Après avoir lu la lettre de mon père, le roi m'a dit que je serais satisfait, qu'il voulait faire beaucoup pour moi.

– Se pourrait-il ? fit Blanche toute rêveuse, mais j'entends mon grand-père ; je lui ai tout avoué, Amédée, il sait que je vous aime, confiez-lui notre bonheur.

Le vieux marquis de Caraglio entra dans ce moment dans le boudoir de sa petite-fille ; les deux jeunes gens troublés et agités de cette fièvre que donne un premier baiser, allèrent vers lui et lui prirent la main.

– Mon père, fit Blanche toute émue, voilà monseigneur de Suze qui a avoué son amour à son père, comme je vous ai avoué le mien.

– Me voulez-vous pour fils, monsieur, dit le jeune homme en s'inclinant respectueusement devant le vieillard.

– Mes enfants, s'écria le vieux marquis en leur ouvrant ses bras, ici sur mon cœur, que je vous confonde dans un seul baiser, comme dans une seule bénédiction : et le roi ? poursuivit-il après que leurs premiers transports furent un peu calmés.

– J'espère qu'il consentira, dit M. de Suze.

– Prenez garde, dit le vieillard devenu sérieux ; l'écusson de la maison de Caraglio est vierge de tout affront ; dites à S. M. que ma fille vous porte en dot les services de mes ancêtres et une épée qui a servi à soutenir toutes les prétentions de la Maison de Savoie.

– Demain je saurai mon destin, dit le jeune homme, mais quels que soient les sentiments du roi, vous m'avez fait l'honneur de m'accorder la main de Blanche, j'espère que vous tiendrez votre parole.

Le lendemain le roi Charles fit appeler le marquis de Suze dans son cabinet ; d'un signe gracieux il l'invita à s'asseoir en face de lui ; la lettre du roi Victor était ouverte sur la table.

– Mon frère, dit Charles, le roi mon père dans sa tendre sollicitude pour vous me parle de votre avenir… de votre bonheur… il a l'idée… le projet de vous marier.

– Moi, Sire ?

– Oui, mon frère, le roi a raison, à votre âge il faut qu'un prince prenne femme, pour éviter de donner du scandale ; tous les yeux sont fixés sur eux ; les méchants, les envieux interprètent nos actions les plus innocentes d'une manière maligne, et, je vous le répète, le roi a raison, il faut songer à vous marier.

– Quoi ! V. M. consentirait…

– Oui, j'y avais pensé, et j'ai demandé pour vous la main de la princesse Christine de Hesse-Rinfeld, l'auguste sœur de la reine mon épouse… Vous n'osiez pas, je le sais, prétendre à une aussi belle alliance, mon père sera content, je ne pouvais faire plus pour vous…

– Sire, Sire… s'écria le jeune homme tout tremblant et anéanti, pétrifié, comme quelqu'un qui contemplerait les cendres de sa maison frappée par la foudre.

– Qu'avez-vous ? dit le roi d'un ton sévère.

– J'ai, reprit Amédée d'un ton aussi respectueux que décidé, que je suis pénétré de reconnaissance pour les bontés de V. M., mais que je ne puis les accepter.

– Vous refusez la main de ma belle-sœur, s'écria le roi dont les yeux lancèrent des éclairs.

– Vous me voyez confus et désespéré de renoncer à un tel honneur, mais je ne le puis.

– Vous ne le pouvez ? dit Charles en fixant sur lui un regard perçant.

– Non, Sire, fit résolument Amédée.

– Je croyais que dans ma famille, comme dans mon royaume, il n'y avait qu'une volonté, et que c'était la mienne.

– Sire, ma vie est à V. M., mais mes sentiments sont à moi, je n'aime pas la princesse Christine.

– Et depuis quand, fit le roi avec amertume, consulte-t-on le cœur d'un prince quand il s'agit de le marier ? m'a-t-on consulté, moi ? le roi mon père a-t-il tenu compte de mes sentiments ? et j'étais pourtant son fils unique, son héritier ; il m'a imposé deux épouses pour que j'eusse des enfants, par amour pour sa dynastie, et non par tendresse pour moi ; et quand j'ai été marié je devais attendre sa permission chaque fois que je voulais coucher avec ma femme ![1] et vous, monsieur, vous croyez qu'on ne consultera que votre penchant pour vous marier ?

– Sire, le trône est le calvaire des rois, à vous la gloire, à nous le bonheur.

– Insensé, qui croit que par égard à de vaines amourettes je changerai ma politique.

– Sire, ne vous méprenez pas sur l'amour le plus vrai, le plus profond...

– Arrêtez, monsieur, dit le roi d'un ton sévère, passe pour une amourette de jeune homme, mais un sentiment sérieux, j'espère qu'il n'en est rien. Avez-vous oublié que vous n'avez pas le droit de disposer de vous-même ? Que s'attaquer à vous, c'est s'attaquer à la Maison de Savoie : si vous l'avez oublié, il y a moyen de vous le rappeler, il y aura indulgence pour vous ; mais, malheur à ceux ou à celle qui vous aurait secondé dans votre folle passion ! il n'y a pas de front si haut dans ma cour qu'une telle idée ne signale à toute ma rigueur ! et s'il est vrai que vous aimiez d'un amour si vif, si profond, continua Charles avec une amertume méprisante, détournez par votre prompte soumission l'orage prêt à fondre sur cette fleur assez imprudente pour chercher à s'approcher du trône : Junon seule pouvait recevoir les embrassements de Jupiter dans sa gloire ; Sémélé y trouva la mort.

– Sire, Sire, par pitié ! fit Amédée de sa voix la plus suppliante en se traînant presque aux genoux du roi ; mais celui-ci froid et impassible regagnait ses appartements, laissant le marquis de

1. *Mémoires de Blondel.*

Suze pâle, anéanti et la mort dans le cœur : hélas ! il y a tant de douleur dans un désespoir de vingt ans !

Charles, après avoir quitté si brusquement Amédée, rentra dans ses appartements sombre et soucieux, comme quelqu'un qui est tourmenté par les secrets reproches de sa conscience ; il se promena à grands pas, et pour fuir cette voix qui criait en lui que la jalousie seule venait de le faire agir, il entra précipitamment chez la reine.

Polixène, peu habituée depuis quelque temps aux visites du roi, poussa un cri de surprise et de joie en l'apercevant.

– Vous ne m'attendiez pas, dit Charles d'un ton presque doux.

– Cher Sire, ils sont si rares les moments où je puis jouir du bonheur de vous voir.

– C'est vrai, mais tant d'ennuis nous accablent, nous pauvres rois.

– Hélas ! dit Polixène en soupirant, une couronne est lourde à porter !

Charles regarda attentivement la reine ; il fut frappé de son changement, car dès cette époque elle souffrait de cette maladie de langueur qui devait l'entraîner si vite au tombeau.

– Qu'avez-vous ? dit le roi avec intérêt : vous êtes pâle !

– Rien, Sire, je suis bien à présent que je vous vois.

Le roi tressaillit à ce doux et triste reproche qui s'exhalait sans plainte comme un soupir.

– Vous ne m'en voudriez pas, fit-il, si vous saviez comme je suis malheureux !

– Vous malheureux! reprit la reine avec amour en prenant les mains du roi avec une tendre sollicitude. Vous malheureux ! dites-moi donc ce qui vous fait souffrir ; vous savez bien que je partage toutes vos peines.

– Je sais que vous êtes un ange de douceur et de dévouement, et que vous mériteriez d'être plus heureuse.

– Je ne me plains pas de mon sort, reprit la reine d'une voix tremblante et pleine de sanglots contenus.

Le roi se tut quelques moments.

– Polixène, dit-il enfin d'un ton grave et mélancolique, je vous remercie de vos douces paroles ; un jour viendra où vous saurez tout ce que je souffre, et vous me plaindrez et vous m'excuserez, car vous êtes bonne ; je voudrais être meilleur et plus tendre pour vous, mais croyez-le, Polixène, le métier de roi est un rude métier, et la charge d'hommes est lourde à porter ; les cris qui montent d'en bas arrivent jusqu'à nous, mais ceux qu'on pousse ici se perdent dans le ciel.

– Dieu les entend et les apaise, dit la reine avec son angélique douceur.

Charles s'était relevé tout pâle et tout préoccupé ; il tendit la main à la reine :

– Adieu, dit-il, l'homme doit étouffer sa douleur dans son sein ; voici onze heures, le roi est attendu par ses ministres : et tandis qu'il regagnait son cabinet, la reine entrait dans son oratoire pour prier et pleurer seule avec Dieu.

CHAPITRE VI

Le lendemain, le roi seul avec monsieur d'Orméa lui montrait une lettre qu'il venait de lire.

– Comprenez-vous l'entêtement de ce jeune étourdi qui me demande de quitter la cour et d'aller à Paris rejoindre la princesse de Carignan sa sœur ?

– Dépit de jeune homme qu'il faut ménager ; cela se passera tout seul.

– Et bien, qu'il parte, qu'il aille, dit Charles avec colère.

– Sire, Louis XlV s'est toujours repenti d'avoir mécontenté le prince Eugène, et le marquis de Suze est d'un sang fertile en héros ; il faut le ménager pour l'avenir.

– Oui, pour satisfaire à ses fantaisies de jeune homme, puis-je autoriser une mésalliance ?

– Non, il faut savoir attendre, l'amour se guérit de lui-même.

– Ah ! dit le roi avec abattement, il ne guérira pas, il aime madame de Saint-Germain !

Monsieur d'Orméa fixa attentivement le roi qui poursuivit :

– En attendant, cette folie me compromet vivement vis-à-vis de mon beau-père ; j'avais demandé pour lui la main de la princesse Christine.

– S. A. le prince de Carignan serait bien heureux de remplacer M. de Suze ; on le dit très épris de la princesse.

– Ah ! fit le roi, moitié charmé, moitié contrarié de cette circonstance.

– Quant à monsieur de Suze, il serait prudent de l'éloigner

quelque temps de la cour, sans que son éloignement ait l'air d'une disgrâce ; il faut se garder, Sire, d'irriter le vieux lion.

– Je tiens à prouver à mon père mon respect et ma reconnaissance.

– C'est une mesure sage et prudente autant que louable, car j'ai l'honneur de le répéter à V. M., je connais le roi Victor, il est capable des entreprises les plus téméraires, une fois qu'il est excité par une passion, ou par une idée.

– Que ferait-il ? il ne peut pas me reprendre la couronne.

– J'espère qu'il ne l'essayera pas !

– Le pourrait-il ?

– Non pas légalement : la force et la loi seraient pour V. M., mais il aurait pour lui le peuple et son génie.

– Et cet étourdi qui va l'irriter, que pensez-vous faire ?

– Temporiser avec M. de Suze et le combler d'honneurs ; l'ambition étouffe l'amour.

– Quels moyens avons-nous ?

Le marquis d'Orméa réfléchit un moment.

– Le marquis de Sales vient de mourir, dit-il, la place de Gouverneur de Savoie et de grand Bailli du duché d'Aoste se trouve vacante…

– Je confie cette dernière et importante place à mon cher et aimé frère et légal sujet, dit le roi avec précipitation, et de sa propre main il se mit à écrire le brevet du marquis de Suze.

Je ne m'étendrai point sur les adieux de ce dernier et de madame de Saint-Germain ; forts qu'ils étaient du consentement de Victor, la douleur des jeunes gens fut adoucie par l'espoir d'une prompte union ; le marquis de Caraglio seul vit l'abîme où ils étaient tombés, mais il n'ose pas le pire de crainte d'affliger sa petite-fille et d'avoir à la gronder sur son imprudence ; d'ailleurs il fut convenu entre eux que si le vieux roi ne pouvait, en voyant son fils, obtenir son aveu, le marquis de Suze irait à Paris rejoindre sa mère, la comtesse de Verrue, et que là Blanche viendrait recevoir sa main, leurs richesses les mettant à même de soutenir dignement sa position de prince légitimé sans avoir besoin de recourir au roi Charles Emmanuel.

Quelques jours après le départ de M. de Suze, le marquis de Caraglio, profondément blessé dans sa dignité de père, envoya au roi sa démission de Gouverneur de la ville et de la citadelle de Turin. Il fut remplacé dans ces fonctions importantes par le baron Philippe Pallavicini de Saint-Rémy.

À la fin de mars, Charles Emmanuel partit pour Chambéry ; l'entrevue du père et du fils fut fort tendre ; le roi observa avec douleur que le visage de son père était resté contracté, sa bouche s'étant un peu tordue depuis son coup d'apoplexie ; il le trouva abaissé et mélancolique.

– Sire, lui dit-il, souffrez-vous encore ?

– Non, mon fils, je ne m'en aperçois pas, fit le vieillard avec tristesse ; je m'ennuie ici, j'y suis bien seul, et le séjour d'un vieux château abandonné et délabré est peu fait pour celui habitué au tumulte des camps et aux hasards de la vie de combats.

– Sire, vous n'avez qu'à choisir telle résidence royale, où tel pays qui vous plaira le mieux.

Le roi remercia son fils, et l'œil de madame de Spino s'anima de joie, car elle commençait à s'ennuyer dans cette sombre demeure, vis-à-vis d'un vieillard grondeur ; car l'ennui dévorant qui consumait l'âme énergique de Victor Amédée avait changé son caractère ; le génie est comme la flamme, elle éclaire, ou elle incendie.

Le vieux roi approuva ou blâma hautement quelques-unes des choses qui avaient été faites ; il se montra hautain et dédaigneux envers M. d'Orméa, qui avait suivi le roi à Chambéry ; il s'emporta contre son fils en lui reprochant amèrement de se laisser conduire par ses ministres, il exprima surtout son mécontentement, d'une manière assez violente, sur l'alliance avec l'Espagne en faveur des prétentions de Don Carlos.

– Voulez-vous donc, reprit Charles, qu'on laissât l'Autriche s'emparer des Duchés ?

– Le Piémont n'a-t-il plus de troupes d'occupation, tandis que les partis litigent entre eux ?

– Mais les puissances ne l'auraient pas permis !

– Il fallait l'oser, dit le vieux roi tout frémissant comme un cheval qui aspire l'odeur des combats, enfant que vous êtes, il fallait l'oser, et quoi qu'il advînt, vous auriez été bien malheureux si vous n'aviez pas réussi à manger une feuille de plus de l'artichaut ; mais laisser entrer une nouvelle puissance pour occuper l'Italie, c'est ruiner toute la politique de ma maison.

Ces graves préoccupations politiques absorbèrent tellement Victor Amédée, qu'il oublia les promesses faites au marquis de Suze. Du reste, le père et le fils se quittèrent assez mécontents l'un de l'autre ; l'amour-propre froissé dépose un levain au fond des âmes qui finit par les aigrir entièrement. Victor voyait avec peine une autre politique succéder à la sienne, et Charles, injustement déprécié, par son père avait hâte de s'émanciper par un coup d'éclat de cette autorité tyrannique et vexatoire.

L'alliance avec la France et la déclaration de guerre à l'Autriche était un fait si inviolablement secret, qu'aucun souffle n'en transpirait, et cette nouvelle qui eût gagnée tous les cœurs au jeune roi n'était pas connue ; aussi le mécontentement, le malaise étaient partout ; les peuples voyaient avec peine l'inaction de Charles Emmanuel, après le règne aventureux de Victor ; ce nouveau règne qui semblait ne s'initier que par des fêtes à la cour, décourageait les uns et humiliait les autres ; et pourtant si l'on avait pu deviner les vastes projets qui couvaient dans le cœur de Charles, on ne l'aurait pas accusé si légèrement.

Le roi retrouva la reine bien maigrie et bien pâle ; elle avait pressenti qu'une douleur solitaire et muette s'était placée entre eux : il était malheureux, elle le sentait et elle n'avait ni le droit de le consoler, ni de partager sa douleur ; un abîme s'était ouvert entre eux ; aussi dépérissait-elle frappée au cœur par la certitude d'un abandon définitif du côté de Charles.

Quant à madame de Saint-Germain, depuis le départ du marquis pour Aoste, une indisposition vraie ou simulée lui servait de prétexte pour ne plus paraître à la cour, et le reine appréciant ses motifs secrets, lui avait accordé le congé qu'elle avait demandé.

Par une belle soirée de la fin de mai plusieurs individus étaient successivement entrés dans une petite et pauvre taverne, située dans le bourg de la Madone du Pilone ; dans une arrière-salle basse, éclairée par une faible lumière, se trouvaient déjà trois personnes de notre connaissance, l'un jeune, à l'air résolu, portant avec aisance et fierté les humbles habits d'artisan, l'autre grave et pensif sous sa longue robe de Barnabite, et le dernier, enfin, à l'air fin et railleur qui distingue le médecin philosophe.

– Ainsi, dit Pierre avec orgueil, vous croyez qu'un pauvre artisan comme moi peut être utile à la cause du bien public ?

– Mon ami, tous les moyens sont bons : inconnu, ignoré, tu peux faire des prosélytes sans éveiller les soupçons : la cause que nous soutenons est sainte, et notre but aussi utile que moral.

– Lorsque deux hommes aussi vertueux que vous, père Beccaria, et que le docteur Riva, me proposent d'entrer dans une société, Dieu me garde de douter de la sainteté de vos intentions ; mais Ladislatz ne m'a pas bien expliqué le but de cette association appelée, je crois, des Bons Cousins[1].

– Nous aider et nous secourir dans nos besoins, et concourir tous ensemble à la cause de l'humanité.

– Père Beccaria, dit l'artisan, qui a pu vous porter, vous, homme de Dieu, à faire partie de cette société ?

– L'amour seul de la science m'y a poussé : il y a des connaissances vastes et hardies, dont l'étude manifeste la grandeur de Dieu et dont l'ignorance s'effraie, car l'ignorance a peur de tout ce

1. Nom que porta en principe la société des *Carbonari*.

qu'elle ne comprend pas, et la persécution absurde nous oblige à rechercher dans les ténèbres ces découvertes, qu'on devrait proclamer à la clarté du soleil ; tel qui craint le bûcher aujourd'hui, dans un siècle aura des autels.

– Le siège de notre association, ajouta le docteur, est à Naples, et Giannone paye bien chèrement son dévouement à notre cause.

– Répandre la connaissance de notre sainte religion, étendre le domaine de la science, tenter par tous les moyens possibles d'assurer le bonheur et la liberté des peuples, telle est l'œuvre à laquelle travaille la secte des Bons Cousins, fondée depuis plusieurs siècles en France ; vous avez lu notre cathéchisme, vous aurez vu que la condition principale pour être admis est une conduite irréprochable.

– Tous les frères, continua le docteur, sont unis entre eux par une parenté intellectuelle, qui impose les devoirs d'une parenté véritable ; ils en acceptent les charges, ils se doivent des services mutuels, l'assistance, l'hospitalité et chaque membre dans la misère est logé, nourri, reçoit cinq sols par jour et le don d'une paire de souliers.

– Pourquoi, fit Pierre, les gouvernements et le Pape se sont-ils pris à persécuter des gens dont les intentions étaient si pures et si utiles ?

– D'abord, et ceci est juste ; parce que tout gouvernement doit se méfier de toute association qui n'est pas sous sa surveillance ; c'est une loi vitale, un principe de sûreté ; puis, parce que l'homme lutte toujours avant d'accepter le bien, ainsi que l'enfant qui vient de naître qui ferme les yeux à la lumière.

– Ladislatz m'a dit que nos frères persécutés en Allemagne, se sont réfugiés dans les forêts des Alpes…

– Où ils exercent la profession de charbonniers ; de là le surnom de *Carbonari* qu'on commence à leur donner[1].

1. Voyez le traité sur l'origine des sociétés secrètes. Celle des Bons Cousins, ou *Carbonari*, ne fut d'abord qu'une association religieuse et philanthropique ; elle ne prit une couleur politique qu'à la fin du dernier siècle.

Le 8 Septembre.

– Et ce soir que faisons-nous ici réunis ?

– Nous attendons l'arrivée de Ladislatz qui vient de Savoie, et nous tâcherons de trouver les moyens de pénétrer jusqu'à Giannone ; il nous faut un homme de cœur et de dévouement.

– Comptez sur moi, fit Pierre avec tristesse, ma vie est à vous, je vous confie en échange ma femme et mon enfant.

Quelques instants après le pèlerin qui, cette fois, avait revêtu les habits d'un prêtre, entrait dans la salle.

– Quelles nouvelles ? s'écrièrent-ils tous à la fois.

– Bien tristes, le vieux lion dépérit captif dans sa cage.

– Qui vous l'a dit ?

– Je l'ai vu moi-même.

– Où donc ? Comment ?

– En arrivant à Chambéry j'ai bien vite appris que le vieux roi, rétabli de sa maladie, était fort mécontent depuis son entrevue avec son fils ; j'épiai longtemps l'occasion de le voir ; enfin un soir, après de vaines tentatives, le hasard me favorisa ; je sus que le roi et sa femme sc promenaient souvent à pied sur la route solitaire du Piémont ; j'allai me poster pour les attendre ; il y avait à peu près une demi-heure que j'étais là, lorsque je vis venir Victor Amédée, appuyé sur le bras de la marquise de Spino, et suivi par un seul domestique ; il marchait lentement et avec peine ; elle toujours belle, mais triste ; lui prodigieusement vieilli et l'air chagrin ; ils s'avançaient silencieux ; je me sentis ému devant ce noble couple solitaire et abandonné : la majesté du malheur met une auréole au front des rois ; je m'arrêtai respectueusement sur le bord du chemin, mon large chapeau à la main : en passant devant moi, le roi me lança un regard distrait et fouilla dans sa poche pour me jeter une aumône ; j'écartai mon chapeau, et

– Sire, fis-je, ce n'est point la charité que je demande à V. M., mais sa bénédiction.

Le roi me regarda.

– Tu as raison, me dit-il, la bénédiction d'un vieillard porte bonheur.

– Sire, repris-je, c'est celle de notre libérateur que j'implore.

– J'ai vu cet homme-là quelque part, ajouta Amédée en cherchant dans ses souvenirs.

– Sire, dans une journée bien glorieuse.

– Où donc ?

– Le 8 septembre sous les murs de Turin.

– Tu y étais ! s'est-il écrié, l'œil brillant de joie et comme rajeuni ; c'étaient de bien beaux temps ! hélas, tout a changé !

– Sire, ces jours glorieux peuvent briller encore pour le Piémont et pour V. M.

L'œil d'Amédée lança des éclairs, il porta la main à son front, et sa bouche contractée, depuis sa dernière maladie, s'est agitée d'une façon singulière.

– Sire, a repris la marquise de sa douce et mélancolique voix, l'air s'est rafraîchi, rentrons.

Et tous deux graves et pensifs ont continué leur promenade solitaire.

– Et qu'augurez-vous de ce dialogue ? fit le docteur.

– J'en augure que, vienne un instant où nous ayons besoin de ce bras formidable, nous saurons où le trouver.

– Contre son fils ! dit le moine avec indignation.

– Pour son fils, au contraire, reprit le pèlerin, pour raffermir son trône et sa puissance, et le délivrer des ministres qui l'entourent de mauvais conseils.

– Ladislatz, prenez garde, dit le père d'un ton sévère, vous oubliez qu'en Piémont roi et nation ne sont qu'une chose indivisible et sacrée ; n'y touchez pas.

– Eh ! fit le pèlerin, je n'en veux qu'à des ministres imprudents, qui abusent du nom de Charles : l'emprisonnement de Giannone, l'éloignement du marquis de Suze, la destitution du marquis de Caraglio, voilà des faits inexplicables, l'établissement de Don

Carlos en Italie, cette grave menace pour l'avenir, qui passe inattendue au milieu du bruit des instruments et des fêtes.

Un long silence suivit ces paroles acerbes et sévères, et qui semblaient justes ; car le traité avec la France, qui préparait un si glorieux réveil à Charles Emmanuel n'était pas connu, et l'Europe se trompait avec l'Empereur, en supposant des goûts frivoles au jeune monarque.

– Giannone ! fit enfin le docteur, n'avons-nous aucun moyen de pénétrer jusqu'à lui ? il faut pourtant qu'il sache que ses amis veillent.

– J'y ai songé, dit Pierre avec résolution ; pauvre et obscur, nul ne se défie de moi ; j'irai, malgré ma répugnance, m'engager comme guichetier, et vous aurez ainsi des relations avec les prisonniers.

Les trois amis lui prirent la main, Pierre serra la leur avec une noble fierté.

– C'est plus que ma vie que je vous donne, dit-il, c'est mon honneur que je vous livre, mais qu'il en soit ainsi ; je remplis un devoir, et c'est une œuvre de miséricorde ; puisse mon fils ne pas maudire la mémoire de son père ! et l'honnête artisan porta sa main à ses yeux.

Depuis son retour, le roi n'avait plus revu madame de Saint-Germain, et sa passion s'irritait des obstacles qu'elle rencontrait ; il était devenu morne et soucieux.

Profondément affecté des chagrins de sa petite-fille, le vieux marquis de Caroglio tomba très dangereusement malade ; le roi vint le voir plusieurs fois, il eut la délicatesse de ne jamais passer chez Blanche, qui évitait sa présence.

Le malade était déjà presque convalescent ; après lui avoir fait une courte visite, Charles enfin se fit annoncer chez la marquise qui le reçut toute interdite et troublée ; il ne lui adressa d'abord que de vagues félicitations sur le rétablissement de son grand-père ; sa voix était tremblante en lui parlant ; déjà debout pour se congédier, il s'arrêta, et la regarda avec un inexprimable sentiment d'amour et de douleur.

– Madame, me pardonnerez-vous ? dit-il d'une voix si faible qu'on pouvait à peine l'entendre. J'ai dû vous paraître bien dur, je n'étais que malheureux.

– Les rois ne doivent compte de leurs actions qu'à Dieu, je n'ai pas le droit de me plaindre.

– Mais vous avez celui de me maudire, de me haïr, peut-être.

– Je n'ai pas des sentiments aussi bas.

Charles la regarda : tant de douceur et de froide indifférence se peignaient sur les traits calmes de Blanche qu'il frémit.

– Oh ! haïssez-moi plutôt, s'écria-t-il, mais ne me traitez pas ainsi.

– J'ai cru, dit la marquise avec hauteur, que j'avais assez souffert pour être à l'abri de toute insulte.

– Oui, accablez-moi, foulez-moi sans pitié, je le mérite ; mais ne me désespérez pas par un de ces froids regards qui me donnent le frisson. Vous avez été bien dure pour moi.

– Je ne vous fais aucun reproche, moi, dont vous avez brisé la vie, soupira la jeune femme.

– Oh ! dit le roi avec désespoir, vous ne savez pas ce que c'est d'être roi, d'être homme, d'avoir placé toutes ses affections, toutes ses espérances dans un amour de femme et de le voir manquer à votre vie : de se trouver seul dans cette voie aride où vous entraîne la gloire, et de ne rencontrer qu'abandon et ténèbres là où l'on avait rêvé le bonheur d'un sourire ! mon cœur, vous l'avez desséché, vous auriez pu me faire grand, et je me sens méchant ; mes fautes, vous seule en êtes responsable, car vous auriez pu me les épargner.

– Sire, l'injustice de ces reproches…

– Non, dit le roi avec amertume, il ne suffit point de dire à un homme, ne m'aimez pas, lorsque par caprice, ou par je ne sais quel autre motif, on ne veut pas être aimée ; il faut éviter de l'être ;

on ne doit pas jouer à éveiller des désirs qu'on ne veut pas satisfaire, cela est lâche, madame, et vous l'avez fait… ne le niez pas… avant d'aimer monsieur de Suze, il était doux à votre jeune orgueil de voir le prince de Piémont à vos pieds, et ma femme, ma pauvre femme, sans vous, je l'aurais aimée.

– Sire, si j'avais pu deviner les sentiments de V. M., ma dignité, avant mon amour, m'eût appris ce que j'avais à faire ; revenez à la reine, elle vous aime, ne sommes-nous pas déjà assez de malheureux !…

– Et le puis-je ? Voulez-vous que j'aille feindre près d'elle un amour que je ne ressens pas ? je l'ai tenté ; à peine roi, le sentiment de mes nouveaux devoirs m'a fait revenir vers elle ; je l'ai trompée en voulant me tromper moi-même, mais je n'ai plus la force de mentir ; et le roi croisa ses bras lassés sur son sein plein d'ennuis.

– Sire, si je vous demandais la permission de quitter le Piémont, de fuir loin, bien loin d'un séjour que je trouble involontairement ?

– Vous voulez aller le rejoindre ! s'écria-t-il tout frémissant.

– Non, Sire, je vous le jure, j'apprécie trop les bontés de V. M. pour… monsieur de Suze, pour l'exposer à les perdre à cause de moi.

– Non, restez ; je ne vous importunerai plus de ma présence, et pardonnez-moi, ajouta-t-il en s'éloignant lentement.

Dans le mois de juin, la reine toujours plus souffrante se décida à aller prendre les eaux d'Évian ; Charles l'accompagna et les augustes voyageurs s'arrêtèrent quelques jours à Chambéry, auprès de Victor Amédée. Cette seconde entrevue des deux rois fut presque orageuse. Victor, indisposé contre son fils, à cause de sa politique et de sa conduite envers le marquis de Suze, menaça et s'emporta ; il exigea que la marquise de Spino fût assise à table dans un fauteuil semblable à celui de la reine : Polixène, on le sait, était très sensible aux prérogatives royales ; déjà négligée par son mari, aigrie par sa maladie et par le chagrin, elle ne put dissimuler son ressentiment ; sa mauvaise humeur s'accrut encore des observations malignes de madame de Salasco.

– L'insolente ! murmurait tout bas la reine en rentrant dans ses appartements.

– Il y a donc deux reines en Piémont ? fit tout haut la comtesse quand elles furent seules.

– Si ce n'eût été de la présence de mon beau-père, j'aurais su la punir, dit Polixène.

– Elle abuse de la clémence de V. M., veut s'égaler à elle après avoir été sa domestique[1] ; le roi ne peut et ne doit pas permettre un tel outrage à la Majesté Royale.

– Il ne le permettra pas, comtesse.

– La marquise n'est-elle pas parente de madame de Saint-Germain, fit la comtesse d'un faux air d'innocence ; à propos, je veux lui en demander des nouvelles, on ne la voit plus à la cour.

La reine s'éloigna emportant dans son cœur ce trait acéré, car l'idée que pour complaire à Blanche le roi pouvait la laisser narguer par la marquise, venait d'entrer dans son esprit ; aussi Charles la trouva-t-il dans un état d'irritation tel que, pour l'apaiser, il fut obligé de prendre brusquement congé du roi son père : ils se quittèrent dans un état bien voisin d'une rupture ; les formes les plus polies furent employées, mais en vain, pour déguiser leur mécontentement.

Le soir même qui suivit le départ de Charles, le roi reçut une lettre toute désespérée d'Amédée, et la marquise en reçut également une de Blanche plus triste encore.

– V. M. n'a donc pu rien obtenir en faveur de ma cousine ? dit la marquise.

– Non, Charlotte, le roi m'a résolument dit qu'il n'autorisera jamais une mésalliance.

1. *MS. Blondel.*

Un pèlerin.

– Et V. M. ne devine pas les motifs qui rendent le roi Charles si scrupuleux ?

– L'honneur de ma maison, nous sommes d'un rang qui vaut la peine qu'on y regarde.

– V. M. pourtant, le plus grand prince de son Auguste race, n'a pas craint d'élever son humble servante jusqu'à elle !

– Et je ne m'en repens pas, dit le roi avec amour, mais par respect pour la dignité royale j'y ai renoncé, reprit-il en étouffant un soupir.

– Le marquis de Suze n'a pas les mêmes obligations.

– D'accord, mais le respect dû à son frère….

– Et s'il existait une autre cause…

– Laquelle ?

– Lisez.

Et la marquise remit quelques lettres de Blanche à Victor Amédée ; celui-ci les lut rapidement et tout bouillonnant de colère il les rejeta sur la table.

– Ainsi, c'est pour séduire la fiancée de mon fils qu'il s'oppose à leur union et à ma volonté, et ces ministres, ces lâches qui le laissent agir ainsi ! Marquise, nous partirons, j'irai leur apprendre comment on gouverne, et je lui enseignerai, moi, son métier de roi, ou je lui reprendrai cette couronne qu'il ne sait pas porter.

Victor sortit, espérant que le grand air rafraîchirait ses pensées et calmerait son sang ; il n'y avait pas un quart d'heure qu'il se promenait avec la marquise, quand au détour d'une allée ombreuse et touffue ils aperçurent un pèlerin qui venait vers eux.

Victor Amédée le reconnut de ce regard d'aigle qui n'oubliait plus ; il répondit à sa profonde révérence pour un signe gracieux de la main ; celui-ci, enhardi, s'arrêta.

– Et bien ! fit le roi, quelles nouvelles de là-bas ?

– Le peuple souffre et s'agite dans l'attente de revoir V. M., comme on s'agite dans une longue nuit en espérant le retour du soleil.

– Je ne reverrai pas le Piémont. Que peut-on faire d'un vieillard infirme ?

– Hélas, Sire, quels magnifiques événements l'avenir vous préparait, et qui seront perdus pour votre Maison et pour l'Italie !

– Qui es-tu, toi, qui me parles ainsi ?

– Un homme que la persécution a chassé de la Pologne, qui a combattu vingt ans sous vos étendards glorieux, que le fanatisme monacal de Rome a poursuivi de contrée en contrée et qui revient apporter à V. M. les vœux et la coopération des Bons Cousins dans tout ce qu'elle jugera à propos d'entreprendre.

– Qui t'envoie jusqu'à moi ?

– Le docteur Riva.

– Riva, mon fidèle ami ! fit le roi tout pensif : et les dispositions du peuple à mon égard ?...

– Le peuple et l'armée sont à V. M.

– Adieu, dit Victor en s'éloignant ; pars cette nuit pour la capitale ; nous nous verrons bientôt.

Le départ précipité du roi Victor pour Turin, comment Charles en fut prévenu, sa prompte résolution de devancer son père, sont des faits trop connus, et déjà narrés dans les Mémoires de Madame de Verrue ; je ne m'y arrêterai pas : l'étonnement douloureux du vieux roi lorsqu'en arrivant à Rivoli le bruit du canon lui annonça que son fils le précédait d'une heure dans cette capitale qu'il venait lui disputer.

De part et d'autre ils surent dissimuler avec une rare finesse ; Charles témoigna une grande joie de revoir son père, qui balbutia, pour justifier sa présence, le besoin qu'il avait de changer d'air. On mit à sa disposition le château de Moncalier. Le roi et ses ministres allaient visiter tous les jours le vieux monarque devenu irascible et presque frénétique ; tant il éprouvait de contrariété de voir avorter ses projets. Le marquis d'Orméa surtout était en butte à ses actes les plus féroces d'emportement : plusieurs fois il leva sa canne sur lui et le menaça de le faire pendre. Un jour, de retour de Moncalier, après une scène des plus violentes, le marquis demanda une audience à Charles Emmanuel.

– Sire, dit-il en s'inclinant respectueusement, je viens la mort dans l'âme demander avec douleur à V. M. de m'accorder mes démissions et un passeport pour quitter le Piémont.

– Marquis, quel caprice soudain ! que vous arrive-t-il ?

– Un grand malheur, Sire ; le roi votre Auguste père s'est oublié jusqu'à lever sa canne sur moi, et après un tel affront je suis indigne de rester au service de V. M.

– Calmez-vous, mon cousin, fit le roi avec bonté ; oubliez les fureurs d'un vieillard ; je verrai mon père et je ferai votre paix avec lui : mais, que lui avez-vous fait pour allumer ainsi sa colère ?

– J'ai défendu la politique de V. M.

– Mon père n'a jamais approuvé aucune de mes actions, fit le roi avec amertume ; que vous disait-il ?

– Il condamne l'alliance avec l'Espagne.

– D'accord, mais le traité avec la France !

– Le roi Victor ne le connaît pas ; sa faiblesse pour madame de Spino doit nous forcer à lui cacher un secret de cette importance.

– Vous avez raison, dit le roi ; une femme peut rendre un homme faible et injuste.

– Si j'osais suggérer un avis à V. M.?

– Lequel ?

– Sire, votre cœur de fils va se révolter à ma proposition, mais il serait bien d'inviter le roi Victor à choisir une résidence plus éloignée de Turin que Moncalier.

– Je ne puis pas forcer la volonté de mon père.

– Ici le contraste de deux volontés puissantes qui se heurtent ne peut qu'amener de graves désordres, et dans l'intérêt du roi Victor il vaut mieux qu'il s'éloigne.

– Craignez-vous quelque chose de son côté ?

– Je ne sais, mais je crois respirer ce vent qui précède la tempête ; je ne sais d'où il vient, mais à des symptômes certains je me dis : l'orage va fondre sur nous.

– Incorrigible vieillard ! murmura Charles. Rassurez-vous, marquis, je verrai mon père, et si vos pressentiments sont fondés, je saurai prendre le parti que me suggérera la prudence et l'intérêt de ma couronne.

Le mois d'août touchait à sa fin ; le roi Victor plongé dans ses mystérieuses réflexions ne répondait plus, depuis une heure, aux tendres interrogations de la marquise, que l'étrange conduite de Victor alarmait.

Il était onze heures du matin ; on annonça le roi Charles, et Victor se leva pour le recevoir.

– Mon fils, dit-il avec humeur, vos visites sont de plus en plus rares.

– Sire, les affaires m'absorbent tellement...

– On voit qu'une couronne est lourde à porter pour votre jeune front.

– J'espère, dit Charles avec fierté, être digne de mes ancêtres et de V. M.

Victor regarda son fils avec un mouvement d'orgueil paternel.

– Vous avez de grands exemples devant vous, ajouta-t-il ; les noms d'Emmanuel Philibert, de Charles Emmanuel sont un héritage glorieux ; notre sang ne ment pas, je le sais, mais ces princes et moi, nous savions être les maîtres, nous n'étions pas les esclaves couronnés, mais dociles, de ministres arrogants et concussionnaires.

– Sire, je ne mérite point l'amertume de ce reproche, fit Charles avec ressentiment.

Il y eut un moment de silence : madame de Spino s'était retirée dans un cabinet voisin, évitant de se trouver avec le jeune roi, qui était toujours très hautain avec elle.

– V. M. m'a fait l'honneur de me faire appeler, dit Charles Emmanuel ; aurait-elle quelque chose à m'ordonner ?

– Je n'ordonne plus, fit le vieillard avec humeur, je prie.

– Je suis à vos ordres, reprit le roi en s'inclinant.

Victor parut rêver, il était troublé.

– Vous savez, dit-il enfin, la tendresse que je porte à mon fils le marquis de Suze.

– Il est digne des bontés de V. M., et je l'aime aussi infiniment.

– Je suis heureux de vous trouver en d'aussi bonnes dispositions, j'en augure que vous m'accorderez la grâce que je viens solliciter en son nom.

– Que désire monsieur de Suze ? dit Charles, dont les lèvres blêmirent et se mirent à trembler convulsivement.

– Mon fils aime madame de Saint-Germain, et je vous prie de donner votre autorisation à leur mariage.

– V. M. oublie que c'est impossible.

– Impossible ! une chose que je demande !

– V. M., qui a élevé si haut notre Maison, sait mieux que moi les prérogatives et les exigences de la dignité royale. Monsieur de Suze, comme fils légitimé, ne peut épouser qu'une princesse.

– Je vous dis qu'il le faut, car mon fils aime madame de Saint-Germain comme un fou, et je ne veux pas qu'il soit malheureux.

– Ah ! dit Charles d'une voix tonnante, vous ne voulez pas qu'il soit malheureux ! lui, le fils de vos douces amours ! et moi, Sire, votre fils unique, votre héritier, votre roi, avez-vous jamais pris soucis que je fusse heureux ou non ; enfant, vous m'avez repoussé, maltraité ; mes frères avaient vos caresses, vos baisers ; moi, souvent, vos mauvais traitements ; jeune homme, vous m'avez humilié, puis vous m'avez imposé deux épouses, pour que j'eusse des enfants ; avez-vous consulté mon cœur ? non, vous avez pensé à perpétuer votre race, et vous ne voulez pas qu'il soit malheureux, lui, et moi, vous m'avez brisé le cœur ; non, non, je serai sans pitié, sans merci pour les autres, comme on a été sans pitié, sans merci pour moi.

Et Charles tout haletant, le front couvert de sueur, retomba dans un fauteuil, vis-à-vis son père, qui se mit à le considérer attentivement.

– Charles, dit-il après un long silence en lui tendant la main, j'ai été trop dur pour toi, me pardonnes-tu ?

Le roi se leva et vint baiser la main de son père sans ajouter un mot.

– Mon enfant, reprit Victor, soyez généreux, cédez aux instances d'un vieillard, accordez-moi votre consentement, je l'ai promis.

– Mais, dit Charles avec effort, je vous ai dit que c'est impossible.

– Charles, par pitié !

– Vous me voyez au désespoir de déplaire à V. M., mais je ne le puis ; et Charles se leva pour sortir.

– Charles, dit le vieillard avec violence, avez-vous entendu que je le veux!

– Oui, Sire.

– Et vous ?

– Ne me forcez pas à vous désobéir.

– Ah ! fit Victor en bondissant, tout rouge et écumant de colère, ah ! me tient-on déjà pour mort qu'on a si peu de respect pour mes volontés ! me désobéir ! eh bien, je vous dis, moi, son père et le vôtre, que je le veux et que ce sera.

– Non ! dit Charles avec amertume ; c'est bien assez déjà d'une mésalliance dans notre Maison.

Victor s'était relevé ; sa main machinalement s'était portée sur la garde de son épée, et d'une voix rauque et gutturale, comme le cri du lion, il s'écria :

– Ne m'insultez pas, je suis votre père et toujours votre roi.

– Ne me faites pas oublier que vous êtes l'un, et que vous n'êtes plus l'autre, reprit Charles hors de lui et les mains crispées avec désespoir.

– Manquer à un vieillard est lâche ; outrager son père est un crime, répondit Victor avec hauteur et mépris.

– Ah ! dit Charles avec tristesse ; me traiterez-vous toujours avec autant de dureté ?

– Il faudrait vous traiter comme un enfant obstiné qu'on châtie ; insensé, qui croyez me cacher le véritable et coupable motif de votre refus, qui repoussez la main qui veut vous sauver et qui tout entier à une folle passion, vous laissez railler par une jeune femme et conduire par vos ministres.

Charles avait tressailli, la colère avait fait place à une sombre pensée qui obscurcissait son front ; enfin il reprit :

– Vous ne savez que m'accuser : quels reproches avez-vous à me faire comme roi ?

– Quels reproches ! ma couronne, ma glorieuse couronne indépendante, qu'en faites-vous ? une feudataire des grandes puissances ? vous êtes descendu au rang d'allié mercenaire, lorsque j'étais moi un rival redouté.

– Que savez-vous des secrets de mon avenir ?

– L'avenir ! fit-il avec mépris, craignez son arrêt.

– Sire, vous jugez mal ma politique.

– J'en juge avec l'Europe.

– L'Europe peut se tromper comme V. M.

– Moi, me tromper ! Croyez-vous avoir affaire à un vieillard radoteur et imbécile ? Plût à Dieu qu'on écoutât un peu plus mes conseils, les choses n'en iraient que mieux! Me tromper ! lorsque vous avez gâté toute ma politique ; en tendant la main à l'Espagne, vous avez lâché l'Italie, l'Italie, sur laquelle vous deviez toujours avoir les yeux fixés.

– Je n'oublie pas ce grand principe de ma Maison.

– Et vous livrez l'Italie à de nouveaux étrangers ! Insensé, qui laissez violer votre mère et qui pleurez sur son déshonneur ! mais vous n'accomplirez pas ce honteux sacrilège ; vous m'avez cru bien changé, si vous avez supposé que mon bras était impuissant à la venger.

– Sire, la colère vous aveugle, vous oubliez que vous me menacez.

– Je n'ai pas besoin de menacer, fit le vieillard avec égarement, je n'ai qu'à reprendre ce qui est à moi.

– Sire, Sire, pas un mot de plus, le fils peut oublier, mais ne forcez pas le roi à se souvenir…

– Des menaces, des menaces, fit-il d'un ton altier, des menaces ! Ajouteriez-vous un crime à toutes vos fautes ? Vos ministres imbéciles sont bien assez lâches pour vous le conseiller.

– Sire, je puis bien oublier que vous êtes mon père, si vous oubliez que je suis votre roi.

– Mon roi, s'écria le vieillard en fureur, mon roi ! Il n'y a pas d'autre roi ici que moi, et malheur aux téméraires qui osent en douter.

– Sire, je vous le demande à genoux, calmez votre raison, ne me forcez pas à me retirer.

– Allez, ingrat, vous aurez bientôt de mes nouvelles, et le vieux roi porta la main à la garde de son épée.

Charles se redressa avec une suprême dignité :

– Fils, j'ai pu tout pardonner ; roi, je ne puis rester davantage. Sire, nous ne nous reverrons plus.

Et Charles tout blême et d'un pas grave traversa les appartements et remonta dans son carrosse. Cette entrevue fut la dernière que le père et le fils eurent ensemble.

L'ingratitude.

Un complot.

CHAPITRE VII

Dans cette même salle basse où nous avons déjà rencontré nos amis le pèlerin et le docteur Riva, nous retrouverons encore à peu près les mêmes personnages, moins le père Beccaria, et, de plus, deux nouveaux individus, qu'à leur épée au côté on devinait être nobles.

C'était, le 27 septembre 1731, la veille d'un jour à jamais mémorable et néfaste.

– Vous croyez donc, fit le plus jeune des deux nouveaux venus, que le roi Victor est décidé à tenter un coup d'éclat ?

– Je crains qu'il ne gâte tout dans son impatience fébrile.

– Docteur, dit Ladislatz, avez-vous agi prudemment en mettant le roi à la tête de notre entreprise ?

– Il nous fallait bien un chef.

– D'ailleurs, dit le plus âgé des deux personnages, avec lesquels nous allons entrer en connaissance, nous n'agissons que dans l'intérêt de la monarchie même, car, si j'ai bien compris, tels sont vos desseins.

– Sans doute, reprit le pèlerin.

– Quant à moi, dit le jeune noble, je n'ai qu'un but, venger la vieille noblesse des arrogances de ce parvenu, de ce marquis d'Orméa, et obtenir qu'on lui fasse son procès, et qu'on le brûle vif avec son édit, concernant les fiefs aliénés, qui ruine la moitié de la bonne noblesse.

– Marquis de Rivarol, vous craignez pour vos belles propriétés du Canavaisan ?

– J'avoue que j'ai cette faiblesse, reprit le marquis en souriant ;

de belles terres, ma foi, un château princier et de bonnes prairies le long de la rivière de l'Acqua d'Oro, gracieux souvenir de madame Christine de France à l'un de nos ancêtres, le comte d'Aglié.

– Et vous, comte Valchieri, craignez-vous aussi l'exécution de cet édit.

– Non, fit le comte, ma famille est plus noble que riche, je hais monsieur d'Orméa, parce qu'il est contraire au pape et à l'Église, et que la société des Bons Cousins ne tend qu'à affermir la religion catholique.

Ladislatz sourit, comme doit sourire Satan ; il échangea un regard avec le docteur. Un nouvel individu à l'air commun entra dans ce moment ; le pèlerin lui tendit la main, mais les deux nobles lui jetèrent un regard de dédain.

– Giordano, fit le docteur, quelles nouvelles avez-vous ?

– Le peuple est prêt à soutenir toute tentative venant du roi Victor et qui aura pour but de lui rendre la couronne, car nous sommes tous las du despotisme du marquis d'Orméa ; il jette l'or de l'État à ses maîtresses, et le peuple meurt de faim.

– Le peuple ! fit le marquis : travaillons-nous pour la canaille ?

– Délivrons-nous du marquis d'Orméa, reprit le comte, nous verrons après.

– Quels sont ces deux hommes ? dit Giordano tout bas au pèlerin.

– Chut, fit celui-ci ; apprends à te contraindre.

– Quel sera le signal qui nous avertira que le moment d'agir est venu ?

– Un coup de canon tiré de la citadelle à minuit.

– Bien, dirent les deux nobles conspirateurs, nous allons en prévenir nos amis ; et ils sortirent après avoir salué avec cette bienveillance hautaine qui distingue les grands seigneurs.

– Pourquoi le père Beccaria n'est-il pas ici ? dit Giordano.

– Parce que le père Beccaria, comme ces deux messieurs qui viennent de sortir, ne doit savoir que très superficiellement ce que nous élaborons dans l'ombre ; chaque association a ses membres véritables et éclairés qui savent où l'on va, et ses dupes qui ne savent que tout juste ce qu'ils peuvent avouer s'ils étaient trop sensibles au premier tour de corde, qui les élèverait sur le chevalet : on peut avoir à subir la torture…

– Ladislatz, vous m'avez donné le frisson avec ce mot ; la torture ! je la vois donner tous les jours et je ne puis y songer sans effroi.

– Je l'ai subie trois fois, dit le pèlerin dont le visage était livide.

– Les hommes valent-ils la peine qu'on souffre tant pour eux ? ajouta Giordane avec amertume.

Il se fit un long silence.

– J'aurais voulu voir le père Beccaria, poursuivit-il ; j'observe depuis quelque temps un phénomène curieux ; j'ai besoin de me consulter avec lui.

– Qu'est-ce à dire ? dit le docteur.

– La nature a des secrets merveilleux, et la physique ouvre un vaste champ aux conquêtes les plus hardies, aux découvertes les plus sublimes.

Le vingt-huit septembre à midi, monsieur d'Orméa se promenait avec assez d'agitation dans son cabinet ; on voyait à son air qu'il attendait quelqu'un ; enfin la porte s'ouvrit, et le comte Caissotti parut.

– Eh bien ! fit le marquis.

– Vos espions ne vous ont pas trompé ; nous sommes menacés d'un danger imminent et d'autant plus difficile à réprimer, que le chef en est le roi Victor lui-même.

– Indomptable vieillard ! j'étais sûr, lorsqu'il abdiqua, qu'il aurait regretté la couronne ; un esprit comme le sien n'accepte pas facilement la seconde place ; aussi ai-je fait tout mon possible pour l'en empêcher.

– Il va nous donner de graves embarras, on ne peut pas le traiter comme un rebelle ordinaire.

– Il faut le mettre hors de la portée de nous nuire ; de l'humeur dont il est, il ne cessera pas de remuer tant qu'il en aura la force.

– D'accord ; mais le roi Charles aime tendrement son père, et fils soumis…

– Comme fils, qu'il pardonne ; comme roi il devra punir.

– Vous croyez qu'il y consentira ?

– Je crois que la couronne est un joyau si précieux, qu'une fois qu'on l'a possédé, on risque tout, mais on ne s'en désaisit pas.

– Ne vaudrait-il pas mieux comprimer le péril, le détourner, avant qu'il n'éclatât ? les suites m'épouvantent.

– C'est ce que j'ai fait ; trois nouveaux régiments et deux escadrons de cavalerie sont venus renforcer la garnison de Turin ; j'ai nommé le marquis Tana gouverneur de la ville et le marquis d'Aix de la citadelle ; je puis compter sur eux ; cette nuit je ferai placer des canons sur toutes les places aux avenues de chaque rue.

– Le roi connaît-il ces préparatifs ?

– Non, c'est inutile de soulever ses scrupules avant qu'il voie la nécessité d'agir.

– Mais comment se peut-il que le roi Victor soit entré dans une conspiration contre son fils ?

– Les rois ne conspirent jamais ; ils sont trop haut placés pour cela ; ils vont où la foule les porte, une fois que, ou par imprudence, ou par ambition, ils se sont livrés à elle.

La tentative de révolte essayée par le roi Victor, son arrestation, celle de la marquise de Spino, l'indigne scène de nuit, quand on arracha le vieux roi des bras de sa femme éplorée, que l'on jeta presque nue dans une voiture entre deux soldats qui l'outrageaient de sales propos, et qu'on la transporta au château de Ceva, maison de force où l'on enfermait les filles de joie, toute cette histoire révoltante et incroyable nous l'avons déjà narrée ; ce sont de tristes pages au commencement d'un règne glorieux.

Victor Amédée fut enfermé dans le château de Rivoli, que l'on transforma en prison, on mit des grilles aux fenêtres de ce même palais où un an auparavant il avait abdiqué en faveur de ce même fils, qui le faisait arrêter et traîner dans une prison !

Les complices.

Six cents hommes gardaient les portes du château de Rivoli ; deux soldats, qui avaient défense de lui parler et même de lui répondre, étaient chargés de surveiller toutes ses actions ; debout, à la porte de sa chambre jour et nuit, ils étaient là immobiles, épiant sur son front jusqu'à l'ombre de sa pensée... Le silence le plus rigoureux lui fut adjoint, on lui enleva ses livres, on lui refusa du papier, et lorsque, frémissant, désespéré, il demandait avec des sanglots des nouvelles de sa femme, on lui répondait par une profonde inclination ; presque frénétique à force de désespoir, forcé d'étouffer dans son cœur la rage qui le suffoquait, un jour d'un coup de poing il mit en éclats une table de jaspe qui ornait sa chambre ; le lendemain de nombreux ouvriers vinrent poser de doubles barreaux de fer à ses croisées, et, il devait subir cet affront, cet outrage sanglant, lui, le vieux roi, le libérateur de son pays, le plus grand prince de sa race !

Mais, tandis qu'il s'agite dans sa prison, comme le lion dans sa cage, voyons ce qu'étaient devenus ses complices. Le marquis d'Orméa avait été très bien informé et à l'heure même où l'on arrêtait le roi Victor à Moncalier, le docteur Riva, son fils, l'apothicaire Giordano, le marquis de Rivarol et le comte Valchieri étaient jetés, les premiers, dans les cachots infects de la citadelle, les deux derniers, comme nobles, dans la prison dcs tours du Palais Madame ; quant au pèlerin, on n'en put trouver les traces, il avait disparu.

Il y avait quelques jours que les trois malheureux amis gisaient sans lumière au fond d'un cachot obscur ; la faim leur avait fait surmonter leur répugnance, et ils avaient fini par goûter le pain noir et infect qu'un gardien silencieux leur portait chaque matin. Depuis quelques instants ils causaient à voix basse :

– On ne peut pas nous retenir sur de simples soupçons, disait le docteur ; qu'avons-nous fait ? encore quelques jours d'épreuve et nous serons rendus à la liberté et à nos amis ; et le docteur prononçait ces paroles d'espoir avec tant d'abattement, que ses compagnons soupirèrent sans lui répondre.

Presque au même instant les verrous de la prison furent tirés avec bruit ; les portes roulèrent sur leurs gonds, et cinq gardiens, précédés d'un homme habillé de noir, entrèrent dans le cachot ; deux gardiens portaient des flambeaux de résine, dont la clarté rougeâtre éclaira l'intérieur de la prison et les différents personnages qui s'y trouvaient, d'une lueur fantastique ; les prisonniers se levèrent vivement, non sans éprouver un sentiment d'effroi, car ils avaient vu un homme chargé de cordes pour les lier.

– Nous vous suivrons sans résistance, dit le docteur avec une noble fierté.

– N'importe, fit l'homme, ce sont nos ordres.

Et malgré leur répugnance et même leurs efforts pour les empêcher, on les garrotta fortement.

– Du courage et que Dieu vous soit en aide, murmura doucement à l'oreille du docteur une voix, qui le fit tressaillir.

Il se retourna vivement et sous les ignobles habits d'un des gardiens, il reconnut l'honnête visage de Pierre, mais si blême, si troublé qu'il devina le sort qui l'attendait ; il n'en marcha pas d'un pas moins ferme ; on leur fit traverser plusieurs corridors, on les introduisit enfin dans une vaste salle splendidement éclairée, où se trouvaient réunis tous les magistrats qui devaient les interroger ; ils étaient présidés par le comte Caissotti.

Les accusés furent invités à s'asseoir non loin de la table du greffier et vis-à-vis le fauteuil du président.

– Docteur Riva, vous êtes accusé d'avoir coopéré au mouvement insurrectionnel, tenté par le roi Victor Amédée contre l'autorité légitime du roi Charles Emmanuel son fils ; c'est un crime de lèse-Majesté.

– Je le nie ; comment aurais-je eu connaissance des projets du roi Victor, puisque, depuis son séjour à Moncalier, je n'ai eu l'honneur d'être appelé que deux fois auprès de lui, par raison de santé, et je ne l'ai entretenu que devant la marquise et ses domestiques ?

L'interrogatoire dura plus d'une heure, les réponses du docteur

La torture.

étaient claires et précises, on n'avait aucune preuve, rien que de vagues soupçons ; il n'en reçut pas moins la question ordinaire et extraordinaire ; au troisième tour on le détacha de la corde mourant, brisé, disloqué ; on le porta anéanti sur le matelas, où l'on déposait les condamnés : puis vint le tour de Giordano, qui soutint avec une égale fermeté la torture, qui, pour lui, fut plus cruelle encore, car, accusé d'avoir voulu empoisonner le roi Charles, après l'avoir détaché de la corde, on lui fit subir le tourment atroce du brodequin.

Le docteur s'était évanoui, et Pierre en se penchant vers lui, fit descendre quelques gouttes d'esprit-de-vin entre ses lèvres entrouvertes ; il rouvrit ses yeux gonflés et sanglants et il vit... horreur ! pour les yeux d'un père, son fils dont les bourreaux se saisissaient, et qui inerte, comme pétrifié de douleur depuis qu'il avait vu son père attaché au fatal chevalet, était resté là immobile, insensible, tournant autour de lui un regard effaré et hébété ; aussi n'opposait-il aucune résistance et ne répondait-il même pas aux demandes de ses juges.

– Infamie ! s'écria le docteur avec désespoir, infamie, un enfant de quinze ans !

– On aura quelques égards pour son âge, dit le comte Caissotti en faisant un signe au bourreau, qui fit tourner la poulie et le corps fluet du jeune homme se souleva violemment ; un cri faible comme un bêlement s'échappa des lèvres de l'adolescent, tandis qu'un rauque sanglot retentissait de l'autre bout de la salle.

– Mon fils, grâce, grâce pour mon enfant, qu'on me mette à sa place, j'ai de la vie encore.

Mais le président impassible continuait à interroger le patient, qui gardait le même silence insensible et hébété.

Le bourreau retira plus violemment la corde, un cri plus déchirant s'exhala encore des lèvres pâles de la victime ; un gémissement plus sourd, plus désespéré répondit seul :

– Pitié, pitié de mon enfant, s'écria le malheureux père en se relevant sur ses membres brisés, pitié !

– Accusé, répondras-tu, dit l'impassible magistrat ? mais le jeune homme toujours silencieux, promenait autour de lui ce même regard épouvanté et atone.

– Faites-le parler, dit le greffier en colère, en se tournant vers le tourmenteur.

Un cri faible et déchirant fut sa seule réponse ; le docteur jeta un regard épouvanté sur son fils.

– Ne voyez-vous pas, dit-il d'une voix qui fit peur aux juges, ne voyez-vous pas qu'il est fou et que mon fils est devenu idiot !

Et le malheureux père retomba évanoui sur sa couverture.

– Qu'on le descende, dit le comte Caissotti devenu tout blême.

On transporta le jeune homme à côté de son père, qui ouvrit ses bras rompus et enflés pour l'étreindre contre sa poitrine violacée par la souffrance. Le médecin de la prison prodigua tous les secours de l'art aux malheureuses victimes de cette législation atroce et barbare : amère dérision ! ces soins prodigués aux condamnés qu'on vient légalement de rompre, ne semblent-ils pas une insulte à la raison et à l'humanité ?

L'arrestation du roi Victor Amédée avait causé une stupeur et une consternation générale ; on n'a qu'à lire les mémoires de cette époque ; sous ces phrases conventionnelles on sentira frémir la sourde indignation qui devait agiter les masses ; on trembla tellement devant l'opinion publique, qu'on menaça de peine de mort quiconque oserait se mêler de discuter sur cet événement.

Victor était toujours aussi étroitement gardé ; la marquise de Spino était toujours prisonnière au château de Ceva au milieu d'ignobles filles de joie ; le marquis de Suze était toujours à Aoste ; il commençait à trembler pour lui-même en voyant les mesures qu'osait prendre le marquis d'Orméa ; la reine dépérissait ; Charles, sombre et silencieux, cherchait à étouffer le cri de sa conscience et de son cœur, qu'il avait dû immoler à la raison d'État.

Quant à madame de Saint-Germain, retirée à la campagne auprès de son grand-père malade, elle avait perdu tout espoir et cessé toute relation avec Amédée ; la crainte de le compromettre l'avait emporté sur son amour, mais avec le bonheur s'était évanouie la fraîche beauté de cette femme de vingt ans ; pâle et maigrie, on voyait qu'un chagrin profond brisait cette vie dans sa fleur.

On était à la fin d'octobre ; le marquis de Caraglio qui, depuis près d'un mois, ne quittait plus son lit, voulut se lever ; c'était une de ces belles journées d'automne, aux chaudes émanations qui rappellent l'été, mais qui sont graves et mélancoliques comme les derniers moments d'un bonheur que l'on sait à jamais perdu, hélas ! l'automne est comme ces jours pleins de tristesse et d'amère volupté qui précèdent le départ d'une personne aimée : ce n'est plus l'espérance, ce n'est pas encore le regret.

Le marquis fit rouler son fauteuil près d'une croisée du vaste salon de son château féodal, situé non loin de l'Abbaye de Colegno ; la vue en était magnifique ; il fixa longtemps, avec ce regard passionné et mélancolique des mourants, ce ciel si beau, cette campagne si riche et puis au loin, au loin, à l'horizon, la silhouette fantastique du château de Rivoli : Blanche vint s'asseoir à ses pieds ; elle regardait avec anxiété les ravages effrayants que la maladie et le chagrin avaient faits sur les traits vénérables de l'octogénaire ; ils gardaient tous les deux un pénible silence ; leurs cœurs trop pleins de larmes craignaient d'éclater en sanglots.

– Mon enfant, dit tout à coup le vieillard, ne pleurons pas sur nous, mais sur lui ; et de sa main décharnée il désigna le château de Rivoli à sa fille.

Blanche baisa sa main sans oser répondre.

– Oh Victor ! oh mon roi ! s'écria-t-il d'une voix brisée, toi captif, toi, dont la volonté agitait l'Europe ! toi, qui sous les murs qui te servent de prison sauvas l'Italie et ta dynastie, toi enfermé par les ordres de ton fils ! Non, des traîtres abusent de son nom et de sa faiblesse ; et le vieux guerrier pleura longtemps les yeux toujours fixés sur le château de Rivoli, que les vapeurs du soir commençaient à effacer à l'horizon.

– Adieu, mon roi, adieu, mon maître, murmura-t-il enfin, plus heureux que toi je vais mourir, et je meurs dans les bras de ma fille, et tu es seul avec tes geôliers !

Et le marquis épuisé d'émotions laissa retomber sa tête sur sa poitrine ; on le transporta dans son lit.

– Blanche, dit-il lorsqu'il fut plus calme, Blanche, j'ai à vous parler, éloignez tout le monde.

Quand ils furent seuls, le noble vieillard prit les mains de sa petite-fille dans les siennes :

– Écoutez-moi, mon enfant, dit-il d'une voix faible, je vais vous laisser seule au monde, et la frayeur que j'éprouve de votre avenir rend ma mort bien cruelle, mais ayez du courage, il vous reste un père : Dieu, il veillera sur vous, il vous sauvera, mais il faut que vous ayez la force de lui tout sacrifier.

– Que voulez-vous dire ?

– Ma fille, le roi Charles a des passions violentes, il a des serviteurs qui ne reculent devant rien pour le satisfaire et affermir ainsi leur puissance. Pauvre jeune femme, comment pourrez-vous lutter seule contre de tels écueils ?

– Quand on suit la voie du devoir, on ne s'égare pas.

– Non, mais on meurt et l'on peut exposer ceux que l'on aime.

– Que faire ? mon Dieu !

– Du courage, mon enfant.

– J'en ai, mon père : que m'imposez-vous ?

– Moi mort, quel sera votre appui ? Vous n'exposeriez pas le marquis de Suze au ressentiment de son frère en l'épousant !

– Hélas, soupira Blanche, je n'ai plus osé y penser.

– À votre âge vous ne pouvez rester ainsi seule, en butte à deux amours, qui tendent également à vous perdre.

– Mon père, dit la jeune femme en tombant à genoux devant le moribond : mon père, je vous jure qu'une heure après votre mort, je serai au couvent des Visitandines de Pignerol pour ne plus en sortir.

– Merci, mon enfant, dit le vieillard en attirant à lui sa petite-fille qu'il couvrit de baisers, merci ; vous rendez ma mort aussi douce, que vous avez fait ma vie heureuse, mon enfant ; je vous bénis ; et ses yeux déjà vitrés se refermèrent doucement.

Quelques heures après un râle convulsif soulevait bruyamment sa poitrine vénérable ; les sifflements déchirants de l'agonie ont quelque chose du bruit de l'ouragan ; hélas ! on dirait le vent de la mort qui emporte le dernier souffle de l'âme humaine.

Toute la nuit et tout le jour du lendemain l'état du malade fut à peu près le même ; Blanche ne quitta pas un instant le chevet de son lit, à l'aube du troisième jour on le crut endormi, il n'était plus.

Blanche s'agenouilla et pleura longtemps devant le froid cadavre de son dernier appui et du seul ami qu'elle eût encore sur la terre ; car, soit par légèreté, soit par crainte, depuis l'arrestation du roi Victor, il faut bien l'avouer, le marquis de Suze semblait avoir oublié et ses serments et son amour.

Retirée au fond de son oratoire, Blanche attendait en pleurant l'heure de son départ pour Pignerol ; on venait de rendre les derniers devoirs au marquis ; décidée à quitter pour toujours le monde, ses amis, sa demeure, les champs, la verdure qu'elle aimait, hélas, et surtout celui qui possédait toutes ses pensées, toutes ses affections, Blanche, les yeux rougis de pleurs, la poitrine haletante, la voix brisée de sanglots, contemplait avec désespoir un portrait d'Amédée, et la force de fuir lui manquait ; elle tordait ses mains avec égarement :

– Non, s'écria-t-elle tout à coup, non, je n'ai pas le droit de creuser un abîme entre lui et moi ; attendons qui viendra me relancer ici…

Au même instant, un bruit de fanfares et de cors la fit tressaillir ; elle prêta l'oreille avec épouvante ; les hennissements des chevaux, les aboiements d'une meute de chiens, des pas précipités, des voix confuses, elle se releva éperdue…

– La chasse royale : dit un valet de pied en s'inclinant devant elle. S. M. le roi demande la permission de présenter ses hommages à madame la marquise.

– S. M. ignore donc l'affreux malheur qui vient de me frapper ? dit Blanche avec une fierté mélancolique.

– S. M. attend dans le salon d'apparat.

Blanche s'achemina grave et digne. Arrivée à la porte du salon, elle fit les trois révérences d'usage, et attendit que le roi lui adressât la parole.

– Madame, dit le roi qui ignorait la mort du marquis, entraîné avec ma suite à la poursuite d'un cerf, le hasard m'a conduit dans votre voisinage, et je n'ai pas voulu passer si près de vous et de mon vieil ami sans venir vous saluer.

– Sire, le marquis de Caraglio n'aura plus l'honneur de recevoir son roi ; mais V. M. trouvera toujours dans son château l'hospitalité que de fidèles sujets doivent à leur maître.

– Madame, que voulez-vous dire ? ces larmes, cette pâleur…

– Dieu a rappelé mon père auprès de lui et m'a laissé seule sur la terre : le marquis de Caraglio est mort hier matin.

Charles Emmanuel couvrit son visage de ses deux mains ; toujours debout devant la marquise également droite, froide et désolée, il pleura longtemps.

– Vous êtes heureuse, dit-il enfin d'une voix sourde, vous avez reçu le dernier baiser de votre père.

Et Charles s'arrêta et regarda Blanche, qui baissa les yeux d'un air sévère.

– Ne m'accusez pas, fit Charles avec douleur, vous ne savez pas quels sont les devoirs d'un prince.

– Sire, je connais ceux d'un fils.

– Ah ! dit Charles, être roi, avoir le poids de la destinée de tant de milliers d'individus ! répondre de leur vie, de leur sang à Dieu et à l'Europe, et voir qu'un caprice de vieillard compromet votre royaume, vos sujets et votre dynastie ! comprenez-vous, Blanche, qu'il y a des crimes qui sont une nécessité ?

Le couvent.

– Non, dit Blanche, je sais seulement que les rois doivent servir d'exemple aux autres hommes.

– Que l'Europe entière m'accuse, dit Charles avec résignation, n'importe, que l'avenir même se méprenne sur mes sentiments, je brave tout, fort du témoignage de ma conscience, qui me dit que je ne pouvais laisser livrer à l'anarchie le peuple que Dieu m'a confié à gouverner ; mais que vous m'accusiez aussi, dit le roi…

– Hélas, fit la marquise, je ne comprends rien à ces hautes raisons d'État ; elles me font horreur et me révoltent.

Le roi frissonna, il leva ses yeux sur Blanche si pâle et si changée, qu'il en fut effrayé.

– Madame, dit-il après un moment de silence, je ne veux pas troubler plus longtemps votre juste douleur ; je me retire ; laissez-moi apporter à la reine l'espoir de vous revoir bientôt à Turin, car, le marquis de Caraglio mort, vous ne comptez pas rester seule ici ?

– Non, Sire, et j'ai déjà choisi le lieu de ma résidence.

– Ne serait-il pas indiscret de vous le demander ?

– Je n'ai aucun motif de la cacher, je suis libre de mes actions.

– Où allez-vous, madame ?

– Près de celui que je puis seul aimer encore dans ce monde.

– Expliquez-vous ! dit Charles, dont les lèvres s'agitaient convulsivement.

– Je compte me retirer dans un couvent, fit le marquise, j'ai fait vœu de me consacrer à Dieu.

– Vous avez fait ce vœu-là, s'écria Charles en bondissant en arrière, vous religieuse ! jamais.

– Personne n'a le droit de s'opposer à ma volonté, fit la marquise avec hauteur, et si les hommes tremblent devant V. M., les rois à leur tour tremblent devant Dieu.

– Oh ! madame, ayez pitié de vous-même, si vous ne l'avez pas de nous ; ne vous immolez pas ainsi.

– Sire, je croyais que le roi sentirait que moins que tout autre il avait le droit de s'opposer à mes désirs.

– Ah ! fit-il en se frappant le front avec désespoir, personne n'a-t-il le pouvoir de vous détourner de ce funeste dessein ?

– Celui qui seul pouvait s'y opposer me l'a ordonné, il a emporté son serment dans sa tombe à peine fermée ce matin.

– Adieu, madame, fit brusquement le roi, j'espère que vous n'accomplirez pas un tel sacrifice.

– Sire, mon confesseur a reçu mon vœu, Dieu seul peut m'en délier, je lui appartiens déjà.

Et la marquise tira de son sein la croix consacrée que le chapelain lui avait donnée en recevant son serment.

Le roi sortit précipitamment, il remonta à cheval, il courut, il courut : son cortège haletant avait peine à le suivre, le front baigné de sueur, il allait, il pressait les flancs de son généreux coursier labouré par les éperons sanglants : l'instinct du noble animal le mit sur la piste du cerf ; alors une ardeur fiévreuse, convulsive emporta le roi, il traversa la vaste plaine, qui depuis Collegno s'étend de Grugliasco à Orbassano jusqu'au pied du château de Rivoli.

CHAPITRE VIII

Depuis qu'il était captif, le roi Victor passait de l'état de la plus violente exaspération au plus morne abattement ; toujours surveillé par ses deux gardiens silencieux, il s'emportait contre eux à des actes frénétiques de rage ; plusieurs fois, presque fou de douleur, il s'oublia jusqu'au point de les menacer de les battre ; mais eux, mornes et silencieux, n'opposaient à toute cette fureur que la froide inertie qu'impose la discipline aux soldats : alors le vieux guerrier honteux et confus se réfugiait dans le coin le plus reculé de sa prison, et pendant de longues heures, pendant des journées entières il restait muet et immobile. Il y avait deux jours que le malheureux prisonnier, plus triste, plus accablé que de coutume n'avait plus prononcé un mot ; le soir de ce même jour qui suivit la mort du marquis de Caraglio, et peut-être pendant la conversation que nous venons de rapporter entre Charles et Blanche, le roi Victor appuyé contre les barreaux de fer de ses doubles grilles, contemplait, rêveur, le ciel et la campagne. L'aspect de cette belle et sereine nature avait prédisposé son âme à des émotions plus douces ; il se mit à se promener d'un pas plus tranquille ; arrivé devant le plus vieux des deux soldats de sentinelle à sa porte, il s'arrêta :

– Je ne me plaindrais pas, fit-il d'une voix triste, si on me donnait des nouvelles de la marquise.

Aucune réponse ne fut faite à cette douce et mélancolique demande.

– Vit-elle encore ? dit-il d'une voix tremblante.

Le vieux soldat, la tête appuyée contre la baïonnette de son fusil, se détourna tristement.

– Mon Dieu, dit le roi, ne pouvoir rien obtenir, c'est ma femme enfin ! et quelles lois barbares s'opposent-elles à ce qu'un mari sache si sa femme est morte ou non !

Et Victor s'éloigna d'un pas précipité, tandis que les deux soldats échangeaient un regard de douloureuse pitié.

Le captif revint s'arrêter devant eux :

– Je ne vous demande pas de me parler, fit-il avec douleur, on vous l'a défendu ; mais un signe, rien qu'un signe qui me dise si elle est en vie ; on l'a peut-être tuée ?

Et le vieillard, tout blême et tremblant, fixait ses impassibles gardiens, qui se mirent à se promener pour cacher leur émotion peut-être.

– Ah ! c'en est trop, s'écria-t-il en frappant du pied avec violence, si mon fils le savait ! Ah ! traîtres, qui abusez de son nom et de son autorité pour me traiter ainsi : si mon fils voyait ces grilles, ces infâmes grilles, il les briserait, comme je brise cette table ; et d'un coup de poing il mit en éclats une table de marbre.

Au même instant, le son joyeux des cors, les cris des veneurs retentirent aux oreilles du roi ; il écouta, le sang remonta à son front, son œil s'anima :

– Qu'est-ce ? fit-il avec émotion.

Le bruit se rapprochait, les pas des chevaux retentissaient sous les murs mêmes de la prison du roi, des bruyantes fanfares sonnèrent ; le cri éclatant de l'hallali s'éleva comme un chant de triomphe : Victor s'élança contre les barreaux de sa fenêtre ; son œil plongea dans le long des murs, et il vit… son fils passer comme une ombre, voler sur son cheval, et glisser sous les fenêtres sans s'arrêter, sans regarder, sans écouter le cri terrible et déchirant que jeta, que hurla son père, et abattre, au milieu des applaudissements de sa suite, le cerf, qui pour échapper à sa fureur semblait se réfugier au pied du mur de la prison de son père [1].

Alors le roi Victor pâle et tremblant se retira de la croisée ; il voulut reprendre sa course, mais ses jambes défaillantes faiblirent

1. Historique.

sous lui ; les deux soldats le regardèrent avec respect, le plus âgé, blanchi sous la consigne, roula une chaise jusqu'au roi.

– Sire, dit-il en s'inclinant jusqu'à terre, reposez-vous.

Victor tomba accablé sans oser laisser éclater sa douleur ; il n'avait plus de larmes.

– Avez-vous des enfants ? fit-il au soldat.

– Oui, Sire.

– Alors je puis pleurer, s'écria le malheureux père en éclatant en sanglots.

Quant à Charles, il ne sut que le lendemain, que dans le délire de sa douleur, de sa passion désespérée, il avait osé braver les convenances jusqu'à ce point : alors il fit transporter le roi son père au château de Moncalier ; on lui rendit la marquise, à laquelle on défendit, sous peine de la vie, de jamais révéler au roi Victor qu'elle avait été conduite au château de Ceva, et ce fut pitié d'épargner cet outrage à ce noble vieillard. Nous avons raconté plus haut sa mort ; ici finit l'époque néfaste du règne de Charles Emmanuel, et commence la carrière glorieuse du guerrier ; nous allons le suivre dans sa marche triomphante ; mais nous verrons que si la nature l'avait doué de ces qualités de brillante bravoure, qu'elle a toujours prodiguées aux princes de la Maison de Savoie, elle lui avait refusé l'énergie nécessaire aux grandes entreprises, et le sentiment qui inspire les grandes actions utiles aux autres ; un égoïste peut faire un acte éclatant, il ne fera jamais une action sublime.

Les négociations avec la France avaient été si secrètes, tous les armements avaient été faits avec tant de mystère, que le jour même où la déclaration de guerre était dénoncée à Vienne par l'ambassadeur Sarde, celui de l'Empereur recevait l'ordre de quitter Turin, et qu'une armée forte de 10 000 hommes se trouva prête pour passer les frontières ; sous prétexte de changer de garnison on avait réuni toutes les troupes dans les environs de Turin ; le marquis de Caraglio, neveu de celui que nous avons vu mourir, bloqua immédiatement Novare et Verceil ; le marquis de La

Pérouse investit Tortone, tandis que 40 000 Français, commandés par le maréchal de Villars, débouchaient par les Alpes. Toute cette armée, bien munie d'armes, de provisions, se trouva prête à passer le Tessin le 30 octobre. Le roi Charles Emmanuel, que le danger grandissait, vint en prendre lui-même le commandement le 2 novembre 1733. L'armée passa le Tessin sur des ponts de bateaux : le secret avait été si religieusement gardé, que les alliés trouvèrent la Lombardie dépourvue de troupes impériales : il n'y avait en tout que 14 régiments, et la mauvaise saison empêchait les Allemands de recevoir des secours de tout l'hiver.

Le général Dhaun, gouverneur du Milanais, pris au dépourvu, jeta une poignée d'hommes dans les forteresses de Milan et de Pizzighettone, et il se retira sous les murs de Mantoue.

Le roi put donc poursuivre le siège des places et soumettre la plaine.

Cette campagne si courte et si glorieuse fut une véritable ovation pour Charles Emmanuel ; à l'approche des troupes alliées, les habitants des villages et des hameaux allaient à leur rencontre avec des branches de lauriers, des couronnes de fleurs ; les cloches carillonnaient en signe d'allégresse, le clergé venait processionnellement au-devant d'eux, les rues où ils passaient étaient tendues de riches draperies, les femmes penchées aux fenêtres faisaient pleuvoir des fleurs et lançaient de tendres œillades aux jeunes soldats français et sardes.

Le cardinal Odescalchi archevêque de Milan, tout le Chapitre, les Magistrats et toute la noblesse allèrent au-devant de Charles Emmanuel, qui fut reçu sous un dais de drap d'or : l'entrée solennelle de ce prince à Milan fut splendide, et on usa à son égard du même cérémonial qu'on observait pour les Empereurs : après le *Te Deum* Charles alla prendre possession du Palais Ducal au milieu des bruyantes acclamations d'une foule enthousiaste.

Le lendemain, après avoir réuni son Conseil et donné au marquis de Rivazzi le titre de Grand Chancelier du Milanais, le roi partit pour aller continuer le siège de Pizzighettone, forteresse regardée comme le boulevard du Milanais.

Le marquis de Coigny, à la tête de dix mille hommes, occupa Milan, tandis que le duc d'Harcourt soumettait Lodi et Crémone.

Pizzighettone arrêta longtemps l'armée gallo-sarde ; le roi et le maréchal de Villars en pressaient vivement le siège ; ils livrèrent plusieurs combats, élevèrent des batteries, ouvrirent des tranchées avec une célérité étonnante ; le roi s'exposa beaucoup en voulant diriger lui-même les travaux ; trois de ses aides de camp et un de ses pages furent tués à ses côtés, sans qu'on pût l'engager à se ménager ; les balles sifflaient en vain autour de lui ; il bravait le danger avec une témérité sublime, hélas ! et peut-être désespérée, car une tristesse impassible pâlissait son front, sa joie était sans sourires et son sommeil sans rêves ; deux images le poursuivaient ; un vieillard captif secouant ses barreaux de fer, et une jeune femme pleurant à travers les grilles d'un cloître !

La prise de Pizzighettone fut un brillant fait d'armes ; la garnison capitula et obtint les honneurs de la guerre ; les alliés trouvèrent plus de cent bouches à feu dans cette place.

La forteresse de Milan ne tarda pas à se soumettre ; Charles, paisible possesseur de cette ville, s'occupa des soins de l'organisation administrative ; il fit émaner plusieurs lois très sages contre le jeu, mais le vieux maréchal de Villars s'indigna de ces lenteurs si nuisibles au succès de leur entreprise ; il voulait qu'on réduisît Mantoue, et qu'on s'avançât vers les bouches du Tyrol, afin d'arrêter l'ennemi aux portes de l'Italie.

Le maréchal de Savoie comte de Rhébinder, homme de guerre expérimenté, appuya vivement dans le Conseil du roi l'opinion du vainqueur de Denain ; Charles, offensé, relégua le maréchal de Rhébinder dans son gouvernement de Pignerol.

Si l'avis des deux vieux généraux eût prévalu sur l'esprit irrésolu de Charles Emmanuel, les destinées de l'Europe et de la Maison de Savoie eussent changé la face du monde ; Charles aurait tourné un feuillet immortel de ce livre où il n'inscrivit que quelques victoires partielles ; il avait au plus haut degré l'héroïsme du soldat, il lui manquait le génie qui fait le général, et le sens politique apte aux grandes choses.

Au printemps le comte de Mercy arriva à la tête d'une forte armée Impériale ; il forma le plan de reconquérir la Lombardie et s'avança pour disputer la Mirandole aux alliés ; le roi s'étant engagé imprudemment, faillit être enveloppé ; secouru par le maréchal de Villars, il parvint à chasser lui-même les ennemis.

Ce brillant fait d'armes fut le dernier exploit du maréchal de Villars qui, affaibli par l'âge et les maladies, aigri surtout par les contrariétés que ses vastes plans avaient rencontrées dans l'esprit de Charles, vint mourir à Turin dans la quatre-vingt-deuxième année de son âge, dans la même chambre, dit-on, où il était né : il exprima le plus grand regret d'expirer dans son lit, lorsque son armée se battait si près de lui ; à l'agonie, apprenant que le duc de Berwick venait d'être tué au siège de Philisbourg.

– J'ai toujours dit, s'écria-t-il d'une voix mourante, que ce bâtard-là était plus heureux que moi !

Cependant Don Carlos s'était rendu maître du royaume de Naples, et le comte de Mercy voulut se venger de ses pertes en essayant de s'emparer du Parmesan et du Milanais.

Le premier juin il prit Calorno et força les troupes gallo-sardes à se concentrer vers Parme, où elles prirent une position si avantageuse, qu'il paraissait impossible de les y forcer ; sur ces entrefaites Charles Emmanuel apprit que la reine était mourante à Turin ; obligé de s'éloigner du champ de bataille, le roi exigea du maréchal de Coigny, qui avait succédé au maréchal de Villars comme généralissime de l'armée française, sa parole d'honneur de ne point attaquer, pendant son absence qui devait être très courte.

Pendant que l'armée se borne à observer l'ennemi et que le roi prend la route de Turin, précédons-le et pénétrons avant lui dans la chambre de la reine.

La tête affaissée mollement sur ses oreillers, et aussi blanche que ses draps de fine batiste, Polixène, les yeux à demi clos, a l'air, tant elle est calme et sereine, d'une de ces statues de marbre, que l'art naïf du Moyen Âge couchait sur la tombe des rois ; la vie semble avoir déjà abandonné ce paisible visage.

Debout à son chevet madame de Salasco la contemple avec ce sentiment de douleur froide, propre aux égoïstes : est-elle affligée de perdre sa maîtresse, ou la place enviée qu'elle occupe auprès d'elle !

La reine rouvrit enfin ses yeux déjà vitrés, et d'une voix faible et suffoquée :

– Comtesse, dit-elle, a-t-on envoyé un exprès au roi ?

– Oui, madame, et S. M. ne peut tarder d'arriver.

– J'aurais désiré, fit la reine, revoir mon amie d'enfance, la marquise de Saint-Germain.

– Sœur Victoire attend le bon plaisir de V. M.

– Faites-la entrer, dit la malade avec un reste de vivacité.

Presque aussitôt Blanche, revêtue du simple et noble costume des Visitandines, entra dans la chambre ; la reine lui tendit la main, et Blanche la porta à ses lèvres en tombant à genoux devant l'Auguste malade, qui retrouvant son doux et mélancolique sourire, dit à son ancienne amie :

– J'ai voulu vous revoir pour vous dire que je vous ai toujours aimée.

– Merci de ces saintes et douces paroles, elles m'aideront à supporter la vie.

– Nous avons été bien malheureuses toutes les deux, Blanche.

– Oui, madame : je suis la plus à plaindre : je vous survis.

– Vous avez été plus forte ; habituée au bonheur, le chagrin m'a tuée.

– Hélas ! fit Blanche en éclatant en sanglots, et n'avoir pu vous sauver de ces douleurs !

– Je ne vous en veux pas, dit la reine avec son angélique résignation ; il faut le plaindre aussi ; vous étiez bien belle !

Et la mourante remarqua, avec effroi, le changement que le malheur avait opéré sur les traits ravissants de la marquise.

– Vous avez bien souffert aussi, continua-t-elle avec émotion.

– Hélas ! fit Blanche en passant sa main maigrie sur son front décoloré.

– Du courage, fit Polixène, Dieu en donne à ceux qui espèrent en lui.

– Je suis calme à présent, dit la religieuse, je n'attends plus rien d'ici-bas !

– Pauvre Blanche, soupira la reine, les femmes meurent et les hommes oublient ! le marquis de Suze est à l'armée, il s'est battu comme un lion.

– Je suis heureuse de savoir que le roi lui a rendu ses bonnes grâces, fit Blanche d'une voix si tremblante qu'on l'entendait à peine, je prie pour eux!

– Priez aussi pour mes enfants, dit la reine ; oh ! les quitter, ne pas avoir eu la force de vivre pour eux!

Et la reine pour cacher ses larmes referma ses yeux fatigués.

Blanche demeura encore longtemps à genoux, immobile et silencieuse au pied de ce lit où gisait sa plus douce amie, hélas ! et dont elle avait causé involontairement le malheur ; elle priait sans doute ; sur un signe de madame de Salasco qui s'était rapprochée, elle se releva et sortit de l'appartement avec ce pas grave et lent qui donne tant de dignité aux religieuses et aux moines.

Une heure après, le roi entrait dans cette chambre où planait déjà la mort. On venait de donner l'extrême-onction à la reine ; l'archevêque, assis auprès du lit, adressait à la mourante ces suprêmes et pathétiques paroles d'espoir et de miséricorde dont les hommes de Dieu savent adoucir la mort.

Monseigneur de Gattinara se leva en voyant entrer le roi, qui vint tomber à genoux devant le lit de la mourante, à la même place où s'était prosternée Blanche.

– Merci, cher Sire, fit la reine avec effort, vous rendez mes derniers moments bien heureux.

– Ah ! fit le roi d'un ton désespéré, pourquoi n'ai-je pu vous donner tout le bonheur que vous méritez!

– Charles, dit la reine avec une sublime douceur, je vous remercie du bien, je ne me souviens pas du mal.

– Généreuse jusqu'à la fin, dit le roi en éclatant en sanglots, vous me pardonnez donc ?

– Je n'ai pas besoin de vous pardonner, dit la reine, je vous aime !

Le roi saisit sa main et la baisa avec tendresse.

Polixène se souleva avec effort pour le contempler, une toux sèche secoua violemment sa poitrine, ses lèvres s'injectèrent de sang et elle retomba affaissée sur les coussins, tandis que le roi laissait rouler ses pleurs le long de son visage.

– Vos regrets me consolent de tout, dit enfin la malade.

– Ah ! s'écria le roi, pouvoir vous racheter au prix de tout mon sang !

Mais la reine avait fermé ses yeux alanguis, la faiblesse confondait ses idées et troublait ses paroles, des mots sans suite s'échappaient de ses lèvres déjà violettes.

– Sire, retirez-vous, dit l'archevêque.

– Non, laissez-moi expier, dit le roi avec désespoir.

Et Charles demeura là tant que la douce et chaste compagne de sa jeunesse conserva un souffle de vie.

Comme nous l'avons dit, le roi, en quittant l'armée, avait exigé du maréchal de Coigny qu'il n'engagerait aucune action importante pendant son absence ; cependant, jaloux de se signaler, le maréchal voulut attaquer l'ennemi, et le 29 il engagea une action qui fut des plus meurtrières, et qui dura depuis l'aube jusqu'à la nuit, sans avantage décisif de part ni d'autre ; les deux armées bivouaquèrent sur le champ de bataille, disposées à recommencer le jour suivant, lorsque le hasard décida la victoire du côté des alliés.

Quelques chevaux détachés allèrent pâturer sur les glacis de Parme, et de là descendirent vers la rivière ; les sentinelles autrichiennes ayant crié : qui vive ? lancèrent leurs coups de fusil ; le canon de la place y répondit, et toute l'armée debout à l'instant fit spontanément et sans ordre un feu général, qui mit le désordre dans l'armée ennemie et lui fit prendre la fuite. Les Impériaux abandonnèrent leur champ, leurs équipages et les blessés ; le comte de Mercy, vieux et aveugle, s'était fait porter dans un fauteuil à la tête de son armée ; il fut tué par une des premières volées du canon ennemi.

Le roi qui revenait de Turin en toute hâte, et le cœur brisé de douleur à cause de la mort de la reine, apprit, chemin faisant, que les deux armées étaient aux mains ; il poursuivit sa route, il arriva au camp lorsque les premiers rayons du soleil commençaient à éclairer la retraite des ennemis.

Parme sauvée ; Guastalla, Modène, Reggio, repris, furent le résultat de cette brillante et sanglante journée.

Près de trois mois s'écoulèrent dans l'inaction.

Le maréchal de Broglie s'était laissé surprendre deux fois avec le corps d'armée qu'il commandait ; le roi de Sardaigne en personne, à la tête de ses troupes, contint les ennemis et répara le désordre.

Le feld-maréchal de Königscetz envoyé de Vienne pour remplacer le comte de Mercy, concentre ses troupes, dans l'espoir d'enlever Charles Emmanuel dans son quartier général de San-Benedetto ; les forces des alliés sont disséminées, l'indiscipline y a fait quelque progrès, mais le roi sait réparer aux unes, et remédier à l'autre.

Le feld-maréchal à la tête de quarante mille hommes dirige alors son plan d'attaque vers Guastalla où les alliés avaient leurs magasins ; tout annonce une bataille.

Le matin du 19 septembre 1734 les alliés ayant réuni leurs forces, le roi donne le commandement de l'aile droite au maréchal

Bataille de Guastalla.

de Broglie, et celui de l'aile gauche au maréchal de Coigny ; quant à lui il se réserve le centre, prêt à voler où sa présence serait nécessaire.

Le comte de Königscetz avait placé sa nombreuse cavalerie dans les hautes broussailles qui couvraient le terrain et s'étendaient jusqu'aux rives du Pô ; une charge brillante engagea l'action ; les alliés soutinrent d'abord faiblement le choc ; Charles Emmanuel accourut, et à la tête de ses intrépides gardes du corps il releva le courage de ses escadrons ; l'artillerie fit ensuite un grand ravage ; les dragons mirent pied à terre et la baïonnette aux dents ils vinrent soutenir l'intrépide infanterie. Charles revêtu de sa simple veste de taffetas blanc, l'épée à la main, se trouvait toujours au fort de la mêlée.

Les obstacles irritaient de part et d'autre le courage de ces valeureuses troupes ; le baron du Verger enveloppé par les Autrichiens, ne pouvant leur échapper, sut dissimuler sa faiblesse et capituler, lorsqu'il était déjà prisonnier de fait ; le combat dura douze heures : à la fin de la journée, les deux armées n'étaient plus que des masses informes, qui sans reculer d'un pas se heurtaient sans cesse ; les bataillons et les brigades en échelons les unes derrière les autres s'avançaient alternativement pour combattre et pour remplacer les morts et les blessés ; une partie de l'infanterie piémontaise, exposée pendant plus de cinq heures au feu le plus nourri, refusa constamment d'abandonner ce poste d'honneur, quoique les valeureuses brigades de Champagne et de Picardie eussent fait plusieurs fois de vives instances pour la relever.

Voyant les ennemis revenir sans cesse à la charge malgré l'opiniâtreté de la résistance, le roi suggéra au marquis de Maillebois qui commandait une brigade sur sa droite, de les charger en flanc à la baïonnette ; cette manœuvre eut un plein succès ; le maréchal de Königscetz se replia le soir même sur Luzzara et repassa le Pô le jour suivant : il avait eu 8 000 hommes tués ou blessés, et 4 200 prisonniers. Parmi les généraux, les Impériaux comptaient le prince de Würtemberg, trouvé percé de coups sur le champ de bataille, et le comte de Calmanero : ils perdirent six canons et de nombreux étendards ; du côté des alliés les personnes attachées au roi eurent le plus à souffrir, parce qu'elles formaient l'aile droite exposée au feu le plus violent des ennemis.

Les Français perdirent dans cette journée sanglante et mémorable le général d'Affry ; le brigadier Monjeu ; Juqui Guébriant, Tassé, Fodea, colonels ; quatre lieutenants généraux furent blessés, ainsi que quatre maréchaux de camp, trois brigadiers, dix colonels et plus de trois cents officiers subalternes.

Parmi les officiers piémontais de distinction qui furent blessés on remarqua le marquis d'Aix, le marquis de Cavour, et l'on déplora la mort du comte Benso, frère de ce dernier.

Charles Emmanuel déploya dans cette journée les plus brillantes qualités qui forment le guerrier, un sang-froid imperturbable, une bravoure intrépide, le coup d'œil de l'observation, le talent de prévoir et de profiter, cette ardeur du péril, ce mépris du danger, qui du courage font l'héroïsme.

Les résultats de cette victoire firent atteindre aux alliés le but de la campagne, puisque Don Carlos était paisible possesseur du royaume de Naples, qu'on lui avait conservé les duchés de Parme et de Plaisance, que l'on avait affaibli la puissance de l'Empereur en Italie, et que le roi de Sardaigne, toujours en possession du Milanais, pouvait espérer qu'on lui laisserait une contrée si solennellement promise et si vaillamment conquise.

Des idées d'équilibre, base alors de la politique européenne, avaient fait applaudir aux avantages obtenus en Italie par les alliés contre l'Empereur Charles VI ; mais déjà les puissances effrayées désiraient que ces avantages n'allassent pas plus loin.

L'Angleterre et la Hollande se chargèrent de négocier la paix : elles laissèrent entendre au cardinal de Fleury, que si leur médiation n'était pas acceptée, elles joindraient leurs armes à celles de l'Autriche pour le maintien de l'équilibre.

Cette politique était bien dans les vues du faible ministre du roi Louis XV ; il donna donc dans cette année (1735) le commandement des troupes en Italie au maréchal de Noailles, avec ordre de traiter ouvertement avec Vienne.

Mais l'Espagne était loin d'adhérer à une politique, qui renversait ses plans de conquêtes en Italie, d'où elle voulait chasser absolument tous les Autrichiens, sûre de dominer alors cette belle contrée et de fonder, peut-être, une monarchie italienne en faveur de Don Carlos.

Les rois de France et de Sardaigne, contraires aux idées dominatrices de leur alliée, se trouvaient, par le sentiment de leur intérêt commun, rapprochés de leur adversaire, avec lequel ils traitaient en secret. Ils n'envoyèrent pas moins leurs troupes sur la ligne de Crémone pour mettre au couvert le Milanais ; le duc de Montemar, général en chef des armées espagnoles, vint les y rejoindre à la tête de vingt mille hommes.

Le maréchal de Königscetz, inférieur en force, abandonna le Senaglio, camp naturel qu'il avait occupé jusqu'alors au pied de Mantoue, et après avoir renforcé la garnison de cette place il se replia sur Vérone et de là vers le Tyrol.

Le duc de Montemar crut alors rester maître du Nord de l'Italie, comme il l'était déjà du Midi ; mais lorsque après avoir réduit la Mirandole il demanda aux alliés de concourir avec les troupes espagnoles au siège de Mantoue, ils refusèrent alléguant les exhalaisons malsaines des marais qui auraient pu être nuisibles aux troupes.

La plus vive indignation s'empara du duc de Montemar, les troupes gallo-sardes furent mises au quartier des rafraîchissements ; le roi Charles Emmanuel partit lui-même pour les eaux de Bodolano dans le Crémonais, tandis que le duc de Montemar résolut de réduire à lui seul la place de Mantoue ; mais le général Allemand ayant reparu, les nobles Espagnols durent renoncer à leur entreprise.

À peine de retour à Turin le roi reçut une lettre du cardinal de

Fleury, lui annonçant qu'un armistice venait d'être conclu entre les Bourbons et l'Empereur ; et il avouait non sans embarras qu'il n'avait pu obtenir la moindre partie du Milanais tant en sa faveur, qu'en celle de l'Espagne.

Ainsi après deux ans de possession Charles devait restituer une contrée qu'il avait conquise et que lui assurait son traité d'alliance avec la France, ainsi il expiait déjà d'avoir rejeté les conseils du maréchal de Villars.

La paix générale fut conclue le 18 septembre 1738. Charles ne donna sa pleine accession aux articles qui le concernaient que le 3 février suivant.

L'Empereur renonça au royaume des Deux-Siciles en faveur de Don Carlos ; l'Espagne en échange céda à l'Empereur les duchés de Parme et de Plaisance et il rentra en possession du Milanais à condition d'abandonner au roi de Sardaigne le Novarais, le Tortonais et quelques petites terres, qu'il devait posséder comme fiefs de l'Empire.

Les six années de paix qui suivirent furent utilement employées par Charles Emmanuel pour l'agrandissement de ses États ; il sut se préparer à la guerre tout en laissant jouir ses sujets des bienfaits de la paix.

L'Empereur Charles VI mourut au mois d'octobre 1740 : l'incendie que cette mort devait allumer couvait encore, mais tout présageait une guerre longue et sérieuse, tant les questions qui allaient se soulever étaient compliquées et graves.

Les rois d'Espagne, de Naples, de Prusse, de Pologne et de Sardaigne réclamaient des droits sur la totalité, ou sur quelque partie de cet immense héritage. Marie Thérèse, fille unique de l'Empereur défunt et femme de François de Lorraine, grand duc de Toscane, avait pris possession de l'Empire de son père. Cette princesse appuyait ses prétentions sur le droit naturel, qui l'appelait à succéder à son père, sur une pragmatique qui réglait l'ordre de succession dans sa famille et que la plupart des puissances chrétiennes avaient reconnue ; mais à quoi servent les droits les plus saints, quand ils ne sont pas soutenus par la force ?

L'Angleterre, la Russie et le roi de Prusse parurent d'abord disposés à embrasser sa cause ; sur le refus que fit la nouvelle souveraine de céder la Basse Silésie au roi de Prusse, celui-ci entra à main armée dans les États de Hongrie et se joignit à la Bavière et à la France pour faire élire le duc de Bavière Empereur.

Charles Emmanuel prit le parti de Marie Thérèse, mais par une conséquence de son caractère indécis et rusé, il fit avec la reine un accord singulier, sous le titre de traité provisionnel ; il conclut avec la reine de Hongrie un accord, par lequel il s'obligeait :

1. à joindre sur-le-champ ses armes à celles de cette princesse, pour arrêter en Lombardie les progrès des Espagnols ;

2. à ne pas mettre en avant ses prétentions sur le Milanais pendant la durée de la guerre actuelle, se réservant à des temps plus tranquilles pour la discussion de ses droits ;

3. il déclarait enfin, que si ses intérêts l'obligeaient à changer de parti, il en avertirait deux mois d'avance la reine et ses généraux.

Ce dernier article est curieux, et donne une idée juste de la politique flottante et tortueuse de Charles Emmanuel.

À peine le traité conventionnel fut-il signé, que le roi le communiqua au cardinal de Fleury et le fit connaître à ses peuples par une proclamation ; quinze jours après, 40 000 hommes étaient prêts à entrer en campagne. Ils prirent position sur les frontières du Milanais ; la reine de Hongrie n'avait que 11 000 soldats en Italie ; les commencements de cette campagne furent favorables à Charles Emmanuel qui marchait de succès en succès ; mais les Espagnols, sous la conduite du marquis de Lamina, qui avait succédé à M. de Glimes, s'étant emparés de la Savoie, le roi, pour voler au secours de cette contrée héroïque et fidèle, traversa le Mont-Cenis dans le cœur de l'hiver ; le froid et les maladies détruisirent presque en partie cette belle et valeureuse armée ; le roi dut rentrer en Piémont au commencement de janvier, cette retraite fut désastreuse ; les soldats gelaient sur la route ; ils arrivèrent à Suze éparpillés et décimés ; le souvenir de cette expédition malheureuse poursuivait Charles comme un remords, car c'est lui qui l'avait résolue contre l'avis de tout son conseil.

Le 15 février les Espagnols remportèrent la victoire de Campo Santo sur les Austro-Sardes ; l'étoile de la Maison de Savoie semblait avoir pâli.

Le traité de Worms fut signé le 15 septembre 1743 entre Charles Emmanuel et la reine de Hongrie, le roi renonçait en faveur de cette souveraine à toutes ses prétentions sur le duché de Milan, s'obligeait à garantir la pragmatique de Charles VI, à défendre les possessions autrichiennes en Italie avec une armée de 45 000 hommes de troupes effectives ; la reine en récompense lui céda le comté d'Agherra au-deçà du Pô, et le Plaisantin au-delà de la Nura, ses droits sur le marquisat de Final ; enfin elle s'engageait à tenir 50 000 soldats à sa disposition en Italie.

À peine le traité de Worms fut-il connu que la France déclara la guerre au roi de Sardaigne ; les hostilités commencèrent immédiatement ; la ligne fortifiée des Alpes, élevée à grands frais par Charles, fut attaquée près des sources de la Vraita par l'Infant D. Philippe en personne, à la tête de 30 000 combattants ; pendant trois jours le roi et l'Infant se disputèrent la place de Château-Dauphin ; mais une neige abondante étant survenue, les Espagnols découragés par le froid se retirèrent en désordre, après avoir perdu 1 000 hommes ; l'Infant quitta l'armée, et de part et d'autre les troupes prirent leurs quartiers d'hiver. Depuis l'affaire de Château-Dauphin les Espagnols renoncèrent au projet de pénétrer en Italie par les Alpes ; le marquis de Lamina voulut tourner cette vaste chaîne de montagnes ; en passant par Nice, il n'y avait que de mauvais chemins à franchir pour pénétrer par l'État de Gênes dans le Monferrat, le Tortonais et le Parmésan.

Depuis la ruine de son château par Louis XIV, Nice ne pouvait plus opposer qu'une faible résistance, aussi se soumit-elle facilement aux troupes ennemies, ainsi qu'il arrive toujours aux villes frontières, qui par leur contact journalier avec un autre peuple, finissent par perdre toute physionomie individuelle, le caractère de nationalité s'efface par le frottement de l'habitude, et l'on ne peut plus attendre de ces races abâtardies cet élan enthousiaste de patriotisme qu'on trouve chez les ardents habitants des capitales ou chez les vierges peuplades des provinces du centre d'un État.

Le prince de Conti, ce héros romanesque, dont une mort prématurée devait conserver le souvenir jeune et brillant à la postérité, car c'est là un des privilèges de ceux qui meurent jeunes, ils ne vieillissent point pour l'avenir, le prince de Conti, qui, avec 50 000 Français avait rejoint l'armée espagnole, combattit avec acharnement le plan du marquis de Lamina ; il voulait franchir les Alpes au lieu de les tourner ; l'Infant, pris pour juge, se décida pour Lamina et le siège du fort de Montalban fut résolu ; ce fort, situé sur la crête d'une montagne, défend les ports de Nice et de Villefranche ; le marquis de Suze en était gouverneur ; dévoué à son frère et à son pays, Amédée avait oublié tous ses anciens ressentiments, et Charles n'avait pas de lieutenant plus fidèle et plus empressé : mais, livré à de vaines amours, pour étouffer la seule passion vraie de sa vie, Amédée, comme beaucoup de jeunes hommes, énervé par l'abus des plaisirs, avait gaspillé ces trésors d'énergie et d'ardeur qu'il avait reçus de la nature. Né pour être un héros, il ne fut qu'un brillant guerrier et un hardi coureur de bonnes fortunes.

Le 19 avril le fort de Montalban fut attaqué ; il opposa une vive résistance, mais les manœuvres des assiégeants furent si habiles, qu'ils parvinrent à s'emparer des quatre principales batteries, firent cinq bataillons prisonniers et se saisirent du marquis de Suze ; le marquis de Cinzano prit le commandement à sa place ; sous la conduite de cet officier les troupes sardes repoussèrent de nouveau les Français, elles restèrent maîtresses du champ de bataille, mais, trop affaiblies, elles durent se retirer et se replier sur Oneille.

Si les Français et les Espagnols avaient su profiter de leurs avantages, ils se seraient ouvert une route triomphale jusqu'au cœur de l'Italie.

Mais la mésintelligence survenue entre les chefs des deux armées, leur fit perdre tout le fruit de leurs premiers succès ; ils abandonnèrent Nice, les positions qu'ils avaient gagnées, la presque-certitude de forcer les ennemis à quitter Oneille, où ils s'étaient renfermés, et ils allèrent de nouveau tenter le passage des Alpes ; le 17 juillet ils attaquaient le poste des barricades au pied du col de l'Argentière.

Le combat de l'Argentière fut un des plus meurtriers de cette campagne : écrasés par la mitraille sarde les Français qui, depuis plusieurs heures combattaient avec ce courage héroïque et désespéré qui fait d'eux les premiers soldats du monde, voyant qu'une lutte plus longue devenait impossible, commençaient à plier ; on allait battre la retraite, lorsque deux régiments français se rallient, et malgré l'ordre de se retirer retournent à l'attaque avec tant d'impétuosité, qu'ils entrent dans l'enceinte de la redoute par son front et par son flanc ; les soldats montaient sur les épaules les uns des autres pour arriver au niveau du parapet, quelques-uns y pénétrèrent par les embrasures des canons ; dès lors le poste ne fut plus qu'un champ de carnage, tout fut écrasé, égorgé, les soldats piémontais s'élancèrent dans le précipice et se vouèrent à la mort plutôt que de se rendre : cent quarante seulement mirent bas les armes, le chevalier de Seyssel et le baron du Verger furent du nombre des morts.

Fiers de cet éclatant succès les Français et les Espagnols cernèrent la place forte de Démont, que défendaient 1 000 hommes de garnison, commandés par le chevalier de Viallet. Le prince de Conti et l'Infant établirent leur camp au petit village d'Aisone, qui avoisinait Démont ; 800 Vaudois répandus dans les campagnes harcelaient les troupes alliées par cette guerre interminable et meurtrière des montagnards, qui finit par détruire les armées les mieux disciplinées, guerre du foyer, que l'art n'enseigne pas et que le patriotisme seul inspire.

CHAPITRE IX

On était dans le mois d'août ; les tentes de l'armée des deux princes s'élevaient coquettement dans la plaine, non loin des toits de chaume des pauvres demeures des misérables habitants d'Isou, la plupart émigrés ou prisonniers ; il régnait dans le camp ce tumulte plein d'ordre qui précède les actions importantes : effectivement on venait de décider dans le conseil des princes qu'on attaquerait le lendemain Démont, et les mesures étaient si bien prises qu'on ne doutait pas du succès.

Dans une prairie non loin des tentes, quelques pauvres paysans, prisonniers des ennemis, s'occupaient à préparer un joyeux repas pour leurs vainqueurs, tandis qu'à leur maigreur et à leurs teint hâve on devinait que, depuis plusieurs jours, les malheureux n'avaient pu assouvir leur faim.

– Malédiction ! murmurait à voix basse et dans son dialecte un de ces infortunés, malédiction ! savoir que ses enfants meurent de faim et préparer pour ces chiens d'étrangers les légumes, que j'avais semés pour eux.

– Prends garde qu'ils ne t'entendent, il pourrait bien te toucher le sort de Gioanni qu'ils ont tué d'un coup d'arquebuse, parce qu'il faisait le récalcitrant.

– Ou celui d'Antonio, que les Espagnols ont crucifié.

– Bon Dieu Jésus, quand est-ce que nous serons délivrés de toute cette canaille ?

– Quand les rois et les peuples s'entendront pour être maîtres chez eux, fit un homme âgé et pauvrement vêtu.

– Ladislatz, dit en se tournant vers ce dernier le plus jeune des paysans qui tournait une immense broche, le roi se bat pour nous ; que pouvons-nous faire pour lui ?

– Traiter vos ennemis comme ils ont traité vos agneaux, répondit-il en désignant les moutons entiers qui rôtissaient sur les flammes.

Un gros rire accueillit cette plaisanterie sanglante, mais à ce rire succéda un silence morne et féroce : le silence de la haine.

– Supposez, fit Ladislatz, que le feu prenne à une de vos cabanes, qu'on ne l'éteigne pas, dans un quart d'heure les flammes auront dévoré tous ces toits de chaume, elles auront grandi, elles seront menaçantes avant qu'on s'en rende maître, l'incendie aura gagné, aura atteint, aura dévoré peut-être ces belles tentes royales dont vous voyez d'ici flotter les bannières aux lis de France et au lion d'Espagne, ajouta-t-il d'une voix brève et saccadée ; que les princes sauvés des flammes, sortent en désordre au milieu de la nuit, troublés dans leur sommeil par cette funeste apparition, le feu ! le feu ! supposez encore que nos frères des vallées, qui errent dans les environs, devinent ce qui se passe, et que, fondant sur les ennemis… les deux princes massacrés, que feraient les soldats ? Malédiction ! les ennemis souilleront-ils toujours le sol de la patrie !

Un frisson courut dans toute l'assemblée, personne ne répondit, mais on sentait un souffle brûlant s'exhaler de toutes ces poitrines, comme on sent le vent de l'orage quand l'ouragan va venir.

À une centaine de pas, à l'ombre d'un bosquet de gros châtaigniers qui bordaient la prairie, une douzaine de soldats espagnols mollement étendus sur l'herbe savouraient les douceurs d'un sommeil, que la chaleur rendait bienfaisant pour ces hommes de fatigue.

Un d'eux se réveilla ; l'odeur appétissante du dîner lui fit en toute hâte appeler ses compagnons ; ils se dressèrent les uns en s'étirant, les autres en bâillant, ou en chantant, et tous joyeux se précipitèrent vers le groupe morne et irrité des malheureux paysans ; le repas fut servi en silence et dévoré avec assaisonnement de rires, de quolibets, de chants, voire même d'amers sarcasmes lancés aux vaincus.

– Holà ! du vin, fit un soldat en s'adressant au plus vieux de ces hommes.

– Je n'en ai plus, vous me l'avez tout pris, répondit celui-ci d'une voix sourde et irritée.

– Je crois qu'il se plaint ! s'écria l'Espagnol avec un éclat de rire cruel et méprisant : du vin, te dis-je, va nous quérir du vin.

– Où voulez-vous que j'aille en prendre, je n'ai plus ni cellier, ni cabane, vous avez dévasté l'un et brûlé l'autre.

– Qui ne croirait ce vieux coquin, avec ses jérémiades ?

– Par Saint Jean de Compostelle mon patron, fit un Castillan à l'œil noir, apprends à gouverner ta langue si tu n'as pas envie qu'on t'en débarrasse, et va nous chercher du vin.

Le vieillard demeura immobile sans répondre.

– Iras-tu ? hurla le soldat.

– Buvez mon sang si vous le voulez, fit le paysan d'un air féroce, mais je ne puis vous donner ce que je n'ai pas.

– Tu mens, vociféra l'Espagnol, tu as caché ton vin avec ta femme et avec ta fille.

– Que dis-tu, fit le paysan, dont les dents claquaient de colère.

– Je dis que tu as caché ton vin et ta fille, et que je saurai découvrir ces deux trésors, pour boire l'un et…

Mais avant qu'il eût pu achever sa pensée brutale, le paysan d'un vigoureux coup de poing avait fracassé sa mâchoire ; le sang jaillit ; à cette vue les soldats se dressèrent, les sabres furent tirés, de part et d'autre les coups suivirent les coups, le vieillard se rua sur son adversaire, la lutte fut suprême et désespérée, Ladislatz et le jeune pâtre s'efforcèrent de l'arracher des mains des soldats ; écrasés par le nombre, les malheureux paysans furent tués ou saisis par les Espagnols ; quelques-uns voyant que toute résistance était devenue impossible, se sauvèrent à travers les champs ;

quant au malheureux vieillard, percé de coups, il tomba vivant encore dans les mains de ses barbares ennemis.

– Tuons-le, tuons-le, hurlèrent-ils tous à la fois.

– Qu'il nous dise où il cache sa fille et son vin, sinon écorchons-le comme Saint Barthélemy.

Insensible à cette atroce menace, le pauvre homme tournait autour de lui un regard désespéré, mais ne répondait pas.

– Parleras-tu ?

Même silence.

– Nous allons te lier à cet arbre et t'écorcher comme un agneau.

Le paysan frissonna sans répondre.

– Ta fille, où est ta fille ?

Le malheureux père serra ses poings avec désespoir et soupira bruyamment.

– Entêté vieillard, veux-tu être écorché ?

– Au nom de Dieu ayez pitié de moi, fit le paysan devenu tout blême.

– Pas de pitié, dis-nous où est ta fille !

– Non, fit le père avec un effort désespéré.

Alors on se jeta sur lui, on le prit, on le garrotta, on le lia à un arbre, et au milieu d'une soldatesque indisciplinée et barbare, commença une scène épouvantable, impossible à décrire, scène, qui de nos jours ne s'est que trop souvent renouvelée en Espagne : on n'entendit que des hurlements, des cris, des rires, des blasphèmes, et qu'un gémissement, déchirant, désespéré, inouï...

Ce supplice atroce dura longtemps, bien longtemps ; les bourreaux lassés abandonnèrent leur victime encore vivante, et ils retournèrent au champ, où les rappelait le roulement du tambour.

Il était minuit, le silence s'étendait dans la plaine, on n'entendait d'autre bruit que celui des pas graves et uniformes des sentinelles, le ciel était chargé de brouillards, la nuit était voilée, un vent assez vif agitait la cime des arbres ; pourtant, à ce frôlement des feuilles s'ajoutait, si l'on eût bien écouté, une autre rumeur indécise et craintive, le bruit du pas furtif d'un homme qui s'avançait à travers la forêt et se dirigeait vers la prairie, théâtre quelques heures auparavant d'une scène si épouvantable ; l'inconnu s'avançait pas à pas retenant son haleine, quelquefois courbé vers la terre pour échapper à tous les regards ; l'oreille toujours tendue au moindre bruit, il s'arrêtait, écoutait avec angoisse, et sûr de ne pas être découvert, il poursuivait sa marche pénible et périlleuse ; arrivé à la lisière du bois il s'était arrêté pour tâcher de s'orienter dans l'obscurité.

– Ce doit être ici, se disait-il à lui-même.

Et sa main chercha en tâtonnant à se frayer un sentier à travers les arbres… Ses cheveux se dressèrent d'horreur sur sa tête, il étouffa un cri et sentit ses jambes fléchir sous lui ; sa main en s'avançant avait touché un cadavre cloué à un arbre, il le sentit mouillé de sang… il n'osa pas penser, il recula avec épouvante, il s'arrêta, la sueur baignait son front et ses membres tremblaient.

Mais il rassembla ses forces, il se remit.

– Vengeons-le, dit-il à demi-voix.

Et d'un pas ferme, assuré, il franchit le bois, traversa la prairie comme mû et guidé par une force surnaturelle ; il se dirigea, sans dévier d'un pas, vers l'endroit où nous avons vu ces pauvres paysans occupés à préparer le repas des Espagnols, qui allaient devenir leurs bourreaux ; son cœur battait, il retenait son souffle, son pied n'osait plus toucher la terre, son œil fixe sur le sol regardait autour de lui avec anxiété ; tout à coup il vit briller quelque chose… il tressaillit ; Dieu soit loué ! dit-il, et se baissant promptement, il ramassa des menus brins de broussailles, en fit une brassée, et tout joyeux, haletant, se pencha vers ce qui brillait à terre, et qui n'était qu'un énorme charbon encore allumé, le cacha dans les copeaux de bois, se releva, courut, vola, atteignit, leste et fugitif comme une ombre, une cabane abandonnée, grimpa sur le toit de chaume, enfonça la braise sous la paille, l'attisa de son souffle puissant ; le charbon lança une vive lueur, puis une gerbe d'étincelles qui jaillit en paillettes enflammées ; la flamme prit à quelques brins de paille ; Ladislatz, car c'était lui, sûr du succès de son entreprise, sauta à terre et courut à quelque distance pour assister au drame qui allait se dérouler devant lui.

En quelques secondes le feu avait pris au toit, il s'était propagé, il avait couru, il s'était changé en immense incendie, qui glissait comme un serpent de feu d'une cabane à l'autre, les embrassant de sa ceinture de flammes ; dressant sa crête lumineuse, léchant de sa langue de feu les faibles murs de bois de ces pauvres huttes qui tombaient en cendres à chaque étreinte du colosse brûlant ; bientôt des cris d'alarme retentirent dans le camp ; les soldats s'éveillèrent en désordre, on crut à une sortie de l'ennemi, on courut du côté opposé vers le fort de Démont ; tout était tranquille de ce côté-là ; alors seulement on s'aperçut que l'ennemi qu'on avait à combattre était bien autrement terrible : le feu ! le feu ! cria-t-on de toutes parts, tandis que les flammes intelligentes se développaient d'une manière extraordinaire vers le côté du camp où s'élevaient les deux tentes des princes.

Tout à coup des cris sinistres et menaçants s'élevèrent du côté des montagnes. Les Vaudois ! les Vaudois ! hurlèrent les Espagnols en sortant demi-nus de leurs tentes, au feu ! au feu ! les Vaudois ! Ces cris d'alarme retentissaient dans le camp ; comme on voit une nuée d'oiseaux de nuit sortir à la lueur d'une torche enflammée de la grotte obscure où ils se sont réfugiés, ainsi on vit surgir de tous côtés des paysans armés de perches et de faux, prêts à fondre sur leurs vainqueurs arrogants et cruels.

Le tumulte et le désordre se mirent dans le camp, les soldats tombaient percés de coups par une main invisible, les cris se mêlaient aux cris, la lueur sinistre de l'incendie éclairait seule cette scène de carnage et de désolation ; armé d'un poignard l'infatigable Ladislatz était partout ; déjà une bande d'intrépides

Vaudois sous sa conduite s'avançait vers les tentes royales… mais, prévenus à temps, les princes s'étaient sauvés.

– Malédiction, fit le féroce Polonais, nous sommes venus trop tard !

En un instant les riches pavillons furent dépouillés de toutes leurs richesses ; les Vaudois se ruèrent sur tous les trésors offerts à leur cupidité.

– Assez, criait Ladislatz, je ne vous ai pas conduits au pillage !

Mais eux, sourds à cette voix, perdaient un temps précieux pour la patrie.

– Commencez par tuer, criait le Polonais, vous volerez après ; ne laissez pas échapper un Français, ni un Espagnol ! mort ! mort aux étrangers !

– Mort aux étrangers ! criaient les paysans et les Vaudois réunis autour de Ladislatz ; vivent Charles et Marie Thérèse !

Pendant ce temps les troupes alliées s'étaient réunies ; revenues de leur frayeur première, elles organisaient une défense sérieuse. En les voyant se concentrer avec une entente si savante, Ladislatz branla la tête avec découragement : nous sommes perdus, fit-il, si le chevalier de Viallet ne tente pas d'enfoncer les rangs du prince de Conti par une sortie imprévue et hardie.

Au même instant, une bombe, lancée du sein des bataillons français, alla tomber près des magasins à poudre de la forteresse ; le feu prit à une poutre, la flamme gagna avec rapidité, mais par un inexplicable motif le chevalier Viallet fit hisser immédiatement le drapeau blanc et demanda à l'ennemi de se rendre et de livrer la forteresse ; la garnison entière fut faite prisonnière ; la mort sauva le chevalier Viallet du châtiment terrible qui l'attendait. Mais sa mémoire n'en passa pas moins par un conseil de guerre qui le flétrit de lâcheté, si ce n'est de trahison.

Démont occupé par les alliés, Coni restait ouvert et le roi exposé à toutes les tentatives des ennemis.

Les princes effectivement ne tardèrent pas à entourer cette

Les Vaudois.

place ; le roi réunit toutes ses forces pour en empêcher le siège ; le baron Leutron, Allemand, en était gouverneur, c'était un homme de cœur et de talent, et dévoué à son maître ; la tranchée fut ouverte devant Coni dans la nuit du 12 au 13 septembre ; le siège fut vivement pressé par l'armée française-espagnole ; cependant il dut être levé au bout de six semaines ; la place aurait succombé peut-être avant ce terme, si le roi n'avait pris la détermination de livrer une bataille aux assiégeants quoique avec des forces inégales.

Le roi quitta son camp devant Saluces le 26 septembre, et, marchant sur la Stura entre Coni et Fossano, il se disposa à attaquer les ennemis dans leur position de la Madonna de l'Olmo ; le combat s'engagea le 29 à huit heures du matin ; il dura jusqu'au soir ; les Piémontais furent écrasés par l'artillerie ennemie ; le roi dut se retirer après avoir perdu 2 269 hommes ; le débordement des rivières força bientôt les alliés à lever le siège de Coni ; ils firent sauter Démont et rentrèrent en France par le col de l'Argentière.

L'année suivante (1745) le mariage du Dauphin avec l'Infante Marie Thérèse donna une nouvelle énergie aux tentatives de ces deux puissances pour enlever le Milanais à l'Autriche, afin d'accroître l'apanage de l'Infant D. Philippe. La France rechercha l'alliance des Génois pour s'assurer un passage afin de pénétrer en Lombardie ; le maréchal de Maillebois conçut le projet de réunir toutes les forces de la France et de l'Espagne dans la Ligurie ; il parvint à concentrer à Novi deux armées, l'une venant de Naples, l'autre de Provence ; après trente jours de marche à travers les chemins les plus rocailleux et tous les périls qu'offre un pays occupé par les ennemis, l'armée de Naples, commandée par le comte de Gages, se réunit à l'armée française sous les ordres de Maillebois ; dès que les Génois virent leur territoire à couvert, ils déclarèrent leur alliance avec les Bourbons, auxquels ils fournirent 40 000 hommes avec un train d'artillerie et un siège de campagne ; Don Philippe se trouva ainsi à la tête d'une armée de 80 000 hommes.

Le roi de Sardaigne et le maréchal de Schallembourg étaient sur la défensive ; ils n'avaient pas moins de 30 000 hommes ; ils établirent leur camp à Bassignana au confluent du Pô et du Tanaro, position habile qui leur permettait de veiller ainsi à la défense de la Lombardie et du Piémont ; ils s'y fortifièrent ; le danger développait le courage et le génie de Charles Emmanuel ; quand une passion l'animait il y avait de la lumière dans son âme.

Les quatre alliés commencèrent par foudroyer le fort de Serravalle, que l'intrépide De-Rossi fut contraint de livrer après dix jours de résistance ; ils attaquèrent ensuite la forteresse de Tortone, que le chevalier de Barolel défendit avec une opiniâtreté héroïque pendant vingt-cinq jours de tranchée ouverte. Le maréchal de Maillebois, craignant de se mesurer avec Charles, que sa position rendait plus redoutable, se servit d'une heureuse ruse pour lui faire perdre ses avantages ; il feignit de se jeter sur la Lombardie : le maréchal Schallembourg, dupe de cette contremarche, quitte le camp du roi et vole au secours de Milan ; alors les alliés franchissent le Tanaro, attaquent le roi sur six points différents et l'accablent de leurs masses imposantes ; le centre est enfoncé malgré les efforts désespérés du jeune duc de Savoie ; Charles Emmanuel lutte longtemps à l'aile droite, mais forcé bientôt à la retraite par la déroute du reste de l'armée, il se retire sous Valence où les Autrichiens et Schallembourg viennent le rejoindre ; les vainqueurs vont mettre le siège devant Alexandrie ; pour protéger cette ville le roi s'établit en avant de Casal ; les Espagnols se jettent sur Valence, que le marquis de Balbian défend jusqu'à la dernière extrémité ; à la veille d'essayer l'assaut, il forme le projet de laisser cent hommes au major de Ruffi et de conduire le reste de la garnison au roi : après avoir encloué les canons et jeté ses munitions dans le Pô, il traverse ce fleuve et à la faveur des ténèbres il arrive par la Lomelline auprès du roi qui le comble d'éloges.

Maîtres de Valence les Espagnols s'unirent aux Français pour prendre Casal ; Charles Emmanuel, après avoir perdu la capitale du Montferrat, se replia sur Trino. La perte de Casal fut le dernier événement de cette campagne si désastreuse pour le roi de Sardaigne ; les Français et les Espagnols tenaient le cours du Pô depuis Casal jusqu'à Pavie.

Outre le Montferrat, ils s'étaient rendus maîtres de l'Alexandrin, du Tortonais, de la Lomelline, de la ville de Milan, du Pavesan, de presque tout le Milanais, de Parme, et de Plaisance.

Charles Emmanuel supportait ses revers avec cette froide et austère fermeté qui tenait autant de son caractère que des sentiments de haute piétié dont à cette époque il était déjà pénétré.

Mais la fortune sembla se retourner vers lui plus souriante cette fois ; la France, en le voyant dépouillé de presque tous ses États, crut qu'il serait plus aisé de traiter avec lui : elle lui fit faire des propositions de paix, et tâcha de le détacher de l'Autriche ; Charles écouta assez favorablement les avances de Louis XV, avec lequel il eut des communications directes, le marquis de Gonzegno et M. de Champaux convinrent des préliminaires, qui devaient être suivis d'un armistice, et celui-ci d'une paix définitive.

Dans le mois de février 1746 le fils du maréchal de Maillebois vint à Rivoli, revêtu de pleins pouvoirs, pour conclure la paix avec le roi de Sardaigne, qui chargea le comte Bogino d'en conférer avec l'envoyé de France ; fidèle à son alliée l'Impératrice, le roi ne voulut accepter aucune condition contraire aux intérêts des Autrichiens en Italie.

– La cause de votre alliée périclite, disait Maillebois au comte Bogino, nous allons ouvrir la campagne par le siège de Turin.

– Le roi s'y prépare à tout événement, reprend le ministre Piémontais, la fortune s'annonce plus favorable, Asti est repris et Alexandrie probablement délivrée.

Le comte de Maillebois sourit à cette réplique, qu'il considéra comme une bravade du ministre piqué de sa menace, mais il ne tarda pas à apprendre que le comte Bogino était bien informé des faits ; car, le roi craignant de voir assiéger Turin, si Alexandrie succombait, voulut ouvrir la campagne par un coup d'éclat ; il résolut de secourir Asti, où le marquis de Caraglio luttait contre tous les genres de besoins.

Le baron de Leutron chargé de cette expédition, tombe avec la rapidité de la foudre sur Asti, dont la défense est confiée au marquis de Montel ; ouvrir au premier abord une large brèche aux remparts de cette ville, couvrir les collines de paysans armés, menacer les assiégés d'un assaut, forcer le général français à se constituer prisonnier avec 5 000 hommes, envoyer au roi vingt-sept drapeaux enlevés à l'ennemi, c'est l'œuvre d'une seule journée ; les Espagnols se crurent trahis et se retirèrent en Lombardie ; le siège d'Alexandrie est levé, il était temps ; les officiers s'y trouvaient réduits à cinq onces de pain par jour ; tous les chevaux étaient mangés ; Acqui, Moncalvo, Casal, Vigevano, Valence tout le Piémont est repris, excepté Tortone.

La France mécontente de ses alliés pensait à assurer le repos de l'Italie d'une manière irrévocable ; le marquis d'Argenson ministre des affaires étrangères traça un plan qui tendait à exclure la maison d'Autriche de l'Italie, et à répartir ce qu'elle y possédait entre le roi de Sardaigne et les deux Infants d'Espagne établis à Naples et à Parme. La Lombardie et la rive gauche du Pô devaient appartenir à Charles Emmanuel, et la partie à la droite de ce fleuve à Don Philippe de Parme : une note, tracée de la main de Louis XV, fut mise sous les yeux de roi pour le déterminer à faire sa paix particulière.

À l'époque de cette histoire, où nous sommes arrivés, Charles Emmanuel âgé à peine de quarante-huit ans avait déjà l'aspect d'un vieillard ; les passions et les chagrins avaient blanchi ses cheveux et sillonnés son large front de rides profondes ; ses yeux d'une grande magnificence, chargés d'un vaste ennui, se levaient rarement vers ceux qui lui parlaient ; on aurait dit qu'absorbé entièrement par sa pensée, il dédaignait ou fuyait toute communication avec l'extérieur ; sa bouche, sans lèvres et sans sourire, était flétrie ; aucune trace de bonheur n'y révélait un sentiment tendre ou gracieux ; maigre et voûté de corps, on devinait ses souffrances cachées ; une âme torturée avait pu seule dévaster ainsi cet homme jeune encore et d'une austère conduite.

Pauvre âme étiolée, qu'un rayon de ce soleil qu'on appelle l'amour n'était pas venu féconder !

Seul, dans son cabinet, Charles tenait un papier entre l'index et le pouce de sa main gauche, il paraissait pensif et préoccupé.

– Il fut un temps, dit-il enfin, où une semblable proposition eût fait bondir mon cœur de joie et d'orgueil, mais à présent mon cœur est mort, la vie m'a dit son dernier mot, ~~je n'aspire~~, je ne veux plus rien ; accepter les propositions de la France ce serait me jeter encore dans cette politique hasardeuse de mon père ! politique qui élève ma Maison sur un des premiers trônes du monde ou l'arrache de celui qu'elle occupe ; est-il sage de le tenter ? en ai-je les forces ? moi mort, mon fils a-t-il la capacité de poursuivre une aussi vaste entreprise ? Non, Victor sera un bon roi, mais jamais un grand roi ; l'honneur me permet-il d'accepter des propositions aussi favorables pour moi au détriment de mon alliée Marie Thérèse ? Non, non, reprit-il avec véhémence, et ce n'est pas moi qui ferai une tache à mon loyal écusson.

Et Charles agita vivement une sonnette ; le marquis Del Carretto, qui était chargé du portefeuille des affaires étrangères depuis la mort de M. de Saint-Thomas, parut devant le roi.

– Monsieur le ministre, rendez cette note à monsieur l'ambassadeur de France, ma délicatesse serait compromise si j'acceptais un traité particulier.

– Sire, les propositions du roi de France sont si avantageuses à la Maison de Savoie…

– Quels avantages peuvent l'emporter sur l'honneur ?

– La raison d'État a parfois des principes élastiques…

– Assez ; j'ai chargé le comte Bogino d'en conférer devant le Conseil d'État, mais telle est ma volonté.

Le ministre s'inclina et sortit. Charles resta silencieux et pensif.

– Ai-je bien fait ? dit-il enfin : n'ai-je pas pris pour de la prudence ce qui n'est que lassitude et dégoût chez moi ? l'intérêt de mes peuples n'exigeait-il pas que je prisse une autre détermination ? les rois sont malheureux, ils n'ont que des flatteurs, des ennemis et des valets !

Et Charles, pour fuir ces pensées accablantes sortit seul à pied, ainsi qu'il le faisait quelquefois, il franchit les portes de la ville et s'aventura dans la campagne; la terre était couverte de neige, il faisait ce froid vif et sec qui dispose l'âme à la gaîté, le ciel était brillant et le soleil versait de chauds rayons ; Charles modestement vêtu passait inaperçu ; il traversa le pont de bateaux qui traversait le Pô et s'achemina vers le bourg de la Madone du Pilon : prêt à entrer dans l'église, il aperçut un pauvre vieillard assis sur un banc de pierre ; il se réchauffait au soleil ; le roi le salua d'un signe de tête ; car Charles, tourmenté par l'image de son père, éprouvait comme un sentiment de déférence expiatoire pour tous les vieillards.

– Monsieur, dit le pauvre, Dieu a pitié de nous, lui, il nous envoie le soleil pour nous ranimer.

– La journée est magnifique, reprit Charles en s'asseyant, sur un banc peu éloigné.

– Hélas ! fit le vieillard, quand j'étais jeune je ne cherchais pas oisivement les rayons du soleil ; l'orage avait des jours de fête pour moi, quand je pouvais les utiliser pour mon pays.

– Avez-vous été soldat ?

– Non pas avec l'épée, mais avec la parole.

– Prêtre alors ?

– Apôtre de l'idée et soldat de l'action.

– Expliquez-vous.

– Les temps sont changés, on ne me comprend plus, fit-il avec cet air morose et mécontent qui caractérise les vieillards.

– J'aime la conversation des personnes âgées ; elle instruit.

– C'est signe que vous êtes bon, les jeunes présomptueux d'à présent croient tout savoir et nous méprisent : nous valions mieux qu'eux pourtant.

– Vous croyez !

– Nous étions des géants, ils sont à peine des nains.

Le roi sourit et répliqua :

– Les vieux ont toujours cru les jeunes incapables ; ceux-ci, à leur tour, accuseront leurs enfants ; c'est la nature humaine.

– Peut-être ; mais on ne peut nier que dans mon temps, c'est-à-dire dans celui du grand roi Victor, les choses allaient autrement.

Charles soupira.

– Nous avons eu de belles journées pourtant, dit-il, la bataille de Guastalla.

– Sublime victoire, fit le vieillard avec enthousiasme ; Charles Emmanuel est un grand guerrier, mais il n'est pas homme politique ; la victoire de Guastalla qui pouvait changer la face du monde est restée un brillant fait d'armes isolé.

Le roi regarda avec curiosité cet homme humble et couvert de haillons qui le jugeait ainsi, avide de savoir avec qui il avait à faire, et, sûr de ne pas être connu, il poursuivit :

– Mon brave, vous êtes sévère pour le roi, mais pour juger des actions des princes il faudrait connaître leurs secrets ; les motifs de leur conduite échappent à des gens plus haut placés que vous.

– Le ver de terre se glisse dans le palais des rois, et tel que vous me voyez…

– Je devine que vous n'avez pas toujours porté ces habits, ni occupé cette position.

– Et vous ne vous trompez pas ; ma vie a été active et j'agirais encore, sans cette maudite jambe, dit-il en frappant sur sa jambe de bois.

– Ah ! fit le roi, je n'avais pas remarqué que vous étiez privé d'une jambe.

– C'est un souvenir glorieux pour moi.

– L'avez-vous perdue en combattant ?

– On a dû me l'amputer après la prise de Démont ; elle était rôtie.

– Désastreuse journée ! soupira Charles.

– Oui, sans le chevalier Viallet nous faisions les deux princes prisonniers.

– Je ne me suis donc pas trompé en disant que vous étiez soldat.

– J'ai fait un peu de tout, mais ce jour, ou plutôt cette nuit-là j'ai incendié le village d'Aisone, pour mettre le feu au camp des ennemis, et vous voyez, j'y ai laissé ma jambe.

– Que d'actes de dévouement qui restent inconnus ! fit Charles : mon brave, vous avez bien mérité de votre pays.

– Je ne suis pas Piémontais.

– Alors, quel intérêt aviez-vous ?

– L'intérêt qu'ont tous les hommes de cœur à combattre pour tous les pays malheureux.

– Je ne vous comprends pas, fit Charles, en le fixant attentivement.

– Je le savais, reprit le vieillard avec tristesse.

Il y eut un moment de silence.

– Où êtes-vous né ? ajouta Charles s'oubliant à l'entendre causer.

– En Pologne.

– Quels événements vous ont fait quitter votre pays ?

– C'est une lamentable histoire, dit le vieillard d'un air sombre.

– Contez-la moi, j'aime les récits.

– Je ne vous connais pas, mais vous m'inspirez de la confiance, et puis, nous vieux que demandons-nous ? qu'on nous écoute, et je suis seul.

– Vous n'avez pas de famille ?

– Non, j'avais un ami, il est mort : pauvre docteur Riva ! fit le vieillard en portant la main à ses yeux.

– Le docteur Riva, avez-vous dit… n'est-ce pas ?

– Lui-même qui fut faussement accusé d'avoir excité le roi Victor…

– Silence, dit Charles en se levant brusquement ; silence, ne parlons pas de ça ! et ses traits étaient devenus livides.

– Non, fit le Polonais, c'est trop triste à se rappeler.

Charles s'était assis, sombre et les yeux cloués vers le sol ; il n'écoutait même plus le vieillard qui continua :

– La Pologne est une belle, une héroïque contrée, mais il faut qu'elle passe par un baptême de sang ; ses institutions l'ont tuée et constituée comme elle l'est ; elle est la proie des premiers conquérants qui voudront la démembrer ; la cause qui rend les nations invincibles n'existe plus en elle.

– Quelle est cette cause ?

– La liberté du peuple et la dignité pour chaque individu ; la nation y est esclave, l'homme y naît serf ; une nation ainsi constituée ne peut exister dans nos temps.

– Vous avez raison, fit le roi ; le bonheur des masses est la force et la prospérité d'un État.

– Je suis né en Lituanie, dit le vieillard ; jeune, ardent, j'aimais une jeune fille, belle, comme elles le sont toutes dans ces contrées, où les femmes semblent des anges ; Vaniska éclipsait toutes ses compagnes ; malheur, car le seigneur du pauvre village, que nous habitions, la vit et s'éprit d'elle ; je ne redoutais pas son amour, car je savais qu'elle était aussi sage qu'elle était belle ; agréé par son père, le jour de notre mariage fut fixé ; le matin, j'allais heureux et fier chercher ma douce fiancée pour la conduire à l'église ; je reçus ses serments devant Dieu au milieu des cris de joie de tous nos amis, la journée se passa en réjouissances, et le soir… le soir, monsieur… avez-vous entendu parler de l'infâme droit du jambage que possédaient nos seigneurs, et dont ils ont le privilège d'user quand ils le veulent ? le soir on enleva ma fiancée, ma vierge Vaniska de mes bras…

– Horreur ! fit le roi.

– Oui, horreur ! le lendemain on la trouva morte, percée de coups de couteau, au pied du lit de cet infâme… Je ne vous peindrai point mon désespoir, mon égarement, dit Ladislatz, dont les traits avaient pris une expression féroce ; je voulus vivre assez pour me venger ; je parvins à force de patience à rencontrer le seigneur seul dans la campagne, je me jetai sur lui comme un tigre sur sa proie et je le déchirai avec une joie féroce ; lui mort, je me sauvai, je quittai la Pologne, je pus échapper à toutes les poursuites à force d'artifices et de déguisements, mais mon père et mon frère, ayant refusé de révéler ma retraite au frère cadet du comte devenu son héritier, périrent sous le bâton : un vieillard et un enfant !

– Vous avez bien souffert, dit Charles avec un indéfinissable accent de mélancolie et d'affection.

– Oui : aussi le désir de me venger, de susciter des ennemis aux tyrans, m'a fait parcourir toute l'Europe, je suis entré dans toutes les associations, dans toutes les trames ; pas un opprimé n'a gémi sans me voir lui tendre la main ; la cause de tous les malheureux était la mienne, et j'embrassais leur parti sans décerner souvent si leurs plaintes étaient fondées ou non.

– L'exagération de la douleur conduit souvent à la haine et à l'injustice.

– Oui : mais toujours poussé par ce même besoin de vengeance, j'ai parcouru l'Allemagne, j'ai porté d'une ville à l'autre la parole d'association des Bons Cousins, j'en ai répandu les principes.

– Quels sont-ils ?

– Charité et fraternité : cette association est encore toute religieuse et surtout catholique, mais elle s'agite déjà sous une influence politique.

– Dans quel but ?

– Nul ne le sait encore, mais chacun le pressent, l'Europe est

Carlin.

lasse, et la société vieillie et gangrenée en France par les déportements de Louis XV, la société croule, et avant un demi-siècle rien ne sera debout.

Le roi resta pensif.

– Vous êtes un oiseau de mauvais augure, vous m'annoncez de grands désastres.

– Est-ce à moi qu'il faut s'en prendre si j'ai la vue plus longue, et si je vois de loin venir l'orage, ou plutôt à ces hommes myopes, qui ne voyant rien au-delà de leur cercle, laissent déborder le torrent qu'ils n'ont pas vu grossir ?

– C'est vrai, dit le roi, la plupart des hommes sont comme les enfants, ils ferment les yeux pour ne pas voir le danger qui les menace et croient l'avoir conjuré.

– Pour inspirer aux peuples mes idées, j'ai vécu au milieu d'eux, j'ai quitté les salons dorés, où j'avais passé une partie de ma vie, pour l'atelier et la boutique de l'humble artisan, j'ai fait servir ses misères à mes fins, je me suis associé aux travaux des pauvres, mais traqué, poursuivi, j'ai souvent enduré la prison, subi la torture ; voilà ma vie.

– Et que vîntes-vous faire en Piémont ? dit le roi curieux et effrayé des révélations qu'il entendait.

– Oh ! dit Ladislatz avec abattement, vous l'avez dit, monsieur : honneur et paix à la mémoire du roi Victor.

– Ainsi, dit Charles, le roi Victor conspirait contre son fils et vous le poussiez dans cette tentative téméraire.

– Non, le roi Victor voulait seulement forcer son fils à suivre sa politique et à renvoyer des ministres qui n'adoptaient pas ses idées.

– Un roi se perd quand il conspire, il ne peut plus être un libérateur, ni un conquérant.

– Charles pourrait être l'un et l'autre, fit le vieillard.

– Laissons ces discours, dit le roi en se levant, adieu mon brave homme ; mais êtes-vous seul ?

– Non, monsieur, Dieu a confié l'orphelin au vieux abandonné, vous allez voir.

Et ce disant Ladislatz siffla ; presque aussitôt Charles vit s'avancer lentement vers eux un individu, qu'au premier abord il crut un jeune homme de quinze ans, tant il était maigre, fluet et enfantin dans ses traits et dans sa contenance, mais de près, à des rides qui plissaient son front, à quelques rares cheveux blancs, le roi jugea qu'il devait être plus âgé ; il le contempla avec ce sentiment de pitié pénible qu'on éprouve toujours à la vue d'un être hébété, car le roi devina que c'était un idiot qu'il avait devant les yeux.

À l'aspect d'un étranger, l'infortuné recula avec épouvante, et ses membres se mirent à trembler convulsivement.

– Ne crains rien, mon pauvre enfant, dit le vieillard de sa voix la plus caressante, ne crains rien, monsieur ne te fera pas de mal.

Mais lui, toujours tremblant et effrayé, tournait autour de lui un regard désespéré et hagard.

– Allons, viens me donner la main, rentrons chez nous, c'est l'heure du dîner, poursuivit-il pour l'attirer.

Insensible et morne, le jeune homme ne donnait que des signes d'effroi ; tout à coup il joignit ses mains avec un mouvement d'angoisse suprême :

– Je ne sais rien, dit-il d'une voix rauque et brisée ; et il tomba tout de son long à terre en proie à d'affreuses convulsions.

– Giovanni, Giovanni, cria le vieillard, voilà Carlin qui a le mal, venez vite le relever.

– Quel est cet infortuné ? dit le roi, prêt à se sauver en entendant venir du monde.

– C'est le fils de docteur Riva, appliqué à seize ans à la torture, il en est resté dans l'état ou vous le voyez…

Mais Charles avait fui plein d'horreur et d'épouvante.

– Je défendrai qu'on donne la question, se disait-il en lui-même ; et il rentra dans son palais plus triste qu'il n'en était sorti.

CHAPITRE X

Le roi resserra son alliance avec l'Impératrice ; le 16 juin l'armée Austro-Sarde livra une bataille aux alliés sous les murs de Plaisance ; les Espagnols avaient d'abord quelques avantages remporté, ils s'étaient précipités sur des redoutes dont le feu les accablait, mais le comte de Maillebois, abandonné par son armée qui se débanda, resta seul exposé aux plus grands dangers ; les Français dispersés, mis en déroute, essuyèrent une perte énorme. Don Philippe perdit 13 000 hommes dans cette journée et les vainqueurs 3 000 entre tués, blessés et faits prisonniers ; le roi de Sardaigne fut proclamé généralissime ; la garnison de Plaisance forte de 8 000 hommes se rendit ; si la fortune s'était montrée contraire aux Français, leur gloire abattue devait se relever avec plus d'éclat ; la victoire avait pu leur échapper, mais la gloire de réparer leurs revers leur était réservée ; la retraite du comte de Maillebois immortalisa l'armée française ; la part des vaincus est souvent plus belle que celle des vainqueurs :

« Car il est des cyprès plus beaux que des lauriers »

a dit un de nos grands poètes ; et ce vers peut s'appliquer à toutes les défaites éprouvées par les soldats français.

Les débris de cette puissante armée de Don Philippe entrèrent en Provence le 18 octobre, elle n'avait plus que 20 000 hommes sous les armes ; le reste était aux hôpitaux, ou avait péri par le fer, la misère, et les maladies.

Les soldats manquaient de vivres, ils étaient sans habits, sans chaussures, les officiers marchaient à pied le havresac sur le dos.

Les désastres subis par les armées ont un caractère de simple grandeur qui émeut profondément.

Les Français furent mis en quartier d'hiver dans les provinces du Midi de la France ; les Espagnols se retirèrent dans le duché de Savoie, qu'ils étaient résolus à conserver comme un dédommagement pour Don Philippe, si cet Infant était forcé d'abandonner l'héritage des Farnèses.

Tout le reste des places que les Bourbons avaient envahies l'année précédente se rendirent aux vainqueurs ; le château de Final fut pris le 15 octobre, Montalban capitula le premier novembre, Villefranche le 4, Tortone le 19, le château de Savone le 18 décembre.

Fiers de leurs succès, les alliés crurent pouvoir aller dicter des ordres à la France sur son propre sol, oubliant que ce sol est brûlant à l'imprudent qui le foule.

L'armée Austro-Sarde passa le Var ; elle était forte de 40 000 hommes effectifs, et le maréchal de Maillebois, auquel il en restait à peine 10 000 depuis sa séparation d'avec les Espagnols, n'étant pas en état de se mesurer avec des adversaires tellement supérieurs en forces, se retira devant eux et se renferma dans un camp fortifié près de Fréjus, bornant ses vues à retarder de quelque temps les approches de Toulon ; il ne cessait de demander des renforts, ou son rappel, il fut remplacé le 10 novembre par le maréchal de Belle-Isle.

Ce dernier trouva les troupes françaises harassées, dénuées de tout et livrées à tous les désordres qu'engendre l'indiscipline ; découragé avec une telle armée, Belle-Isle se retira au Pujet, petite ville peu éloignée de Toulon ; sur ces entrefaites, les Anglais s'emparèrent des îles Sainte-Marguerite et les Austro-Sardes assiégèrent Antibes.

Depuis le Var jusqu'à la Durance les armées ennemies levaient des contributions ; elles étaient presque maîtresses de la Provence, lorsque par un de ces hasards suprêmes qui changent la face du monde dans un jour, un événement imprévu fit prendre une autre attitude à la France et à ses ennemis.

Lorsque Gênes s'était vue abandonnée par les alliés et livrée à tout le ressentiment des Autrichiens, son désespoir avait été aussi grand que son péril ; le Sénat décréta d'envoyer une députation à Vienne implorer la pitié de l'Empereur ; mais le général de Botta qui était aux portes de la ville avec l'armée impériale ne voulut la recevoir qu'à discrétion ; il exigea que tout ce qui restait de places fortifiées à la république lui fût livré sur-le-champ, que toutes les troupes Génoises restassent prisonnières de guerre, que la ville se rachetât du pillage par une contribution de 24 millions de livres.

Ces dures conditions avaient exaspéré les habitants : souvent l'opiniâtre rigueur d'un seul homme perd un empire ; non content d'avoir arraché aux Génois tout ce qu'ils possédaient de richesses et d'argent, monsieur de Botta voulut leur enlever encore leurs artilleries ; les remontrances du Sénat à cet égard furent vaines ; alors le peuple dans une de ces heures sublimes d'inspiration et de patriotisme se leva en masse à la voix d'un faible enfant ; la population Génoise guidée par l'intrépide Balilla, comme la France l'avait été par Jeanne d'Arc, une bergère et un enfant, chassa et massacra les étrangers, retint 4 000 prisonniers et força monsieur de Botta à se retirer au-delà de la Boquette.

Ainsi cette République, que l'abandon de ses alliés et la faiblesse de son gouvernement avaient engagée à recevoir des fers, sans songer même à se défendre, trouva en elle-même la force de briser le joug honteux sous lequel elle gémissait, et le courage de chasser ses oppresseurs.

Cette victoire des Génois fit perdre aux impériaux le plus grand avantage que leur eût procuré la brillante campagne de 1746 ; elle les priva des moyens d'agir vigoureusement en Provence ; aussi le général autrichien, monsieur de Braun, dut lever le siège d'Antibes et repasser le Var.

Mais Gênes, après s'être soustraite à ses ennemis par une de ces journées qui immortalisent un peuple dans l'histoire, avait à remplir une tâche plus difficile, celle de soutenir contre eux un siège régulier ; car, si un peuple est invincible dans un moment d'enthousiasme, rarement il sait profiter de sa victoire ; il a l'héroïsme du moment, il manque de la patience qui fait réussir.

Monsieur de Botta avait été vivement réprimandé par la cour de Vienne ; le maréchal de Schallembourg l'avait remplacé ; il investit Gênes par terre, pendant que l'armée navale anglaise, aux ordres de l'amiral Midlay, l'enveloppait étroitement du côté de la mer.

La France, intéressée à secourir Gênes, parvint à y introduire des secours : à la faveur d'une tempête nocturne qui força l'escadre anglaise à gagner la pleine mer, le duc de Bouflers put y faire débarquer un renfort de 6 000 hommes : il apportait un million d'argent comptant : aussi fut-il béni comme un libérateur par cette brave et courageuse population ; car, quelque léger que fût ce secours, il permettait aux Génois de prolonger la lutte et d'attendre leur délivrance des événements ; d'ailleurs, le duc de Bouflers, brillant, aventureux, d'un caractère conciliant et aimable, était doué de toutes ces qualités qui fascinent les masses.

Des bâtiments légers, montés par ces intrépides marins génois, auxquels on doit la découverte d'un monde, glissaient à travers la ligne ennemie et fournissaient à la ville assiégée assez de subsistances pour ne pas périr de disette ; c'est ainsi que Gênes, étroitement cernée par terre et par mer, résista courageusement jusqu'au 5 juillet 1747, où le siège fut levé momentanément.

Depuis son étrange conversation avec Ladislatz, Charles Emmanuel était gravement préoccupé des pensées d'un avenir qui l'effrayait et qu'il entrevoyait peu éloigné.

– Il y a de l'orage dans le lointain, disait-il un soir, qu'il causait, plus familièrement que de coutume avec le comte Bogino.

– Je le crois comme V. M., mais je ne connais pas les moyens de le conjurer.

– Vos philosophes ont tout gâté ; la France est la tête de l'Europe, elle nous impose ses idées ; erreurs ou vérités, nous acceptons tout ce qui nous vient d'elle.

– C'est vrai, Sire, mais la démoralisation des grands et les souffrances du peuple préparent le sol de l'avenir aux grains, que les novateurs veulent ensemencer.

– Je le crois, comte, et voilà pourquoi j'exige la plus rigide conduite dans les personnes attachées à mon service.

– L'exemple de V. M. a la plus heureuse influence sur les mœurs de son peuple.

– Les lois sont insuffisantes pour réprimer la perversité humaine ; les freins de la religion, de la décence et de l'honneur, nécessaires pour maintenir l'ordre dans la société, ont besoin d'être hautement soutenus par le souverain : quand on ne peut pas commander par la force matérielle, il faut imposer par l'autorité morale.

– Sire, vous avez le bonheur de régner sur le peuple le plus sage et le plus religieux, et, j'ose le dire, ces résultats sont dus en grande partie à son gouvernement.

– Nous avons beaucoup à faire encore ; il y a des provinces de mes États, entre autres la Savoie, qui sont restées gouvernées comme elles l'étaient au XIVe siècle ; comte, il faut que nous fassion disparaître ces anomalies.

– Que veut entreprendre V. M.?

– Faire lever le cadastre de mes États, afin d'avoir une base sûre pour lever les impôts et les égaliser autant que ma justice le pourra, sans léser les droits et les privilèges du clergé et de la noblesse.

– V. M. a-t-elle songé aux obstacles qu'un tel projet rencontrerait ?

– J'ai pensé au peuple qui souffre, et le jour où je pourrai lever le dernier impôt extraordinaire, sera le plus beau jour de ma vie.

– Nous y arriverons bientôt, car les grandes routes de Savoie, de Nice, de Novare, sans parler des autres que nous faisons ouvrir, en facilitant le commerce, tendent à enrichir l'État.

– Ce n'est pas assez, dit le roi, il faut des moyens plus actifs.

– Lesquels, Sire !

– Abolir les droits des mainsmortes.

– Sire ! un coup si hardi…

– Peut seul écarter de mes États les malheurs dont nous menace l'avenir ; je veux que mes peuples soient heureux, et je vais en affranchissant moi-même les mainsmortables de mes domaines, inviter les seigneurs féodaux à suivre mon exemple ; je fixerai une indemnité, moyennant laquelle les restes des anciens serfs seront rendus à la condition d'hommes libres[1].

– Sire, vous rencontrerez de graves oppositions…

– Je m'y attends, je tâche d'équilibrer les intérêts des uns et des autres, mais j'y suis résolu ; la Savoie doit être gouvernée comme les autres provinces, et je veux supprimer partout les corvées.

– Que de nombreuses réclamations vont nous assaillir !…

– Ne laissons pas des levains de haine et de discorde, fit le roi avec tristesse ; la sagesse consiste à prévenir le mal ; ne voyez-vous pas qu'il viendra un temps où tous les droits se décideront par la force ? écartons avec prudence tout ce qui peut amener des troubles, préservons le Piémont des dangers qui menacent l'Europe.

Le ministre sourit avec mélancolie.

– Sire, dit-il, les Chinois ont élevé une muraille pour se mettre à l'abri des hommes ; mais quels remparts oppose-t-on à une idée ?

Charles réfléchit longtemps.

1. Ces décrets ne parurent qu'en 1762.

– Le respect à la religion en moralisant, des bonnes lois en assurant le bonheur des peuples sont les seules précautions à prendre, fit-il ; défendre les mauvais livres et répandre les bons.

– Sire, V. M. a parlé de bonnes lois ; ne serait-il pas bien de songer à réformer le code Victorien ?

– Je vous avais chargé de consulter le comte François de Maistre à cet égard.

– Oui, Sire, et l'ouvrage des royales Constitutions est déjà presque accompli.

– A-t-on fait disparaître toutes les lois qui, mises à l'épreuve, ont fait naître des doutes, ou fourni matière à de justes réclamations ? je tiens surtout à ce qu'on efface les dernières traces de cette bigarrure d'anciennes coutumes, résultat de l'agrégation successive de tant de villes, de provinces, de seigneuries qui, jadis, se gouvernaient d'une manière différente.

– Les Constitutions sont divisées en six livres, en sections principales qui embrassent les cas où l'autorité civile doit venir à l'appui de l'autorité ecclésiastique, les attributions des divers tribunaux et les devoirs particuliers de chacun des membres qui les composent, les formes de la procédure civile et de la criminelle, l'indication des délits et de leurs peines, les lois relatives aux successions, aux ventes forcées, aux donations, aux prescriptions, les devoirs des notaires, des insinuateurs, enfin les attributions de la Chambre des comptes, comprenant toutes les matières domaniales, administratives et féodales.

– Je veux surtout, reprit Charles, que le traité de jurisprudence criminelle soit l'objet des plus mûres réflexions ; on ne peut y apporter trop de sagesse, de prévoyance et de clarté : il s'agit de l'humanité entière dans ses droits les plus saints ; si la punition du coupable est la base de l'existence de la société, la cause d'un innocent injustement puni est celle de tous les honnêtes gens ; plus de torture surtout, abolissons la torture.

– Sire, pourtant il y a des cas…

– Non, non, dit Charles en se couvrant le visage de ses deux mains, non, c'est trop horrible !

Et le roi, rendu à l'amertume de ses souvenirs, inclina sa tête pensive, et, triste et silencieux, soupira. Le comte Bogino debout devant lui attendait respectueusement, sans oser prendre la parole, qu'il plût au roi de le congédier.

– Comte, dit-il enfin, je veux avant tout que mes peuples soient heureux!

Le ministre s'inclina et sortit, tandis que le roi, se laissant aller dans son fauteuil, murmurait d'une voix étouffée.

– Oh mon père ! es-tu enfin satisfait ?

Le maréchal de Belle-Isle, chargé de pénétrer en Piémont, avait adopté l'ancien système de s'y introduire par les Alpes occidentales, mais il voulait éviter les places et glisser entre Exilles et Fénestrelle par les montagnes qui séparent la Doire du Chisone ; il chargea le chevalier de Belle-Isle, son frère, de l'exécution de cette entreprise ; ce dernier, à la tête de toutes ses troupes, prit la route de Briançon pour traverser le Mont Genèvre et descendre vers Exilles, et forcer ainsi les retranchements élevés par les Sardes sur le col de l'Assiette ; il passa le Mont Genèvre le 14 juillet suivi par 15 bataillons, 300 hussards, autant de miquelets, et marcha directement vers Oulx, d'où les troupes du roi furent contraintes de se retirer : renforcées par quelques compagnies de Vaudois, elles allèrent prendre position sur le col du Puy où elles campèrent.

Le reste de l'armée française traversa, en attendant, le Mont Genèvre, et par la même route qu'avait prise l'avant-garde elle défila vers Fénestrelle ; le 18 les hussards et les miquelets prirent position vers un lieu nommé la Rue ; le chevalier de Belle-Isle fit jeter deux ponts, l'un sur la rivière du Chison qui va de Oulx à Exilles, l'autre sur la Doire, dans l'idée d'assiéger Exilles et Fénestrelle lorsqu'il aurait forcé les Sardes dans leur position.

Le comte de Bricherasio, général commandant du corps de troupes Sardes campées sur les hauteurs entre Exilles et Fénestrelle,

Honni soit qui mal y pense.

ayant appris dans la nuit que les ennemis s'avançaient avec des forces considérables vers le col de l'Assiette, fit immédiatement passer dans les tranchées les bataillons qu'il avait sous ses ordres et qui se réduisaient au nombre de quatorze ; quatre de soldats Autrichiens commandés par le comte Colloredo, et dix de Piémontais ; dans cette nuit mémorable du 18 au 19 juillet, tandis que le général Piémontais prenait toutes ces sages précautions qui lui assurèrent la victoire, malgré l'infériorité du nombre et la brillante bravoure que déploya en vain l'armée française, tandis, disons-nous, qu'il s'occupait du salut des troupes qui lui étaient confiées, que faisait son brillant antagoniste, le chevalier de Belle-Isle ?

Il était près de onze heures : une vingtaine d'élégants officiers assis autour d'une table achevaient gaiement de vider quelques bouteilles.

– Allons ! encore une santé à nos maîtresses absentes et séparons-nous, fit le comte de Villeneuve en élevant son verre.

– Bravo ! l'excellente idée ! une dernière pensée à celles que nous ne devons plus revoir, peut-être, répliqua le chevalier de Belle-Isle.

– Général, quelle sombre idée ! la belle comtesse d'Egmont vous en voudrait, murmura à son oreille le marquis de Nouailles.

Belle-Isle tressaillit, et, le verre en main, il s'écria d'une voix qu'il s'efforçait de rendre joyeuse :

– Que chacun nomme tout haut la dame de ses pensées, et honnit soit qui mal y pense ; pour moi je bois à la santé de la comtesse d'Egmont.

– Moi à celle de la duchesse de Laval.

– De la princesse de Craon.

– De la marquise de Bouflers.

Et les noms des plus jolies femmes de France retentirent au milieu du cliquetis des verres et des rires de ces jeunes et héroïques étourdis.

– Moi, reprit le comte de Bussy d'une voix grave, je bois à la santé de ma mère ; si je meurs, je charge l'un de vous, toi de Beauregard, de lui envoyer une mèche de mes cheveux.

Beauregard lui tendit la main en silence, et les convives devenus plus sérieux se levèrent et sortirent de la tente de leur général ; celui-ci rappela le comte de Bussy, prêt à se retirer, et passant son bras au sien :

– Venez, dit-il, allons donner un dernier coup d'œil au dehors ; les plaisirs de l'amitié ne me font pas oublier mes devoirs de général ; allons visiter le camp, et nous assurer si tout est prêt pour l'attaque de demain matin.

Les deux amis firent le tour du camp, interrogèrent les chefs de postes, visitèrent les tentes, s'assurèrent des sentinelles, des patrouilles : lorsqu'il fut rassuré sur son armée, de Belle-Isle entraîna de Bussy vers la pointe d'un rocher élevé d'où la vue était magnifique ; la nuit était sereine et calme, le ciel limpide et étoilé ; de cette hauteur, où ils s'étaient assis, les deux officiers aspiraient avec délice cette brise fraîche et parfumée qu'on sent sur les montagnes et sur les bords de la mer ; l'haleine des monts est chargée des arômes si doux du thym, tandis que le souffle des ondes est imprégné de l'âcre odeur des algues marines, qui donne des frissons de volupté et de souffrance ; l'une inspire le bonheur, l'autre la passion qui enivre et qui tue.

Silencieux et préoccupés les deux jeunes gens n'avaient encore rien dit.

– Ami, soupira enfin de Belle-Isle, l'idée de cette plaine que je devine au-delà de ces monts, éveille en moi les pensées les plus sinistres et les plus douloureuses, là est Pignerol… là mon illustre et malheureux père a dû endurer de longues années d'agonie, c'est là qu'il est mort peut-être, ou qu'il y a traîné longtemps les débris d'une vieillesse prolongée et misérable.

De Bussy tressaillit.

– Infortuné Fouquet, murmura-t-il, tes malheurs ont fait ombre sur le règne glorieux de Louis XIV.

L'espion.

– Madame de La Vallière est seule cause des malheurs de ma famille ; ma mère l'en a accusée jusqu'à sa dernière heure ; hélas ! pauvre mère, elle a bien souffert, car son mari aimait réellement celle qui l'a perdu.

– Le voisinage de Pignerol doit agiter votre âme... si nous sommes vainqueurs...

– J'irai visiter la citadelle comme on visite un temple, je descendrai dans tous les cachots les plus obscurs, j'interrogerai chaque mur, chaque pierre, je fouillerai tous les coins, tous les grabats pour chercher un mot, un signe qui me parle de mon père, qui me révèle ses douleurs, son existence, sa mort ; j'effacerai avec mes pleurs de fils la trace laissée par la rouille de ses fers. Oh ! si je pouvais découvrir quelque chose ! s'il m'était donné de retrouver ses ossements sacrés !...

Et le chevalier de Belle-Isle, oppressé par ses souvenirs, se tut, suffoqué qu'il était par ses larmes ; de Bussy respecta cette douleur si profonde et si légitime.

– Espérons, dit-il enfin, en voyant son ami qui se levait lentement.

– Non, je n'espère rien ; je ferai mon devoir, mais cette terre si fatalc au père, doit l'être au fils.

Et graves et recueillis ces deux hommes, qui une heure auparavant étaient si gais et si insoucieux, reprirent le chemin du camp en silence.

En s'approchant de sa tente, de Belle-Isle vit un rassemblement de soldats qui entouraient un individu, lié, garrotté avec une corde.

S'informant de la cause de ce tumulte, le général, que l'on reconnut aussitôt, apprit que c'était un espion Piémontais que l'on avait saisi, et qu'on allait pendre selon l'usage, mais qui avait déclaré avoir quelque chose à révéler au général français.

– Amenez-moi cet homme, je l'entendrai, fit de Belle-Isle, en rentrant dans la partie de sa tente qui lui servait de chambre à coucher.

– Dois-je me retirer ? dit le comte de Bussy.

– Non, restez, attendez mes ordres.

Presque au même instant le malheureux condamné fut introduit devant le général ; il était étroitement garrotté, et deux soldats, le sabre au poing, se tenaient à ses côtés ; c'était un homme d'une cinquantaine d'années, à la physionomie ouverte, à l'air courageux et calme ; le général français fut frappé de la franchise répandue sur ses traits.

– On dit que tu es un espion, lui dit-il avec assez d'étonnement, c'est un vilain métier.

– Je ne le nie pas, mais quand cela serait, on sert son pays comme on le peut.

– Tu n'ignores pas les lois de la guerre.

– Non ; je sais que je serai pendu en sortant d'ici, reprit-il avec calme.

– Ah ! tu le sais ?

– Oui, mon général, mais mourir d'une manière ou d'autre m'importe peu, les heureux seuls tiennent à la vie.

– Et tu as quelque chose à me dire à moi ?

– Oui, mon général.

– Parle donc, fais vite.

– Je ne suis pas pressé, reprit-il en souriant tristement ; d'ailleurs, ce que j'ai à dire, je ne puis le confier qu'à vous seul.

– Je ne puis t'entendre sans témoins, le soin de mon salut l'exige, l'usage le défend.

– Qu'on me fouille, on verra bien que je n'ai rien, et garrotté comme je le suis, que pourrais-je tenter ? d'ailleurs je ne le voudrais pas, je vous aime.

– Moi ?

– Oui, mon général.

– Et comment se fait-il ?

– J'étais geôlier dans la citadelle de Pignerol.

– Sortez, sortez, laissez-moi seul avec cet homme, dit le chevalier de Belle-Isle devenu tout pâle, et dont les mains se mirent à trembler.

– Tu étais geôlier, toi, à Pignerol ! fit-il tout haletant, et lorsqu'ils furent sans témoins.

– Oui, mon général, mois je l'étais par dévouement et non par intérêt.

– Explique-toi ?

– Et bien, il faut que vous sachiez, qu'il y a une vingtaine d'années, j'étais un honnête ouvrier, ayant femme et enfants, estimé et aimé par tout le monde.

– Et tu as fait comme tant d'autres malheureux, tu as volé, tu as été châtié, tu as…

– Pardon, général, je suis un honnête homme, toujours digne de l'estime et de l'amitié ; seulement on ne m'aime et on ne m'estime plus.

– Pourquoi cela, alors ?

– Parce que je suis geôlier, que j'appartiens à une classe déshonorée, fit Pierre avec désespoir.

– Voyons, dit le chevalier touché, malgré lui, mais impatient, dis-moi ce que tu as à me révéler.

– Général, ce que j'ai à vous dire se lie à mon histoire, pouvez-vous l'écouter ?

– J'écoute, dit le général, en s'enfonçant dans son fauteuil.

– Il faut donc que vous sachiez qu'à la mort du roi Victor nous étions un peu mécontents en Piémont ; les choses n'allaient pas comme le voulait le pauvre peuple ; j'étais jeune, enthousiaste alors, j'avais pour ami un saint homme, un pèlerin, il me parlait toujours de Dieu, de la patrie.

– C'était un charlatan qui voulait t'exploiter.

– Non, c'était un homme qui me voulait martyr ; vous allez achever son œuvre.

– C'est donc ta grâce que tu viens me demander.

– Non, général, je n'y ai pensé.

– Poursuis alors.

– À cette époque, on enferma dans la citadelle de Turin un bien grand savant, appelé Giannone ; l'ami dont je vous ai parlé était le sien ; il était important pour le bien de l'humanité, me dit-il, que quelqu'un des nôtres s'introduisît dans les prisons pour faire communiquer le prisonnier avec ceux du dehors ; je me dévouai sans fruit, car toutes les tentatives que l'on fit pour faire évader Giannone échouèrent, un peu par sa faute ; grave et résigné il dédaignait de s'abaisser à la ruse, à la feinte, même pour s'échapper, il se contentait d'écrire ; mon but est également rempli, me disait-il ; d'ici je suis aussi redoutable à mes adversaires, qu'un conquérant à la tête d'une puissante armée, je combats avec les idées, et ce papier les garde pour la postérité.

– Mais voyons, où veux-tu en venir ?

– Attendez, général, j'étais donc guichetier, triste, mais dévoué à mon œuvre de miséricorde, d'abnégation ; d'ailleurs, j'aimais Giannone ; le voir, l'entendre, m'élevaient au-dessus de moi-même ; j'avais fini par m'habituer à mon triste état, mais Dieu me réservait une grande douleur ; mon petit garçon mourut, car j'avais un enfant, un bien bel enfant, général, et peu à peu je vis aussi dépérir ma pauvre femme, frappée au cœur par la mort du petit ; elle mourut, mais elle mourut aussi de tristesse et de dégoût ; car, depuis que j'étais guichetier, ses compagnes l'avaient abandonnée, mon déshonneur avait fait rejaillir le mépris sur elle, et l'a tuée.

Pierre se tut, car des sanglots brisaient sa voix.

– Giannone mourut ; reprit-il, au bout de quelques années ; il expira dans mes bras, grand et calme comme il avait vécu ; on saisit ses papiers ; je parvins à m'en emparer de quelques-uns que je remis à Ladislatz, c'est le nom de mon ami, quand Giannone ne fut plus ; le marquis d'Orméa qui le redoutait vivant, le craignit mort, et il fit jeter de la chaux sur son pauvre cadavre, afin qu'on ne pût pas en retrouver les traces accusatrices, comme si l'histoire n'était pas là pour consigner tous les forfaits…

– Ah, s'écria le chevalier de Belle-Isle, partout les mêmes victimes et les mêmes abus !

– Giannone mort, continua Pierre, je pris le séjour de Turin en horreur ; comme j'étais brave et intelligent, et que j'avais su me faire aimer par les chefs, j'obtins facilement qu'on me changeât de résidence ; car, pour entrer dans la société, je n'y pensais même plus, j'étais déshonoré ; on m'envoya à Pignerol.

– Oh ! enfin ! interrompit de Belle-Isle tout tremblant.

– À peine y fus-je installé, que je m'étudiai, à force de docilité, de zèle, d'hypocrisie, dans ces lieux infâmes on apprend à mentir, que je m'étudiai, dis-je, à gagner les bonnes grâces du commandant, pour être plus libre de faire un peu de bien : car, me disais-je, dans toutes les prisons il y a des victimes, c'est elles que je veux découvrir pour m'y consacrer. Un soir, après souper, comme nous étions tous réunis, le plus vieux d'entre nous se mit à nous faire des récits à donner le frisson ; il nous parla des prisonniers de distinction qu'il avait connus dans sa jeunesse, car il avait servi sous la France, il nous entretint longtemps du duc de Lauzun, il nous raconta mille histoires bizarres, et les amours de ce beau prisonnier avec une vieille princesse, parente du roi de France ; est-ce vrai tout cela ?

– Oui, poursuis, j'écoute, j'écoute.

– Après mille récits, que j'omets pour ne pas vous fatiguer, il nous dit que sous Louis XIV on avait aussi conduit de Paris à Pignerol un prisonnier de haute marque, qu'on gardait avec une extrême rigueur ; on le traitait avec les plus grands égards, mais on le tenait étroitement renfermé ; on lui défendait jusqu'à la promenade ; il était condamné au silence le plus absolu, et si parfois il adressait une simple parole à ses guichetiers il en était puni par le jeûne et menacé du bâton !

– Horreur ! fit de Belle-Isle tout livide et le front perlé de sueur.

– Oui, horreur, général, car ce malheureux était un bien brave homme !

Il se fit un moment de silence.

– Continue, dit le chevalier.

– Le vieux geôlier me parla d'autres fois encore de ce mystérieux personnage, et lui fis-je un jour :

– Lorsque Pignerol a été cédé au roi de Sardaigne, qu'a-t-on fait de ce prisonnier ?

– Chut, reprit-il, nous l'avons encore, on l'a laissé dans un cachot souterrain, c'est le numéro trois, le gouvernement Sarde a promis de ne jamais l'interroger, ni le délivrer.

– Il vit encore, m'écriai-je tout ému.

– Oui, il doit avoir près de cent ans, du moins il en a l'air.

– Je voudrais bien le voir.

– Impossible ! il m'est confié, j'en réponds sur ma tête.

– Je ne soufflai plus le mot ; mais à quelque temps de là, André, c'était son nom, étant tombé malade, de la maladie dont il est mort, le numéro trois m'échut en partage ; je ne vous peindrai pas l'horreur et la pitié que j'éprouvai la première fois que je pénétrai dans ce cachot humide, obscur et si bas, que je devais y entrer en rampant ; c'était comme une tombe étroite et basse ; on ne pouvait ni s'étendre, ni rester debout ; à peine entrais-je que j'aperçus un être hideux et dégoûtant ; je reculai avec épouvante, un gémissement me fit revenir, je levai ma lanterne, et je reconnus dans cette masse informe un homme, un vieillard ; une longue barbe blanche était à peu près le seul voile qui couvrît sa nudité ; ses yeux étaient hagards ; il les ferma au contact de la lumière, il se traîna jusqu'à moi, et se jeta avidement sur le pain que je lui portais, il le dévora ; je sortis sans rien dire, mais le lendemain je joignis à sa ration quelques restes de mon dîner ; sûr de ne pas être découvert, je lui portai une couverture ; dans les premiers temps il avait peur de moi, puis il s'habitua à ma présence ; j'essayai de lui parler, il fut d'abord effrayé du son de ma voix ; peu à peu il s'y fit, et trois mois ne s'étaient pas écoulés qu'il commençait déjà à me répondre.

– Noble cœur ! s'écria de Belle-Isle en joignant les mains avec admiration.

– Il en vint enfin à me parler familièrement ; l'ordre et la propreté que j'avais introduits dans son cachot, l'avaient rendu presque à lui-même ; je ne pouvais ni changer sa prison, ni lui donner de la lumière, ç'aurait été nous perdre tous les deux ; mais je l'avais habillé, j'avais mis un coussin sous sa pauvre vieille tête ; quelquefois même je parvenais à me procurer un peu de vin, alors il souriait, et me parlait de sa famille, de ses enfants, de son plus jeune fils qu'il avait laissé au berceau ; puis il pleurait, et nous passions de longues heures à parler, à regretter ensemble cet enfant bien-aimé…

Pierre se tut ; il leva les yeux sur le général, qui avait caché sa tête dans ses mains ; il vit qu'il pleurait.

– Mais, hélas ! la mort vint bientôt m'enlever mon dernier ami ; lorsque je le vis malade, je fis mon rapport afin qu'on le transportât dans l'infirmerie.

– Hélas ! me répondit le commandant, le numéro trois est condamné à mourir dans son cachot, sans communiquer avec personne ; tels sont les ordres.

Je me retirai le cœur navré, je redoublai de soins auprès du pauvre malade : le commandant, brave homme au fond, fit semblant de ne pas s'en apercevoir, et me laissa exercer, sans trop me surveiller, mon œuvre de miséricorde. Un sanglot échappé au général interrompit Pierre, qui continua :

– Un soir, en entrant dans le cachot du malade, je m'aperçus qu'il avait peu d'heures à vivre ; il m'appela d'une voix faible ; je m'approchai ; il tremblait tout enveloppé dans sa couverture de laine ; il appuyait sa tête pâlie sur son oreiller, son souffle était gêné ; je pris ses mains, elles étaient froides et raidies ; je m'agenouillai devant lui et je tâchai de les réchauffer avec mon souffle ; je pleurai ; il sentit mes larmes ; il me regarda avec une ineffable expression de tendresse.

– Merci, me dit-il.

Je restai longtemps ainsi, le froid le gagnait.

– Souffrez-vous, lui dis-je ?

– Non, reprit-il, je n'ai que froid aux pieds.

J'ôtai ma veste et j'enveloppai ses pauvres jambes glacées et déjà mortes ; il parut s'endormir. – Oh ! dit-il enfin, si mes fils étaient là ! – Il ferma de nouveau les yeux ; vers minuit il se dressa tout à coup : – Pierre, me dit-il, je vais mourir, embrasse-moi. – Je le pressai sur mon cœur avec transport et crainte, comme un enfant qui vient de naître, puis je retombai à genoux devant lui ; il étendit sa main sur ma tête : – Je te bénis, dit-il : si jamais le hasard te fait rencontrer mes fils, tu leur porteras la bénédiction de leur père mourant. – Un quart d'heure après il avait cessé de vivre ; on le fit ensevelir sous le banc de pierre qui lui servait de couche, et lui aussi on le recouvrit de chaux vive.

– Mais ce vieillard ! ce vieillard ! dit le chevalier de Belle-Isle avec anxiété.

– Ce vieillard se nommait Fouquet, reprit Pierre.

– Mon père ! s'écria le général, en se levant et en débarrassant lui-même Pierre de ses liens ; tu as connu mon père, tu as été son ami, son confident, son bienfaiteur, sois mon frère, toi qui m'apportes sa bénédiction !

Et de Belle-Isle, le visage trempé de larmes, couvrait Pierre de baisers et de caresses.

– Merci, dit Pierre ému, je puis mourir à présent, je suis satisfait.

Ces paroles rappelèrent au général la situation de son compagnon.

– Mourir ! que dis-tu, nous ne nous quittons plus, j'ai droit de grâce ; tu es libre ; par quels trésors pourrais-je récompenser ton dévouement.

– Vos douces paroles m'ont assez payé… et puisque vous dites que je suis libre…

– Que veux-tu ?

– La grâce de prendre part à l'action de demain.

– Tu combattras à mes côtés.

– Général, je suis Piémontais, je ne puis me battre contre mon pays.

– Tu as raison, mon brave, va donc, tu es libre ; mais n'oublie pas que je t'attends après le combat ; tu fais partie de ma famille.

Et le chevalier serra une dernière fois Pierre contre son cœur, puis il donna des ordres pour qu'il fût reconduit avec les plus grands égards jusqu'au camp Piémontais.

CHAPITRE XI

Le 19 juillet au matin, l'armée française, composée de 40 bataillons, divisée en trois colonnes et munie de neuf canons, s'avança pour attaquer les Piémontais. Le général Bricherasio fut d'abord effrayé du nombre ; il craignit d'être facilement enveloppé par des ennemis si supérieurs en forces ; il se vit réduit à la dure nécessité de se rendre, ou de hasarder un combat désespéré, et dont l'issue était d'autant plus douteuse que les retranchements étaient dépourvus de fossés et de palissades, et entièrement dégarnis d'artillerie ; mais, placé entre le péril et le devoir, ce brave officier n'hésita pas ; il encouragea les siens et se prépara à la défense.

Les Français se précipitèrent avec une valeur incroyable au-devant des ennemis, mais ils s'étaient avancés témérairement sur un point d'où ils étaient écrasés par le feu des Piémontais : le col de l'Assiette devint le théâtre d'un combat héroïque et acharné. Les alliés avançaient, avançaient toujours à travers la fusillade Sarde ; à chaque pas qu'ils faisaient un feu meurtrier décimait leurs rangs ; le terrain était disputé pas à pas ; le centre de l'armée française, composé de vingt-deux compagnies de grenadiers, soutenus par quatre bataillons, fut souvent sur le point d'abattre et d'enfoncer le front de l'armée Sarde et de ruiner les tranchées commandées par le comte de Saint-Sébastien et le chevalier Caldora ; mais elle fut toujours et constamment repoussée.

– Les Français nous écrasent, murmurait le comte Della Chiesa ; ce sont des lions.

– Il est beau d'avoir de tels ennemis à combattre, reprit le marquis de Sambuy, et il tomba percé d'une balle qui lui traversa la poitrine.

La lutte continua toujours plus acharnée et plus sanglante ; les deux autres colonnes de l'armée française, celle de gauche et celle de droite ne purent jamais s'avancer pour prendre une part décisive à l'action, à cause des mauvais chemins dans lesquels elles s'étaient engagées, et où elles étaient assaillies par un feu meurtrier.

Depuis plus d'un quart d'heure une compagnie de Vaudois luttait seule contre un bataillon d'Espagnols ; le nombre de ces héroïques montagnards diminuait à chaque fusillade.

– Pierre, dit un de ces braves, tout couvert de sang et de poudre, nous ne sommes plus que dix.

– Nous combattrons jusqu'au dernier, reprit celui-ci en chargeant sa carabine.

– Si les Français sont des géants, ils ont trouvé à qui parler.

– Vois, comme ils tombent.

– Vive Piémont, dit le Vaudois, et au même instant il chancelle, tourne sur lui-même et tombe ; une balle lui avait traversé le cœur.

Le sol était couvert de morts et de mourants ; les pieds des combattants nageaient dans le sang.

Lorsque l'intrépide chevalier de Belle-Isle, honteux qu'une poignée d'hommes arrête si longtemps son armée, transporté par cette valeur brillante et irréfléchie qui distingue le soldat français, arrache le drapeau des mains d'un enseigne et s'élance, beau comme un demi-Dieu, et parvient à l'arborer à travers une grêle de coups, sur une brèche ouverte, dans l'angle rentrant de la tenaille du point disputé ; émus par le sentiment de l'honneur, les Français se précipitent sur les pas de leur général ; le combat le plus meurtrier est engagé autour de cette bannière, dont les uns veulent s'emparer et que les autres veulent défendre.

– Ravir ce drapeau ou mourir, dit Pierre en se jetant dans la mêlée.

Il court, il renverse tout ce qu'il trouve sur son passage, il foule les morts, les blessés, il s'avance, et d'un coup de sabre il abat un officier français ; il s'avance, et perce un jeune Espagnol de la pointe de ce glaive redoutable ; il s'avance, il tend déjà la main vers le drapeau ; de Bussy le voit, fond sur lui, le renverse, et tandis que Pierre percé de coups se roule sur le sol qu'il mord en expirant, le chevalier de Belle-Isle l'a vu tomber, il a poussé un cri, au même instant atteint par un coup de baïonnette au bras et frappé de deux coups d'arquebuse, l'un à la poitrine, l'autre à la tête, il tombe roide mort sur le champ de bataille.

À cette vue, les soldats épouvantés abandonnèrent le combat, et prirent soudainement la fuite.

La journée fut désastreuse pour l'armée française ; elle perdit cinq mille hommes entre morts et blessés ; trois cents officiers périrent, entre autres, après le général-commandant chevalier de Belle-Isle, le maréchal de camp d'Arnaud, de Bussy, et son ami Beauregard ; pauvre mère, elle n'aura pas reçu la mèche des cheveux de son fils !

Plus de six cents blessés furent abandonnés ; dans leur précipitation à fuir, les alliés les avaient délaissés ; aussi un commissaire français envoya-t-il par un tambour une lettre au comte Bricherasio, pour le prier d'avoir pitié de ces infortunés, lui promettant de payer tous les frais occasionnés pour leur traitement.

Le comte de Villeneuve, qui avait remplacé le chevalier de Belle-Isle dans le commandement de l'armée, envoya également un tambour avec une lettre pour le commandant Sarde, dans laquelle il réclamait le corps du général de Belle-Isle, ce qui lui fut immédiatement accordé.

La nouvelle de cette victoire fut célébrée splendidement, à Turin et à Vienne.

On trouva dans les poches du chevalier de Belle-Isle le plan de campagne, écrit de la main du maréchal son frère, et un tableau des forces totales de l'armée française qu'il faisait monter à 102 bataillons et 73 escadrons, l'ordre de bataille, un mémoire sur le siège d'Exilles qu'il se proposait de faire immédiatement après la victoire.

Cette bataille fut d'une très grande importance pour le roi de Sardaigne, car les ennemis ne l'attaquant plus de ce côté-là il put porter ses forces vers les autres points de ses États menacés.

L'attention générale se tournait du côté de Gênes, où tant d'intérêts différents allaient se disputer.

L'Autriche cherchait à s'emparer de la Ligurie ; les Français, de leur côté, voulaient en rester les maîtres, regardant cette contrée comme la clef de l'Italie ; les Anglais ne voulaient pas que Gênes restât indépendante, afin qu'elle ne songeât point à s'allier aux Français et à transiger dans son intérêt particulier au préjudice de l'intérêt général.

Pour réussir dans leurs projets, les Anglais offrirent 400 000 livres sterl. aux Austro-Sardes pour en recommencer le siège ; ce siège, en effet, fut repris et poussé régulièrement, mais avec mollesse.

L'Autriche prétendait profiter seule des conquêtes faites sur les Génois, elle refusa même, au roi de Sardaigne, Final, si solennellement cédé quelques années auparavant par Marie Thérèse.

Charles Emmanuel, mécontent, retira ses troupes du siège de Gênes et les plaça dans une forte position, s'étendant sur les hauteurs qui séparent la Roya de la Nerva ; la droite à Breil, la gauche à Ventimille adossée à Dolceacqua.

Le roi fit de ce lieu un vaste camp retranché, dont le front fut hérissé de redoutes, de flèches et de batteries, il y plaça 40 bataillons sous les ordres du baron de Leutron.

De cette nouvelle position, il mit à couvert tout le Midi de ses États, et barra aux Français l'avenue de Gênes.

Cette dernière manœuvre du roi n'était qu'un prétexte pour attendre le résultat de la paix, qu'on négociait à Aix-la-Chapelle.

Les préliminaires de cette paix furent signés le 19 avril 1748 ; le roi de Sardaigne et Marie Thérèse y accédèrent le 10 juin suivant ; elle fut ratifiée et publiée le 16 octobre.

Par ce traité, l'Infant Don Carlos fut maintenu dans le royaume des Deux-Siciles.

L'Infant Don Philippe eut les duchés de Parme, de Plaisance et de Guastalla.

Le duc de Modène fut rétabli dans ses États et Gênes recouvra son indépendance.

Le grand duc de Toscane, époux de Marie Thérèse, fut reconnu Empereur par les puissances.

Enfin Charles Emmanuel rentra en possession du comté de Nice et de la Savoie, et conserva la partie du Milanais dont la reine de Hongrie avait payé d'avance ses services en 1743.

Le traité d'Aix-la-Chapelle termina les guerres désastreuses qui agitaient le Piémont depuis vingt-cinq ans ; nous allons voir Charles Emmanuel s'occuper de ses peuples, songer à leur bonheur et travailler à faire fleurir dans ses États l'ordre, la justice et les arts.

La guerre qui agita le Nord et le milieu de l'Europe depuis 1755 jusqu'à 1762 et qu'on appelle la guerre des Sept Ans ne fut pour le roi de Sardaigne que le bruit d'un orage qu'on entend gronder dans le lointain ; il négocia la paix de Paris, conclue entre l'Angleterre, l'Espagne et la France.

Un des articles secrets du traité d'Aix-la-Chapelle avait été le mariage du duc de Savoie avec l'Infante Marie Antoinette Ferdinande d'Espagne, fille de Philippe V ; cette princesse, douée d'une haute piété et de qualités douces et aimables, était dépourvue de beauté ; aussi le jeune prince, après avoir vu le portrait de sa fiancée, résista longtemps aux ordres de son père ; mais quand il la vit elle-même, la douce et candide physionomie de sa jeune femme lui plut tellement qu'il se prit à l'aimer d'une passion vraie et profonde, à laquelle il fut toujours fidèle ; le bonheur de son fils semblait avoir adouci l'amertume habituelle des pensées de Charles ; ses traits, tout en conservant cette empreinte d'héroïsme et de mélancolie qui avait fini par lui faire une beauté, avaient pris une expression douce et calme ; la joie du père l'emportait sur les ennuis du roi.

Peu de temps après le mariage du duc de Savoie, la cour voulant fuir les grandes chaleurs de l'été, fit un voyage dans les montagnes de la vallée d'Aoste, si fraîches et si belles dans cette saison de l'année.

Depuis l'époque du siège de Coni où il s'était grandement distingué en combattant auprès du roi, le marquis de Suze n'avait plus quitté qu'à de rares intervalles la ville d'Aoste, où il présidait en qualité de grand bailli.

Il accueillit splendidement ses illustres hôtes ; les fêtes les plus brillantes se succédèrent pendant trois jours ; on eût dit qu'une fée avait changé cette petite ville obscure et tortueuse en un lieu de délices et d'enchantement. La jeune duchesse, habituée à la sombre étiquette de la cour d'Espagne, d'où toute joie était bannie, était dans un véritable ravissement ; le marquis lui offrit un bal magnifique, où elle dansa un bolero, qui eut le plus grand succès auprès du duc ; le roi, dont la police privée ne cessait d'épier toutes les actions des personnes marquantes, ou attachées simplement à son service, sut bientôt que la belle comtesse de Challant, qu'on lui avait fait remarquer au bal, passait pour être la maîtresse favorite d'Amédée, qui ne se faisait pas faute d'autres amours subalternes, quoiqu'il eût près de cinquante ans à cette époque.

Charles Emmanuel, plus rigide et plus intolérant que jamais sur l'article des mœurs, ne put s'empêcher, étant seul avec lui, de lui faire quelques observations légères, mais piquantes à cet égard ; peut-être y avait-il toujours un sentiment de rancune dans le cœur froissé de Charles contre l'heureux et brillant Amédée. Celui-ci eut assez d'esprit pour prendre ce reproche indirect comme une plaisanterie.

– V. M. me croit-elle déjà si vieux que je ne puisse plus aimer ?

– Évitez le scandale ; il y a trente ans qu'on ne parle que de vos amours.

– Trente ans ! décidément, Sire, vous voulez m'envoyer aux invalides, moi, qui sens à mon cœur que je suis encore un jeune homme.

– Toujours étourdi, fit Charles en souriant.

– Non, toujours amoureux.

– Amoureux, vous ?

– De toute mon âme.

– Oh ! fit Charles avec étonnement, vous, qu'elle aimait, vous pourriez aimer une autre femme !

– Sire, je vous comprends, dit Amédée devenu rêveur. Hélas, le cœur humain est ainsi fait, qu'il finit par oublier.

– Non, dit le roi d'une voix sourde, quand on aime, on n'oublie pas.

– Ah ! reprit Amédée, que n'ai-je pas fait pour la détourner de son fatal projet ! Que V. M. me pardonne ; mais au risque même de vous désobéir… Sire, vous auriez été clément, j'ai essayé par mes lettres d'ébranler sa résolution, je lui ai rappelé ses serments, j'ai fait valoir les droits que m'avait accordés son grand-père en me promettant sa main… elle a été inflexible, elle a refusé d'être ma femme.

– Pauvre Blanche, soupira le roi, elle s'est dévouée.

Il y eut un long silence : Charles tendit la main au marquis :

– Mon frère, me pardonnez-vous ? fit-il ; j'ai été plus malheureux que vous ; vous avez pu l'oublier, et moi je l'aime encore.

Et il sortit grave et pensif, tandis qu'Amédée le suivait d'un regard ému et surpris.

CHAPITRE XII

De retour à Turin, le roi s'occupa activement des soins de l'administration de son royaume, et des améliorations à y introduire ; peu favorable aux idées nouvelles qui circulaient en Europe, il en était même effrayé ; aussi protégea-t-il médiocrement la littérature et les sciences ; il montra plus de prédilection pour la peinture et la musique, que pour la poésie ; ce n'était point l'art qu'il repoussait, mais la pensée qu'il sentait se révolter dans l'art après son long servage.

Les époques de transition ont cela de mauvais qu'elles laissent tout indécis : rien n'a le temps de se développer, les hommes sont petits, les événements, comme la marée montante, couvrent tout ; il faut que le flot éclate, ou qu'il s'apaise pour laisser surgir le pilote.

L'île de Sardaigne devint surtout l'objet de la sollicitude de Charles Emmanuel, et, certes, c'était une idée aussi utile que politique ; car la Sardaigne, pays riche et fécond, ne demande qu'une main habile pour lui prodiguer ses trésors ; fertilité du sol, douceur de climat, richesse de végétation, mines abondantes et productives, population intelligente et brave, tels sont les avantages de cette contrée si longtemps négligée par tous ses gouvernements successifs ; l'ignorance et le fanatisme l'ont laissée dépérir en arrière de toute civilisation : terre vierge de l'avenir que le progrès portera à un haut degré de prospérité et de développement intellectuel.

Lorsque la Sardaigne fut cédée à la Maison de Savoie, elle était dans un état de misère et de barbarie, qui rendait ses habitants semblables à de vrais sauvages.

L'agriculture y était négligée, et la population par conséquent était pauvre et malingre.

Les bras manquaient partout pour ensemencer les vastes champs en friche ; les insulaires n'avaient ni bestiaux, ni grains ; Charles Emmanuel établit des monts de secours, sagement administrés : les laboureurs y trouvaient au taux modique de l'un et demi pour cent du blé, de l'orge, et de l'argent à emprunter à proportion du terrain à mettre en labour. Un an leur fut accordé pour s'acquitter.

L'île de Saint-Pierre était déserte ; elle servait de refuge aux barbaresques, qui de là infectaient les côtes de la Ligurie, de la Toscane et même de la Provence ; en chasser ces pirates, en la colonisant, fut une heureuse idée : Charles, touché du sort des habitants de l'île de Tabarca, que les Tunisiens avaient enlevés et qui gémissaient dans les fers, tandis que Gênes négligeait de les racheter, s'occupa de leur rançon ; il fit un échange avec le Bey de Tunis et fixa dans l'île de Saint-Pierre les captifs qui lui devaient la liberté.

L'organisation de l'armée fut l'œuvre principale des vingt-cinq années de paix dont jouit Charles Emmanuel après le traité d'Aix-la-Chapelle ; il voulait que le soldat fût content de son sort, et qu'il s'honorât de son état.

C'est sous son règne que Turin prit cette physionomie uniforme et régulière, qui lui a donné si longtemps l'air d'une grande caserne ; tout noble était officier, tout homme soldat ; il s'attacha surtout à perfectionner les écoles du génie et d'artillerie, devenues par la suite fameuses dans toute l'Europe ; il appela pour les organiser deux hommes d'un talent vrai et modeste, le comte Bertola et le chevalier de Antoni grand théoricien, profond dans toutes les sciences militaires. Charles Emmanuel fonda encore l'arsenal de Turin ; il s'occupa de l'embellissement de cette ville ; les églises, surtout, furent, dans les dernières années de sa vie, l'objet de sa prédilection ; car ce prince, dans sa vieillesse, avec ses goûts guerriers et son austérité monacale, offrait le type de ces héroïques et dévots chevaliers du Moyen Âge.

Regardant la chaîne de ses forteresses comme le gage de son indépendance, Charles Emmanuel releva celles que son père n'avait pu rétablir ; il fit de la citadelle d'Alexandrie une des plus fortes places de l'Europe ; il la regardait comme le bouclier de ses États et le rempart de l'Italie, en mettant le Piémont à l'abri des invasions de l'Autriche.

Il fit tailler à Suze dans le roc vif, sur les débris des redoutes de Catinat, une forteresse, qui, sous le nom de la Brunette, était regardée comme une merveille de l'art ; elle dominait également l'avenue du Mont Cenis et du Mont Genèvre ; ce fut la première dont la République Française exigea la démolition en 1796.

Charles Emmanuel bon dessinateur, habile ingénieur lui-même, allait souvent visiter les travaux de ses forteresses, qu'il se plaisait à surveiller ; là le compas, l'équerre ou le crayon à la main, il traçait, mesurait, vérifiait ; souvent ses officiers du génie adoptèrent ses idées sans trop de flatterie, car elles étaient bonnes ; c'était surtout le fort d'Exilles que le roi affectionnait ; ce fort, sis sur un rocher, fut perfectionné du côté qu'il était accessible d'après une observation du roi au comte Bertola ; on y construisit des quartiers à l'épreuve de la bombe ; le première fois qu'on en fit l'essai, Charles et son brillant état-major alla assister à cette fête toute militaire et bien selon ses goûts.

Des tentes dressées au loin offraient l'aspect d'un véritable camp ; l'essai réussit ; le bruit du canon, l'odeur de la poudre électrisèrent Charles, son front rayonna ; il avait rajeuni à ces parfums de gloire qui éveillaient tant de souvenirs dans son cœur.

Le lendemain au soir, le roi se rendit à Pignerol, où il devait s'arrêter un jour pour visiter les fortifications ; le palais de l'évêque, où il avait coutume d'aller loger, étant en réparation, il alla descendre à l'appartement des reines dans le couvent des filles nobles. Ce couvent, situé sur le renflement d'une colline, dans une magnifique position, qui a conservé le nom de l'Abbaye, jouissait d'une vue admirable ; des vastes jardins disposés en terrasses s'échelonnaient tout le haut de la colline et formaient comme un immense piédestal d'arbres, de fleurs, de vignes, de berceaux, à ce vaste bâtiment d'une architecture simple et grandiose.

Charles ayant seul le droit de pénétrer dans un couvent de femmes, laissa ses officiers au bas de la montée, et franchit seul avec l'évêque et le clergé en habits de cérémonie, les larges escaliers de marbre blanc qui conduisaient d'une terrasse à l'autre.

Depuis bien d'années, Charles tout en comblant de richesses et de dons les couvents des femmes, n'avait plus osé y pénétrer ; trop de souvenirs oppressaient son cœur ; aussi, marchait-il lentement et répondait d'un air distrait aux obséquieuses avances de l'évêque.

Les cloches du monastère carillonnaient leurs plus joyeux chants de fête, des tapis semés de fleurs couvraient le sol où devait passer le roi, des guirlandes de fleurs couraient d'un arbre à l'autre et formaient comme une voûte diaphane et éclatante dans les airs ; la brise agitait de légères banderoles aux armes de Savoie ; au détour d'une allée, des jeunes pensionnaires en robes blanches, guidées par leurs institutrices et l'aumônier de la maison, vinrent complimenter le roi : l'aspect de ces jeunes et frais visages, ces voix ingénues, ces hommages, toute cette joie naïve et enfantine charmèrent le monarque attendri. Mais en s'approchant du seuil du couvent, le roi vit sortir par la grande porte de l'église une longue file de religieuses, marchant processionnellement vers lui, deux à deux, leur grand voile noir rabattu sur le visage, les mains enfoncées dans leurs larges manches et croisées sur la poitrine ; ce costume si sévère et si poétique fit tressaillir Charles ; un nuage passa devant ses yeux, il s'arrêta : la mère abbesse s'avançait la première ; elle marchait lentement appuyée sur la crosse épiscopale, insigne de sa dignité.

Lorsqu'elle fut devant le roi, elle s'inclina profondément, et dit d'une voix troublée par la crainte sans doute :

– L'honneur que nous fait V. M. est si grand pour notre maison, que notre premier devoir doit être d'en remercier le Seigneur. V. M. daignera-t-elle venir assister au *Te Deum* que vont chanter mes filles ; et l'abbesse désigna les religieuses.

– Madame, la prière porte bonheur à toutes nos actions ; je vous suis à l'église.

L'évêque avait déjà précédé le roi pour lui offrir l'eau bénite sur la porte du temple ; un trône resplendissant d'or et de broderies s'élevait à la droite du maître-autel ; Charles s'y plaça, et, à travers la grille du chœur, qui se trouvait en face de lui, il vit les religieuses passer comme des ombres célestes, et se prosterner sur les dalles de pierre.

Bientôt des voix pures, fraîches, vierges, et douces comme celles des anges, entonnèrent cet air grave et sublime de l'hymne Ambroisien, qu'accompagnait un orgue aux sons pleins et mélancoliques.

Une larme mouilla la paupière aride de Charles ; il sentit qu'une âme, éprouvée par de longues douleurs, pouvait retrouver le calme, sinon le bonheur dans ce séjour de repos et d'innocence; l'idée de Dieu parlait si haut en lui, qu'il sentit que tous les amours devaient être dominés par cet amour, car il est l'infini.

Après le *Te Deum*, le roi fut installé en grande cérémonie dans son appartement ; l'abbesse, toujours suivie par ses religieuses, l'accompagna et se tint debout, tandis que l'évêque invitait le roi à s'asseoir.

– Non, dit Charles par un sentiment de déférence et de galanterie, et il s'avança vers l'abbesse qu'il engagea à s'approcher de la croisée ouverte.

Charles promena avec admiration ses regards dans cet horizon immense, au loin les Alpes, dont on voyait bleuir les cimes neigeuses, la plaine à ses pieds toute verdoyante et émaillée de maisons et de bourgades, autour de lui de grands arbres ombreux qui couvraient ce fond lumineux comme un voile transparent ; le roi soupira.

– On doit être heureux dans ce sanctuaire si calme et si pur !

– Oui, Sire, si l'on pouvait oublier.

– Hélas, fit le roi, nous avons donc tous quelque regret, quelque remords qui fait ombre sur notre vie.

La religieuse soupira sans répondre.

– Ma mère, dit le roi, y a-t-il longtemps que vous avez quitté le monde ?

– Les années ont coulé si uniformes pour moi, que je ne saurais les compter.

– La règle de votre couvent est-elle austère ?

– On s'habitue aux douleurs physiques, une privation acceptée et volontaire cesse d'en être une.

– Quelles sont vos occupations ?

– La prière et le travail, et je bénis Dieu de cette part qu'il m'a faite, dit-elle de sa voix mélodieuse.

– Avez-vous vécu longtemps dans le monde ?

– Oui, Sire, assez pour le mépriser.

– Vous y avez donc souffert ?

– Quelle est la vie exempte d'amertume ! quel est le front sans rides, quel est le ruisseau sans limon, hélas ! et quel œil n'a pas versé des larmes !

– Vous pleurez encore, dit le roi, qui crut entendre un sanglot étouffé.

– Non, reprit-elle avec calme, rien ne me touche plus, hors Dieu ; c'est vers lui seul que je tends.

– Ma mère, quand je serai loin d'ici j'ose me recommander à vos prières.

– Il y a vingt ans que je prie pour le bonheur de V. M.

– Vos prières auraient dû être exaucées ; pourtant je ne suis pas heureux !

– C'est par le malheur que Dieu nous attire à lui. Espérez.

– Hélas ! fit Charles, les larmes apaisent toutes les douleurs excepté le remords.

– Elles l'effacent du moins ; c'est l'eau du ciel qui lave toutes les souillures.

Le roi se retira lentement, n'osant prolonger plus longtemps sa conversation avec l'abbesse, qui s'inclina et sortit.

Un magnifique souper fut servi au roi, à l'évêque et à quelques membres du clergé auxquels le roi fit cet honneur.

Rentré assez tard chez lui, le roi congédia son valet de chambre ; resté seul, il ouvrit la fenêtre et considéra, pensif, cette nuit si sereine et si étoilée; le parfum des lauriers roses et des chèvrefeuilles exhalait jusqu'à lui de voluptueuses émanations ; Charles soupira, intérieurement agité par mille souvenirs chers et douloureux ; pour fuir ces images qui le poursuivaient, il s'avança sur la terrasse qui s'étendait le long de ses croisées, il se promena assez longtemps ; l'air froid de la nuit apaisa son sang ; tout était calme, silencieux ; le sommeil semblait planer sur cette demeure : on entendait au loin le cri du grillon, seul bruit qui osât troubler la paix religieuse de ces lieux. Charles, sûr de ne rencontrer personne, descendit lentement les degrés qui de sa terrasse conduisaient au jardin ; il se promena longtemps, aspirant avec délice cette brise nocturne et parfumée ; il rencontra un autre escalier, descendit, trouva une terrasse inférieure, marcha à l'aventure, tourna, descendit de nouveau, remonta, s'égara dans un dédale de bosquets, de terrasses, d'avenues, de fontaines, de berceaux, de charmilles ; tout à coup, en passant près d'un massif de verdure, il crut voir glisser une ombre diaphane, un être aérien ; elle passait si légère que les fleurs se courbaient à peine sous ses pas ; sa longue robe noire traînait derrière elle comme un nuage qui flotte au coin de l'horizon ; le roi s'arrêta haletant ; elle avait relevé son voile, la lune versait en plein ses rayons sur son pâle visage…

– Blanche ! s'écria le roi en tombant à genoux.

La religieuse s'arrêta ; elle fit un pas pour fuir, mais Charles joignant ses mains désespérées :

– Oh ! par pitié, si vous n'êtes pas une illusion de mes esprits égarés, restez, restez, dites-moi que vous me pardonnez.

Blanche s'avança et lui tendit la main.

– Dieu m'a pris en pitié, puisqu'il permet que je vous revoie !

– Hélas ! fit Blanche.

– Oh ! que vous avez dû me haïr, me maudire ! dit Charles, vous si belle encore ! ensevelie ici depuis vingt ans !

– J'ai tous les jours prié pour vous, ne vous l'ai-je pas dit ?

– Oh ! fit Charles, c'est vous qui m'avez reçu ! je comprends à présent mon agitation ; votre voix, votre voix jettera-t-elle toujours le trouble dans mon cœur ?

– Sire, dit Blanche avec sévérité, n'oubliez pas que vous parlez à l'épouse du Seigneur.

Charles baissa son front consterné.

– J'aurais dû vous deviner à la tristesse de vos paroles ! pauvre ange immolé par moi ! vos longues nuits d'insomnie, vos jours d'abandon, vos aspirations brûlantes vers celui que vous aimiez! me pardonnez-vous tout ce bonheur, dont je vous ai privée ?

– Il y a si longtemps que ces pensées ont fui loin de moi, qu'elles ne m'ont laissé ni regret, ni ressentiment.

– Vous êtes toujours bonne et généreuse, mais mon cœur me dit vos souffrances.

Blanche détourna la tête ; il vit une forme silencieuse rouler comme une perle le long de sa joue pâlie.

– Lui ! dit-il d'une voix étouffée, il a été plus heureux que nous, il a pu oublier !

Blanche passa convulsivement la main sur son front et ajouta :

– Dieu choisit l'abandon pour nous punir de tout amour qui n'est pas le sien… et… du moins est-il heureux ?

– Il doit l'être si l'on trouve le bonheur en s'enivrant à larges bords à la coupe des amours vulgaires.

L'abbesse porta sa croix d'or à ses lèvres blêmies et la baisa avec la ferveur du martyr qui subit la torture ; ce mouvement fit pâlir Charles ; il s'éloigna de quelques pas ; Blanche immobile et pensive ne s'en aperçut point.

– Avoir possédé son amour, soupira-t-il, et jeter son cœur en débris dans la fange !

– Dieu seul mérite notre amour, dit enfin l'abbesse, car lui seul ne nous trompe pas.

– Je ne vous reverrai plus, reprit le roi ; pour adoucir l'amertume de mes remords, dites-moi que vous n'êtes pas trop malheureuse.

– Je suis calme et résignée, dit-elle avec douceur.

– Ah ! ce n'est pas assez pour apaiser le cri de ma conscience ; car je vous reverrai toujours seule ici, abandonnée, le visage baigné de larmes, vous que j'aurais pu voir souriante entre de beaux enfants !

– Oubliez-vous, dit Blanche en posant sa main sur l'épaule du roi, que je suis avec Dieu ?

Charles tomba à genoux.

– Vôtre bénédiction et votre pardon ; ange je vous aimais, sainte je vous révère.

– Adieu, reprit Blanche, puissiez-vous être heureux!

– Heureux moi ! dit Charles, votre pardon seul ne suffit point pour apaiser mes tortures !...... Blanche, vous n'avez pas été ma seule victime ; soit faiblesse, soit raison d'État... Blanche, votre amour eût calmé les tourments de mon cœur désespéré, mais l'ombre irritée de mon père s'est placée entre vous et moi.

– Venez, dit-elle après un assez long silence, et comme en faisant un effort sur elle-même, venez retrouver enfin le calme qui vous est dû.

Et Blanche marcha devant le roi, qui la suivit tout étonné.

Ils traversèrent plusieurs allées obscures, ils marchaient ou plutôt glissaient en silence ; ils côtoyaient les murs d'une terrasse adossée au couvent même ; arrivés devant un massif de noisetiers touffus, Blanche s'arrêta ; elle tendit l'oreille avec anxiété et, sûre de la solitude qui régnait autour d'elle, elle poussa une petite porte presque cachée dans le mur.

– Entrez, dit-elle en se tournant vers Charles, dont le cœur malgré lui battait avec violence.

Ils se trouvèrent dans un long corridor obscur ; ils firent ainsi une centaine de pas ; Blanche allait en avant et le roi la suivait sans avoir la force de parler ; tout à coup son pied se heurta contre un escalier.

– Attendez, dit Blanche.

Et légère elle franchit les degrés au pied desquels ils étaient arrivés, poussa une porte, disparut, et revint presque aussitôt une lumière à la main.

Charles monta ou plutôt vola : quand il fut près d'elle :

– Où allons-nous ? fit-il d'une voix troublée.

Mais elle mit son doigt sur ses lèvres et s'engagea dans un nouveau et long corridor, qu'éclairait la clarté douteuse de la lumière qu'elle tenait à la main ; Charles sentit qu'un vertige le gagnait, il s'avança vers elle ; Blanche s'arrêta, mit de nouveau son doigt sur sa bouche, et mettant la main sur le loquet d'une porte que Charles n'avait pas vue :

– Chut, dit-elle, nous sommes arrivés.

Et elle entra en entraînant doucement le roi avec elle ; à la lueur vacillante de la lampe, que Blanche tenait toujours à la main, il vit qu'ils se trouvaient dans une cellule de religieuse : un lit avec des rideaux blancs que surmontait un crucifix en bois noir, tels furent les premiers objets qui frappèrent Charles Emmanuel, qui, presque au même instant, aperçut une femme courbée par l'âge, assise et immobile au pied de son humble couchette.

– Blanche, est-ce vous enfin ! dit-elle d'une voix triste et faible.

– Oui, ma mère, ai-je trop tardé ?

– Hélas ! j'avais peur que vous ne vinssiez pas ! j'ai été tout le jour à vous attendre.

– Vous savez bien que cette heure est la seule où je puisse causer librement avec vous.

– Oui, je sais que vous êtes généreuse et bonne et que vous veillez lorsque les autres reposent, afin de m'égayer, de me distraire, moi, pour qui il n'existe plus ni jour, ni nuit.

– Ces moments passés auprès de vous me consolent et me soutiennent.

– Hélas ! fit l'aveugle, se rappeler le passé fait oublier le présent.

– Prenons-les l'un et l'autre de la main de Dieu.

– Oh ! je ne suis pas résignée comme vous, moi, fit la vieille avec amertume.

– C'est que vous souffrez davantage.

– Non, c'est que vous êtes un ange, et que j'ai des remords ! et la vieille religieuse leva ses bras lassés vers le ciel et les laissa retomber avec abattement.

Le roi avait fait un pas pour considérer attentivement les traits de l'aveugle ; il passa convulsivement sa main sur ses yeux ; Blanche lui mit un doigt sur la bouche pour étouffer un cri qui allait lui échapper.

– Ne vous asseyez-vous pas, Blanche ? me laissez-vous déjà seule, livrée à toute l'horreur de ma longue nuit ? dit la vieille avec inquiétude.

– Je viens, reprit Blanche en posant sa lampe sur la table, et en faisant un signe silencieux au roi de prendre place sur une chaise à quelque distance.

La religieuse écouta avec anxiété.

– J'ai cru entendre du bruit, Blanche, êtes-vous seule ?

– Rassurez-vous, me voilà dit Blanche en s'asseyant, et portant la main de l'aveugle à ses lèvres.

– J'ai eu peur.

– Pourquoi ?

– Je ne le sais, mais tout m'inquiète et m'alarme aujourd'hui…

J'ai bien souffert tandis que j'entendais ce bruit, ces réjouissances !… et l'aveugle porta sa main à ses yeux éteints, d'où s'échappèrent des larmes.

Blanche se tut, et l'aveugle reprit.

– L'avez-vous vu ?

– Oui, ma mère.

– Comment est-il ?

– Triste et malheureux, il vous ferait pitié.

– Non, reprit-elle avec colère, j'ai trop souffert, je n'ai plus de pitié.

– Voilà pourquoi vous avez des remords ; le pardon adoucit la douleur.

– Oh ! fit l'aveugle après un assez long silence, si vous aviez éprouvé mes tortures, mes humiliations, subi les outrages que j'ai reçus !… Moi, femme de roi, arrachée de mon lit presque nue par des infâmes soldats, et jetée dans une prison de prostituées !…

Charles fit un mouvement d'horreur.

– Le roi ignorait ces infamies, dit Blanche avec assurance.

– Puissiez-vous dire vrai ! mais on les a commises en son nom.

– Il est si facile d'abuser du nom des rois !

– Mais son père ! son noble père ! pouvez-vous justifier sa conduite à son égard ?

– Les larmes du fils ont dû expier la sévérité du roi.

– Blanche, vous le défendez ?

– Ai-je jamais tenu un autre langage ?

– Non, vous avez toujours tâché de me calmer en me consolant, il y a vingt ans que vous parlez ainsi ; il vous a fait bien du mal pourtant.

– Qui sait ! dit Blanche avec une suave mélancolie, quand Dieu veut nous attirer à lui, nous devons bénir tous les moyens dont il se sert.

– Amédée aussi me disait ces saintes paroles, mais je n'ai pas votre force ; mon cœur se révolte toujours, tout glacé qu'il devrait être !

– Priez et espérez, reprit Blanche, le Seigneur vous entendra.

– Oh ! s'écria la marquise de Spino, en se levant à moitié sur sa chaise, de la force ! de la résignation ! j'en aurais pour mes maux à moi ; mais lui, mon noble époux, quand je me rappelle les tourments qu'il a endurés… et elle retomba sur sa chaise, immobile et brisée.

– Ces tourments lui ont gagné le ciel, cessez de vous en affliger, dit Blanche, en baisant de nouveau la main de la marquise qu'elle mouilla de larmes.

– Blanche, vous pleurez, dit l'aveugle, merci de votre pitié, merci de vos pleurs, j'ai besoin d'être plainte pour être consolée ; hélas ! les maux du roi pèsent sur mon cœur, car, si j'avais été plus clairvoyante, moins ambitieuse, peut-être, j'aurais pu le détourner de son entreprise téméraire, mais non coupable.

– Que voulait-il enfin ? dit Blanche, qui désirait faire connaître à Charles les desseins secrets du roi Victor, afin de justifier sa mémoire à ses yeux.

– Je vous l'ai déjà dit ; obliger son fils à adopter une politique qu'il croyait nécessaire au bonheur de son peuple et à la gloire de Charles Emmanuel.

Charles Emmanuel soupira, la marquise se retourna.

– Le vent me donne le frisson ce soir, il me semble que j'entends un bruit qui m'épouvante.

– La tristesse de vos souvenirs vous cause ces frayeurs.

– Peut-être ; mais ce jour m'est fatal ; quand j'ai su que le roi Charles n'était qu'à quelques pas de moi, j'ai senti refluer mon sang vers mon cœur ; l'image d'Amédée m'est apparue, ces derniers moments se sont retracés plus vivement à ma mémoire, mes yeux éteints le voient encore étendu dans son lit de douleur ; il demanda à voir son fils ; une heure se passa sans réponse. – Charlotte, me dit-il, je veux voir mon fils ; comme roi je veux son pardon, comme père je veux le bénir. – Son confesseur se chargea de ce pieux message ; une heure après il me faisait à moi la réponse qu'il avait obtenue ; le roi refusait de voir son père ! je n'osai répéter ces dures paroles à Victor Amédée, qui, inquiet, ne cessait d'attendre le roi ; le soir il fit partir un troisième messager, il voulut à son retour le recevoir lui-même ; celui-ci lui signifia sans ménagements le refus de Charles Emmanuel.

– On a menti, s'écria le malheureux père, mon fils ignore que je vais mourir ; Charlotte, je vous ordonne, après ma mort, de porter ma bénédiction à mon fils, dit-il en élevant ses bras au ciel ! et la marquise étendit les siens.

Charles vint tomber à genoux devant elle en s'écriant :

– Ma mère, bénissez-moi !

– Le roi, le roi ici, fit la marquise avec terreur.

– Oui, le roi qui implore votre pitié, votre pardon ; mon père avait raison, madame, on me cacha l'heure de ses derniers instants.

– Je le savais bien ! s'écria Blanche avec bonheur.

– Blanche, dit le roi avec un accent profondément ému, soyez bénie à jamais ; j'ai brisé votre vie et vous rendez le repos à la mienne ; vous devriez me maudire, et je vous dois la bénédiction de mon père ; adieu, je vous quitte délivré d'un remords ; je laisse ici le poids, qui depuis tant d'années pesait sur mon cœur ; mes derniers moments seront doux, ils ne seront plus troublés par l'image d'un père courroucé.

Charles se tut, puis s'inclinant devant la marquise avec cette grâce exquise et respectueuse qui n'appartient qu'aux princes :

– Madame, comment pourrai-je expier mes torts envers vous ? ordonnez, que puis-je faire ?

– Vous m'avez rendu votre estime, c'est assez, dit la marquise avec noblesse, en tendant sa main au roi.

Celui-ci s'inclina respectueusement pour la baiser, comme il eût fait pour une reine.

– Adieu, ma mère, dit-il, rappelez-vous de moi dans vos prières.

Et il sortit précédé par Blanche qui avait éteint la lumière, car le jour commençait à poindre ; lorsqu'ils furent au bas de l'escalier, Blanche s'arrêta ; elle montra le long corridor au roi, et ouvrit une petite porte à gauche.

– Suivez ce corridor, Sire, vous serez dans les jardins et sous la terrasse qui conduit aux appartements de V. M. ; moi, je me rends au chœur.

– Blanche, dit le roi en lui prenant les deux mains, nous ne nous verrons plus dans ce monde.

– La prière unit en Dieu, reprit Blanche en soupirant.

– Oui, dit le roi, et au ciel je pourrai vous aimer hautement, comme je vous ai aimée tout bas sur la terre.

Blanche fixa ses yeux vers le sol, elle soupira ; était-ce regret d'avoir méconnu un amour si vrai, était-ce pitié ? le cœur humain a des mystères ; une larme sillonna sa joue ; elle se tut un moment, tandis que Charles pressait toujours ses mains.

– Adieu, Sire, dit-elle, Dieu nous tiendra compte de nos larmes ; l'amour d'ici-bas est coupable ou passager ; les âmes comme les nôtres ne peuvent aimer qu'au ciel.

Et elle disparut en fermant la porte derrière elle.

Pendant les dernières années de sa vie Charles Emmanuel conserva cette activité dévorante, partage des natures énergiques : arrivé au plus grand âge il ne cessait de travailler quatorze heures par jour avec ses ministres ; sa pensée embrassait tout ; administration, armée, organisation intérieure, travaux publics, il suffisait à tout ; il avait soumis sa maison à un système d'économie qui frisait parfois l'avarice ; toujours intolérant dans la conduite privée des personnes attachées à son service, il en exigeait la plus rigide sévérité ; c'étaient là deux travers de vieillard ; l'excès de deux vertus qui formait un défaut, comme il arrive souvent aux personnes austères pour elles-mêmes, par le même principe qui fait qu'un homme courageux ne croit pas qu'on puisse avoir peur. « Payez vos dettes, je paye bien les miennes », disait-il brusquement aux seigneurs de sa cour, qui s'étaient rendus coupables de trop de prodigalité.

Le principe de ces maximes était utile, moral et religieux, mais un roi doit éviter tout ce qui tend à la persécution ; il obtient un effet contraire. Le fanatisme religieux conduit à l'athéisme, la sévérité à l'hypocrisie, et ce règne dévot et austère fut loin d'améliorer la morale ; l'usage du sigisbéeisme que le roi introduisit à la cour dans ses premières années proteste hautement contre la pureté des mœurs.

Dès cette époque (depuis le traité d'Aix-la-Chapelle), pour satisfaire à ses instincts guerriers, désormais sans aliment, Charles Emmanuel s'abandonna avec passion à son ardeur pour la chasse ; habile cavalier, il dominait un cheval avec une grâce exquise, aussi allait-il rarement à pied ou en carrosse ; assez souffrant, depuis l'année 1769, il habitait de préférence les châteaux de la Vénerie ou de Stupinigi à cause de la salubrité de l'air : d'ailleurs, Charles aimait l'aspect de la nature ; la vue des champs, de la verdure, des fleurs impressionnait toujours son âme mélancolique et contemplative ; quand il était à la campagne trois fois par semaine les plus humbles de ses sujets étaient admis à lui parler ; il recevait lui-même les mémoires, les placets, écoutait les plaintes qu'on lui adressait, et souvent il faisait rendre droit à ceux qui l'avaient.

Le roi recevait ces solliciteurs dans une salle basse attenante au salon des gardes du corps ; il était ordinairement seul, assis dans un vieux fauteuil de velours vert ; un secrétaire prenait les notes que lui dictait le roi.

– Le fauteuil de V. M. rappelle le chêne de Saint Louis, lui disait un jour le comte Bogino.

– Ces temps étaient meilleurs que les nôtres, objecta Charles : la civilisation a produit de grands biens et de grands maux ; c'est toujours l'histoire de l'arbre de la science, le bien et le mal, ces deux principes qui luttent entre eux depuis la création du monde ; le progrès et l'ignorance, c'est-à-dire la raison éclairée avec ses merveilleuses découvertes, ses vertus et ses mœurs coupables ; ou la foi naïve avec ses humbles croyances, sa pureté, sa simple candeur, son barbarisme et ses turpitudes : l'homme abuse de tout, les choses les plus saintes dégénèrent en ses mains, l'eau de ciel devient fange en tombant sur la terre.

– Sire, j'ai obéi à votre intention en autorisant une société de savants à se réunir tous les dimanches sous la présidence du docteur Beltrami.

– Le duc de Savoie les protège, il en fera une académie ; c'est une gloire que je lui laisse.

– Ne puis-je rien faire pour les encourager ?

– Disposez des fonds nécessaires pour l'achat de livres, d'instruments de mathématique et de physique.

– Sire, le savant père Beccaria, de retour, depuis peu, à Turin, a voulu l'autre jour expérimenter une nouvelle machine inventée en Amérique, et qui sert à diriger la foudre ; les paysans l'ont pris pour un sorcier et ont failli le tuer en le poursuivant à coups de pierre.

– Tristes effets de l'ignorance, dit le roi : hélas, et la science de père Beccaria conduira, peut-être, à l'incrédulité !

Le vieux monarque, alarmé pour ses croyances, branla la tête avec mélancolie ; car, il redoutait toutes ces nouveautés : il allait se lever, lorsque le comte Bogino lui soumit quelques papiers à signer.

– Plaira-t-il à V. M. d'approuver ces diverses nominations, faites dans l'ordre ecclésiastique ?

Le roi signa machinalement quelques-uns des papiers qui lui étaient présentés par son ministre.

– La nomination de monseigneur Valperga à l'évêché de Nice est un grand bienfait pour cette ville ; c'est un prélat vertueux et intelligent, un vrai ministre de Dieu.

Et le roi signa avec plaisir ; il parcourut rapidement toutes les autres nominations, faisant quelques observations, selon qu'elles lui étaient suggérées par ses convictions.

– Est-ce fini ?

– Oui, Sire, pour aujourd'hui, mais j'ai encore à vous proposer la sœur Louise de Solar pour abbesse du couvent des filles nobles de Pignerol.

– Cette place ? dit le roi devenu pâle…

– Est vacante par la mort de l'ancienne abbesse…

– Nommez la comtesse de Solar, fit le roi d'une voix émue et faible.

– Sire, dois-je me retirer ?

– Attendez, comte.

Et le roi resta longtemps sa tête cachée dans ses deux mains immobile, triste et pensif ; il leva enfin la tête ; ses traits étaient calmes, mais ils étaient livides.

– Comte, dit-il d'une voix ferme, je me fais vieux, j'ai besoin de songer à mon salut ; il est bien, d'ailleurs, que le duc de Savoie apprenne à gouverner : dès demain je l'associe aux affaires ; il travaillera huit heures par jour avec nous.

Et le roi se leva et prit le bras du comte Bogino pour rentrer dans ses appartements.

Quelque temps après le roi fut atteint d'une hydropisie de poitrine ; il souffrait avec calme et fermeté ; son fils le quittait rarement ; il lui parlait longuement des obligations qu'il aurait à remplir comme roi ; on voyait que, détaché des biens de la terre, il ne cherchait plus qu'à préparer une voie plus douce à ce fils qu'il aimait avec idolâtrie.

Tout malade qu'il était, il se faisait transporter toujours dans son salon d'audience ; presque couché dans son fauteuil il recevait ceux qui avaient à lui parler avec la même cordiale et paternelle bonté.

Un jour un individu égaré, l'air troublé et hébété, traverse en courant le salon des gardes et se précipite jusqu'à la porte de la salle d'audience ; les gardes du corps et les valets de pied se jettent sur lui, le saisissent, et s'apprêtent à le conduire en prison.

– Arrêtez ! dit le roi, cet homme est un fou, ce n'est pas en prison, mais à l'hôpital qu'il faut le conduire.

À ce mot de prison l'infortuné se mit à trembler.

– Non, fit-il, on y ferait mourir mon père.

Le roi fixa attentivement l'aliéné.

– Éloignez-vous, dit-il aux gardes, je veux parler à cet homme.

Ils obéirent.

– Tu as donc été en prison, fit le roi ?

– Mon père, répondit l'idiot, mon père, dites-leur que je ne sais rien.

– Toujours la même phrase, dit le roi, c'est horrible ! tuer le corps est un outrage à l'humanité, tuer l'intelligence est un outrage fait au Créateur.

Et le roi ordonna qu'on prît soin de ce malheureux.

Le lendemain, malgré son état de souffrance, Charles Emmanuel monta à cheval et il voulut aller courir le cerf à la Vénerie ; il était si pâle et si changé, que le comte de Malines dit tout bas au comte d'Alinges, que c'était le monarque qui était aux abois.

De retour à Turin, on fut obligé de l'enlever de cheval ; on le transporta dans son lit, la fièvre se déclara ; le 20 février le roi reçut les derniers sacrements avec les plus grandes marques de piété. Le duc de Savoie ne le quittait pas un instant, et sa douleur était profonde et vraie.

– Heureux le père qui meurt au milieu de ses enfants ! dit tout à coup Charles en tendant la main à son fils.

Celui-ci se mit à genoux pour la baiser avec respect.

– Mon fils, continua le roi, la bénédiction d'un père porte bonheur ; puissiez-vous être heureux !

– Sire, j'ai besoin de votre appui et de vos prières, car le fardeau d'une couronne est lourd et les temps sont mauvais.

– Mon fils, espérez en Dieu, il vous donnera la force et vous inspirera pour gouverner avec justice et sagesse.

– Mon père, je suivrai vos exemples, et je combattrai les idées nouvelles pour en préserver le Piémont.

– Mon fils, prenez garde de rester dans l'obscurité en voulant trop repousser la lumière.

– Que dois-je faire alors ?

– Agir avec prudence, ne vous jeter d'aucun côté, n'épouser aucun parti, et savoir faire quelques concessions à votre siècle.

– Je ne céderai pas, dit le prince d'un air sombre, ce serait m'avilir.

– Ce serait progresser, fit le mourant ; le trône est placé sur les masses, comme le vaisseau sur les mers, il faut qu'il monte avec la marée pour ne pas être submergé.

– Mon père, croyez-vous à des malheurs réels ?

– Les mourants ont l'intuition de l'avenir, je sens que nous touchons à un cataclysme social ; mon fils, sachez l'éviter, écoutez les aspirations de votre peuple et vous serez sauvé.

Et Charles Emmanuel laissa retomber sa tête appesantie sur ses oreillers de dentelle.

L'archevêque étant entré, le duc de Savoie se retira pour le laisser seul avec son père, dont il était le confesseur.

– Sire, souffrez-vous ? dit le prélat.

– Non, mon père, Dieu est miséricordieux pour moi, ma mort est douce près de celle de mon père !

– Chassez ce souvenir : roi, vous ne pouviez agir qu'ainsi ; fils, votre repentir vous absout.

– Je n'ai pas assez expié, je voudrais souffrir davantage.

– Dieu fait bien ce qu'il fait, il a pris en pitié votre repentir.

– Oh ! fit Charles en joignant les mains, puissé-je les voir tous dans le ciel !

Et il ferma les yeux, pour ne plus les ouvrir, dans la nuit de 20 au 21 février 1773.

Charles Emmanuel avait cessé de vivre au milieu des sanglots de sa famille éplorée et de ses serviteurs fidèles et désolés.

Le règne de ce prince fut un des plus mémorables et des plus illustres ; il eut des taches ineffaçables, mais il eut des faits sublimes : la victoire de Guastalla et la bataille de l'Assiette sont des pages splendides dans les annales militaires des gloires italiennes. Placé entre son père et son fils, Charles Emmanuel n'égala pas l'un, mais il surpassa l'autre ; il n'eut pas la grandeur du génie, mais il n'eut rien de la petitesse, de la médiocrité ; il laissa l'État riche d'un trésor particulier de plus de douze millions, il établit le commerce de la marine, entoura le Piémont d'une ceinture de fortifications inexpugnables ; plus habile politique, il aurait été le plus grand et le plus heureux prince de la Maison de Savoie ; il n'en fut qu'un des premiers guerriers et des meilleurs souverains.

On lui fit de magnifiques funérailles ; ses restes furent déposés à Superga, où l'on admire son tombeau orné d'un très beau bas-relief en marbre représentant la bataille de Guastalla.

Les Piémontais sentirent doublement cette perte ; on avait peu de confiance dans la capacité du duc de Savoie ; d'ailleurs, les idées nouvelles que Voltaire et tous les philosophes avaient introduites en France, commençaient à circuler en Piémont ; la haine que le jeune duc professait pour ces principes, alarmait tous ses sectateurs, qui formaient l'immense majorité de la population ; on sentait que le calme n'était qu'apparent ; l'orage grondait sous les flots ; on devinait qu'une lutte sanglante, implacable comme les deux principes opposés qu'elle représentait, couvait en silence prête à éclater, et que le moment de son explosion serait terrible, et qu'il n'était pas éloigné ; tel était l'état inquiet des esprits lorsque Victor Amédée III monta sur le trône : était-il capable de dompter les circonstances difficiles dans lesquelles il se trouvait ? sut-il choisir ses ministres ? sut-il rallier tous les cœurs ? C'est ce que les événements sanglants de la fin de son règne vont nous apprendre.

FIN DU TROISIÈME VOLUME

CLASSEMENT DES PLANCHES DU 3e VOLUME

Chez le même éditeur
Extrait du catalogue et des collections

Les Savoisiennes

Histoire exemplaire du lycée Vaugelas de Chambéry (Johannès Pallière)
J'appartiens au silence - *Maurienne vallée rebelle et vallée martyre* (Rosine Perrier)
Le Bout du monde - *Six mois dans les neiges de Haute-Maurienne* (Madeleine Triandafil)
A noi Savoia - *Histoire de l'occupation italienne en Savoie* (Christian Villermet)
Chronique de la Haute-Savoie pendant la seconde guerre mondiale (Michel Germain) *:*
- ***La nuit sera longue**** - *De la " drôle de guerre " au temps de la " zone libre "*
- ***Les Maquis de l'espoir***** - *Sous l'occupation italienne*
- ***Le Sang de la barbarie****** - *Sous l'occupation allemande*
- ***Le Prix de la liberté******* - *Des Glières à la Libération*

Les Glières - mars 1944 - *Une grande et simple histoire* (Michel Germain)
Histoire de la Milice - *Guerre civile en Haute-Savoie* (Michel Germain)
Mémorial de la déportation (Michel Germain)
Histoire de Savoie - *préface d'Eugène Sue* (Claude Genoux)
Histoire de la Savoie (Henri Ménabréa)
Annecy, les poètes, le lac (Georgette Chevallier, Alphonse Puthod)
Les Mémoires d'Adélaïde Victoire de Bellegarde (André Gilbertas)
Au temps des alpages (Roger Frison-Roche, Philippe Mazure)
Henri Jacquier, une figure locale - *Des Thermes d'Aix à la vie publique* (Jean-François Connille)
Le Tour de Savoie par deux enfants (Marie-Thérèse Hermann)
La Savoie traditionnelle (Marie-Thérèse Hermann)
Les Enfants du malheur (Marie-Thérèse Hermann)
La cuisine paysanne de Savoie (Marie-Thérèse Hermann)
La Savoie mystérieuse et légendaire (Marie-Thérèse Hermann)
Mémoires d'une enfant de la Savoie (Marie-Thérèse Hermann)
Architecture et vie traditionnelle en Savoie (Marie-Thérèse Hermann, François Isler)
Maurienne, vallée de l'aluminium (Daniel Déquier)
De bouche à oreille - *Contes et récits tirés de la tradition orale* (Daniel Déquier)
Costumes de Savoie* - Maurienne (Daniel Déquier, François Isler)
Costumes de Savoie** - Tarentaise, Beaufortain, Val d'Arly (Daniel Déquier, François Isler)
La Reine du soufre - *Histoire de Challes-les-Eaux* (André Dumollard)
La Mémoire du vieux village - *Bessans* (Eugénie Goldstern)
Les Gamins du Rhône - *Une enfance en Savoie, jadis* (André Béard)
L'architecture traditionnelle en Savoie (Henri Raulin)
Albert Bernard - *Vie et mort d'un Savoyard tombé pour l'Afrique* (Jean Comte)
Bessans - Village d'Art (Suzanne Bourgeois)
Souvenirs de guerre (Roger Racloz)
Histoire de la Compagnie des guides de Chamonix (Daniel Chaubet)
Sur les Chemins du Baroque* - En Beaufortain et Val d'Arly (photographies de Denis Vidalie et Béatrice Cafieri, préface de Michel Barnier)
Sur les Chemins du Baroque** - En Tarentaise (photographies de Denis Vidalie et Louis Hugonnard, préface de Michel Barnier)
Sur les Chemins du Baroque - En Maurienne***
L'Inconnu d'Uccello (André Gilbertas)
Les mots du Haut-Chablais (Maurice Richard)
Les Catholiques savoyards (Christian Sorrel)
La Chronique de Savoie - *traduite par Daniel Chaubet* (Jean d'Orville, dit Cabaret)
Les Clochers à bulbe (Pierre Boulais, François Isler)
Mont-Blanc, espace de lumière (André Fournier, Pierre Préau)
En Savoie - Le pinceau et la plume (Marif Bachasson, Maurice Vuillermet)
Le Petiou (Jean-Gaspard Perrier)
Histoire de Courchevel Saint-Bon en Tarentaise (Marcel Charvin)
Une saison de vent - *Contes et légendes, poèmes et récits de Maurienne et d'ailleurs* (Rosine Perrier)
Histoire du Châtelard-en-Bauges (Henri Bouvier)

Pays, paysages, paysans (Christian Combaz, Philippe Mazure)
Le Conseil général de la Haute-Savoie - 137 ans, 330 élus (Pierre Soudan)
Camille Costa de Beauregard (Robert Fritsch)
Histoire de l'annexion de la Savoie à la France (Paul Guichonnet)
La Royale Maison de Savoie - Roman historique d'Alexandre Dumas :
- ***Emmanuel-Philibert - Le Page du Duc de Savoie****
- ***Emmanuel-Philibert - Léone, Léona*****
- ***Charles-Emmanuel III, Mémoires de la Comtesse de Verrue, surnommée la Dame de Volupté******
- ***De Victor-Amédée III à Charles-Albert*******

Savoie, une montagne de légendes (Lucien Chavoutier)
Savoie baroque (ouvrage collectif, sous la direction de Dominique Peyre)
Arthur de la Dent d'Oche (Paul Guichonnet, Daniel Dunet)
Jean-Vincent Verdonnet - *Profil d'homme, regard de poète* (Marie-Claire Enevoldsen-Bussat)
Alpages, terres de l'été - *Des montagnards d'antan… aux alpagistes d'aujourd'hui* (Charles Gardelle)
Les Balcons sur la Vanoise (Pierre Souhaité)
Symphonies pastorales dans les montagnes de Savoie (François Isler)
Aquarelles en Haute-Savoie (Nicole Tercinet)
Conflans (Françoise et Gilbert Maistre)
Saints et Saintes de Savoie (Jean Prieur et Hyacinthe Vulliez)

Bibliophilie Savoisienne

Savoie - l'œuvre peint (André-Charles Coppier) :
- ***De Tarentaise en Maurienne****
- ***Les portraits du Mont-Blanc*****
- ***Au lac d'Annecy******

La Savoie (Joanny Drevet) :
- ***Au seuil des Alpes de Savoie****
- ***En Maurienne*****
- ***En Savoie - Annecy, Chambéry et leurs environs******

Les Chants de la Terre

J'ai plus de souvenirs que si j'avais mille ans (José Reymond)
Musette, la fille de la vipère (Venance Gacon)
Les Cousins* - *Les Savoyards de la Pampa* (Claude Chatelain)
Les Savoyards de la Pampa** (Claude Chatelain)
Les Cousins*** - *Le Temps des retrouvailles* (Claude Chatelain)
Quand on écoutait le soleil - *Une enfance en Savoie dans l'entre-deux-guerres* (Alexis Vibert-Guigue)
Les Mémoires d'André Gallice, poète-paysan savoyard :
- ***Le loup n'a jamais mangé l'hiver****
- ***Le Borboyon du grand roc*****
- ***Souvenirs d'un paysan de Savoie******
- ***Si mon village m'était conté*******

Péronne 1800 (Josette Buzaré)
Graine de paysan (Lucienne Zinant)
Amélia ou la Misère dorée (Régine Boisier)
Maria ou la Misère noire (Régine Boisier)
Laura ou le Plein Été (Régine Boisier)
" Le Français " au pays des Savoyards (Régine Boisier)
La Dame du Lac-Bénit - *Ballade d'une dame des Temps jadis* (Régine Boisier)
Contes de la Lombarde - *Légendes au Pays du Diable* (Damien Tracqui)
Le Lac de l'aube (Marc Dannenmuller)
La lune est à couvert des loups (Paul Vincent)
Angélique 1900 (Renée Martin-Pillet)
Les Héritiers de la bise (Anne-Marie Desplat-Duc)
La Maison morte - *postface de Francis Tracq* (Henry Bordeaux)
Apolline ou les Valses du destin (Colette Gérôme)
La Montagne apprivoisée (Paul Gaillardot)
Le Fléau de Dieu - *Le mythe des Sarrasins en Savoie* (Damien Tracqui)

La Veillée chez Menthine (Lucienne Zinant)
Au pays de la Margot (Lucienne Zinant)
Un rossignol dans la neige (Francis Buffille)
Médecin des neiges (docteur Charles Socquet)
Trente-Planes - *La solitude d'une institutrice de haute montagne* (Juliette Airel)
L'Or perdu de la Séveraisse (Michel Floro et Alain Rota)
Ce bus dessert Chantemerle... (Jean-Pierre Marduel)
Saint-Boniface et ses Juifs (Ladislas et Nathalie Gara)

Les Carnets de Vie

Mémoires d'un enfant de la Savoie - *Carnets d'un petit colporteur* (Claude Genoux)
Carnets d'un curé de montagne (Claude Chatelain)
Carnets d'un collégien autrefois - *Une autre vie* (Jean-Gaspard Perrier)
Le soleil en cendres - *Carnets d'une fillette pendant la guerre* (Marie Ponce)
Trois plumes au chapeau - *Carnets d'un instituteur d'autrefois* (Clément Brun)
Carnets d'un médecin de montagne (Hermann Berger)
Carnets d'une alpagiste (Michelle Chatelain)
En mon pays de haute enfance (Michelle Chatelain)
Un gardien de refuge raconte - *Carnets d'un gardien de refuge* (Raymond Martinatto)
Six mois dans les neiges - *Carnets d'un militaire de montagne* (A. Vincent)
Les Bornandises - *Carnets d'un écolier d'autrefois* (Albin Bastard-Rosset)
Riche Journal d'un artiste pauvre - *Carnets des campagnes d'un sculpteur d'églises baroques - traduits et présentés par Annick Bogey-Rey* (Giuseppe Andrea Gilardi)
Carnets d'une accoucheuse en Beaufortain - *présentés et mis en forme par Odile Walter* (Olga Canova)
Carnets d'un poilu savoyard (Fernand Lugand)
Carnets d'un ramoneur savoyard – *Histoire passionnante de la vie du petit ramoneur savoyard* (Joseph Laurent Fénix)

Les Chroniques de l'Autrefois

La Tarentaise d'antan (Jean-Luc Penna)
Aix-les-Bains à la Belle Époque (Johannès Pallière)
Chamonix autrefois - Le Mont-Blanc et sa vallée (Agnès Ducroz, Françoise Loux et Antoine Pocachard)
Le Chablais d'autrefois (Marie-Thérèse Hermann)
La Maurienne d'autrefois (Daniel Déquier)
La Drôme des collines autrefois (Françoise et Charles Gardelle)
Le Faucigny d'autrefois (Michel Germain et Gilbert Jond)
La Drôme du sud autrefois (Marie-Georges Lamarque)
La Combe de Savoie autrefois (Maurice Messiez)
Orelle autrefois (Jean-Pierre Deléglise)
Scionzier 1900 (Gérald Richard)
Ardèche 1900 (Michel Carlat)
Les Bornes/Aravis autrefois (Michel Germain et Gilbert Jond)
Annecy autrefois (Michel Germain et Gilbert Jond)
Tignes autrefois (Brigitte et Évelyne Alzieu)

Savoie Vivante

Ensemble dans le Beaufortain (collectif)
Petite histoire du Val Gelon et de La Rochette (Juliette et Adrien Dieufils)
L'épopée de Courchevel - 1946-1996 (Gildas Leprêtre)
Un col, des hommes... Le Petit-Saint-Bernard (Gisèle Gaide, Odile Mérendet, Jean-Luc Penna)
Arêches-Beaufort - Un siècle de tourisme. 50 ans de remontées mécaniques (François Rieu)
Le Pays des Hurtières - Saint-Georges, Saint-Alban, Saint-Pierre (sous la direction de André Brunet et Jean Prieur)
Notre-Dame de la Gorge - *Un sanctuaire au pays du Mont-Blanc* (Jean-Paul Gay)
Saint-Rémy-de-Maurienne - Village aux mille sources (René Blanc et Joseph Rochette)
La Saga des Saisies (Pascal Meunier)

Petite Histoire de la Plagne en dix stations (Dominique Droin)
Les nouveaux paysans (Marie-Claire Gandet, Jean Reverdy)
Petite et grande histoire de Mercury (Jean Brunier)
Saint-Jean-d'Arvey en Savoie (Nicole Vaget-Grangeat)

Panoramas

Panoramas du Mont-Blanc (André Fournier)
Panoramas de la Vanoise et de ses environs (Pascal Urard)
Panoramas du lac d'Annecy (Denis Rigault)

Champ régional

Histoire du Mont-Blanc et de la vallée de Chamonix - *préface de Paul Guichonnet* (Stéphen d'Arves)
Les environs de Chambéry - *préface de Gabriel-André Pérouse* (Gabriel Pérouse)
Dictionnaire étymologique des noms de lieu de la Savoie - *préface de J. Désormeaux* (Adolphe Gros)
Au royaume du Mont-Blanc - *préface de Paul Guichonnet* (Paul Payot)
Le Beaufortain : une belle vallée de Savoie - *préface de Hélène Viallet* (Joseph Garin)
Histoire de la collégiale de Sallanches - *préface de Paul Guichonnet* (François Coutin)

Hier et Aujourd'hui

La Haute-Savoie, une terre, des hommes (sous la direction de Paul Guichonnet)
Chambéry-Savoie (sous la direction de Pierre Préau)
Savoie : l'esprit des lieux - Histoire de la Savoie depuis 1945 (Pierre Préau)

Pour Mémoire

Chambéry, regards sur la ville (collectif)
Haute-Maurienne - L'album : 1900-1940 (Françoise Cimaz)
***En avant la musique - Histoire des fanfares et harmonies de Maurie**nne* (Daniel Déquier)
L'épopée Vallot au Mont-Blanc - Cent ans déjà (Robert Vivian)

par Achevé d'imprimer
en mars 2000
IMPRIMERIE LIENHART
à Aubenas d'Ardèche

Dépôt légal mars 2000

N° d'imprimeur : 1949

Printed in France